중앙아시아의 문명과 반(反)문명

중앙아시아의 문명과 반(反)문명

초판1쇄 발행일 • 2007년 7월 31일

엮은이 • 이웅현
펴낸이 • 이재호
펴낸곳 • 리북
등 록 • 1995년 12월 20일 제13-663호

서울시 마포구 서교동 395-68 2층
T. 02-322-6435   F. 02-322-6752

정 가 • 23,000원

ISBN 978-89-87315-77-5

중앙아시아의 문명과 반(反)문명

이웅현 편

리북

* 본 연구는 정부(교육인적자원부)의 재원으로 한국학술진흥재단의
  지원을 받아 수행된 연구(KRF-2002-072-BS2071)이다.

'중앙아시아'를 찾아서

이 웅 현

　"유럽을 돌아보고 왔다"든지 "동남아시아를 여행했다"는 말을 들을 때 막연하게 연상되는 '유럽'과 '동남아시아'의 이미지가 있다. 해당 지역의 특정 국가를 연상하기도 하고, 정형화된 지역의 문화를 떠올리기도 한다. '유럽'이 어디인지, '동남아시아'가 어디인지 말하는 사람이 구체적으로 지적하지도 않고, 듣는 사람도 묻지 않지만 화자와 청자 상호간에 각각의 이미지를 가지고 의사소통이 계속될 수 있다. 그러나 '중앙아시아'에 관한 한 이야기가 달라진다.

　우선 "중앙아시아를 다녀왔다"는 말 자체를 흔히 듣기 어렵다. 여행, 업무, 유학 그 어느 목적을 달성하기 위해서 중앙아시아로 가는 사람이 2007년 현재 한국에서 직접 교통편으로 이용할 수 있는 것은 카자흐스탄의 알마티와 우즈베키스탄의 타슈켄트 두 곳으로 가는 주 2회의 항공편뿐이다. 카자흐스탄의 항공사 주 1회, 우즈베키스탄의 항공사 주 2회 서울 취항편을 더한다고 해도 일반적으로 '중앙아시아'로 불리는 지역으로 갈 수 있는 교통편은 극히 제한되어 있다고 할 수 있다. 비행시간 12시간이 넘는 유럽의 주요 도시와 서울을 잇는 하늘에 언제나 비행기가 떠 있는 현실을 감안하면 적어도 인적 교류의 기회라는 면에서 '중앙아시아'는 우리에게 '중앙'이

5

아니라 '변방'에 지나지 않는다.

　혹시 누군가 "중앙아시아를 다녀왔다"는 말을 꺼낸다고 해도 보통 대화의 내용이 구체적으로 진행되기 전에는 이미지의 박약에 곤혹스러워 하다가 구체적인 대화가 오고가더라도 내내 단편적인 지식과 이미지를 찾아 헤매게 된다. 결국 '이슬람', '구소련', '한인 강제이동' 등등의 산발적 어휘만으로 '중앙아시아'를 이해하려는 '만용'을 부릴 수밖에 없다. 인적 교류의 면에서 뿐만 아니라 지적 토대의 측면에서도 우리에게 중앙아시아는 '중앙'에서 이탈해 있다.

　따라서 중앙아시아에 대한 지리적 감각도 확연하지 않다. 중앙아시아에 대한 일반적 인식이 박약한 데에는 정치, 경제적 단절의 오랜 역사가 그 일차적 이유가 되겠지만, 학문적으로도 연구대상으로서의 '중앙아시아'가 무엇을 그리고 어디를 가리키는 것인지에 대한 정의는 물론 논쟁 자체가 거의 이루어지지 않았던 데에도 일단의 이유가 있다. 지역의 역사와 문화, 정치와 경제 등등에 관한 깊이 있는 연구들이 전혀 없었던 것이 아님에도 불구하고 정작 연구 대상 지역의 범위에 관한 합의가 없었던 것이다. 1991년 소련 해체와 동시에 독립한 5개의 공화국 즉 카자흐스탄, 우즈베키스탄, 키르기스, 투르크메니스탄, 타지키스탄이 위치하고 있는 지역을 '중앙아시아'라고 인식하는 정도였을 뿐이다.

　이에 더해서 중앙아시아에 대한 추가적인 지식으로 '실크로드'에 대한 관념이 중앙아시아의 지리적 범위를 더욱 모호하게 하는 데 기여하고 있다. 실크로드와 중앙아시아를 동일시하면서 중앙아시아의 흥망성쇠의 과정 자체를 동서교역의 가교 역할 정도로 격하시켜 왔다. 지역 연구는 지역의 대외 관계 뿐만 아니라 지역 자체의 역사와 문화, 정치와 사회 등을 지역의 시각에서 천착해야 할 부분이 있음에도 불구하고 이를 도외시했던 것이다. 결국 유럽 중심의 지리적 관념을 그대로 수용한 동아시아 중심의 지리적 관념의 '오만함'이 중앙아시아를 바라보는 태도에 배어 있었다.

물론 중앙아시아 연구가 활발한 곳에서도 중앙아시아의 지리적 범위에 대한 일치된 견해를 가지고 있는 것은 아니다. 연구서가 아닌 대중적인 여행안내서인 '론리 플래닛(lonely planet)' 시리즈의 『중앙아시아』가 해당 지역의 지리적 범위에 관해서, "느슨하게 중앙아시아 또는 투르키스탄이라고 알려진 지역은 서쪽으로는 카스피해에서 동쪽으로는 몽골, 북쪽으로는 시베리아에서 남쪽으로는 힌두쿠시에 이르는 광대한 사막, 초원, 산맥들로 이어진 지역"이라고 규정하고 있다. 나아가 "이 지역은 유럽과 아시아가 유라시아 초원에서 만나는 다리인 동시에 장벽을 형성하며, 5개의 구소련 공화국과 중국 서부와 아프가니스탄 일부를 포함한다"[1]고 설명하고 있지만, 정작 연구서들은 '중앙아시아'에 관한 명확한 지리적, 지정학적 정의 없이 대체로 구소련의 5개 공화국을 대상 지역으로 설정하고 있다.[2] 전략적인 대상지역으로서의 탐구 또는 지역의 종교와 문화 분석을 위해서 아프가니스탄이나 이란, 터키 지역까지 연구 범위의 확대를 꾀하고 있는 연구들이 없는 것은 아니지만, 중요 분석 대상은 구소련의 5개 국가로 한정하는 것이 일반적이다.[3] 최근에는 단순한 지리적 범위에 구애받지 않고 "종래 사용되어 온 내륙아시아나 중앙아시아라는 용어가 가리키는 영역을 넘어서 유라시아대륙의 중앙부분, 즉

---

1) Bradley Mayhew, Richard Plunkett and Simon Richmond, *Central Asia* (Melbourne: Lonely Planet Publications, 2000), p. 13.

2) 예를 들면 Boris Rumer and Stanislav Zhukov, eds., *Central Asia: The Challenges of Independence* (Armonk: M.E. Sharpe, 1998), pp. 3–15; Richard Pomfret, *The Economies of Central Asia* (Princeton: Princeton University Press, 1995), pp. 3–11; Shireen T. Hunter, *Central Asia Since Independence* (Westport: Praeger, 1996), pp. xvii–xx.

3) Hafeez Malik, ed., *Central Asia: Its Strategic Importance and Future Prospects* (Hampshire: MACMILLAN, 1994); Roald Sagdeev and Susan Eisenhower, eds., *Islam and Central Asia: An Enduring Legacy or An Evolving Threat?* (Washington, D.C.: A Center for Political and Strategic Studies Book) 참조.

우랄-알타이 계통의 언어를 구사하는 사람들이 거주하는 지역"을 문화적으로 총괄하는 '중앙유라시아'라는 개념을 사용하는 연구자들도 있다. 이들에 의하면 중앙유라시아는 동유럽에서 동북아까지, 그리고 북빙양에서 카프카스, 힌두쿠시 산맥은 물론 파미르 고원, 쿤룬산맥, 황하까지 포괄하게 된다.[4] 연구자의 관심에 따라 '중앙아시아'라는 지역적 범위 개념의 진폭이 매우 큰 것이다.

학문적인 연구대상으로서의 '중앙아시아'가 어디인지를 결정하는 것은 지리학자나 역사학자 혹은 정치경제학자 개개인이 아니고 동 분야의 연구가 해당 지역의 연구 주제들에 관한 논쟁을 불러일으킬 만큼 축적된 이후의 토론과 합의일 것이다. 그것이 먼 앞날의 일일지라도 이러한 단계를 거치지 않는다면 지역 연구자는 자신의 정체성 확립을 위해 지도도 없는 길을 찾아 헤매야 할 뿐만 아니라 전문성을 확보할 수도 없다.

부정적인 의미에서든 긍정적인 의미에서든 '제국들'에게는 중앙아시아가 '변방'이 아니었다. '대경쟁시대(Great Game)'라고 불리는 19세기 후반 영국과 러시아의 각축, 20세기 소련의 지배는 물론, 미국이나 일본처럼 '무의식적인' 제국 의식을 지니고 있는 국가들의 대중앙아시아 연구나 전략에서 엿볼 수 있는 바와 같이 중앙아시아는 중요 국가들에게 있어서 정책적으로나 학문적으로 여전히 세계전략의 '중심' 대상이다. 따라서 이 국가들의 학문적인 관심에 있어서도 중앙아시아는 지역의 정치와 문화, 역사 연구에 있어서의 '중심' 지역이었고, 여전히 그러하다.

이와 같은 '제국'의 지나친 관심이 파괴적인 방법으로 중앙아시아를 국제'정치'의 장으로 이끌어 낸 것도 사실이다. 본 연구는 2001년의 9.11테러 그리고 그에 뒤이은 중앙아시아의 혼돈과 경쟁의 시작

---

4) 小松久男編 『中央ユーラシア史』(東京: 山川出版社, 2000), p. 3.

과 출발의 시점을 같이한다. 국제정치적 요인에 의한 갑작스런 세간의 관심 폭주가 연구의 출발이었음을 부인할 수 없다. 원래는 광의의 중앙아시아 지역 고유의 종교와 문명, 혁명과 근대화 그리고 지역사회의 네트워크의 역사와 현재를 천착함으로써 21세기 중앙아시아에서 발생하는 문제의 구조적 연원을 분석하는 데 그 목적이 있었다. 문명발상지로서 그리고 동서양의 가교로서의 중앙아시아의 문명적 측면과 현재적인 의미에서의 중앙아시아에 대한 평가 즉 테러와 빈곤, 마약 등으로 연상되는 반(反)문명적 측면을 종교와 문명, 혁명과 근대화 그리고 세계체제 속에서의 이 지역의 위치와 갈등의 상관관계라는 세 축을 중심으로 바라보려고 했다.

그러나 언젠가 누군가에 의해서 시도되어야 할 분야를 연구한다는 연구자들의 초기의 프로페셔널리즘 내지 자만심은 중앙아시아의 역사와 현재에 관한 국내외 선행연구의 난폭할 정도의 '비균질성'과 '산발성'에 대한 경악 그리고 본디 중앙아시아를 전문영역으로 하지도 않는 소수 연구자들의 고독한 작업만으로는 성취는커녕 중요한 주제를 오염시키기만 하는 것이 아닌가 하는 불안감으로 바뀌기도 했다.

그럼에도 불구하고 참여 연구자들은 3년의 연구 기간을 통해서 중앙아시아 지역에 관한 역사적, 정치경제적, 문명사적 접근을 위해 역사적인 사건의 전개와 체제변화를 기본 시각으로 하여 19세기 중앙아시아의 종교, 문화적 기원과 20세기 이후의 혁명과 전쟁, 근대화 과정 그리고 21세기에 접어들면서 표출된 반문명적 모습의 전개 과정을 분석하려고 노력하였다. 과연 초기의 거창한 목표를 달성했는가를 추궁받는다면 연구인원과 시간의 절대적 부족이라는 상투적인 방패 뒤에 숨을 수밖에 없겠다.

연구자들이 산출한 연구결과 가운데 처음의 목적에 부합하는 결과들을 선별하여 다섯 부분으로 나누어 편집한 본서는 전반적으로 '중앙아시아'의 모든 측면을 다루었다고 할 수는 없지만 참여 연구자들은 적어도 위에 언급한 문제의식과 연구의 방향 그리고 상통하는 개념을 공유하면서 연구를 진행해 왔다. 물론 각 연구자들의 연구진행의 방법론과 결론에 대해서도 여러 차례의 세미나를 통해 발표와 토론을 거치면서 논쟁하고 수정하였지만, 모든 연구자들이 서로의 견해에 대해서 동의한 것도 아니다. 분석의 대상으로 삼는 이슈들 자체가 워낙 광범위한 것이어서, 견해의 합일을 추구하면서도 완벽하게 달성하기는 어려웠다. 그러나 자의적인 생각이기는 하지만, 단순한 개인적 사상과 상상에서 연유한 의견충돌이 아니라면, 연구에 있어서는 사실과 논리의 상위에서 비롯하는 학문적 견해의 다양성이 오히려 총체적인 연구결과의 강점이 될 것이라는 점을 의심하지 않는다.

본 연구는 '중앙아시아'라는 이름 하의 다양한 주제를 다양한 시각과 접근방법 그리고 자료로 분석한 것들의 종합이지만, 그 종합은 결국 위의 문제의식에 대한 해답이 될 것이다. 그리고 분명한 것은 모든 참여 연구자들이 결국 '중앙아시아를 찾아서' 귀중한 학문적 노고와 시간을 허여했을 것이라는 점이다. 학문적 연구 대상으로서의 '중앙아시아'의 위치를 모색하고 '문명과 반문명'의 역사적 관점에서 중앙아시아를 보려는 의식 자체는 모든 필자들이 수미일관하게 견지하려고 했다. 모든 연구가 그러하듯이 본서 역시 결코 최종적일 수 없다. 편자로서는 이 연구결과가 현재 쌓아지고 있는 한국의 '중앙아시아' 연구라는 탑에 작은 벽돌 하나로나마 쓰일 수 있다면 더 바랄 것이 없다.

■ 차 례

11

제1부

'연구'와 중앙아시아

제 1 장
한국의 중앙아시아 연구 15年史略*

이 웅 현

I. 불모(不毛)시대: 1990년대 전반

역사학과 문화인류학, 고고학 등 정치이데올로기를 배제하려는
엄밀한 검증의 '역사과학'을 제외한 사회과학분야 특히 정치학에서
중앙아시아가 독립적인 관심과 분석의 대상이 되기 시작한 것은
1990년대 이후의 일이었다.[1] 중앙아시아의 정치학 또는 정치경제학
에 관한 영어권 연구자들도 예외는 아니었다. 서구에서는 1991년
소련이 붕괴되고 그를 구성하던 중앙아시아 지역의 국가들이 독립
하면서[2] 중앙아시아와 관련한 연구들이 사태(沙汰)를 이루기 시작

---

* 이 글은 『평화연구』 제13권 2호(2005년 가을)에 게재된 것임.

1) 어문학과 터키지역 연구를 중심으로 한 1990년대 이전의 한국의 중앙아시
아연구 현황에 관해서는 최한우, "중앙아시아 지역연구 현황과 과제",『국
제지역연구』제5권 제1호 (2001년), pp. 117-158 특히 pp. 130-142 참조.

2) 1990년 『포린 어페어즈(Foreign Affairs)』는 "중앙아시아의 부상(浮上)"이
라는 그레이엄 풀러(Graham E. Fuller)의 논문을 게재했는데, 풀러는 이
논문에서 이란, 아프가니스탄, 중국 서부, 소련의 중앙아시아 5개국을
포괄한 지역에 대한 유럽의 냉전해체의 영향을 분석하면서 "[중앙아시아

했다. 그러나 고르바초프 등장 이후 형성된 개방과 교류의 분위기와 함께 1991년의 급격한 정치변동은 일반인의 냉전적 사고의 타성을 타파하는 데에는 성공하였지만, 연구의 관성을 제거하는 데에는 긴 호흡을 필요로 했다. 1990년대 서구의 중앙아시아 연구는 '포스트-소비에트'라는 틀 속에 머물러 있었던 것이다.[3]

소련의 붕괴 이후 한국의 사회과학 학술지에 '중앙아시아'란 명칭

의 5개국의] 이탈은 가까운 장래에는 실현될 수 없을 것이지만, 장기적으로는 가능한 것이 되고 있다"고 쓰고 있다. Graham E. Fuller, "The Emergence of Central Asia," *Foreign Affairs*, No. 78 (Spring, 1990), pp. 49-67 특히 p. 60. 그러나 1992년에 동지(同誌)는 "작년(1991년)의 소련의 붕괴와 중앙아시아 국가들의 세계정치무대에의 등장으로 인해 미국은 코모도어 페리의 동경만 내항 이후 가장 크고 또 가장 알려지지 않았던 새로운 외교파트너들과 조우하게 되었다"는 내용의 논문을 실어야 했다. James Rupert, "Dateline Tashkent: Post-Soviet Central Asia," *Foreign Affairs*, No. 87 (Summer, 1992), pp. 175-195.

3) 적어도 1995년까지의 연구들은 소련 붕괴의 그림자를 반영하고 있다. 예를 들어 J. Richard Walsh, "China and the New Geopolitics of Central Asia," *Asian Survey*, Vol. 33, No. 3 (Mar., 1993), pp. 272-284는 소련 붕괴와 중앙아시아 5개국 독립의 정치적 변화에 따른 중국의 신장, 티벳 지역에 대한 정치적 경제적 대응책과 대외정책을 다루고 있으며, Theodore Levin, "The Reterritorialization of Culture in the New Central Asian States: A Report from Uzbekistan," *Yearbook for Traditional Music*, Vol. 25, Musical Processes in Asia and Oceania (1993), pp. 51-59는 우즈베키스탄의 신, 구 문화충돌(우즈베키스탄의 전통문화 대 소비에트문화의 영향력)을 분석대상으로 하지만 "독립 이후 중앙아시아 지역 국가들의 외교정책, 헌법, 사회적 우선순위 등의 재조정 분위기"를 전제로 하고 있다. 또한 Anthony Hyman, "Moving out of Moscow's Orbit: The Outlook for Central Asia," *International Affairs*(Royal Institute of International Affairs), Vol. 69, No. 2 (Apr., 1993), pp. 288-304는 제목이 암시하는 바와 같이 모스크바로부터 독립한 이후의 중앙아시아 4개국(러시아의 관점에서 중앙아시아는 카자흐스탄을 제외한 4개국 즉 우즈베키스탄, 투르크메니스탄, 키르기스, 타지키스탄)과 인접국으로서의 특별 지위를 갖는 카자흐스탄을 둘러싼 인접국과 러시아의 경쟁을 분석하고 있다. Rajan Menon, "In the Shadow of the Bear: Security in Post-Soviet Central Asia," *International Security*, Vol. 20, No. 1 (Summer, 1995), pp. 149-181 역시 중앙아시아 5개국의 안보에 중요한 요소들을 언급하면서, 러시아와 이 지역 국가들 사이의 관계에 관한 논문이다.

이 들어간 논문이 출현하기 시작한 것도 1992년부터였다. 이 해에
한국세계지역학회의 저널『세계지역연구논총』에 게재된 김유남의
"蘇聯邦의 해체와 獨立國家聯合(CIS)의 형성 및 중앙아시아의 動搖"
는 소련의 해체 이후 중앙아시아의 5개국이 포함된 CIS와 우크라이나,
벨로루시 등의 현황과 미래 그리고 그에 대한 러시아와 미국의 정책
동향을 해설식으로 기술한 것으로써 중앙아시아 그 자체에 관한 연구
라고 할 수는 없지만, '중앙아시아'를 정치학의 분석대상으로 삼기
시작한 초기에 미국과 러시아 등의 강대국 관계 속에서 지역을 바라
보면서 중앙아시아를 부차적인 변수로만 고려하는 한국의 대 중앙아
시아 인식을 상징적으로 보여주는 논문이라고 할 수 있다.[4] 1990년대
전반기 중앙아시아를 어떠한 식으로든 언급한 학술논문이 이 이외에
는 거의 부재하다는 사실도 이 시기 연구대상으로써의 중앙아시아에
대한 사회과학 연구자의 인식과 연구 인력의 상황을 보여주고 있다.

Ⅱ. 소비에트의 그늘, 인문학의 우위: 1990년대 후반

중앙아시아의 연구에 관한 한 이러한 불모상태는 1996년 중앙아
시아학회의 창설 시까지 이어졌다. "중앙아시아학의 범위 속에서
역사, 언어, 고고학, 미술사, 음악, 복식 등의 여러 분야의 연구자들"[5]

---

4) 김유남, "소련방의 해체와 독립국가연합(CIS)의 형성 및 중앙아시아의
   동요",『세계지역연구논총』제4권, 한국세계지역학회 (1992년), pp. 7~23.
   서구의 동향도 마찬가지여서 이 해에 출판된 밀란 호너(Milan Hauner)의
   연구는 핼포드 맥킨더(Halford Mackinder)의 지정학 이론을 중심으로 러
   시아의 입장에서 대 중앙아시아 관계를 역사적, 지정학적으로 정리, 고찰
   한 것이다. 물론 1990년의 초판을 페이퍼백의 형태로 다시 간행한 것이기
   때문이기도 하다. Milan Hauner, *What Is Asia To Us?: Russia's Asian
   Heartland Yesterday and Today*, (London and New York: Routledge, 1992).
5)『중앙아시아연구』제1권, 중앙아시아학회(1996년 12월), 중앙아시아학회

이 모여 결성한 연구회에서 출발한 동 학회는 『중앙아시아연구』를 연 1회 간행하면서 한국에서는 거의 유일한 중앙아시아 연구의 의사소통의 장이 되었다. 중앙아시아학회는 그 연구 성과들이 "국내의 인접학문 영역은 물론이고, 현재의 경제발전 분야에도 현실적으로 크게 기여할 것이 분명하며, 또한 국제학회의 논문 반열에서도 우뚝 솟아 명실 공히 '실크로드문화 당사국'의 면모를 과시하게 될 것"이라는 창간사와 "우리는 일본이나 서구 어느 나라와도 비교가 안 될 정도로 중앙아시아와 깊은 관계를 갖고 있다. 아프라시압 벽화나 혜초 혹은 고선지와 같은 역사인물의 예는 물론이지만, 그 후 우리 민족의 강제이주라든가 기업들의 진출 등은 현재적인 관점에서도 그러한 관계를 말해주고 있다... 우리의 중앙아시아 연구는 일본이나 중국과는 또 다른 우리들의 독자적인 문제의식과 시각을 갖고 이루어지고..." 하는 격려사에서 알 수 있듯이 문제의식 자체는 포괄적인 학문연구의 대상으로서의 중앙아시아보다는 한국과의 고대 관계사 및 역사인류학의 연구대상으로서의 중앙아시아에 초점을 맞춘 것으로 보인다.[6] 특기할 것은 연구대상으로서의 중앙아시아의 특정분야에 관한 언급은 하고 있으나 정작 지역연구에서 가장

_____

장 권영필의 "창간사".

6) 『중앙아시아연구』 제1권, 중앙아시아학회 (1996년), 고병익의 "격려사"; 창간호의 논문 구성을 보면 이러한 문제의식의 방향은 더욱 분명하다. "서하,금의 교빙관계에 대하여"(민병훈), "1870년대 카쉬가리아 ─오스만 제국 간 외교교섭의 전말과 특징"(김호동), "4.3회의와 내몽고자치정부 성립과정"(김선호), "契丹史 연구의 현황과 과제"(이재성), "1990년 이후 몽골 역사학계의 몽골사 연구동향과 연구성과"(이평래), "몽골비사」 몽골어의 친족 용어"(유원수), "중앙아시아 튀르크 제어의 형성과 발전"(김효정), "한국어와 알타이 제어의 격조사 비교 연구"(최한우) 등 8편이 창간호에 게재되었고, 그 이후의 권호도 사정은 비슷하다. 특히 2001년 제6권의 특집 '20세기 중앙아시아연구의 회고와 전망'에서 한국의 연구현황은 고고학과 미술사 중심의 연구성과 소개, 정리로 국한되어 있다. 『중앙아시아연구』 제6권, 중앙아시아학회(2001년), pp. 9-29.

명확하게 밝혀져야 할 지리적 범위에 관한 언급이 없다는 점이다. 아마도 연구대상의 시간적 범위에 주안을 두면서, 그 공간적 범위에 관해서는 연구자들 사이에서 '중앙아시아'라고 일컬을 때 특별히 언급은 하지 않지만 통념적인 전제로 받아들이는 것에 대한 암묵의 '합의'때문일 것이다.[7]

즉 『중앙아시아연구』에 게재되는 연구 성과들의 지리적 취급범위로 판단하면, 이 저널이 의미하는 중앙아시아란 구소련의 중앙아시아 5개국(카자흐스탄, 우즈베키스탄, 투르크메니스탄, 키르기스, 타지키스탄) 이외에 몽골, 신장, 터키 등지를 포괄하는 광대한 지역이며, 앞의 5개국 즉 현재보다는 서역 또는 실크로드[8]로 파악되는

7) 한 인터넷 포털사이트(http://www.naver.com)의 '백과사전'에 의하면 중앙아시아는 "범위는 일정하지 않으나 작게는 파미르고원을 중심으로 동(東)투르키스탄으로 불리는 중국의 신장웨이우얼자치구[新疆維吾爾自治區]와 서(西)투르키스탄으로 불리는 투르크메니스탄·우즈베키스탄·타지키스탄·키르기스스탄의 4개 공화국 및 카자흐스탄 남부를 합친 지역을 가리키며, 넓게는 내·외몽골(몽골과 중국의 네이멍구자치구), 중국 칭하이성[青海省], 티베트고원(高原), 아프가니스탄까지를 포함한다. 이는 강물이 외양으로 흘러나가지 않는 내륙 아시아와도 거의 일치한다"고 되어 있는데, 이는 중앙아시아에 관한 가장 광범위한 정의 가운데 하나이다. 올리비어 로이에 의하면 중앙아시아(Central Asia)는 "트랜스옥시아나(Transoxiania, 현재의 우즈베키스탄과 카자흐스탄 지역의 고대 명칭)만을 의미하거나 또는 이스탄불에서 신장까지의 모든 것을 의미하기도 하는 변화무쌍한(variable) 지리적 개념"이다. Olivier Roy, *The New Central Asia: The Creation of Nations*, (New York: New York Univ. Press, 1997), p. 1.
8) 한국의 경우 '실크로드'라는 주제가 중앙아시아 연구의 방향을 결정하거나, 연구의 주류를 이룬 적은 없다. 다만 문명사의 관점에서 간간이 차용되어 왔다. 예를 들면 남석환(김복경 역), "동서문화의 교류: 실크로드의 길손", 『문화사학』 1995년 제1집, 한국문화사학회, pp. 169-175; 심영수, "중국 신강위구르 자치구의 한국기업 진출을 위한 지역연구: 실크로드의 재조명과 전망", 한국무역학회 1995년 정례학술발표대회 발표논문집, pp. 77-103; 권영필, 『실크로드 미술: 중앙아시아에서 한국까지』(서울: 열화당, 1997년); 김령, "실크로드학 대간의 관음사상", 『한민족문화연구』 제9집(2001년), 한민족문화학회, pp. 237-255; 강은경, "문명견문기-실크로

과거의 이 지역과 뒤의 세 지역에 중점을 두고 있는 것으로 보인다.[9] 중앙아시아라는 명칭을 사용하는 학회에서 그 연구대상의 범위에 관한 명확한 정의를 하고 있지 않다[10]는 것은 한국의 중앙아시아 연구에 있어서 연구 대상지역의 공간적 정의에 관한 합의가 연구자들 암묵적으로만 존재한다는 것을 의미한다.

중앙아시아 관련 학회로서 한국알타이학회와 한터학회 등도 있으나 알타이학회는 원칙적으로 인문학자들 중심으로 알타이 제어, 역사, 고고학, 문화 등을 포괄하면서도 실제로는 알타이 언어학이 주를 이루고 있으며, 한터학회는 이름 그대로 주로 한국과 터키 관계 및 터키 지역을 중심으로 하여 중앙아시아 튀르크 지역권을 간혹 다루고 있는 실정이다.[11]

중앙아시아학회의 연구 성과가 연 1회 간행하는 저널을 통해서 발표되기 시작한 이후에도 간헐적으로나마 중앙아시아 관련 연구 성과가 다른 연구지면을 통해서 활자화되었다. 1997년 정성호의 "카자흐스탄 한인의 현황과 과제"[12] 그리고 1998년에 나온 장원창의

드를 따라서", 『문명연지』 제3권 제3호(2002년), 한국문명학회, pp. 249–270; 전인평, 『실크로드, 길 위의 노래』(서울: 소나무, 2003년); 이승영, "실크로드와 그것이 한국문화에 미친 영향", 『경영사학』 제20집 제1호(2005년), 한국경영사학회, pp. 29–54; 손명원, "실크로드의 자연환경", 『한국지역지리학회지』 제11권 제1호(2005년), 한국지역지리학회, pp. 29–39 등 참조.

9) 중앙아시아학회가 몽골을 연구대상지역으로 포함시킨 이유는 몽골의 역사적 역할과 작용을 고려하여 중앙아시아의 변화와 발전에 영향을 미친 지역까지도 광범위하게 다루기 위해서 일 것이다.

10) 중앙아시아학회 홈페이지의 '학회소개'란에는 "넓은 의미의 중앙아시아 즉 '중앙 유라시아(Central Eurasia)'의 역사와 문화에 대한 연구"를 목적으로 하고 있다고 규정하고 있다. http://plaza.snu.ac.kr/~kacas(검색일: 2005년 12월 14일).

11) 최한우, "중앙아시아 지역연구 현황과 과제", 『국제지역연구』 제5권 제1호(2001년), p. 131.

12) 정성호, "카자흐스탄 한인의 현황과 과제", 『사회과학연구』 제36집(1977년), 강원대학교 사회과학연구소, pp. 21–36.

"포스트공산주의 사회의 정치체제 변화: 카자흐스탄의 대의제도 형성과 문제점"[13]은 '카자흐스탄', '한인', '포스트공산주의' 등의 용어를 표제어로 사용함으로써 1990년대의 한국의 중앙아시아 연구의 상황을 집약하고 있다. 즉 공산주의 소련 붕괴 이후 새로운 정치단위로 등장한 중앙아시아 국가들의 '체제 내 개혁개방'과 '체제전환'의 문제를 카자흐스탄의 의회제도 발전과정 분석을 통해 다룬 뒤의 논문은 "소련과 동구유럽 공산주의 체제의 붕괴"가 야기한 "[1990년대 당시] 정치학의 주요한 관심의 대상"이 무엇이었는지를,[14] 그리고 앞의 논문은 그러한 추세 가운데서도 특히 한국의 사회과학 연구자들이 관심을 집중하고 있는 것이 중앙아시아 지역에서 한국에는 '잊혀진 존재'로 남아있던 재외한인들 즉 '불행했던 민족사의 희생자'임을 보여주고 있다.[15] 더욱이 정성호의 논문은 1990년대 중반 다양한 학문분야에서 소위 '재소 한인' 또는 '중앙아시아 한인'에 대하여 시도하고 있던 학문적 접근의 연장선 상에서 파악하면 이 시기 한국의 중앙아시아 학문특수(特需)의 핵심 아이템이 무엇이었는지를 시사해 준다.[16]

1997년과 1998년에는 '입문' 또는 '개설'의 이름으로 중앙아시아의 역사와 현황에 관한 종합소개서가 출간된 시기이기도 하다. 최한우의 『중앙아시아학 입문』은 이미 1993년에 중앙아시아의 한민족, 독

13) 장원창, "포스트공산주의 사회의 정치체제 변화: 카자흐스탄의 대의제도 형성과 문제점", 『한국동북아논총』 제7권(1998년), 한국동북아학회, pp. 55-82.

14) 장원창(1998), pp. 55, 56.

15) 정성호(1997), pp. 23, 34.

16) 예를 들면 이광규, 전경수, 『재소 한인: 인류학적 접근』(서울: 집문당, 1993년); 한국사회사연구회, 『중앙아시아 한인의 의식과 생활』(서울: 문학과 지성사, 1996년); 문명식, "러시아인과 카자흐스탄의 민족문제", 『러시아지역연구』 제3권(1999년), 한국외국어대학교 외국학종합연구센터 러시아연구소, pp. 163-185 등 참조.

립국가연합, 근대사, 종교, 언어 등의 개황을 담아 출판되었던 동 연구자의 『중앙아시아』에 중앙아시아와 한반도 민족형성과의 관련성, 중앙아시아의 민족주의 운동 및 구소련 중앙아시아 민족 형성과정을 보완한 것이며,[17] 우덕찬의 『중앙아시아사 개설』은 중앙아시아의 역사를 선사시대부터 근세사에 이르기까지 기술한 것이다.[18]

소련 해체의 그늘 속에서 그리고 '체제전환' 문제의 여운의 뒷자락에 서 있으면서도, 중앙아시아 5개국에 대한 개별적 접근을 시도하고 또 이 국가들과 지역 강대국 사이의 일반적 관계와 구체적 사안에 천착하기 시작한 것은 1990년대 종반의 일이었다.[19] 한국학

---

17) 최한우, 『중앙아시아』(서울: 펴내기, 1993년); 『중앙아시아학 입문』(서울: 펴내기, 1997년).
18) 우덕찬, 『중앙아시아사 개설』(부산: 부산외국어대학교 출판부, 1998년).
19) 주 3)에서 소개한 바와 같이 이 문제에 관한 서구의 연구는 1990년대 전반에 시작되고 있었다. 1990년대 후반기 서구의 중앙아시아 연구는 중앙아시아 5개국의 민족주의와 국가건설, 지역주의 및 지역협력의 전개, 민주화와 정치변동의 문제로 심화, 확산되어 있었다. Shahram Akbarzadeh, "Why Did Nationalism Fail in Tajikistan?" *Europe—Asia Studies*, Vol. 48, No. 7 (Nov., 1996), pp. 1105-1129; Paul Kubicek, "Regionalism, Nationalism and Realpolitik in Central Asia," *Europe—Asia Studies*, Vol. 49, No. 4 (Jun., 1997), pp. 637-655; Richard Pomfret, "The Economic Cooperation Organization: Current Status and Future Prospects," *Europe—Asia Studies*, Vol. 49, No. 4 (Jun., 1997), pp. 657-667; Gregory Gleason, "Independence and Decolonization in Central Asia," *Asian Perspective*, Vol. 21, No. 2 (Fall 1997), pp. 223-246; Pal Kolsto, "Anticipating Demographic Superiority: Kazakh Thinking on Integration and National Building," *Europe—Asia Studies*, Vol. 50, No. 1 (Jan., 1998), pp. 51-69; Anna Matveeva, "Democratization, Legitimacy and Political Change in Central Asia," *International Affairs* (Royal Institute of International Affairs), Vol. 75, No. 1 (Jan., 1999), pp. 23-44; Pauline Jones Luong and Erika Weinthal, "The NGO Paradox: Democratic Goals and Non-Democratic Outcomes in Kazakhstan," *Europe—Asia Studies*, Vol. 51, No. 7 (Nov., 1999), pp. 1267-1284; Richard Pomfret, "Agrarian Reform in Uzbekistan: Why Has the Chinese Model Failed to Deliver?" *Economic Development and Cultural Change*, Vol. 48, No. 2 (Jan., 2000), pp. 269-284; Reuel R. Hanks, "A Separate Space?: Karakalpak Nationalism and Devolution in Post-Soviet Uzbekistan," *Europe—Asia Studies*, Vol. 52,

술진흥재단의 지원을 받아 한국중동학회가 1997년부터 추진한 연구
과제 '소련해체 이후 강대국의 대 중앙아시아 지역패권주의 정책과
국제질서'가 1998년과 1999년에 걸쳐서 동 학회의 연구저널『한국중
동학회논총』에 활자화되었다. 카자흐스탄, 우즈베키스탄, 타지키스
탄, 투르크메니스탄 등 4개국의 자연환경, 역사, 사회와 문화, 정치상
황 등에 관한 개괄적인 연구과 정리의 성과가 가시화되었고,[20] 국제
관계의 구체적 사안으로서 중앙아시아의 에너지 및 송유관 건설계
획과 미국, 이란의 관계를 다룬 논문,[21] 카자흐스탄과 우즈베키스탄
의 대 러시아 관계의 연구,[22] 그리고 타지키스탄과 투르크메니스탄
의 대 러시아 관계에 관한 연구[23]들이『논총』에 게재되었다. 한국중
동학회의 이 연구 프로젝트는 지역의 역사적 이슈들에 대한 관심에
서 국가 간의 관계에 대한 탐구로 어느 정도 시각의 확대 또는 다변
화를 보이면서도 중앙아시아의 민족 및 민족운동 그리고 종교 등에
대한 연구를 가미하고 있다.[24] 이 중앙아시아 연구에 관해 특기할

No. 5 (Jul., 2000), pp. 939-953 등 참조.
20) 김대성, "소련해체 이후 강대국의 대 중앙아시아 지역패권주의 정책과
    국제질서-카자흐스탄과 우즈베키스탄의 일반개황",『한국중동학회논
    총』제19권 1호(1998년), 한국중동학회, pp. 1-42; "소련 해체 이후 강대
    국의 대 중앙아시아 지역패권주의 정책과 국제질서-타지키스탄과 투
    르크메니스탄의 일반개황", 앞의 책, 제20-1호(1999년), pp. 247-298.
21) 장병옥, "소련해체 이후 강대국의 대 중앙아시아 지역패권주의 정책과
    국제질서-미국과 이란을 중심으로",『한국중동학회논총』제19권 1호,
    한국중동학회, pp. 43-86.
22) 김형주, "소련해체 이후 강대국의 대 중앙아시아 지역패권주의 정책과
    국제질서-러시아와 카자흐스탄, 우즈베키스탄 관계를 중심으로",『한
    국중동학회논총』제19권 1호, 한국중동학회, p. 87-109.
23) 김형주, "소련 해체 이후 중앙아시아 지역패권주의 연구-러시아와 타지
    키스탄 및 투르크메니스탄 관계를 중심으로",『한국중동학회논총』제20
    권 1호(1999년), 한국중동학회, pp. 335-361.
24) Ali Riza Balaman, "소련해체 이후 강대국의 대 중앙아시아 패권주의 정책
    과 국제질서-우즈베키스탄, 카자흐스탄의 종교와 민족성 문제를 중심
    으로",『한국중동학회논총』제19권 1호, 한국중동학회, pp. 111-131;

만한 것은 터키와 이란 등의 언어와 문화, 역사의 연구자들이 주류를
이루고 있다는 점이다. 중앙아시아와 역사, 문화적 연원을 같이 하
거나 빈번한 교류를 통하여 동질의 문화권을 이루고 있는 지역의
연구자들의 주요 관심대상이 되었던 것이다. 1990년대 종반에는 개
설서 성격의 간행물 이외에도 전문적인 연구자들을 독자로 하는
연구도 극소수이지만 출현했다. 중앙아시아로 분류되면서 중국에
포함되어 있는 신장과 위구르 지역의 근대사를 다룬 김호동의『근
대 중앙아시아의 혁명과 좌절』[25] 그리고 동 연구자의 「위구르 역사
가 사이라미(1836~1917)의 역사저술에 나타난 전통과 근대」[26]가 그
것이다.[27]

중앙아시아에 대한 관심이 형성되기 시작한 이래 10년 동안의
한국의 중앙아시아 연구는 소련 해체 후의 동향 파악, 한국과의 연고
를 출발점으로 한 동 지역의 고대사와 근현대사에 대한 집중 등의
특징을 지니고 있다고 할 수 있다. 뿐만 연구자들의 인적 구성과
관심 분야의 광폭성(廣幅性)은 자연히 연구대상 지역으로서의 '중앙
아시아'의 광폭화(廣幅化)를 수반하였고, 어디가 '중앙아시아'인가에
관한 공간적 범위의 규정에 관한 합의 도출의 고민의 흔적 없이
연구가 진행된 시기이기도 했다.[28] '역사'로서의 중앙아시아[29]와

Choi Han-Woo, "Nationalist Movement and Its Development and Impact on
Central Asia,"『한국중동학회논총』제19권 2호(1998년), pp. 97-121; Woo,
Duck-Chan, "A Study on the National Movements in Central Asia,"『한국중
동학회논총』제19권 2호(1998년), pp. 123-135.

25) 김호동,『근대 중앙아시아의 혁명과 좌절』(서울: 사계절, 1999년)
26) 김호동, "위구르 역사가 사이라미(1836~1917)의 역사저술에 나타난 전
통과 근대",『동양사학연구』제57집(1997년), pp. 195-226.
27) 1990년대 후반기에 출간된 서구의 신장 위구르족에 관한 연구로는 Justin
Jon Rudelson, *Oasis Identities: Uyghur Nationalism Along China's Silk Road*,
(New York: Columbia University Press, 1997년) 참조.
28) 1990년 이후 서구의 연구자들 사이에서도 '중앙아시아'의 지리적 범위에
관한 정의는 일치되어 있지 않다. Peter Ferdinand, ed., *The New States*

'소련 해체 이후'의 중앙아시아가 혼재하고 있는 것이다.

Ⅲ. 다기화의 시도: 2000년 이후

2000년 이후에는 인문학 중심의 중앙아시아연구가 정치학 또는 정치경제학으로의 전환 내지는 새로운 출구를 모색하는 모습을 보

---

of Central Asia and Their Neighbours, (New York: Council on Foreign Relations Press, 1994), pp. 1-2에 의하면 "중앙아시아는 명확한 정의가 없는 모호한 개념으로 남아 있으며, 거의 마구잡이로 러시아 중부의 킵차크 초원으로부터 중국의 만리장성에 이르는 전 지역 또는 일부의 지역"이라고 할 수 있으며, 물리적 기준으로 설정할 수 없는 즉 문화적 친화성, 경제적 연계, 역사적 연속성과 정치 현실 그리고 구성원들의 인식과 열망에 따라 판단할 수밖에 없다; 같은 해에 출판된 Michael Mandelbaum, ed., *Central Asia and the World*, (New York: Council on Foreign Relations Press, 1994), p. 2에 의하면 [중앙아시아란] 투르크어와 투르크인이 지배적이어서 역사적으로 투르케스탄이라고 알려진 (전부는 아니라도) 대부분의 지역"이며 중국, 티벳 그리고 몽골을 포함하는 아시아 대륙의 내지를 의미하는 '내륙아시아(Inner Asia)'와 구별된다; Hafeez Malik, ed., *Central Asia: Its Strategic Importance and Future Prospects*, (London: Macmillan, 1994)는 '중앙아시아'의 지리적 범위에 관한 명확한 정의를 내리고 있지 않으나, 중앙아시아 5개국과 아프가니스탄, 나고르노-카라바흐, 터키, 이란 등을 광범위하게 다루고 있다.

29) H. B. Paksoy, ed., *Central Asia Reader: The Rediscovery of History*, Armonk, (New York: M. E. Sharpe, 1994)는 투르크의 문제로부터 시작해서 크리미안 타타르에 이르기까지 '중앙아시아'의 정체성을 '역사'에서 찾고 있는 논문 모음집이다. '역사'로서의 중앙아시아의 취급범위는 현재의 터키에서 신장, 몽골 등지에 이르는 지역(이른바 내륙아시아⟨Inner Asia⟩)으로 정치경제학에서 주로 다루는 '중앙아시아 5개국'의 범위를 넘어선다. '역사'로서의 중앙아시아란 관점에서 '내륙아시아'의 역사를 기술한 것으로는 Svat Soucek, *A History of Inner Asia*, (Cambridge: Cambridge University Press, 2000)을 참조할 것. 그리고 '정치'학 또는 '정치'경제학의 탐구대상으로서의 '중앙아시아'에 관한 기술은 Boris Rumer, ed., *Central Asia: A Gathering Storm?*, (Armonk, New York: M. E. Sharpe, 2002); Richard Pomfret, *The Economies of Central Asia*, (New Jersey: Princeton University Press, 1995) 등을 참조.

였다. 중앙아시아학회의 『중앙아시아연구』 제5권(2000년)에 게재된 우덕찬과 최한우의 논문은 중앙아시아의 '종교문제'를 다루고 있다는 점[30]에서 학회의 연구방향을 이어가고 있지만, 각각 "우즈베키스탄, 카자흐스탄, 투르크메니스탄 그리고 크르그스스탄(원문 그대로)의 이슬람 정책... 독립 후 출현한 이슬람정당과 정당정책"[31]을 그리고 "중앙아시아 이슬람 운동의 역사적 배경... 소련 해체 이후 이슬람 근본주의 운동과 당면한 과제를 검토"[32]하고 있다는 점에서 관심의 대상 시기를 1991년 이후로 옮기고 있다고 할 수 있다.[33] 2001년도의 『중앙아시아연구』 제6권에 게재된 우덕찬의 "우즈베키스탄 이슬람원리주의 운동" 역시 관심의 초점을 우즈베키스탄으로 더욱 좁히기는 했지만 같은 방향을 견지하고 있는 연구라고 할 수 있다.[34] 이들의 논문에서 '근본주의'와 '원리주의'라는 용어가 각각 사용되고 있다는 점은 중앙아시아 연구에 기본적인 용어의 통일에 관한 논의가 아직 없다는 것을 보여 주기도 한다.

역시 2000년의 『세계지역연구논총』에 실린 윤성석의 「카자흐스

---

30) 우덕찬, "중앙아시아국가들의 대 이슬람 정책에 관한 연구", 『중앙아시아연구』 제5권(2000년), pp. 158-173; 최한우, "소련해체 이후 중앙아시아 이슬람 근본주의 운동의 현상과 과제", 『중앙아시아연구』 제5권(2000년), pp. 174-199.

31) 우덕찬(2000), p. 160.

32) 최한우(2000), p. 174.

33) 두 논문 모두 신생 중앙아시아 국가들의 "권위주의형 독재체제" 하의 유화정책 및 동화정책으로 인해, 그리고 "[중앙아시아의] 세속주의 정권이 최소 5년 이상 더 집권"함으로써 이슬람 근본주의 운동의 확산에 부정적인 입장에 일치하고 있음은 흥미롭다. 우덕찬(2000), p. 172; 최한우(2000), p. 196 참조.

34) 우덕찬, "우즈베키스탄 이슬람원리주의 운동", 『중앙아시아연구』 제6권(2001년), pp. 277-292 참조; 같은 권호에 게재된 Han-woo Choi, "The Search for Identity in the Post-Soviet Central Asia"(pp. 293-325) 역시 '정체성'의 문제를 다루고 있지만 동 연구자(최한우)의 앞의 논문 "소련해체 이후 중앙아시아 이슬람 근본주의 운동의 현상과 과제"와 같은 방향을 견지한다.

탄 이중전환의 정치체제」는 "일제 강점기 고국을 떠난 수많은 유민
들이 스탈린의 명령에 의해 한밤중에 강제로 집단이주를 당하였던"
중앙아시아 그리고 이러한 "고려인들에게... 미치는 영향"이라는 문
제의식을 저변에 깔고 있지만,[35] 정치체제의 개혁과 경제정책의 개
혁이라는 두 개의 전환체제의 문제를 주 논점으로 삼음으로써 분석
아이템이 다양해지고 있음을 보여준다. 같은 해의『국제지역연구』
에 실린 논문 역시 "까쟈흐스딴과 우즈베끼스딴(원문 그대로)의 경우
를 중심으로 이들 지역의 원유와 가스가 국제적, 국내적 정치 · 경제
에 미치는 영향을 살펴" 보려고 함으로써 천연에너지와 자원개발의
문제로 관심의 영역을 확대하고 있다.[36] 2002년『세계지역연구논총』
에 실린 논문「CIS 국가들의 대외정책: 중앙아시아를 중심으로」도
연구영역의 다변화의 관점에서 파악될 수 있다.[37] 2000년 이후에는
'중앙아시아 문제'를 취급하는 학술지의 영역도 '지역연구'를 중심으
로 하는 저널들로 확대되었음을 알 수가 있다.[38]

---

35) 윤성석, "카자흐스탄 이중전환의 정치경제",『세계지역연구논총』제15
   권 (2000년), 한국세계지역학회, pp. 231-255. 특히 pp. 231, 252.
36) 이상민 · 신형직, "소연방 붕괴 이후 중앙아시아국가들의 천연에너지 자
   원개발을 통해서 본 국가건설의 제문제와 그 전망(I)-까쟈흐스딴과 우
   즈베끼스딴의 사례",『국제지역연구』제4권 제1호(2000년), pp. 53-72.
37) 양정훈, "CIS 국가들의 대외정책-중앙아시아를 중심으로",『세계지역연
   구논총』제19권(2002년), pp. 267-293. 이 논문은 중앙아시아 5개국의
   통합가능성을 분석하면서, 이 지역 국가들과 러시아와의 관계를 조망하
   고 있다. 동 연구자는 이 분야의 연구를 지속하여 2005년에는 "러시아의
   대 중앙아시아 외교정책의 변천과정"을 발표하였다.『슬라브연구』제
   21권 1호(2005년), pp. 141-163.
38) 1990년대에도 지역연구 전문 저널에 2000년대 이후에 확산되기 시작한
   연구주제들을 다룬 논문들이 극소수이지만 존재했다. 예를 들면 문명
   식, "지역통합을 위한 중앙아시아 국가들의 대외정책: 러시아 및 주변
   접경국가들과의 관계",『중소연구』통권 71호(1996년 가을), 한양대학교
   중소문제연구소, pp. 103-128; 홍성원, "코카서스 및 중앙아시아지역
   원유의 정치경제",『러시아지역연구』제1권 1호(1997년), 한국외국어대
   학교 외국학종합연구센터 러시아연구소, pp. 167-179.

이러한 추세는 2003년 『국제정치논총』이 "중국 신장의 분리주의 운동"을,[39] 이듬해인 2004년에는 『슬라브학보』와 『슬라브연구』가 "현대 중앙아시아 지역연구와 러시아"[40] 그리고 "중앙아시아 카스피해 연안 주요 산유국의 에너지 자원 개발역사와 문제점: 아제르바이잔과 카자흐스탄을 중심으로[41]"를 잇달아 게재하고, 『중국학연구』가 "중국의 중앙아시아 전략"[42]이라는 연구논문을 활자화함으로써 더욱 강화되어 왔다. 2000년 이후 중앙아시아 연구의 추세는 소비에트의 그늘과 한국과의 관련이라는 여운을 완전히 제거하지는 못하였지만, 관심 영역을 다기화하거나 러시아 또는 중국 연구자들이 자신들의 연구테마의 연장선상에서 재조명하며, 관련 연구자들의 연구결과 발표의 무대를 넓혀 온 것이라고 정리할 수 있다.

Ⅳ. 전망

2004년 발표된 성동기의 연구[43]는 "국내의 중앙아시아 지역연구는 비교지역 연구의 관점에서 기존의 중동과 터키를 연계해서 해석

---

39) 이동률, "중국 신장의 분리주의 운동: 현황과 영향력", 『국제정치논총』 제43권 3호(2003년), 한국국제정치학회, pp. 317-338.
40) 성동기, "현대 중앙아시아 지역연구와 러시아: 비교지역 연구의 변수로서 러시아", 『슬라브학보』 제19권 1호(2004년), 한국슬라브학회, pp. 279-292.
41) 김상철, "중앙아시아 카스피해 연안 주요 산유국의 에너지 자원 개발역사와 문제점-아제르바이잔과 카자흐스탄을 중심으로", 『슬라브연구』 제20권 1호(2004년), pp. 229-257.
42) 지재운, "중국의 중앙아시아 전략", 『중국학연구』 제21권(2005년), 중국학연구회, pp. 271-292.
43) 성동기, "현대 중앙아시아 지역연구와 러시아: 비교지역 연구의 변수로서 러시아", 『슬라브학보』 제19권 1호(2004년), 한국슬라브학회, pp. 279-292 특히 pp. 279-281, 288.

하려는 경향을 보이고 있다. 이러한 현상은 현재 중앙아시아 전문가로서 활동하는 연구자들이 중동과 터키를 전공하였기 때문에 나타나는데, 실제로 이들은 중앙아시아의 독자성을 무시하는 오류를 범하고 있다"고 주장하고 있다. 나아가 성동기는 '러시아'라는 변수가 존재하는 이 지역의 연구에 중동과 터키를 중심으로 보편화된 지역의 현상을 중앙아시아에 그대로 도입하여 일반화하려는 의도는 객관성이 떨어진다고 주장한다. 한국의 중앙아시아 연구의 현황에 관한 이러한 비판은 적확(的確)하다고 할 수 있지만 이는 '오류'라기보다는 연구의 일천(日淺)함에 기인하는 불가피한 한계라고도 할 수 있다. '이슬람'과 '투르크'라는 문화인류학적, 역사적 변수를 고려하면 중동과 터키의 연구자들이 중앙아시아 연구를 병행하는 것은 '오류'라고만 할 수는 없으며, 한국의 중앙아시아 지역연구자의 희소성을 감안하면 초기 단계의 연구에 있어서는 오히려 장려해야 할 현상일 수도 있다. '러시아'라는 변수를 고려하여 중앙아시아 지역연구로 업을 삼는 연구자들이 점증함에 따라 균형의 추는 중심으로 이동할 것으로 보이며, 그러한 경우에도 '역사'의 연구대상으로서의 중앙아시아와 '사회과학'의 연구대상으로서의 중앙아시아가 공존하는 것이 바람직할 것이다. 무엇보다도 홍순호의 지적44)처럼 지역연구자는 단시일 내에 양성될 수 없는 것이다.

15년이라는 짧은 시간의 '한국의 중앙아시아 연구'는 소련해체의 영향, 고대와 근현대의 한반도와의 연관성, 연구대상 지역의 불확정

---

44) 홍순호, "한국 세계지역연구의 반성과 과제", 『세계지역연구논총』 제10권(1996년), pp. 333-366 특히 pp. 357-360에 의하면 지역 전문가는 첫째로 정치학, 사회학, 경제학, 문화인류학 등 사회과학의 이론체계와 방법론에 대한 명확한 인식을 지니고 있어야 하며, 둘째로 연구대상인 지역, 국가 또는 지역군의 역사, 대외관, 관습, 가치관, 어학능력 등에 대한 충분한 지식이 필요하며, 셋째로 세계 모든 지역에 관심을 두고 꾸준히 세계정세를 추적하는 폭넓은 인식이 필요하다고 한다.

성을 특징으로 하여 왔다. 특히 중앙아시아의 지리적 범위와 정체성
에 관한 '합의' 내지는 '유권해석'이 존재하지 않았기 때문에 연구의
연구사적 위치와 연구자의 정체성에 관한 혼란의 위험을 내포하고
있다. 그러나 '중앙아시아'란 무엇인가? 즉 '중앙아시아'를 연구할
때 그 공간적 범위를 어떻게 정의할 것인가의 문제 그리고 '중앙아시
아 연구자'는 무엇을 연구하는가?[45] 즉 정체성의 문제는 장기적으
로는 서로 다른 도구(언어, 전문성)와 서로 다른 시각(역사 또는 현
실의 정치학)을 지닌 연구자들의 다양한 연구가 축적되어 가면서
자연스럽게 발생하게 될 미래의 '논쟁'들을 통해서 '합의'에 도달하
게 될 것이다.

---

45) 일본에서는 1977년 중앙아시아 역사연구자인 間野英二(마노 에이지)의
『中央アジアの歷史』(중앙아시아의 역사)가 출간되면서 이른바 '실크로
드 논쟁'이 전개되었다. 마노는 이 저술에서 연구대상 지역으로서의 중
앙아시아의 정체성에 관한 문제를 제기하면서 이 지역을 일본의 연구자
들이 주로 1) 동서교섭사 또는 동서교통사의 입장에서 그리고 2) 중국의
서역경영사 또는 서역통치사의 입장에서 접근해 왔다고 비판하면서,
이와 같은 '실크로드' 중심의 중앙아시아 역사연구보다는 "현재의 중앙
아이사의 주민의 대부분이 투르크 민족이기" 때문에 "투르크 민족사"의
입장에서 중앙아시아의 역사를 북쪽의 유목민과 남쪽의 오아시스 정주
민 사이의 관계사가 필요하다고 주장했다. 즉 중앙아시아의 동서관계사
를 비판하고 남북관계사의 시점을 강조한 것이다. 間野英二『中央アジ
アの歷史』(東京 : 講談社, 1977年), pp. 6-8; 이 저술로 인한 논쟁이 일본
의 중앙아시아 연구의 방향에 영향을 준 것은 말할 것도 없지만, 무엇보
다도 "중앙아시아사는 현지인이 쓴 현지어의 사료에 의해서 내부로부
터 해명되지 않으면 안 된다"는 마노의 주장이 "그 후의 학계의 상식"이
되면서 "기존의 한문사료에 치중하는 경향이 없어지고... 현지어 사료에
의한 연구성과가 나오기 시작"했다는 데 더 큰 의미가 있다고 한다.
宇山智彦(編著), 『中央アジアを知るための60章』(東京 : 明石書店, 2003年),
pp. 26-27.

제 2 장
중앙아시아 연구의 주요 영역과 과제*

박 주 식

I. 중앙아시아 현황 개관

카자흐스탄과 우즈베키스탄을 비롯한 중앙아시아 5개국 지역은 1990년대 이전까지는 지역연구의 주요 대상에서 벗어나 있었다. 이는 투르크메니스탄, 타지키스탄, 키르기스 3개국을 포함한 이들 5개국들이 90년대 이전에는 소비에트 연방공화국의 구성국이어서 이 지역 문제에 대해서는 구소련 중앙정부가 배타적이고 우선적인 관할권을 행사하였기 때문이다.

그러나 소연방이 해체되면서 중앙아시아는 정치, 외교안보, 경제, 사회, 문화 각 영역에서 많은 문제들을 제기하고 있으며 이와 관련된 이해 당사국들의 입장과 대응 행동들이 주요 관심사로 등장하고 있다. 이들 문제들은 이전부터 구소련 체제에서 있었거나 아니면 소연방 해체로 새롭게 제기되는 이슈들이며 지역국, 주변국, 기타

---

* 이 글은『평화연구』제11권 2호(2003년 4월)에 게재된 것을 수정한 것임.

이해 당사국의 국가이익이 관련된 중요한 국제 문제로 등장하고 있다.

이런 상황으로 인하여 중앙아시아 연구도 다양한 영역에서 여러 측면의 과제들이 수행되었으며 앞으로도 계속 중요 연구 과제들이 제기될 것이다. 연구 과제들의 중요도는 개별국가나 연구자의 입장과 관심에 따라 우선순위가 달라지겠으나 크게 아래 몇 가지로 나누어 볼 수 있겠다.

(1) 중앙아시아 5개국 각각의 당면과제나 최대 현안은 무엇이며 그들의 목표와 입장은 무엇인가? 또 문제 해결이나 목표달성에 방해요인은 무엇이고 가능성은 어떠한가? 여기서는 개별 국가의 국내 정치, 경제, 사회 문제 특히 이슬람 근본주의 문제부터 제기된다. 5개 국가 내의 대립되는 정치세력 간의 갈등과 정통성 위기의 극복을 통한 정치안정과 발전, 체제전환을 비롯한 경제안정과 성장 그리고 소수 민족 문제, 파괴된 자연환경의 개선과 복원문제 등이 산적해 있다.

(2) 또한 대외적으로 개별 국가 간의 문제 그리고 중요 인접국인 러시아, 중국, 터키, 이란, 인도, 파키스탄 더 나아가 미국과 유럽국가의 이해관계 및 상호경쟁 관계가 문제의 주요 핵심요소가 될 것이다. 여기에는 국내 이슬람 문제와 석유, 가스 등의 자원 개발과 수송 파이프라인 결정과 제2 실크로드 건설 문제들이 있으며 역내외 경제협력 문제들이 주요 과제로 대두되고 있다. 중앙아시아 국가들과 주변국 그리고 이해관련 강대국들이 널리 관련되는 주된 쟁점 사항으로 카자흐스탄이 보유하던 핵무기, 핵물질 처리 문제와 중앙아시아 지역안보 체제의 구성 문제가 있다.

(3) 우선, 소연방의 해체로 중앙아시아 진출 기회에 직면한 미국과 중국, 유럽, 일본 그리고 과거의 통제력을 유지하여 영향력을 최대한 행사하려는 러시아 등 중요 국가들 상호간의 경쟁이 중앙아

시아 국제관계의 특징을 이루고 있다. 미국은 중앙아시아 5개국의 독립 이후 러시아와 중국의 진출을 견제하며 지정학적 상황을 유리하게 조성하려 하며 특히 석유자원의 근접과 핵 비확산에 최우선의 목표를 두고 있으며 이란을 중심으로 하는 과격 이슬람 세력의 확산을 저지하는데 주력하고 있다. 또한 9.11테러 이후 대 아프가니스탄 작전 수행에서 중앙아시아 국가들의 전략적 가치는 증대하여 미국의 이 지역 군사 진출이 활발히 전개되고 있다. 미국의 이러한 진출에 러시아와 중국은 어떠한 입장과 대응을 보일 것인가? 반면 유럽과 일본 등은 중앙아시아 지역에 정치적, 경제적으로 어떠한 활동공간을 탐색할 것이며 쌍무적 경제협력의 가능성은 어떠한가?

(4) 이러한 강대국의 움직임 속에서 중앙아시아 주변국인 터키, 이란, 인도, 파키스탄, 아프가니스탄 등은 이 지역에 어떠한 정치적, 경제적 이해관계나 목적을 가지고 있으며 구체적인 대외정책을 추구하고 있는가? 이상 포괄적으로 나열한 문제들 중 중앙아시아 국제 관계에 초점을 맞추어 중요 연구 영역과 과제를 나누어 검토하기로 한다.

Ⅱ. 중앙아시아 비핵지대화

과거 구소련은 우크라이나와 카자흐스탄공화국에 다량의 핵탄두와 핵미사일을 배치하였기 때문에 연방 해체와 더불어 이들 핵무기의 관리, 통제, 해체는 전세계적인 관심사로 등장하였다. 카자흐스탄은 독립 당시 구소련으로부터 물려받은 핵군사력(핵탄두 1400, SS-18 ICBM 104기, 전략폭격기 40대 등)으로 인해 핵군사력 4강의 지위에 있었으며 미국은 카자흐스탄이 보유하고 있는 핵무기나 핵물질 그리고 핵기술이 이란, 이라크, 북한을 위시한 기타 지역으로 확산되는 것을 저지하기 위해 총력을 기울이고 있다.

나자르바예프 카자흐스탄 대통령은 소연방 해체 이전 1991년 8월에는 자국이 보유하고 있는 핵무기를 보존할 것이며 타국이 통제하는 것을 수용할 수 없다고 천명하였으며 이에 베이커 미 국무장관은 급히 알마아타¹⁾로 방문하여 진의를 타진하였다. 이때 나자르바예프는 소련핵 상속국인 러시아, 카자흐스탄, 벨로루시, 우크라이나 4국의 공동 소유 및 통제를 시사하였다.

CIS 창설을 공식 합의한 1991년 12월 알마아타 회의에서 4국은 보유 핵무기를 1994년까지 러시아로 이전시켜 파기하자는 미국의 제안에 동의하였다. 이에 따라 92년 12월까지 러시아로 핵무기들을 이전하였고 또한 미 의회는 이전 및 파기비용 4억 달러를 4국에 지원하는데 동의하였다. 카자흐스탄은 핵 포기를 대가로 미국으로부터 최대한의 경제지원을 받으려고 시도하였고 몇 차례의 줄다리기 외교 끝에 93년 12월 엘 고어 미 부통령과의 사전 조율을 거쳐 다음해 클린턴과 회담에서 카자흐스탄의 비핵화를 최종 확인하였다. 미국은 이에 따라 카자흐스탄 영내 600kg의 고농축우라늄을 미국으로 공수하는 '사피르' 작전을 수행하였으며 핵물질을 핵무기 개발 의혹국가나 테러리스트들로 확산되는 것을 일단 저지하였다.

카자흐스탄이 비핵화 대가로 요구하는 것은 단지 경제적 보상에 그치는 것이 아니라 핵무장 해제로 인한 안보문제의 해결이었다. 즉 핵 포기 대신 핵 국가로부터 핵 불사용을 약속받는 소극적 안보공약의 확보가 비핵화의 선결 과제였다. 사실 중앙아시아 주변은

---

1) 소련군 쿠데타가 실패한 당시, 카자흐스탄은 구소련 시절 600회의 핵실험이 실시되던 세미팔라틴스크(Semipalantinsk) 핵실험장은 폐쇄하면서도 러시아 등 주변국이 핵무기를 보유하고 있는 한 핵 보유를 포기할 수 없다는 입장이었다. 알마아타는 1997년까지 카자흐스탄의 수도였으나 러시아인과 러시아의 요구에 따라 수도를 북쪽 아스타나로 옮겼다.

핵보유국이 러시아, 중국, 인도, 파키스탄, 카자흐스탄 도합 5개국이나 되어 중앙아 비핵지대화는 매우 복잡한 난제인데 카자흐스탄은 우선 중국으로부터 핵 불사용 약속을 받아냈다.[2]

카자흐스탄은 미국의 요구에 따라 1992년 리스본의정서[3]를 비준하였고 1993년 12월에 NPT에 가입하였으며 다음해 2월에는 국제원자력기구(IAEA)에도 가입하여 미국이 주도하는 핵비확산에 협력하였다. 이는 미국이 서남아시아와 중동지역의 핵확산 억제에 주력하였으나 인도와 파키스탄이 1998년 5월 핵실험을 재개한 것과 대조를 보이고 있다.

그러나 이처럼 카자흐스탄 정부가 소연방 해체 이후 핵확산금지에 적극 협조하는 핵정책을 시행해오고 있으나 이것이 곧 중앙아시아 비핵화를 보장하는 것은 아니다. 중앙아시아 비핵화와 관련 제기되는 과제는 크게 두 가지로 요약되는데 하나는 정부 주도하에 행해지는 공식적인 핵정책이고 다른 하나는 정부 통제 밖에서 발생할 수 있는 비밀 거래나 유출 가능성이다. 전자는 중앙아시아 주변에는 러시아, 중국, 인도, 파키스탄 등 핵보유국이 집중해 있는 현실로 인한 어려움이 있다. 이는 비교적 중장기적인 장래의 문제인 반면 후자는 현실적인 위험으로 상존하고 있다. 비핵화의 1차적 요건인 핵무기, 핵물질의 생산 및 보유 금지는 중앙정부의 적극적 의지로 충족될 수 있으나 2차적 요건인 핵무기, 물질의 이전이나 통과 금지는 이들에 대한 보안이나 통제가 철저하지 못한 중앙아시아 지역에서는 어려운 과제로 남게 될 것이다.[4]

---

2) 장병옥, 『중앙아시아 국제정치의 이해』(서울: 한국외국어대학교 출판부. 2001), p. 38.

3) 미국,러시아,카자흐스탄,우크라이나,벨라루스가 참여한 의정서로 핵확산 금지와 핵무기 해체 일반과 카자흐스탄 관련의 알마아타 합의를 재확인 한 것임.

4) 카자흐스탄 고위 극비보고서에 따르면 북한이 2001년 8월 농축우라늄을

Ⅲ. 미국과 서유럽의 중앙아시아 진출

소연방 해체로 인한 중앙아시아에서 조성되는 새로운 역학관계를
틈타 미국과 유럽은 경쟁적으로 이 지역 진출을 시도하고 있다. 미국
은 대 중앙아시아 정책의 기본 방향을 표면적으로는 민주주의 신장,
자유 시장경제의 정착, 안정된 중앙아 지역체제 형성과 세계화로의
유도 등을 내세우나[5] 그 이면의 구체적인 목표는 크게 (1) 러시아의
영향력 재생 방해 (2) 중국의 중앙아시아 진출 저지와 신장 군사기지
의 견제 (3) 이란과 과격 이슬람 세력의 확산 봉쇄 (4) 핵비확산의
완결 (5) 석유, 가스 자원의 개발 및 수송로 확보 (6) 9.11테러 이후
대 테러전 수행을 지원하는 군사태세 완비 등이다.

미국은 1992년 5월 카자흐스탄 대통령을 초청 양국 간 포괄적 경제
협력을 위한 미국자본의 투자 보장, 무역 및 기술 협력에 합의하였으
며 1994년 2월 워싱턴 정상회담에서 '미-카자흐 간 동반자 관계' 헌장
이 서명되어 양국 간에 정치, 경제, 문화, 생태계 등 광범위한 부문에
서 상호 협력의 확대가 시작되었다. 이에 앞서 미국은 1992년 5월
투르크메니스탄을 제외한 중앙아시아 4개국과 함께 5개국이 참여하
는 집단안전보장조약을 체결하였다.[6] 그러나 이 조약에 대응하여
러시아는 10일 후 카자흐스탄과 러-카 우호협력 상호원조조약을 체

카자흐스탄으로부터 중국 신장(新疆)위구르의 분리주의자들을 통해 선양
(瀋陽)을 거쳐 평양으로 밀반입했다고 보도되고 있다(세계일보 2002.11.8.).
또한 파키스탄은 최근 우즈베키스탄의 극단 이슬람세력 IMU가 빈라덴
에 핵폭발물질을 제공한 것으로 추정하고 있다.

5) 본드같은 미 관변 보좌관은 중앙아시아가 19세기에 강대국 영국과 러시
아 사이의 세력 게임인 "Great Game"의 각축장이었는데 21세기에도 그런
게임이 재현(Second Great Game)하여 외부 세력의 쟁탈이나 영향의 위협
을 받게 될지 문제라고 지적했는데 미국을 위험 세력에서 제외시키고 있다. Bond,
Clifford (2001), "U.S. Policy toward Central Asia", http://www.uyghuramerican.org/
researchanalysis/USpolicycenasia.html.

6) 장병옥(2001), p. 32.

결하여 집단안전보장조약은 아직 실효를 발하지 못하고 있다.

미국은 우즈베키스탄에도 관심을 보여 특히 이란의 영향력과 이슬람 근본주의 세력을 차단하고 지역 안정을 도모하는 거점으로 중요시하고 있다. 특히 우즈베키스탄은 중앙아시아에서 최대 인구와 노동력을 가지고 있으며 금, 면화 등 풍부한 자원과 에너지를 보유하고 있다. 한편, 유럽도 독일을 필두로 1993년 5월 카리모프 우즈베키스탄 대통령을 초청하여 경제교류를 약속하였으며 폭스바겐 등 50개 이상 독일 기업체들이 진출하여 사업을 착수하였다. 동년 11월 영국도 카리모프를 초청하여 투자지원 협정, 항공노선 개설 등 교역, 기술, 경제 및 문화 협력에 합의하였다. 프랑스 미테랑 대통령은 전년의 카리모프 방문에 대한 답방으로 1994년 4월 3백 명의 대규모 대표단을 이끌고 우즈베키스탄을 방문하여 7억 프랑을 제공하는 등 상호경제협력을 시작하였다.

미국은 이러한 유럽의 중앙아시아 진출에 대해 카리모프 정권의 인권 침해와 정치범 탄압 등 반민주적 행태를 비판하는 식으로 대응을 보였으나, 1995년에 국민투표에 의한 임기연장을 시도하는 카리모프 정권을 지지하였다. 이는 카자흐스탄이 친 러시아 성향을 보임에 따라 우즈베키스탄과 군사 제휴 관계를 강화하기 위한 목적이며, 또한 우즈베키스탄-이란 관계개선으로 이란의 영향이 확산되는 것을 차단하기 위해서도 우즈베키스탄과 긴밀한 관계를 유지하고 있다. 동년 4월 페리 미 국방장관은 타시켄트를 방문하여 우즈베키스탄 공군 비행사의 미국 훈련, 미 군사고문단 파견, 무상 군사원조 제공 등을 제의하였다.

미국은 1990년대 후반 이후는 보다 적극적인 중앙아 정책을 펼치기 시작하였으며 1997년 우즈베키스탄에서 중앙아시아 합동군사훈련을 시작하였다.[7] 이 훈련에 러시아도 참가하였는데 미국은 이를

---

7) 같은 해 미국은 노스캐롤라이나 소재 82공수 사단 500명을 카자흐스탄에 투입하는 훈련을 실시하였는데 훈련거리는 무려 7,700마일로서 군역사상

통해 자신의 군사력을 시위하고 러시아의 군사적 입지를 견제하는 효과를 보았다. 특히 2001년 9.11테러 이후 우즈베키스탄, 키르기스로부터 공군 기지를 제공 받고 타지키스탄에서도 군사시설을 사용하는 등 대대적인 군사 진출을 도모하고 있다.[8] 미국의 이러한 공세적 자세는 9.11테러 이전부터 이미 계획된 것이었다. 1997년까지는 미국과 파키스탄은 탈레반의 집권을 지원했으며 중앙아시아의 안정과 평화에 기여하는 세력으로 인정하였으나[9] 1998년 탄자니아와 케냐 주재 미 대사관 폭파사건 이후 탈레반을 교체하기로 결정하였다.

9.11이후 대 테러전과 아프간 내전이 종결되고 테러 근거지와 지원 세력이 약화된 이후에도 미국은 칸다하르에 파견했던 1,000명의 해병대를 101공수사단 병력으로 대체하고 중앙아시아에 계속 군사 주둔을 의도하고 있다. 과거 소련이 아프가니스탄 전쟁에서 사용하던 카불 외곽의 바그람(Bagram) 공군기지도 인수하는 등 구소련 영역을 잠식해 들어가는 미국이 장차 중앙아 군사진출을 어떠한 정책목표에 따라 어느 선으로 조정할지 중요한 연구과제로 남는다. 사실 이러한 군사진출로 미국으로부터 멀리 위치한 러시아나 중국이 미국의 단거리 긴급 군사작전 대상지역에 들어가 양국의 대미 군사지

최장거리 공수훈련이다. Selfa, Lance "Behind the Fog of Deception: Washington's real war aims," http://www.thirdworldtraveler.com/Central_Asia_watch/Behind_Fog_D

8) 2002년 1월 키르기스의 수도에서 19마일 떨어진 마나스(Manas)에 대규모 공군기지를 건설하였는데 마나스는 중국 신강성과 200마일 거리에 있다. 신장성에는 롭노르(Lop Nor) 핵실험장 등 중국의 중요 군사시설이 있으며 이 시설이 미 공군의 신속 공격권에 노출되게 되었다. Martin, Patrick "US bases pave the way for long-term intervention in Central Asia," http://www.wsws.org/articles/2002/jan2002/base-j11.shtml

9) 미국이 1994~97년 동안 탈레반을 지원할 당시 미 석유회사 Unocal이 투르크메니스탄에서 아프가니스탄과 파키스탄을 거쳐 페르시아만으로 통하는 송유관을 추진하고 있었으며 따라서 미국은 탈레반이 나머지 아프가니스탄 지역을 안정적으로 장악하기를 원했다. Selfa, Lance "Behind the Fog of Deception: Washington's real war aims," http://www.thirdworldtraveler.com/Central_Asia_watch/Behind_Fog_D

위가 약화되었으며 이는 이 지역에서의 중국과 러시아의 협조를 유발할 가능성을 높일 것이다.

Ⅳ. 중국의 중앙아시아 진출과 중-러 협력 가능성

중국은 러시아와 미국에 비해 중앙아 지역에 대한 적극적인 관심이나 세력 팽창 야심은 보이지 않고 있으며 이 지역의 안정을 원하고 있다. 중국의 중앙아시아에 대한 관심은 신강-위구르 지역의 정치적 안정과 경제적 번영에서 우선적으로 출발하고 있다. 신장웨이우얼 (新疆維吾爾) 자치구는 중앙아 3개국(카자흐스탄, 키르기스, 타지키스탄)과 러시아, 파키스탄 그리고 인도와 접경하며 중국에게 정치, 군사, 경제적으로 매우 중요한 지역이다.

우선, 이 지역은 투르크계 위구르 무슬림이 많이 거주하며[10] 중앙아시아 국가의 독립 이후 1990년대 초 카자흐스탄, 키르기스, 우즈베키스탄에 망명 중이던 위구르인 무슬림들이 신강-위구르의 독립을 요구하며 무장투쟁을 전개하여 중국을 긴장시키고 있다.[11] 이 지역 소수 민족에 대한 안정적 통제는 티베트, 내몽고에 대한 파급효과를 지니고 있어 정치적 중요성은 매우 크다.

둘째로, 신장 지역은 군사안보 및 외교적으로도 비중이 매우 크다. 우선, 중국은 핵 미사일 및 로켓 그리고 핵 실험장 등 주요 군사시

---

10) 60% 이상이 위구르 무슬림이며 중국이 1980년대부터 이 지역 무슬림의 통제를 완화하여 모스크 사원이 늘어나고 이들 세력의 활동이 증가하였다.
11) 특히 90년대 초에 키르기스와 카자흐스탄 수도인 비슈케크(Bishkek) 알마아타에서 결성된 자유 위구르당(Free Uighuristan Party)은 중앙아시아의 투르크어족과 연계하는 신 투르크스탄을 표방하였다. 1997년 무장단체 행동대원들이 베이징에서 폭탄테러를 행하였는데 이들은 아프가니스탄이나 파키스탄에서 활동하는 과격 이슬람과 연계되어 있다.

설을 이 지역에 배치하여 신장의 안전은 중국 안보의 핵심 사항이다. 그런데 앞서 언급한 미국의 키르기스 공군기지가 영구적으로 지속될 경우 중국의 안보이익을 위협하게 될 것이며 중요 현안으로 남게 될 것이다.

또한 신장은 과거 중소 국경분쟁12) 지역의 하나로 구소련과 갈등을 일으키는 지역이었으나 소연방 해체로 인해 서부지역은 중앙아 국가와의 외교문제로 전환되었다. 중국은 카자흐스탄, 키르기스와 1995년 4월 국경 관련 상호 신뢰조치를 지속할 것을 합의하는 협정을 체결하였다.

셋째, 신장은 자원 개발과 경제발전의 내륙확대의 거점으로도 중요하며 중국은 이를 위해 중앙아 경제 진출에 관심을 가지고 있다. 신장 내 타림분지(Tarim Basin)에는 3개의 미개발 중요 유전지대가 있으며 천연가스, 철광, 석탄 등의 자원이 풍부하다.

중국은 1992년 카자흐스탄과 무역, 과학, 기술, 통신, 수송 등 제반 분야의 협력위원회를 출범시켰으며 경제무역협정의 체결 등을 합의하였다.13) 카자흐스탄 수도와 신장의 수도 우루무치를 연결하는 철로를 완성하고 1990년 개통한 유라시아 횡단 철도와 더불어 베이징-알마아타-이스탄불의 신 실크로드를 착수하였다.14) 리펑 중국 총리

---

12) 과거 중소 국경분쟁 지역은 동쪽으로 우수리강, 헤이룽강(아무르강)과 서쪽으로는 카자흐스탄과 신장 접경지역 위민현(裕民縣)주민의 귀속문제 그리고 타지키스탄 접경의 파미르고원 일부이다.

13) 중국은 또한 키르기스에 경제 원조를 제공하였고, 타지키스탄은 내전 동안 음식과 생필품 등 인도적 지원을 받았다. 타지키스탄과 중국은 섬유산업의 합작투자 협정을 체결하였다.

14) 과거 러시아가 주 교역 상대였기 때문에 주변 국가들과 연결되는 수송로가 없다. 내륙국인 중앙아시아 국가들은 파키스탄이나 이란 등을 통하는 해양 루트 아니면 다른 철도망을 정비하여 터키나 중국 등 인접국가로의 수송로를 확보해야 한다. 따라서 제2실크로드라 불리는 아시아 간선철도가 계획되어 있는데 이스탄불에서 북경까지의 1만 5천km로서, 1차로 카자흐스탄의 알마아타와 중국 신장 자치구의 우루무치와의 1,300km 중

는 1994년 4월 타지키스탄을 제외한 중앙아시아 4개국을 방문하여 투르크메니스탄과 신철도 건설을 협의하였고 중앙아시아 시장 진출에 더욱 노력을 기울이고 있다. 이는 중국이 서부지역 개발의 일환으로 신장에 특혜적 무역정책을 허용하고 해외투자(주로 홍콩, 대만, 일본)를 적극 유도하는 것과 맥을 같이 하고 있다. 중국은 카자흐스탄, 키르기스, 우즈베키스탄의 중요 교역 파트너가 되고 있으며 중국인의 중앙아시아 해외 취업이 증대하고 이민이 늘어날 전망이다.

미국의 적극적인 중앙아시아 군사진출에 직면하여 중국과 러시아의 전략적 제휴의 가능성도 상당히 크다. 중국과 러시아는 1996년 상하이에서 카자흐스탄, 키르기스, 타지키스탄과 함께 상하이포럼을[15] 구성하여 지역 문제를 상호 협의하기로 약속하였고 2001년 6월 중국과 러시아는 기존의 상하이 포럼을 상하이협력기구(SCO)로 개칭하고 미국과 EU 그리고 이란과 터키의 가입도 촉구하는 등 중-러 주도의 중앙아시아 지역체제를 시도하고 있다.

2001년 7월 양국은 중-소 선린우호조약을 체결하여 미 패권 공동 대응, 국경문제 협의, 무기판매와 군사기술 이전, 에너지 및 원료물질 공급, 이슬람 대처 등 5개 항목에 포괄적인 합의를 보았으며 군사, 경제 분야에서 폭넓은 전략적 제휴를 지속해오고 발전시켜왔다. 우선 러시아는 중국에 1991~96년 동안 매년 10억 달러 규모 그리고 1996~2000년 기간은 매년 20억 달러의 무기판매를 하였으며 양국은 2000~04년에 200억 달러의 군사구매를 계약한 것으로 전해지고 있다.[16]

460km가 건설되어, 1992년 6월부터 철도 운행이 시작되었다.

15) 상하이포럼은 처음에는 아프가니스탄 접경지역 안보와 과격 이슬람 공동대처가 주 의제였으나 경제협력 분야 등에도 관심을 확대시켰으며 2000년 7월 타지키스탄 수도 두샨베에서는 미국의 ABM 협정 준수를 촉구하였다. 2001년 우즈베키스탄까지 가입하여 '상하이 6'라 불린다.

16) 90년대 후반 이래 중국의 ICBM이나 SLBM 핵미사일 기술개발에 러시아 기술이전이 크게 기여한 것으로 분석되고 있다. 그밖에 핵잠수함 등 첨단 해군력 강화에도 러시아 기술이 활용되고 있다. Cohen, Ariel, "The Russia-

또한 중국이 경제성장을 지속하기 위해서는 에너지와 원재료의 안정적인 확보가 선행되어야 하는데, 현재 양국 간의 교역규모는 작으나 막대한 양의 천연가스, 석유, 전기가 러시아에서 중국으로 수출될 가능성이 높다. 러시아는 동시베리아 산 석유뿐 아니라 카자흐스탄 산 석유를 송유관을 통해 이르쿠스크를 경유하여 중국으로 수송할 수 있으며 양국은 송유관과 제2실크로드 건설에도 이해가 일치하여 협력할 가능성이 높다고 전망되고 있는데 이러한 협력이 얼마나 실행되고 지속될 지 주목된다.

V. 석유, 가스 파이프라인 건설

중앙아시아 지역의 막대한 석유와 가스 자원의 수송통로 결정은 중앙아시아 국제관계에서 매우 중요한 문제이며 여기에는 미국과 러시아를 위시하여 이란, 터키와 투르크메니스탄 등 카스피해 주변국의 이해관계가 얽혀 있다. 현재 사용하고 있는 기존 송유관은 거의 러시아 영토를 지나고 있으며 러시아는 기존 파이프라인을 유지하여 이 지역에서의 영향력을 고수하려 하고 있다.

반면 미국은 1990년대 초반부터 중앙아시아의 석유 및 수송로 개발에 경쟁적으로 진출하고 있으며 과거 소련이 누리던 우월적 지위를 잠식하려 하고 있다. 또한 대안 수송라인이 이란을 경유하는 것을 저지하는데 주력하며 EU의 진출을 최대한 견제하고 있다.

중앙아시아 국가들은 러시아 의존 수송로를 탈피하고[17) 서방의

China Friendship and Cooperation Treaty: A Strategic Shift in Eurasia"
Backgrounder. No 1459, 2001, Heritage Foundation. p. 4.
17) 투르크메니스탄이 1997년 12월 이란을 경유하는 소규모 천연가스 수송로를 개통하면서 한 고위관리는 "오늘부터 우리는 진정한 독립국이 되었다"

석유 채굴, 정제 기술 도입이 필요한 형편이어서 미국을 위시한 서방의 참여를 원하고 있다. 미국 역시 기존의 러시아 위주의 파이프라인을 배제하고 대안 루트 건설에 주력하고 있다. 문제는 최단 거리를 가능케 하는 경제적인 경로는 이란 영토를 경유하여 페르시아만으로 연결하는 것이나 미국은 이를 반대하여 카스피해로부터 코카서스의 바쿠를 지나 아제르바이잔과 그루지야를 경유하여 터키의 세이한 항구를 통과하는 장장 1,100마일의 수송로를 구상하고 있다.

현재까지 논의되어온 석유 및 가스 파이프라인은 크게 5가지로 나뉜다.[18] 우선 러시아가 선호하는 북방 라인으로 기존의 카자흐스탄 라인을 러시아 네트워크에 연결하고 아제르바이잔이 바쿠에서 흑해의 노보로스이스크 항까지 추가로 수송로를 건설하는 것이다.[19] 이는 1,850㎞ 수송로의 대부분이 러시아 영토를 지나 러시아 의존도가 높으며 특히 체첸 지역을 통과하여 위험도가 높다. 다음으로 미국과 터키, 아제르바이잔, 그루지야 등이 선호하는 서방 라인이 있는데 주 경로는 카스피해의 아제르바이잔으로부터 그루지야와 흑해를 거쳐 보스포러스 해협을 지나 유럽에 도달하는데 터키는 해협보다는 케이항 항 경유 루트를 주장하고 있다. 어느 경우든 건설 경비가 엄청나고 쿠르드족 영토를 통과하는 불안정성이 있어 실현하기에 어려움이 있다. 더구나 이 바쿠-세이한 서방라인은 만약 미국이 대 이란 제재를 대폭 완화하거나 해제하면 효용가치가 떨어질 것이다.[20] 그러나 현실적으로 미국과 이란의 관계 개선이

말했다.

18) Arvanitopoulos, C. "The Geopolitics of Oil in Central Asia" http://www.idis.gr/people/arvan2.html

19) 이는 셰브론(Chevron)이 주도적으로 참여하여 1993년 텐기즈(Tengiz)유전에서 노보로스이스크항에 도달하는 파이프라인 건설을 위한 카스피 파이프라인 컨소시엄(CPC)이 결성되었다. CPC에는 유럽 및 미국계 기업과 러시아, 카자흐스탄, 오만의 국영기업들이 참여하고 있다.

20) 그러나 BTC(Baku-Tbilis-Ceyhan) 라인으로 불리우는 이 통로는 2000년

어느 정도 진척될 수 있을지 불투명하고 기존의 러시아 의존 파이프라인을 대체하려는 미국으로서는 선뜻 포기하기 어려운 대안이다.

셋째로 이란을 경유하여 페르시아만을 통과하는 남방 루트이며 매우 경제적인 장점이 있으나 미국이 거부하고 있으며, 넷째로 카자흐스탄에서 중국으로 연결되는 동부 루트가 거론되고 있는데 이는 가장 비용이 많이 소요되나 중국이 관심을 보이고 있다. 리펑 중국 총리의 투르크메니스탄 방문 시(1994년 4월) 투르크메니스탄과 중국을 연결하는 200억 달러 소요 가스 파이프라인의 건설 타당성 조사에 착수하기로 합의하였다. 마지막으로 동남 루트인데 투르크메니스탄에서 출발하여 아프가니스탄과 파키스탄을 통과하여 인도로 연결하는 것으로 지리적 타당성은 있으나 아프가니스탄의 불안정으로 인해 채택하기 어려운 대안이다.

이상의 파이프라인 구상 중 어느 것이 채택되거나 변형되어 실현될지 그리고 그 결정에 어떤 변수가 영향을 미칠지가 중요한 과제로 제기되고 있다. 우선, 중앙아시아 지역의 석유개발이나 수송루트 건설에서 미국과 서방의 자본과 기술이 절실히 필요하기[21] 때문에 이들의 의도가 크게 반영될 가능성이 높다. 여기서 미국의 태도가 문제인데 크게는 기존의 러시아 파이프라인에 대한 입장과 이란 봉쇄정책의 완화 여부로 나뉜다.

9.11테러 이후 미국이 러시아의 협력을 필요로 하던 2001년 10월 중순 콘돌리자 라이스 미 대통령 안보담당보좌관은 미국은 러시아

7월 East Kashagan 유전의 발견으로 더한층 추진력을 얻게 되었는데 2004년까지 완공 목표가 실현될 지 주목된다. 명칭이 BTC 대신 카자흐스탄의 카스피해상 Aktau항까지 명기하여 ABTC 라인으로 표기되기도 한다.
21) 카스피해를 비롯한 중앙아 석유는 비교적 양질이나 중동이나 북해산에 비해 점성과 부식성이 강하고 유황성분이 많아 정제 과정에서 고도의 기술과 많은 비용이 요구된다. Reznikova, O., "Transnational Corporations in Central Asia" in Rumer, B. S., ed., *Central Asia in Transition*, (New York: M.E. Sharpe Inc, 1996), p. 70

의 기존 파이프라인을 존중하며 앞으로 러시아가 새로이 송유관을 확장하여 중앙아시아 지역에서 영향력을 증대하더라도 방해하지 않을 것이라 약속하였다.[22] 사실, 러시아가 선호하는 북방 파이프라인이 차질 없이 흑해의 러시아 항에서 작동하였는데 장래에도 미국이 계속 이 약속을 충실히 이행할지 주목된다. 그리고 미국에서도 경직된 이란 봉쇄에 대한 반대 논의가 제기되어[23] 수송로의 이란 배제 원칙에 유연성을 두기 시작하였고 투르크메니스탄의 이란-터키 연결 파이프라인 건설에 '이란-리비아 제재법'을 적용하지 않았다. 미국의 이러한 변화가 지속될 것이지 여부가 정책 과제이며 또한 중국이 구상하는 동부 루트가 경제성이 어느 정도이며 여기에 일본이 참여하여 수송로를 확장할 것인지 그리고 미국 기업도 어느 정도 관심을 보일지도 주목된다.

Ⅵ. 중앙아시아 역내외 경제협력과 발전

중앙아시아 국가 간의 경제협력 기구는 중앙아시아연합(CAU), 유라시아경제공동체(EAEC) 그리고 경제협력기구(ECO) 등이 있다. 중앙아시아 연합은 역내 교역규모가 비슷한 카자흐스탄, 우즈베키스탄, 키르기스 3개국이 타지키스탄을 포함하여 4개국간 경제개혁과 통합을 위한 상호 조정을 목적으로 1996년 출발하였다. 이미 1994년에 위 3개국은 관세폐지와 자유 여행 촉진 협정을 체결하였고 중앙아시아 은행을 창설하기로 합의하였다. 더 나가 CAU는 무역과 경제 통합 외에 각국 간 조정을 필요로 하는 문제들을 광범위하게 다루고

---

22) Aris, Ben & Rashid, Ahmed(2001) "Control of Central Asia's oil is the real goal," http://www. old.smh.com.au/news/0110/25/world/world9.html
23) 장병옥 op.cit., p. 234.

있다. 예를 들면 키르기스 수력발전 용수공급 문제를 논의하거나 키르기스 수자원 사용료에 관한 협의가 나머지 3국과 진행되었다.[24)

EAEC는 러시아, 벨로루시, 카자흐스탄, 키르기스, 타지키스탄이 기존의 관세동맹을 토대로 2000년 10월 창설이 선언되었으며 같은 해 6월 CIS 정상회담에서 2002년도를 목표로 자유무역지대(FTA)를 창설할 것을 합의하였다. ECO는 1978년 이란혁명으로 CENTO가 유명무실화하고 해체됨에 따라 이란이 제의하고 터키, 파키스탄이 호응하여 3개국으로 1985년 출범한 이슬람권 지역 경제협력 기구이다. 이 기구는 냉전 종식과 더불어 중앙아시아 5국과 아프가니스탄, 아제르바이잔 등이 가입하여 가맹국이 10개 무슬림 국가로 확대되었으며 가맹지역의 면적이나 인구규모 그리고 경제적 잠재력으로 주목받고 있다.

ECO는 냉전 종식으로 외부 지원이 축소되는 터키와 파키스탄의 활로 모색 필요성과 경제의 러시아 종속 완화와 세계경제로 진출하려는 중앙아시아의 해양 접근의 상호 이해관계가 일치하여 촉진, 확대되었다. 또 한편 과거 러시아가 중앙아시아 경제에 제공하던 공급 역할이 러시아 경제난으로 한계에 도달하여 중앙아시아는 대응책이 필요하였다. 이에 따라, 1992년 테헤란 정상회담에서 제2의 실크로드 및 이란 경유 가스 석유 파이프라인 건설 등 역내경제 현안에 대하여 합의를 하였다.

그러나 중앙아시아가 합류한 무슬림 경제협력체가 얼마나 소기의 목적을 이루고 경제협력 기구로 지속적인 발전을 할 수 있을지 과제로 남는다. 우선, 중앙아 지역의 경제 운영이 구소련이 주도한 계획통제경제의 비효율성 문제를 안고 있으며 체제전환의 어려움

---

24) Rumer, B. and Zhukov, S., eds., *Central Asia*. (New York: M. E. Sharpe Inc, 1998), pp. 112-113.

에 직면하고 있다. 그리고 회원국들의 경제력이 미약하며 후진 경제가 공통적으로 처한 사회간접자본 등 기초 인프라의 미비와 기술과 숙련 노동력 부족과 자본 부족 등 /수많은 난관들이 놓여있다.

또한 ECO의 장래는 중앙아 국가 간의 갈등 요인과 기구 운영과 노선을 둘러싼 터키와 이란 사이의 주도권 다툼과 대 중앙아 영향력 경쟁 등으로 결속력의 측면에서 낙관하기 어렵다. 이란은 이 기구를 통해 터키를 배제하고 카스피 연안국의 결속을 주도할 목적으로 카스피해협력회의(CSCC)를 발전시키려는 데 비해 터키는 자신이 주축이 되는 흑해 경제협력지대와 연계한 기구 운영을 도모하고 있다. 그리고 중앙아를 위시한 ECO 구성국 사이에는 국경문제, 소수민족 및 난민 문제 그리고 마약, 무기 밀거래, 환경 생태계 파괴(아랄해 건조화, 카스피해 해수면 상승), 수자원 관리 등 여러 분야에서 갈등과 분쟁의 소지가 상존하고 있다.[25] 기구 내부의 불화로 의제와 정책 결정에 있어 합의 도출과 기구의 효율적 운영에 어려움이 있다.

반면 유럽 냉전의 서방 측 승리로 인해 유럽에서의 터키의 지정학적 가치가 떨어져 터키는 이란과의 제한적인 파트너십을 유지하고 중동, 중앙아시아 지역과 협력을 강화할 필요가 있어 ECO에서 보다 적극적인 자세를 보일 여지도 있다. 1998년 5월 ECO 10개국 정상회담은 합작 항공회사 설립, 공동 투자은행 및 무역은행의 설립과 관세 폐지를 통한 지역국가 간 무역 증대와 공동 무역정책에 합의하였다.

중앙아시아 각국은 체제전환과 경제발전의 문제에 직면하면서도

---

25) 우즈베키스탄은 키르기스와 카자흐스탄 남부에 가스공급을 중단하였고(사용료 채무와 국경문제) 이에 대응하여 양국은 우즈베키스탄에 관개용수 공급을 중단하였다. 물이 부족한 중앙아시아는 상류국(up-stream)인 키르기스와 타지키스탄 그리고 하류국(down-stream)인 카자흐스탄과 우즈베키스탄 상호간에 수자원 분쟁이 계속되고 있다. 이러한 문제들은 과거 구소련에서는 중앙정부가 통괄 조정하여 분쟁이 없었으나 연방 해체이후 중앙아시아 각국 간의 갈등 요인이 되고 있다.

야심적인 포부와 구호를 제시하고 있다('카자흐스탄 2030', '투르크메니스탄 번영의 10년', '아시아의 스위스: 키르기스' 등). 과연 이런 목표가 달성되어 성공한 개발도상국으로 진입할지 여부는 중앙아 역내외 경제협력과 밀접하게 관련되어 있으며 주변국과 서방진영과의 적극적인 경제 교류 협력이 필요하다. 우선 주변국과의 협력으로 신 실크로드를 건설하여 이란-중국-태평양을 연결하는 한편, 중앙아시아-이란-코카서스-터키-지중해로 수송망을 확보하고 남부 방향으로 페르시아만과 인도양으로의 접근을 가능케 하여 중앙아시아 지역 간 경제교류를 증대하고 세계시장 진출을 촉진해야 할 것이다.

중앙아시아 지역개발에서 현안으로 중요하게 제기되는 것은 아랄해 건조화와 카스피해 상승 문제인데 이의 해결은 1차적으로 관련지역 국가에 달려 있으나 미국을 위시한 서방측의 지원이 필수적이며 또한 서방측도 안전한 석유개발을 위해 소홀하게 할 수 없는 형편이다. 아랄해는 원래 세계 4대 호수였으나 1960~90년 기간 면화생산 등 농업용수 조달을 위한 인위적인 강수로 변경으로 점점 고갈되어 1990년대 들어와서 면적이 반으로 줄어들어 현재는 세계 6위 호수로 변하였다.[26] 또한 카스피해는 1978~95년 동안 해수면이 2.5m 상승하였고 2020년에는 그만큼 더 상승할 것으로 예측되고 있다. 이는 카스피해상 유전의 개발, 보전과 직결되는 문제이며 미 석유회사 셰브론(Chevron)도 필요한 수리 시설을 설치하고 있다. 아랄해와 카스피해 문제에 대한 대응은 중앙아시아 지역내외 경제협력 이슈 중 중요한 과제로 남아 있다.

---

26) Weinthal, E. "Central Asia: Aral Sea Problem," Volume 5, Number 6, March 2000, http://www. foreignpolicy-infocus.org/briefs/vol5/v5n06aral_body.html.

Ⅶ. 중앙아시아 개별국가의 국제관계

중앙아시아 5개국과 주변국은 소연방 해체와 서방의 진출 등 국제 환경의 변화와 그들이 처해있는 대내외적 문제와 지역현안에 직면하고 있다. 이란과 터키를 제외한 주변국 중 인도와 파키스탄을 간략히 언급하고 중앙아시아 5개국의 국제관계를 보기로 한다. 인도는 파키스탄의 중앙아 진출을 견제하며 이란과 관계증진에 노력하고 있다. 그리고 과거 구소련 같은 지역 파트너를 상실하여 중앙아시아에 대한 관심이 증대하고 있으며 중앙아시아도 인도와의 우호관계에 관심을 가지나 파키스탄이 우선시 되고 있다. 다만 중앙아시아로서는 양국의 경쟁을 활용할 가능성이 있겠다.

1. 카자흐스탄

카자흐스탄은 중앙아시아 5개국 전체 면적(400만㎢)의 7할에 육박하는 272만㎢의 광대한 영토에 석유와 천연가스 등 풍부한 지하자원을 보유하고 있다. 인구구성에서 러시아인(37.8%)이 카자흐인(39.7%)과 비슷한 분포를 보이고 있어 대외관계에서 친 러시아적이며 이웃 중앙아시아 국가들과는 협력 및 갈등관계이다. 카자흐스탄은 중국과의 우호관계 유지에도 노력하여 1991년 양국 간의 국경인정과 불가침을 약속하고 철도연결(알마아타−신장)로 제2의 실크로드를 열었다. 특히 중국과의 우호관계는 러시아와의 관계에서 카드로 활용될 여지도 있다.

카자흐스탄은 러시아와 중국 광범한 지역에 걸쳐 국경을 걸쳐 이들과의 우호관계가 중요한 한편 이들의 영향으로부터 독립하고 안보를 위협받지 않아야 할 입장이기도 하다. 따라서 외교 다변화에도 노력하고 있으며, 특히 국제경제기구에 가입하여 WTO의 옵서버

국가이며 정회원 가입신청을 하고 있는 상태이다. 외국자본 유치를 위하여 1994년 26개국으로 구성된 '클럽 파리'로부터 13억 달러의 차관을 제공받기로 하였다.

또한 중앙아시아 역내에서 우즈베키스탄과 키르기스와 함께 3개국 경제 협력 체세를 우선 출범하고 잔여 2개국의 참여를 유도하고 있다. 러시아가 적극 주도하는 카스피해 연안 5개국의 텐기즈 유전 공동개발은 카스피해 관련 여러 문제(경계선 획정, 어획 및 항해권, 환경보호 등)들이 얽혀 협력과 동시에 갈등의 가능성이 공존하고 있다.

2. 우즈베키스탄(447,400㎢)

우즈베키스탄은 과거 주변의 여러 부족국가 관할 하에 있었으나 소련이 인위적으로 국경을 설정하여 1924년 10월 우즈베키스탄 소비에트 사회주의 공화국이 되었다. 중앙아시아에서 인구가 가장 많으며 이 지역의 중추국가 지위를 노리고 있으며 외교관계를 다변화하여 서방 특히 유럽과의 긴밀한 관계에 힘쓰고 있다.

노동력이 풍부하며 2001년 4월에는 북한 경수로 건설에 인력이 투입되기도 하였다. 과거 소연방은 우즈베키스탄을 면화생산 특화지역으로 지정하여 국가경제의 불균형을 심화시켰으며 생산 증대에 따른 토양 악화와 수질오염 그리고 농업용수 고갈 등으로 反러시아 정서가 있으며 CIS집단안보조약에도 가입하지 않고 있다. 카자흐스탄과 1997년 영구우호조약을 조인하고 중앙아시아 연합을 함께 주도하고 있으나 경쟁관계에 있다.

우즈베키스탄은 1994년 미국과 쌍무 무역, 투자협정을 체결하였고 글로벌 수준의 국제경제기구에 가입함은 물론 아시아개발은행(ADB)같은 지역 레벨의 국제경제기구에도 활발히 참여하고 있다.

1995년에는 수도 타시켄트에서 서방국가와 주변국 등 30개 국가와 20개 국제기구 대표들이 모여 '중앙아시아 안보와 협력' 국제회의를 개최하였다. 또한 우즈베키스탄은 이슬람 국가로는 이례적으로 이스라엘과도 경제교류를 강화하고 있다.

그러나 우즈베키스탄은 러시아와의 우호관계도 소홀히 하지 않으며 CIS에 기초한 경제연합 구상을 반대하지 않고 있으며 카리모프 대통령도 중앙아시아 지역 안보를 위한 러시아의 일정 역할을 인정하는 발언을 공개적으로 하였다.[27] 특히 타지키스탄 내전 발생시 러시아와 함께 개입, 이슬람 근본주의 세력에 대처하고 중앙아시아에서의 영향력 증대를 시도하였다.

3. 투르크메니스탄(488,100km^2)

투르크메니스탄은 천연가스 매장량이 러시아, 이란에 이어 3위이며 원유 매장량도 7억 톤으로 추정되는 자원국가이며 중립적인 외교노선을 취하여 이란과도 우호관계를 유지하고 있다. 특히 파이프라인 결정에도 그런 성향을 보여 1997년 소규모이지만 탈(脫)러시아 루트를 개통하여 카스피해 자원을 러시아를 거치지 않고 이란을 경유하여 수송하였다. 또한 1992년 이란이 주도하는 '카스피해협력평의회'에 참여하였으며 이란-터키 연결 파이프라인 건설에 적극 호응하였다.

또한 기존의 시베리아 철도보다 300km 짧은 유럽-중앙아-중국의 실크로드 부활을 위하여 노력을 기울였으며 1992년 ECO정상회의에서 철도계획이 승인되었다

CIS 관세동맹에는 가입하지 않고 있으나 러시아와도 긴밀한 관계

---

27) 특히 2001년 5월 카리모프의 모스크바 방문에서 ABM 협정 관련 러시아의 입장에 동조하였으며 상하이 포럼에 추가로 가입하였다.

를 지속하고 있는 반면 투르크메니스탄과 지중해를 연결하는 카스피해 횡단 파이프라인 건설에 미국의 지원을 받고 있다. 다만 중앙아시아 국가들 중 아직도 IMF가 제시하는 안정화 정책을 받아들이지 않고 있다.

4. 키르기스(198,500km^2)

키르기스는 이슬람 근본주의를 경계하고 러시아와 중국과의 관계를 중시하면서 세계경제 진출을 위한 대 서방 접근에도 열의를 보이고 있다. 주변국과의 갈등도 있어 1989년에 타지키스탄 국경에서 토지와 수자원 이용권과 관련해 유혈 충돌이 발생하였으며 타지키스탄과 국경문제로 대립하였다. 또한 1990년에는 페르가나 분지에서 주택용지의 분배를 둘러싸고 우즈벡인들과 대립하여 폭동이 일어난 적도 있다.

구소련으로부터 중소 국경분쟁지역을 계승하였으나 중국과의 구상무역을 증대하는 실리를 취하고 있으며 1998년 EU와 합의한 유라시아 관통루트(TRACECA)의 중국구간 건설을 추진 중이다. 반면 경제의 중국 의존도가 높아질 가능성에 대한 우려도 제기되고 있다. 키르기스는 중앙아시아 지역에서 약소국 입장이어서 우즈베키스탄을 경계하며 타지키스탄 내전을 계기로 이슬람 과격세력에 대한 공동대응을 위하여 타지키스탄과 국경안보를 강화할 목적으로 1997년 중-러-카자흐스탄-타지키스탄 4개국 협정에 서명하였고 러시아와 군사협력협정을 체결하였다.

5. 타지키스탄(143,100km^2)

1970년대 중반부터 이슬람 근본주의 운동이 본격화된 타지키스탄은 중앙아시아에서 가장 이슬람 근본주의 세력이 강하며 1992년 4월부터 정부군과 과격이슬람 간의 내전이 발발하였다. 러시아와 우즈베키스탄은 타지키스탄 정부를 지원하였으나 1994년 들어서도 반정부 세력을 완전히 제압하지 못하였다. 러시아는 이슬람 근본주의의 중앙아시아 진출을 저지하는 데는 미국과 이해가 일치하였으나 타지키스탄 내전에 미국이 개입하는 것을 경계하였다.

따라서 러시아는 1996년 9월 탈레반의 카불 점령 이후 이란과 협조하여 분쟁 중재에 노력하여 1994년 4월부터 UN의 후견으로 진행되어 온 평화협상을 매듭지어 97년 6월 모스크바에서 내전 종식이 조인되었다. 타지키스탄 내전으로 2만 명 이상이 사망하고 13만 명 이상이 아프가니스탄 지역 난민이 되었다.

반정부 세력을 일부 참여시키는 연정 구성을 주 내용으로 하는 평화안에 반기를 든 일부 이슬람 반도들이 98년 11월에 타지키스탄 제2의 도시 쿠드잔트를 공격하였으나 진압되었고, 내전 동안 미국은 타지키스탄 정부의 반정부세력에 대한 잔혹한 인권탄압을 묵인하여 비난받았다.

Ⅷ. 이슬람과 중앙아시아

이슬람은 불교도, 마니교도, 네스토리아 기독교도들로 나뉘어져 있던 중앙아시아 지역에 7세기에 코카서스와 아제르바이잔 영토를 장악하고 8세기 초에 사마르칸트 지역까지 진출하였다. 이슬람군은 투르크계 부족의 지원 요청을 받은 돌궐 군대를 패퇴시키고 더 나가 751년 탈라스 전쟁에서[28] 중국 연합군을 격파하여 중국 세력을 몰

---

28) 이슬람군은 중국의 중앙아시아 지배에 대해 반발한 돌궐계 부족들의 요청으로 탈라스 유역에서 전쟁을 벌이는데 고구려 출신 고선지 장군이

아내었다. 그러나 이후 몽골, 청나라 및 러시아의 진출로 세력이 위축되었고 볼셰비키 혁명 이후 소련은 이슬람을 철저하게 탄압하였다. 이슬람에 대한 공격은1959년 흐루시초프에 의해서 재개되었고 브레즈네프 통치하에서 반 이슬람 운동은 지속되었으며 고르바초프의 정책은 명확하지는 않았으나 딩 지도부는 이슬람이 소련 사회에 미친 손상을 비난하였다.

그러나 소연방 해체 이후 중앙아시아 지역에서 명맥을 유지해 오던 이슬람은 서서히 정치적 영향력을 확대하거나 타지키스탄이나 우즈베키스탄에서는 내전과 소요를 일으켰다. 또한 이란의 이슬람 근본주의나 아프가니스탄의 과격세력이 중앙아시아 지역으로 확산되는 것을 중앙아시아 국가들과 서방은 경계하고 있다. 사실, 소연방이 해체되고 중앙아시아 국가들이 개별적으로 독립하는 1990년대 초, 일각에서는 이슬람이 공산주의 이데올로기를 대체하여 중앙아시아를 지배할 것이라는 전망도 있었으며 특히 이란을 중심으로 하는 이슬람 근본주의가 이 지역을 위협할 것이라는 우려가 제기되기도 하였다.

그러나 과거 소연방 내에서 이슬람 사원은 1912년도 26,279개에서 1942년에는 1,312개로 그리고 1976년도는 450개로 감소하였으며 1980년대 중반 중앙아시아에는 230개소만 활동을 하는 정도였다. 이슬람은 종교 활동 외에 관련 제반 활동이 위축되어 학교교육, 공개 강연 등 일반 사회 활동에서도 입지가 극히 제한되어 왔다. 이슬람 조직 기반도 약화되고 통합적 지도세력이 없이 분화되어 있다. 종파도 다원화되어 있어 수니(Sunni), 보다 리버럴한 하나피(Hanafi) 그리고 시아(Shi'is)파 외에 다양한 분파들로 구성되어 있다.

주도하는 중국군과 친중국계 위구르 연합군이 돌궐계, 티베트, 아랍 동맹군에 패배하였다. 최한우, "소련 해체이후 중앙아시아 이슬람 근본주의 운동의 현상과 과제", 『중앙아시아 연구』 5호(2000), p. 175.

중앙아 국가별 이슬람 현황을 보면 우선, 카자흐스탄은 중앙아 국가 중 이슬람 신앙이 상대적으로 미약하며 그 활동도 정부가 광범위하게 통제해 왔다. 물론 1990년대 이후 비교적으로 독자적인 종교 활동을 확대하고 있으나 대중과 지식 교육층 모두에게 호응을 받지 못하고 있으며 일부 지역에서 근본주의와 결합을 시도하는 당(Alash Party)이[29] 출현하고 있다. 그러나 중앙정부는 이들의 정치세력화를 경계하며 카자흐스탄 내에서 제2의 타지키스탄 내전이 발생할 가능성을 우려하고 있으며 이슬람의 세속화를 유도하고 있다.

투르크메니스탄은 1911년도 481개 사원이 1941년에는 5개 만 남았으며 1979년 이란 회교혁명 이후 한때 소규모의 이슬람 세력이 산발적으로 규합된 적은 있으나 현재 정치세력으로 허용되지 않고 있다. 그러나 정부가 인정하는 제도화 범위에서 국가의 지원도 받고 있어 세속적인 정치권력과 타협, 공존하는 상태에서 종교의 자유가 보장되고 있다. 키르기스에는 중앙아시아의 대표적인 근본주의 운동인 와하비가 비교적 대중적 지지를 받았으나 정부는 1995년 일반교육 기관에서 이슬람 교육을 금지시키는 대통령령을 발표하고 종교 활동을 감독하는 기구를 설치하였다.[30]

소연방으로부터 독립 이후 중앙아시아에서 이슬람이 정치세력으로서 문제를 일으킨 지역은 타지키스탄과 우즈베키스탄이다. 이 두 국가는 이슬람 재생당(Party of Islamic Renaissance)이[31] 가장 활발히 활

---

29) 1990년 4월 창당되었는데 '알라쉬'는 투르크의 상징인 붉은 늑대를 지칭하는 바 투르크 민족과 이슬람의 결합을 강조하며 투르크 민족의 단합이라는 정치 목표가 이슬람 신앙과 불가분의 관계라는 입장이다. 우덕찬, "중앙아시아국가들의 對이슬람 정책에 관한 연구", 『중앙아시아 연구』 5호(2000), p. 161.

30) 우덕찬(2000), p. 170.

31) 중앙아시아 이슬람 단체나 정당은 활동 범위가 개별국가에 머물러 있는 조직과 범국가적 조직망을 가진 것으로 나뉘며 각각 과격파와 온건파로 나뉘어있다. 이슬람재생당은 범국가적 과격 정당이며 알라쉬는 개별국

동하는 곳이며 특히 우즈베키스탄의 페르가나 계곡이 주요 근거지이다. 우즈베키스탄에서는 1999년 이들 세력이[32] 대통령에 대한 테러를 주도했으며 타지키스탄은 이슬람 정치세력과 중앙정부간의 대규모 유혈 내전을 겪었다. 그러나 대체로 중앙아 국가 집권세력들이 이슬람에 공동 대처하고 미국과 EU와의 관계를 강화해 나가며 서방과 러시아 및 터키가 이에 호응하고 있는 국제환경으로 이슬람 과격세력은 입지가 좁아지고 있다.

실례로, 터키 최초로 1997년 이슬람당이 선거로 집권하자 터키이슬람의 영향력이 확산하는 것을 경계한 중앙아 각국은 터키와 관계가 소원해졌으며 이슬람당이 군부의 압력으로 퇴진하자 중앙아시아는 다시 터키와 관계 복원에 적극적이었다. 한편 1999년에는 투르크족 중심의 극단적인 중앙아 민족주의를 표방하는 투르크주의 정당 MHP가 크게 약진하였으며 이 정당은 과거 친 서유럽 정권이 EU 편향적인 굴욕외교를 펼쳐왔다고 비판하고 있다. 그리고 유럽에 의존하지 말고 중앙아시아 동족 국가들과 외교를 강화하고 중동이슬람 국가와도 협력하여 오스만 투르크의 영광을 재현해야 한다고 주장하고 있다.[33]

이슬람이 중앙아시아 정치와 국제관계에서 어떤 위치를 차지할

가 수준의 과격정당이다.

32) 우즈베키스탄에서는 1991년에 결성된 IMU(Islamic Movement of Uzbekistan)가 대표적인데 이 단체는 1999년 이래 일련의 폭탄테러를 행하였다. 미국은 IMU가 알카에다(al Qaeda)와 긴밀한 제휴관계에 있으며 빈라덴의 재정지원을 받는 것으로 믿고 있다. 우즈베키스탄이 9.11테러이후 가장 먼저 미국 지상군과 공군의 주둔을 허용한 배경으로 IMU가 지적되기도 한다. Burgess, Mark "In the Spotlight: Islamic Movement of Uzbekistan(IMU)," http://www.cdi.org/terrorism/imu.cfm.

33) 최한우(2000), pp. 194-195. 그러나 터키가 1999년 12월 EU 후보국이 되었으며 점차로 유럽을 더욱 중요시 할 것이다. 즉 이슬람 국가 중 '터키모델(Turkish Model)'이라 불리는 세속화, 서구화가 주조를 이루며 투르크주의와 이슬람이 공존할 것으로 전망되고 있다.

것인가는 앞으로도 중요한 연구과제가 될 것이다. 이에 대해, 중앙
아시아 국민들 사이에 이슬람이 별 호응을 얻지 못하고 조직과 활동
기반이 미약하기 때문에 이 지역 정치에 영향을 미치지는 못할 것이
라는 평가가 일반적이나 다른 한편, 과격 이슬람이 대중으로부터
유리되고 정부의 탄압이 강화되어 소수 세력으로 격리될수록 극단
행위로 이 지역의 안정을 위협할 위험도 있다. 중앙아시아가 보다
세속화되어 이슬람 근본주의가 발붙이기 어려워지기 위해서는 무
엇보다 경제적 결핍으로 인한 사회불안을 제거하는 것이며 따라서
사회, 경제 문제의 해결이 중요한 선결 과제로 제기되고 있다.

IX. 맺는말

지역연구의 주요 대상은 일반적으로 정치, 경제, 사회 및 문화
영역으로 나뉘고 특히 정치, 경제 영역은 국내 분야 외에 국제관계의
측면에도 중요한 과제로 대두하고 있다. 본 연구는 중앙아시아 연구
의 주요 영역과 과제를 중앙아 국제관계에 초점을 두어 살펴보았다.
중점 과제로 (1) 중앙아시아 비핵지대화와 (2) 미국과 서유럽의 중
앙아 진출, 그리고 이에 대응하는 (3) 중국의 중앙아시아 진출과
중-러 협력과 (4) 중앙아시아 개별국가의 국제관계를 제시하였다.
중앙아시아 국제 경제 분야로는 (5) 석유, 가스 파이프라인 건설과
(6) 중앙아시아 역내외 경제협력과 발전을 개관하였다. 경협, 경제
발전과 관련하여 중앙아 경제의 체제전환과 자유주의 세계경제에
의 편입 그리고 제2의 실크로드 건설 및 석유개발 등이 중대 이슈로
등장되고 있다.
마지막으로, 중앙아 연구에서 (7) 이슬람 요소는 결코 소홀히 취
급되어서는 안될 것이다. 이는 중앙아시아 국내정치, 사회, 문화의

연구에서 뿐만 아니라 중앙아시아 국제관계에도 중요한 변수로 남아 연구 대상이 될 것이다. 중앙아시아 국내정치, 경제, 사회 및 문화 영역은 별도 연구에서 현황과 과제가 정리되어야 할 것이며 중앙아시아의 문화적 정체성과 타 문화와의 관련도 탐구되어야 할 과제이다. 이런 문화 연구는 국내의 중앙아시아 연구에서 진행되어 왔다.[34] 그러나 기존의 국내 연구는 문화에 오히려 치중되어 있고 정치, 경제 분야의 보다 활발한 연구가 과제로 남아 있다.

---

34) 최한우, "중앙아시아 지역연구 현황과 과제", 『국제지역연구』, Vol.5, No.1(2001).

제 2 부

'개혁'과 중앙아시아의 경제

제 3 장
실크로드의 생성과 발전 및 쇠퇴*

박 주 식

I. 실크로드의 역사적 의의 및 경로

실크로드는 이미 기원전에 동서 교류의 통로로 출발하여 오랜 역사를 통해 다양한 물자와 문화가 전파, 교환되고 교류하는 공간의 역할을 해왔다. 맥닐[1]에 의하면 세계사는 토인비나 슈펭글러가 상정하는 것처럼 몇몇의 서로 유리된 개별 문명권이 독자적으로 성장, 발전, 경쟁, 충돌한 역사가 아니라 각 지역의 여러 문화가 전파, 확산되고 상호 교류하고 융화가 반복된 역사이다. 그는 세계 4대 문명이 출범한 이후 역사의 각 단계에서 끊임없이 여러 문화가 지리적 경계를 넘어 서로 교류, 공존하였으며 이런 교류, 공존공간을 에큐민(ecumene)이라 칭하여 인류 문화사를 에큐민의 역사로 재구성하였다. 여기서 맥닐은 유럽과 아시아를 연결하는 에큐민으로 실크로드의 중요성

---

* 이 글은 『민족연구』 제27호(2006년 9월)에 게재된 것을 수정한 것임.
1) W. H. McNeill, *The Rise of the West*, (Chicago: The University of Chicago Press, 1963).

을 강조하였다.

같은 맥락으로, 크리스티안은 아프리카, 유라시아 역사의 단일성 (unity of Afro-Eurasian history)을 주장하고 이런 단일성을 형성, 유지하는데 실크로드가 핵심 역할을 하였음을 강조하였다.[2] 프랭크와 길즈 역시 그들의 세계체제론에서 아프리카-유라시아를 하나의 단일 세계체제(world system)에 포함된 것으로 파악하고 그 시점을 이미 BC 2000년으로 소급하고 있다.[3] 또한 정수일은 실크로드의 역사적 의의를 크게 3가지로 나누어 문명가교의 역할, 세계사 전개의 중추적 역할, 주요 문명의 산파 역할 등으로 설명하고 있다.[4]

그러나 실크로드가 세상에 널리 알려지고 관심의 대상이 되어 탐사, 연구된 것은 19세기에 들어서야 본격화되었다. 특히 중동과 인도 북부 및 중앙아시아 지역 진출을 둘러싸고 영국과 러시아가 벌인 경쟁(Great Game)이 치열해지면서 실크로드 지역에 관한 연구는 지역 진출과 경략의 목적과 더불어 가속되었다. 아울러, 실크로드 탐사는 동양학적 관심으로도 많이 수행되었으며 고고학적, 문화사적으로 중요 과제로 등장하여 특히 신장지역은 20세기 초에 본격적으로 탐험이 시작되었고[5] 스타인(Aurel Stein)이나 헤딘(Sven Hedin)의 기념비적 연구들이 뒤이어 계속되었다.

실크로드(die Seidenstrassen)란 말은 독일 지리학자 페르디난트 리히트호펜(Ferdinand von Richthofen, 1833~1905)이 19세기에 처음 사용하였

---

2) D. Christian, "Silk Roads or Steppe Roads? The Silk Roads in World History," *Journal of World History*, Vol. 2, No. 1, 2000, p. 1.

3) 프랭크는 이미 BC 2000년경부터 중앙아시아와 중국 사이에 상당한 규모의 교역이 행하여졌다고 증거를 제시하고 있다. A.. Frank and B. K. Gills, eds., *World System*, (New York: Routledge, 1992), p. 62.

4) 정수일, 『씰크로드학』(서울: 창작과 비평사, 2001), pp. 40-41.

5) 당시의 탐사 모험담은 다음의 연구에 잘 소개되어 있다. P. Hopkirk, *Foreign Devils on the Silk Road* (Oxford: Oxford University Press, 1984); 김영종 역, 『실크로드의 악마들』(서울: 사계절, 2000).

는데 중국과 중앙아시아, 인도 그리고 지중해를 연결하는 일련의
긴 무역 루트를 지칭하였다. 명칭은 실크로드이나 교역 품목은 비단
외에 금, 은, 옥을 위시한 보석제품, 종이와 인쇄술, 나침반, 향료,
양모, 소금, 농산물, 심지어는 운반하기 불편한 자기, 유리제품 그리
고 말과 소를 위시한 가축 등 다양한 품목들이 교역되었다.[6]

실크로드의 경로와 지리적 범위는 단순 명료하지 않고 복잡하며
명확히 규정하기 어려워 개념규정과 분류 방식이 다양하다. 첫째로,
실크로드를 초원로까지 포함하여 크게 초원로, 오아시스로, 해로로
3 가지로 나누어 광의로 접근하는 방식이 있다.[7] 둘째로, 동서 교류
로를 크게 3대별하여 초원로, 실크로드 그리고 해양로로 나누어 실
크로드를 첫째 분류 방식의 오아시스로에 대응시키고 해양로를 제
외하는 접근이다. 셋째는 절충으로 실크로드를 오아시스로 중심으
로 파악하면서 해양로까지 포함시키는 연구 방식이다.

위의 3가지 접근 방식은 각기 나름대로 의미가 있어 어느 분류
방식이 보다 우월하거나 타당하다고 단언할 수는 없을 것이나 여기
서는 해양로를 제외하고 오아시스로를 중심으로 논의를 전개한다.
왜냐하면 광의의 분류 방식을 제시한 정수일도 지적하였듯이 오아
시르로가 실크로드에서 가장 중요한 통로이며[8] 초원로나 해로와는
달리 오랜 역사를 거쳐 지속적으로 이용되어왔기 때문이다. 동쪽으
로는 중국에서부터 시작하여 중앙아시아를 거쳐 서아시아를 지나
동부 지중해와 로마까지 연결되는 실크로드는 특히 중앙아시아 지
역에 흩어져 있는 여러 오아시스를 지나쳐 일명 오아시스로라 칭한
다고 본다면 앞서 지적한 둘째 분류는 별 무리가 없다고 할 수 있다.

그런데 실크로드 경로는 동서로 뻗은 간선로 외에 유라시아 대륙

---

6) 실크로드를 통한 물자의 교류는 정수일(2001) 제3장 참조.
7) 정수일(2001), pp. 35-41.
8) 정수일(2001), p. 46.

곳곳에서 남북으로 물자와 문화를 전파, 교류시키는 통로도[9] 실크로드 연구에서 소홀히 취급될 수는 없을 것이다. 그러나 연구범위를 압축하기 위해 본고는 남북을 관통하는 5대 지선은 제외하고 동서 오아시스로를 중심으로 실크로드의 경로를 크게 다음과 같이 3지역으로 나누어 볼 수 있다.

첫째로, 실크로드 동부지역으로 파미르(Pamir Mountains) 고원을 지나 카스가르를 통과하여 동쪽의 타클라마칸 사막(Taklamakan Desert)의 남부 또는 북부 루트를 경유하여 중국의 둔황을 거쳐 장안(서안)에[10] 이르는 험준하고 머나먼 길이다. 실크로드 동부루트는 중국 통로인데 이를 시안을 출발점으로 하는 서부방향 경로로 설명하면, 시안을 출발하여 둔황을 거쳐 남북으로 실크로드는 나뉘어져 신장 지역 내의 타클라마칸 사막을 지나 카스가르에서 다시 합류한다.

둘째로, 중앙아시아 지역인데 파미르 고원을 경계로 서쪽에 해당한다. 카스피해 남부까지의 중앙아시아 동부 실크로드는 단일 통로이나 그 서쪽은 남북으로 두 개의 통로로 나뉘는데 북방 통로는 사마르칸트에 도달하고 남방 통로는 옥서스강(Oxus:지금의 아무다리야강)에 이른다. 특히 박트리아(Bactria:오늘날 아프가니스탄 지역)와 사마르칸트[11]는 대표적인 중간 집결지로 대규모 시장이 형성되어 동서 각지에서 모인 여러 인종의 상인들이 상거래를 하였으며 많은 정보와 이야기들이 교환되었다.

셋째로, 실크로드 서부지역으로 페르시아를 거쳐 지중해에 도달

---

9) 정수일(2001), pp. 78-80.
10) 장안의 명칭이 시안(西安)으로 변경된 것은 1368년이다.
11) 현재 우즈베키스탄 제2의 도시이며 중앙아시아 최고(最古)의 도시이다. 그리스 시대에는 마라칸다로 알려졌으며 중국 남북조 시대부터 수·당 시대에 걸쳐 강국(康國)이라고 불렸다. 1220년 칭기즈칸에 의해 점령되었으며 실크로드의 교역기지로 번창하였고 14세기에는 티무르 왕조의 수도가 되었다.

하여 로마까지 연결되는 동서 교역로이다. 물론 서부 실크로드는 대체로 직접 교역이 아니고 중계무역이나 통과무역 형태의 간접교역이 주로 이루어졌다. 이상의 육상통로 외에 지중해와 인도 남부해안 그리고 동남아시아와 남중국해를 연결하는 해상 무역로도 넓은 의미의 실크로드에 포함되지만12) 앞서 언급한대로 여기서는 육상 실크로드에 국한한다.

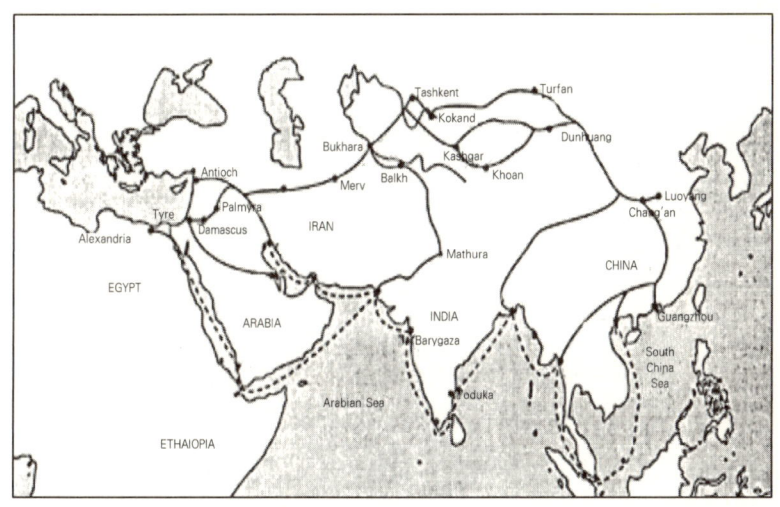

II. 실크로드의 형성과 출발

실크로드의 역사는 기원전 2000년까지 거슬러 올라가기도 하나 본격적으로 개척되기 시작한 것은 중국의 진나라와 로마 시대로 알려져 있다. 진과 한 왕조(BC 221~AD 220) 기간 중국을 위협하는 외부 민족은 터키어를 사용하는 유목민인 흉노족13)이었다. 당시 흉

---

12) 정수일(2001), pp. 52-78.
13) 흉노족의 인종, 언어, 문화적 기원과 특성은 여러 설이 있어 명확하지

노족은 아랄해부터 동몽고에 이르는 광대한 영토를 본거지로 하고 수시로 중국을 침략하였으며 진시황은 이에 대비하여 만리장성의 축조를 시작하였다.

진 이후 들어선 한의 무제(BC 140~87)는 흉노에 대항하는 동맹을 추구하여 둔황 지역에 살다 흉노에 쫓겨 서쪽으로 이주해 있던 유목민 월씨(越氏:대월지국)와 연합을 시도하였다. 한편 BC 138년에 한무제는 흉노에 대항하는 연합전선을 제의하기 위하여 장첸(장건)을 월지에 사절로 파견하여 실크로드의 개척이 시작되었다. 장건 일행은 둔황에 도달하기 전 깐수성(감숙성)에서 흉노에 사로잡혀 10년 이상 환대 속의 포로 생활을 하였다. 장건은 사명 완수를 위하여 탈출하여 다시 북부 경로를 따라 계속 서진하여 텐산 남부와 카스가르(Kashgar)를 지나 파미르 고원을 넘어 페르가나(Ferghana)에 도달하였다.

장건 일행이 천신만고 끝에 페르가나에 도착하였으나 월지는 현재의 옥서스(Oxus) 지역인 아무다리야(Amu Dar'ya)로 이주하여 유목 생활을 청산하고 박트리아를 새 생활터로 만족한 생활을 하면서 흉노에 대한 복수심도 잊고 있었다. 따라서 동맹은 성사되지 못하고 장건은 월지국에 1년간 머문 후 중국 귀환의 험난한 여정을 다시 시작하였다. 그는 같은 길인 북부 통로를 지나면 흉노의 포로가 될 우려가 있어 남방 루트를 개척하여 파미르 고원을 지나 쿠샤와 체르첸을 지났다. 그러나 타림분지에 도달하기 전 그는 다시 흉노에 잡혀 그들과 1년을 보내다가 탈출하여 BC 126년에야 13년의 탐험을 마치고 한나라 수도 장안에 도착했는데 100명 넘는 일행 중 자신과

않으나 대체로 기원전 4세기경 몽골고원에서 시작된 것으로 알려지고 있다. 사마천의 사서(BC 90년) 이래 중국은 흉노를 주변 오랑캐로 폄하하고 있으나 사실, 흉노는 한동안 중국을 위협하는 강대한 세력이었으며 BC 198년 양국 강화조약에서 중국이 황금과 비단을 조공품으로 보낼 것을 약속한 적도 있다.

부하 한 명만 돌아왔다.

장건은 실크로드 1차 개척기간 동안(BC 138~126) 중앙아시아(페르가나, 부하라, 사마르칸트 등)의 교역, 지리, 문화 등 다방면에 관한 많은 정보들을 알게 되었고 또한 페르시아, 아랍, 로마제국에 관한 이야기도 전해 들어 이에 관한 많은 지식들을 중국에 전파하였다. 또한 한무제는 흉노에 대항하는 동맹 파트너를 다시 물색하기 위해 장건을 다시 서역으로 파견하여 2차 실크로드 탐험이 시작되고(BC 119~115) 장건이 쿠차 서부 지역의 우순(Wu-sun) 왕국에 도달하였으나 동맹에 관심을 보이지 않자 장건은 다른 사절을 파르티아와 인도를 위시한 여러 왕국에 파견하였다.

파르티아는[14] 중국 사절을 환대하였으며 답례로 후한에 사신을 파견하여 이후 양국은 상업 교역 외에 정규적인 외교사절의 왕래가 시작되었다. 이후 중국은 서부 지역과 교역을 활발히 지속하였는데 중국의 비단, 약초, 사치품과 중앙아시아의 소, 가축, 모피, 가죽 등이 교역되고 양배추, 호박, 참깨, 포도 등 농산물이 중국에 유입되었다. 특히 중국은 페르가나의 천마(Ferghana Celestial Horse)[15]라 불리는 뛰어난 말에 큰 관심을 보여 수입하였으며 상업적 목적 외에 동맹 제휴를 위한 서역 정보수집 목적으로 서역 루트 개발에 지속적으로 노력하였다.

---

14) 파르티아는 고대 이란 왕국(BC 247~AD 226)으로 카스피해의 남동지방을 본거지로 출발하였으나, 북동 이란으로 영토를 확장하고 중국과 로마가 긴밀한 관계를 가졌다. 중국과 파르티아 사이의 교역로는 실크로드가 되었다. 서아시아의 주도권을 둘러싸고 로마와 벌인 전투(BC 53)에서 중국의 비단 옷을 입고 출전한 파르티아 병사를 목격한 로마군이 비단 옷에 놀라 달아났다 전해지고 있다.

15) 장건이 페르가나에서 경이롭게 본 말로 몸집이 크면서도 빨라 장건의 보고를 받은 한무제는 흉노에 대항할 기마병 양성을 위해 페르가나에 사절단이나 원정군을 파견하여 구하려 애썼다. 멸종되었지만 실크로드 발굴 그림이나 조각품에 전해지고 있으며 신라의 천마총과도 비교되고 있다.

한대에 들어 중국은 로마와도 간접교역 방식으로 무역을 증대하였으나 서로 직접 교류는 없었으며 후한(AD 25~220)에 들어 중동 상인이 해상 루트를 통해 중국에 들어와 로마 황제 마커스 아우렐리우스(Marcus Aurelius)의 사절을 사칭한 기록이 남아 있다.[16] 후한 멸망 이후 중국이 수와 당으로 재통일 될 때까지 중국은 외부 민족과 문화에 보다 개방적인 자세를 보여 실크로드와 교역의 발전을 촉진하였으며 수, 당 대에는 더욱 번창하였다.

Ⅲ. 실크로드의 발전과 쇠퇴

실크로드는 2,500년을 넘게 동서 문물교류와 역사전개의 공간 역할을 하여왔는데 크게 개척기, 번영기 그리고 쇠퇴기의 세 시기로 나눌 수 있다. 개척기는 앞서 본대로 기원전 8~7세기에 스키타이가 초원로를 개척한 이후부터 장건이 기원전후 본격적으로 서역로를 개척하고 로마인들이 동방 진출이 시작된 시기이다. 번영기는 중국 비단의 서방 교역이 활발해지고 당나라와 이슬람 제국간의 동서교류가 가속되었으며 이후 일시 축소되다가 몽골제국의 서방경략으로 재흥하고 16세기 지리상 발견 이후 해상교역의 비중이 증대하기 시작한 시기까지이다.[17]

그러나 이러한 시기 구분은 해양로를 비중 있게 다룬 관점이며 실제로 오아시스로를 중심으로 보면 중국 명 왕조 등장 이후 이미 쇠퇴 징후를 보였으며 특히 중앙아시아 지역의 정치적 불안정은

---

16) 후한서의 기록에 의하면 로마와 중국(한)의 교섭은 베트남을 통해 AD 166년에 시작되었는데 공식 외교사절은 아니고 로마 상인일 것으로도 해석되고 있다. 정수일(2001), p. 149.

17) 정수일(2001), p. 37.

육상로의 쇠퇴를 가속시켰다.

1. 실크로드의 발전

실크로드의 1차 전성기는 한나라가 BC 1세기에 흉노를 격퇴하고 교역로의 안전을 확보하면서 시작되었다. 한나라는 BC 121년 간쑤 회랑(둔황 동부의 작은 분지들)에서 흉노를 몰아내고 서쪽으로 더 나가 타림분지와 파미르 고원을 넘어 페르가나까지 장악하여 실크로드의 기반을 다졌으며 후한(AD 25~220) 이후 남북조 시대에 들어 실크로드는 더욱 번성하였다. 또한 기원후 후한에 쫓겨 초원로를 따라 서방으로 진출한 흉노는 4세기 후반에는 유럽까지 서진하여 발칸 동유럽 지역의 민족대이동을 유발하여 세계사 전개에 큰 영향을 미쳤다.[18] 이 시기는 상품교역 뿐 아니라 불교 유입(AD 67)을 위시하여 외래문화가 실크로드를 통해 유입되어 다양한 문화와 종교가 융화, 교류하는 시기였다. 당시 실크로드 주변에는 여러 국가의 군대와 상인 그리고 선교인들로 넘치는 국제도시들이 자치를 행하였으며, 특히 불교의 여러 종파와 조로아스타교, 네스토리안이 사마르칸트와 중국에까지 전파되었다.

실크로드 제2전성기는 수(586~618)와 당(618~906)대에 들어 최고조에 달하였다. 당나라 수도 장안(이후 왕조의 서안)은 여러 지역에서 모인 수많은 외국인들로 번창하였다. 투르크인, 페르시아인, 인도인, 아랍인, 중앙아시아인 등이 장안의 서부시장 지역에 모여 대규모 장터(bazaar)를 이루어 다양한 품목의 다량 교역이 이루어지고 상당

---

18) 유럽에서 게르만족 민족이동을 촉진한 이들은 훈족으로 불리었는데 흑해 연안에 살고 있던 게르만족인 서고트인이 훈족에 밀려나서 당시 로마 영역이던 발칸 지역을 경유하여 서진하였다. 동유럽 발칸 국가 헝가리의 명칭도 Hun에서 온 것으로 추정되고 있다. 훈족과 흉노의 관계에 관해서는 이설도 있다. 정수일(2001), p. 183.

한 수익을 보았다. 당은 세력을 중앙아시아 내부 깊숙이 확장하여 파미르 고원까지 이르렀고 실크로드의 안전을 확보하였으며 상품 교역 외에 의상, 음악, 오락, 가구 등의 일상 생활문화를 터키와 페르시아 지역과 상호 교류하였다. 상품교역도 품목이 확대되어 상아, 화약, 철물, 및 금속도료, 청동상 등이 100~1,000마리의 낙타부대가 이끄는 대상(caravan)에 의하여 이동하였다.[19]

그러나 당의 세력 확장은 751년 트랜스옥사나 북부의 탈라스 강 전투에서 이슬람에 패배한 이후 제동이 걸리고 안녹산의 난(755~763)으로[20] 내부적 불안이 증대하면서 실크로드도 점차 위축되기 시작하였으며 실크로드는 지형적, 기후적 특성으로 인하여 상당 기간 방치되면 모래 바람과 혹독한 기후로[21] 폐허화되기 쉬웠다. 당 멸망 이후 송대(960~1279)에는 중국 영토가 대폭 축소되고 주변 여러 민족이 세력을 떨쳤으며 특히 중앙아시아 지역에 대한 중국의 통제력은 약화되어 실크로드 교역도 위축되었다.

몽골과 원(1279~1368) 왕조 시대에 실크로드는 제3전성기를 맞이하게 된다. 원 왕조의 정식 출범 이전 몽골 세력이 중국 북서부, 중앙아시아, 중동과 인도 북부 그리고 유럽까지 진출하는 동안 비단 생산은 급속히 증가하였고 실크로드는 타림분지를 지나 중앙아시아 지역에서 더욱 번성하였다. 당시 몽골인은 상업을 장려하고 심지

---

19) R. Gonzales, "The Geography of the Silk Road," http://www.humboldt.edu/~geog309i/ideas/raysilk

20) 대식국(大食國)으로 불리던 아랍국들은 7세기 중엽부터 중국에 사절을 파견하고 우호관계를 지속하였다. 탈라스 전투가 있었으나 양국 관계는 유지되었고 당나라 포로 중 제지공이나, 화가들은 문화의 서방 전파에 기여하였다. 또한 안녹산의 난 당시 757년 압바스 왕조는 원군을 당에 파견하였으며 일부 잔류 아랍원군은 중국 무슬림의 원조가 되었다. 정수일(2001), p. 156.

21) 대표적인 예로, 실크로드의 타클라마칸(Taklamakan) 사막은 위구르어로 들어가면 나오지 못하는 사막으로 겨울 혹한, 여름 혹서 그리고 극심한 모래 바람으로 가장 통과하기 어려운 구간이다.

어는 잠재적 적대 세력인 인도 지역에 많은 병마들이 카자흐스탄이나, 아프가니스탄을 거쳐 유출되는 것도 묵인하였다.[22]

중국 비단은 이태리까지 도달하였으며 이 기간에 이태리의 마르코 폴로 부자가 몽골을 여행하였으며(1260~70년대)[23] 몽골왕조는 통상로의 안전 확보와 이슬람 상인조합까지 후원하는 대대적인 실크로드 교역 지원으로[24] 실크로드는 다시 활기를 띄기 시작하였으며 칭기즈칸 손자 원 세조는 사마르칸트에 수도를 건설하였다. 이 기간에는 생활용품은 주로 단거리 교역으로 이루어졌으나 고가의 사치품은 원거리 무역도 성행하였다. 그러나 이러한 실크로드 재흥은 단명한 몽골왕조 기간에 그쳤으며 이후 실크로드는 회복의 길을 다시 들어서지 못하게 되었다. 반면, 초원로는 이후 16세기 후반 들어 러시아의 시베리아 진출로 활기를 띄고 모피교역이 활발해져 모피로라 불리기도 하였다.

몽골왕조의 후예인 티무르(재위: 1369~1405)[25]는 중앙아시아에 영토를 확장하여 티무르 제국(1369~1508)을 건설하여 일시 실크로드를 부활시켰다. 그는 사마르칸트를 수도로 정하고 사방으로 원정하여 모스크바 부근까지 진군하였고 1398년에는 인도의 델리를 점령하였으며 여세를 몰아 명나라를 정벌하려고 떠났으나 도중 병사하였다.

---

22) J. M. Smith, "The Mongols and the Silk Road," http://www.silk-road.com/toc/index.html

23) 마르코 폴로 부친과 삼촌의 1차 몽골 여행은 외교 목적이었다. 당시 프랑스와 로마 교황청은 이슬람에 대항하기 위한 제휴의 목적으로 몽골에 사절을 파견하였으나 몽골은 제휴를 거절하였다.

24) 실크로드 교역비용이 가장 저렴했다고 평가되고 있다. 구체적인 비용내역은 M. Rossabi, "The Decline of the Central Asian Caravan Trade," in J. Tracy, ed., *The Rise of Merchant Empires*, (Cambridge: Cambridge University Press, 1990), pp. 356-7.

25) 원정 전투에서 오른발을 다쳤기 때문에 '절름발이 티무르'라고도 하며 유럽인은 Tamerlane이라 불렀다. 사마르칸트에 있는 그의 무덤이 1941년 발굴되어 절름발이임이 확인되었다.

실크로드의 중요 무대인 중앙아시아가 서양과 접촉한 것은 오래 전으로 추론되고 있으나 문헌 기록에 남기 시작한 것은 BC 5세기의 헤로도투스의 스키타이인에 관한 언급이 최초이다. 중국에 비하여 전래하는 관련 문헌이 희소하여 실크로드 역사 기술이 중국을 중심 으로 이루어지고 있으나 기원전 1500년의 박트리아 지역에서 중국 산 비단 유적이 발굴되고 있으며 그밖에 농업, 광업, 야금술의 발전 과 교역로와 도시의 흔적이 드러나고 있다.

2. 실크로드의 쇠퇴와 재발굴

원의 멸망과 명 등장 그리고 중앙아시아의 정치적 혼란과 이슬람 의 강성으로 실크로드는 쇠퇴하기 시작하였다. 특히 명의 고립주의 정책과 해상 무역 치중은 실크로드의 활용 가치를 떨어뜨렸다. 명은 원에 대하여 온건한 유화 정책을 펴고 주변 유목 민족에 대해서도 공세적인 정책을 피하고 육상 팽창정책을 자제하였다. 그 대신, 해 상 진출과 경략에 적극 관심을 보여 대형 선단의 항해에 의한 시위 정책을 전개하였다. 명은 1405~33년의 기간에 경제적 동기나 통상 무역의 용도가 아닌 국력 과시의 수단으로 인도와 아프리카 동부 해안까지 대대적인 함대 순양을 행하였다.[26)

해상루트 개발은 교역 비용이 육상 실크로드보다 싸고 위험도도 낮아 이점이 있었다. 이에 따라 16세기에 들어서 유라시아 동서 무역 은 해상 무역 위주로 재편되었고 유럽이 주도한 일련의 지리상 발견 은 이를 더욱 재촉하였다. 기존의 실크로드는 해상 실크로드로 대체

---

26) 중국 항해술과 해상 실크로드의 발전에 관해서는 S. Guangqi, "The Development of Chinese Navigation Technology and of the Maritime Silk Route," in V. Elisseeff, *The Silk Roads: Highways of Culture and Commerce* (New York: Berghahn Books, 2000).

되기 시작하였고 해상 교역로는 육상 루트보다 그 공간을 확대하여 한국과 일본을 포함하는 동북아시아부터 동남아, 인도양, 아프리카 해, 지중해 그리고 다뉴브강을 북상해 북부유럽까지 포함하였다.

게다가 기존의 실크로드는 주변 도시를 유지하는데 척박한 지형과 기후 환경으로 많은 비용이 들었다(특히 타클라마칸 사막과 고비 사막 지역). 또한, 서유럽의 실크 제조 기술의 향상으로[27] 중국 비단의 수요가 감소하여 실크로드 교역은 더욱 쇠퇴하기 시작하였다. 실크로드의 쇠퇴는 해상 무역로의 등장과 육상통로의 고비용 외에 실크로드 주변 국가의 정치적 불안정에도 연유하는데[28] 특히 16세기 이후의 중앙아시아 실크로드의 쇠퇴는 그 영향이 컸다.

중앙아시아 실크로드 교역에서 핵심지역은 위구르스탄으로 불리기도 하는 텐산산맥 지역, 트랜스옥사나, 페르시아 도시 그리고 터키의 상업 중심 지역들을 들 수 있는데 16세기 이후 계속된 이들 지역을 관할하는 정치세력의 불안정은 실크로드의 위축을 가져왔다. 15세기까지 각 지역은 지역 패권세력의 안정적인 관할 하에 있었다. 티무르제국은 투르판(Turfan) 하미(Hami) 그리고 텐산 남부의 실크로드를 안전하게 관리하였으며 트랜스옥사나, 사마르칸트 그리고 페르시아의 도시들을 장악하여 지역 교역의 안전이 유지되었다. 또한 이들은 중국과 통상관계를 지속하여 사마르칸트는 2~3년마다 명나라에 사절단을 파견하였으며 메카 출신 아랍 상인이 육로로 중국을 방문하기도 하였다.

---

27) 중국으로부터 6세기 중엽에 비단 제조 기술을 습득한 비잔틴 제국이 10세기 이전부터 이미 비단 생산 능력을 향상시켰다. McNeill(1963), p. 419. 일설에 의하면 당시 네스토리우스 사제가 나무 지팡이 속에 누에고치를 비잔티움에 밀반출 하였다 한다. Hopkirk(1984), p. 39.
28) 로사비는 명 등장이후 실크로드의 쇠퇴 원인을 해상무역의 발달에서 찾는 종래의 통상 학설을 비판하고 유라시아 실크로드 지역의 정치적 불안정이 주원인이라 주장하고 있다. Rossabi(1990), pp. 356-7.

그러나 16세기 들어 지역 간 패권 다툼이 치열해져 이 지역의 안정적인 정치 질서는 와해되기 시작하였다. 우즈베크 연합 세력은 페르시아 동부를 위협했으며 위구르스탄의 생활거점도 카자흐인의 공세로 불안해지고 카자흐인은 톈산 남부의 실크로드를 약탈하고 투르판을 지배하던 티무르 왕국도 분열, 멸망하였다. 이처럼 중앙아시아 실크로드 주변의 정치, 군사 정세가 혼란에 빠져 실크로드 교역은 타격을 받게 되며 중앙아시아와 중국 사이의 대상인과 사절의 왕래가 대폭 줄어들었다.

　이와 같은 중앙아시아의 불안정과 더불어 중국도 정치, 사회적 혼란을 보여 실크로드의 쇠퇴를 촉진하였다. 이미 명조 말기 1630년대 중국 서북 지역에는 여러 차례 농민 반란이 일어났으며 명을 이은 청(1644~1912)의 등장 이후에도 서북 반란 세력들은 서북지역의 실크로드 요충지인 란주를 압박하였다. 특히 무슬림 반도들은 위구르스탄이나 투르판, 하미의 지원을 받아 청을 괴롭혔으며 이에 청 중앙정부는 1650년대에 대대적인 토벌을 단행하였으며 이들 간의 대립 반목으로 교역은 위축되었다.

　물론 그런 와중에서도 부분적으로 실크로드 교역은 재개되었고 청의 적극적인 대륙정책으로 실크로드가 부활될 기회가 있었으나 기본적으로 청은 폐쇄적 대외정책을 지속하고 대외교역의 확대에 관심을 보이지 않았다. 한편, 중앙아시아는 청이 카스카르를 통해 비취옥을 수입하지 않으면 중국은 황폐해질 것이라 생각하여 무역이 절실히 필요한 측은 중국이라 판단하였다. 당시 중앙아시아와 청은 서로를 무시하는 경향이 있었고 청은 오히려 러시아 영토 내로 실크로드를 확장하여 러시아 대상로의 발달이 시작되었다.

　실크로드 쇠퇴는 교역 분야만 아니라 불교 유적이나 예술도 크게 훼손되고 쇠퇴하였다. 이는 특히 15세기 이후 이슬람 세력의 실크로드 지역 진출로 가속화되었는데 15세기에 이미 타클라마칸은 전역이 이슬람 지배하에 들어갔고 지역 주민들은 이슬람으로 개종하였고 우상숭배를 배격하는 무슬림은 많은 사원, 벽화, 조각을 파손하거나 방치하여 많은 문화유산들이 모래 속에 사라지거나 잠들어 버렸다.

이처럼 실크로드는 과거의 역사로 묻히기 시작하였으나, 20세기에 들어와 유럽의 탐험가들이 연이어 실크로드의 숨겨진 역사들을 발굴하였다. 영국 탐험가 오렐 스타인(Aurel Stein), 프랑스 학자 뽈 뻴리오(Paul Pelliot), 스웨덴 고고학자 스벤 헤딘(Sven Hedin)[29]을 위시한 여러 사람들이 둔황(Dunhuang)의 불교석굴과 투르판(Turfan)과 룰란(Loulan)의 대상로(caravan route)를 발굴하였다. 또한 많은 불교 문자와 미술품을 위시한 찬란한 문화 유적들이 드러나 실크로드의 문화사적 의의가 부각되었다.

1895년 헤딘은 쿤룬(Kun Lun: 崑崙)[30]과 타클라마칸 지역을 중심으로 오랫동안 묻혀있던 실크로드의 오아시스 도시를 발굴하였으며 그가 작성한 지도를 보고 스타인은 보다 체계적으로 탐험을 계속하여 둔황 지역에서 마가오 석굴(Magao Grotto)을 찾아내었다. 이 석굴은 1,000여개의 불상 석굴들로 구성되어 있는데 중앙아시아에서 가장 큰 규모의 불교 문화유산이다. 여기에는 불교문자, 실크페인팅, 벽화 등 다양한 예술품들이 보전되고 있으며 이중 상당량을 대영박물관에 소장하였는데 868년에 제작된 세계 최고의 인쇄 서적인 다이아몬드 수트라(Diamond Sutra)도 포함되어 있다. 또한 품펠리는(Pumpelly) 1904년 투르크메니스탄의 아나우(Anau)[31]에서 대대적인 발굴을 하

---

29) 스벤 헤딘의 일평생에 걸친 실크로드 탐사를 자세히 소개한 것은 D.C. Waugh, "A Sven Hedin Bibliography," http://www.silk-road.com/bibliography/hedinb3.html

30) 중국 티베트고원 북쪽과 타림분지 남부에서 동서로 뻗어있는 산맥으로 5,000m를 넘는 높은 봉우리가 많아 극도로 건조하며 추위가 심하다. 중국의 주요 산맥은 대부분이 쿤룬산 계에 포함되어 있다.

31) 오아시스 도시인 투르크메니스탄의 수도 아스하바트(Ashkhabad)에 있는 유적지로 신석기부터 청동기 유물이 모두 출토되어 메소포타미아

여 중앙아시아 실크로드 고고학에 활력을 불어넣었다.

　19세기 말에서 20세기 초에 걸쳐 동투르키스탄에 파견한 유적조
사반에 의해 위구르[32]의 각종 고문서와 벽화 등이 발굴되었으며
이에 따라 위구르가 고유문화를 지니면서 아리아계 원주민의 문화
와 동서 문화를 수용하여 복합적이고 독특한 문화를 발전시킨 사실
이 밝혀졌다. 위구르는 동 돌궐의 지배를 받다가 744년 동 돌궐을
멸망시키고 위구르제국을 건설하였으며 당나라 안사의 난을 진압
하는 데 협력한 뒤 당나라에 과도한 요구를 내세우면서 그 내정에
간섭하였으며 동투르키스탄으로 진출해온 키르기스의 공격을 받고
840년 제국은 붕괴하였다. 붕괴된 뒤 남쪽으로 내려온 위구르족은
당나라 군대에 의해 토벌되어 쇠퇴하였으며 서쪽으로 패주한 세력
일부는 간저우(甘州), 쑤저우(肅州)에 정착하였다. 서쪽으로 이동한
뒤에는 소그드 문자를 기초로 한 위구르 문자를 갖게 되고, 불교와
네스토리우스교를 믿었으며, 이슬람교 세력의 동진에 따라 이슬람
화 하였다. 중심세력은 톈산산맥 북쪽과 남쪽을 거점으로 삼아 위구
르왕국을 건설하고 동투르키스탄을 지배하였으나 1209년 칭기즈칸
밑에 복속되었다.

Ⅳ. 실크로드의 교역과 문화교류

　실크로드의 형성과 발전은 고대 유라시아 문명권의 교역의 출발

　　문화의 중앙아시아 전파를 알 수 있는 유적이기도 하다.
32) 위구르가 서방으로 이동하자 중앙아시아가 투르크화하였으며 중앙아
　　시아는 투르키스탄(투르크人의 땅이라는 이란어)으로 불리게 되었으며
　　동서로 나뉜다. 동투르키스탄은 중국의 신장웨이우얼 자치구를 구성하
　　고, 서투르키스탄은 카자흐스탄, 키르기스, 타지키스탄, 우즈베키스탄,
　　투르크메니스탄, 아프가니스탄 등이 포함된다.

과 융성을 보여줄 뿐 아니라 교역로를 둘러싼 도시의 형성 발전 그리고 이에 파생하는 경제, 행정의 발전 그리고 문화교류의 성과를 낳았다. 우선 비단 교역이 중국과 파르티아 사이에 시작되었고 파르티아를 중계지로 하여 중국 비단이 로마에 수출되었다.[33] 실크 외에 자기, 모피, 향료, 보석 등 기타 사치품들이 교역품목에 추가되기 시작하였으며 나중에는 중국이 발명한 화약, 종이가 전파되고 중국은 유럽, 아랍, 아프리카, 중앙아시아로부터 금, 은, 화장품, 향수, 상아, 양탄자, 유리제품 등을 수입하였다. 물품 뿐 아니라 시리아의 마술사나 체조 경기인들도 교류하였다.

실크로드는 단순히 상품과 기능인의 교환 공간으로 그치지 않고 다양하고 풍부한 문화 전파 및 교류의 장으로 큰 역할을 하였다. 순례자와 승려들이 이 길을 통과해서 종교를 전파하고, 여러 왕조의 사절들이 행차하고 상인들이 이동하며 교역하면서 각 지역의 문화와 생활 풍습과 이야기를 전달하였으며 간다라 미술의 중국 전래도 실크로드를 통한 것이었다.[34]

불교와 이슬람, 기독교 그리고 마니교, 네스토리우스교, 조로아스타교, 유대교 등이 실크로드를 통해 전파되었으며 철학, 사상, 예술이 실크로드에 따라 흩어져 있는 각 지역들 사이에 교류되었다. 대표적인 지역들은 안티오크(터키와 시리아 국경), 바빌론, 에르주룸

---

33) 중국의 비단 생산은 기원전 3000년부터 시작된 것으로 알려져 있다. 로마가 비단을 처음 알게 된 것은 앞서 언급한 파르티아와의 전투에서였으며 이후 비단은 로마인이 가장 선호되는 사치품이 되었다. 로마인들의 맹목적인 비단 열풍에 대해 AD 14년 티베리우스 황제(AD 14~37)는 로마 남자가 더 이상 '이런 퇴폐적인 옷'을 입지 못하도록 금지하였으며 플리니우스는(AD 23~79) 자신이 저술한 37권의 백과사전 '박물지'에서 반라의 비단옷을 걸친 로마 여성이 국가경제를 해치고 있음을 개탄하였다. 초기에는 비단이 일부 특권층에 국한되었으나 점차로 일반 대중과 하층민도 착용하였다.

34) McNeill(1963), p. 332.

(Erzurum: 터키 동부), 하마든(Hamadn: 이란), 부하라(Bukhara: 우즈베키스탄), 사마르칸트(Samarkand: 우즈베키스탄), 카슈가르(Kashgar: 중국 신장지역)[35] 그리고 장안 등이었다.

사마르칸트와 장안에는 마니교 사원이 세워졌으며, 예수의 인성(人性)을 강조하여 유럽에서 이단시된 네스토리우스교는 중앙아시아로 건너와 7세기에 박트리아를 지배하고 있던 투르크인들을 개종시키고 638년 장안에 교구가 설치되었다. 사산조 페르시아의 국교이던 조로아스타교도[36] 6세기에 사마르칸트에 보급되고 실크로드를 통해 중국에 전해져 7세기 초에는 장안에 사원도 세워졌다.

또한, 5세기 중엽이후 사산조 페르시아의 박해를 피해 동부로 이동한 유대교도들은 사마르칸트와 인도에 유대교 공동체를 형성하였고 이후 8~9세기에는 카스피해 북부와 중국까지 진출하였다.[37] 당나라의 현장법사(602~664)는 인도 불상을 가지러 타클라마칸 북로 실크로드를 통과하였고 641년 많은 경전과 불상을 가지고 돌아올 때는 타클라마칸 남쪽 길을 경유하여 힌두쿠시와 파미르의 두 험로를 넘어 645년 장안으로 돌아왔으며 인도 여행기인 대당서역기(大唐西域記) 12권을 저술하였다.

서역인의 당나라 진출과 문화 교류는 종교 외에 음악, 무용, 미술, 건축 그리고 복식 및 음식 등 생활 문화 더나가 행정 및 상역업무에

---

35) 둔황 서부 실크로드는 둔황에서 남북으로 갈라지는데 신장의 카슈가르에서 합류한다. 카슈가르는파미르 고원의 북동쪽 기슭 타림분지 서쪽에 위치하는 오아시스 도시로 톈산남로와 북로가 합류하는 실크로드의 요지이다. BC 2세기부터 실크로드 도시로 출발하여 당의 지배를 거쳐 티무르 왕조의 지배를 받았다. 청대에는 반청 독립운동을 일으켰으며 위구르족을 비롯하여 총 17개의 소수민족 중 위구르족이 76%를 차지한다.
36) 페르시아어로 '자라투스트라'인 조로아스터가 BC 6세기에 이란의 고대 종교인 마기교(Magi)를 개혁해 창시한 종교로 같은 시기에 출발한 유대교와 교리가 유사하다(메시아, 부활, 최후의 심판, 천국 등).
37) S. Whitfield, *Life along the Silk Road*, (1999); 김석희 역, 『실크로드 이야기』 (서울: 이산, 2001), p. 33.

이르기까지 광범위하게 확대되었다. 631년 동돌궐이 당에 복속된 이후 이주한 서역인 중 강(康), 안(安), 조(曺), 미(米) 등 서역국 출신은 악기와 무용, 회화에 기량을 보였으며 또한 그들은 한족의 전통문화에 동화되고 성씨도 그대로 출신국명을 따라 강, 안, 조, 미 씨들을 사용하였다. 또한 여러 민족들 간의 교류와 혼혈이 성행하였고 문화의 융화는 더욱 촉진되었다. 이백(李白)도 중앙아시아인의 후예이며 당시 가무는 서역풍 일색이었다. 더구나 서역인을 통하여 비잔틴의 무용과 건축양식까지 도입되었으며 의복과 음식, 포도주 등은 페르시아식이 유행하기도 하였다. 그림에서는 특히 중앙아시아식 요철화법이 도입되었으며 건축양식 뿐 아니라 자재도 서역산이 사용되었다.

이러한 서역인의 활동은 당제국 이후 송, 원대에도 지속되었으며 특히 몽골의 서정과 4대 한국의 건설로 이들의 동방 진출은 더욱 활기를 띠웠다. 원조는 이들과 유럽인을 통틀어 색목인(色目人)이라 통칭하였는데 이에는 24종족이 포함되어 있다. 이들은 원대에는 대체로 몽골인 다음가는, 따라서 한인(漢人)보다 높은 사회적 지위를 누렸으며 특히 중앙아시아 출신의 무슬림들은 사회 각 분야에서 중추적 역할을 담당하였다.

8세기에 이미 사마르칸트와 장안은 국제도시의 면모를 갖추어 유럽의 어느 도시보다 큰 대도시였으며 그 융성은 실크로드의 교역에서 나온 것으로 상업과 문화의 관점에서 실크로드는 세계의 중심이었다.[38] 또한, 실크로드는 물품 교역과 문화 교류 외에 조세행정 그리고 상업 및 금융업무와 기법의 발달을 가져왔다. 또한 종교 활동 관리와 형사업무를 위시한 일반 행정까지 담당하는 번방(蕃坊)이 당대부터 시작되어 송, 원대에 이르러 더욱 번성하였다. 번방은 당

---

38) Whitfield(2001), p. 37.

대에는 행정관리 조직으로 시작되었으나 이후 송대에서는 대외무역 장려 기능이 우선하였고 아라비아 대식국 상인들이 육로와 해로를 통해 대거 이주하였다.

실크로드 교역은 수익성이 높은 반면 오랜 기간의 길고도 험난한 여정으로 많은 위험과 불확실성을 내포하는 고수익 고위험 사업이므로 사업 추진과 출발에 앞서 면밀한 비용 계산이(여기에는 수송비, 세금, 보관비, 도적의 공격 대비한 안전 확보 비용 등 제반 경비가 포함) 선행되었다. 그리고 일단 사업의 수익성과 타당성이 평가되면 여행경비 조달을 위한 금융업(이자 계산)의 발전을 가져왔다. 또한 실크로드를 관할하는 지역 정부들은 수비대 운영비용과 통과료나 관세 형태의 재정 수입의 증대를 도모하였다. 예로 신장의 지아오에와 가오챵은 실크로드를 보호하는 거점 오아시스 도시로 성장하였으며 통과하는 상인에게 조세를 부과하였다.

동서 문화교류에서 천문, 지리, 의학 분야도 빠질 수 없다.[39] 천문과 점성, 역술은 중국, 인도, 아랍지역에서 발전하였는데 이들은 서로 교류하였다. 특히 인도 점성술이 중앙아시아 소그디아나를 경유하여 동진하였으며 원, 명대에 이르러 중국과 아랍-이슬람 간에 천문학 교류가 활발히 진행되었다. 명초에는 원조에 봉직하던 무슬림 천문학자들을 기용하여 역법의 개편과 이슬람 역서의 번역을 완료하였다. 중세 전반에 걸쳐 중국의 지도 제작기술은 가장 앞서 아랍과 유럽에 영향을 미쳤으며 마테오리치도 이를 참조하여 중국 지도를 완성하였다. 고대 인도의학은 중국 당대에 들어 7세기 중엽에 본격 소개되었으며 당태종은 인도의 장생술사에 장생불로의 약을 제조하도록 명하였다. 또한 서역제국은 당나라에 약초들을 진공하였고 이슬람 의학과 약품들도 중국에 전파되었다. 10세기 초 중국

---

39) 정수일(2001), pp. 331-345.

의학자가 바그다드에 가서 이슬람 의학을 연수하고 그리스 의서 16권을 베껴서 중국에 가져왔다고 전해지고 있다.

실크로드를 통한 문화교류에서 주목되고 거론되어야 할 것은 중앙아시아 투르크족의 이슬람 수용 과정이다.[40] 중앙아시아에 흩어져 있던 투르크족은 7세기 중엽부터 동진하는 이슬람 문명에 접하기 시작하여 10세기에 이르러 수용하는데 그 과정은 크게 3단계로 나누어 볼 수 있다. 제1단계는 이슬람군의 동점에서 시작되는데 부하라(709), 페르가나(713)의 공략을 위시하여 715년 트랜스옥사나 전역까지 장악하였는데 당시 토착 투르크인들은 이를 무시하였다. 그러나 압바스왕조 이슬람 제국은 적극적인 교역사업을 추진하여 투르크인들 사이에 8세기 중엽부터 이슬람은 전파되기 시작하였다 (제 2단계). 압바스 조는 개종 투르크인들에게 과세상의 특혜를 주고 요직에 기용하기도 하였다. 이슬람 전파와 문물 교역은 동시에 상호 영향을 미치며 진행되었으며 압바스 조의 옷감, 곡물, 금속공예품과 투르크족의 가축, 모피, 노예들이 교역되었다.

이슬람이 중앙아 전역에 확산되는 제3단계는 10~14세기에 걸쳐 진행되었다. 기마민족이던 투르크인은 오아시스 농경지를 점령하면 집단 이주 정착하여 국가 행정체계를 수립하여 이를 바탕으로 중앙아시아를 투르크화 이슬람화하였다. 10세기에는 발칸반도의 투르크족인 불가리 왕국도 이슬람을 수용하였으며 1299년 출범한 오스만 투르크 제국은 이슬람의 수호자이자 동시에 강력한 전파자의 역할을 담당하여 동로마 제국을 멸망시키고 발칸지역을 장악하고 북아프리카와 이베리아 반도까지 진출하였다.

---

40) 정수일(2001), pp. 179-181.

V. 맺는말: 실크로드의 재조명

실크로드는 동서 문화가 교류하는 통로였으며 유라시아 지역의 고대, 중세를 거쳐 근대에 이르는 역사 속에서 끊임없이 진행되어온 세계화의 공간이었다. 이러한 실크로드의 위상과 의의는 현재 중동, 서아시아, 중앙아시아 그리고 중국에 걸쳐 새롭게 재조명되고 부흥의 프로젝트들이 추진되고 있다. 우선, 문화 유적지의 발굴이 계속되고 있으며 동서양을 잇는 문화교류의 이벤트나 학술행사가 실크로드라는 이름아래 다양하게 진행되고 있다

19세기말 20세기 초부터 시작된 실크로드 유적 탐사는 현재 국제적 협력과 지원을 받고 있다. 1992년 중국정부는 외국 고고학자의 중국 방문 탐사를 허용하는 조치를 취하였으며 이에 따라 일본과 프랑스 고고학자들이 새로운 유적들을 발굴하기 시작하였다. 중국 신장지역 발굴 작업은 계속 진행 중이며 아직도 많은 유물들이 남아 있을 것으로 추정되고 있다. 영국 도서관은 '국제둔황프로젝트(International Dunhuang Project)'를 기획하여 실크로드 유물의 최대 보고인 둔황 자료를 디지털화하여 웹사이트(http://idp.bl.uk)를 운영하고 있다. 유네스코도 '문화 간 대화'라는 주제에 주안점을 두어 실크로드 종합연구 10년 프로젝트를 1988년부터 착수하여 3권의 『중앙아시아 문화사』를 발간하였다.[41] 유물 발굴 못지않게 중요한 과제로 제기되며 국제적 협력이 필요한 것은 도굴과 밀매로부터 유물을 안전하게 보존, 관리하고 위조, 모작을 가려내는 전문기술의 확보이다.[42]

---

41) Elisseeff(2000), pp. 14-15.
42) 위조 기술도 판별 기술 못지않게 발달하고 있다. 예를 들면 열 루미네센스 측정법에 맞서 고대 도기 파편을 갈아 만든 가루로 도자기를 위조하고 있다. Whitfield(2001), p. 289.

또한 실크로드 관련지역이나 국가들의 경제교류와 개발 및 발전을 위한 대대적인 철도, 도로망 건설과 가스-석유 파이프라인 건설이 제2의 실크로드라는 이름으로 추진되고 있다. 중국과 파키스탄은 파키스탄 수도 이슬라마바드에서 카슈가르까지 카라코룸 고속도로를 건설했으며,[43] 카슈가르에서 1999년에 쿠하 철도도 개통되었다. 또한 내륙국인 중앙아시아 국가들은 파키스탄이나 이란 등을 통하는 해양 루트나 다른 철도망을 정비하여 터키나 중국 등 인접국가로의 수송로를 확보할 필요에 따라 제 2 실크로드라 불리는 유라시아 간선철도가 이스탄불에서 북경까지의 1만 5천km가 계획되어 있으며 1992년 중앙아시아 경제협력기구 ECO 정상회의에서 철도계획이 승인되었다. 또한 이 회의에서 이란 경유 가스 석유 파이프라인 건설 등 역내경제 현안에 대하여 합의를 하였다.

중국은 카자흐스탄과 카자흐스탄 수도 알마아타와 중국 신장[44]의 수도 우루무치를 연결하는 1,300km 철도건설에 합의하였으며 그중 460km가 건설되어 1992년 6월부터 철도 운행이 시작되었다. 또한, 리펑 중국 총리는 1994년 4월 중앙아 4국을 방문하여 투르크메니스탄과 신철도 건설을 협의하였고 투르크메니스탄과 중국을 연결하는 200억 달러 소요 가스 파이프라인의 건설 타당성 조사에 착수하기로 합의하였다.

---

43) 험준한 800km를 완공하는데 20년(1959~78)이 걸렸다. 좁고 가파른 이 길을 따라 알렉산더 대왕이 동방정복에 나섰고, 당나라 현장법사와 통일신라 혜초 스님이 인도를 가던 실크로드이다. 카라코룸은 타림분지로 흘러드는 내륙 하천과 인도양으로 흐르는 강 유역들을 나누는 분수령이며 카라코룸 고개는 중국과 인도의 국경분쟁 지역이기도 하다.
44) 신장은 실크로드 역사에서도 매우 중요한 위치를 점하고 있는데 알라스카와 비슷한 면적으로 중국 영토의 1/6을 차지하고 상당량의 금, 석탄, 주석 등 광물이 매장되어 있으며 타클라마칸 사막에서 석유 탐사도 진행 중이다.

제 4 장
중앙아시아 민족주의 운동의 역사와 성격*

오 재 완

I. 서론

중앙아시아 지역에 대한 관심이 증대되고 이 지역에 대한 연구가
활성화되는 이유는 부분적으로 소련의 붕괴 이후 세계무대에서 구
소련의 무슬림 지역의 중요성이 증대하고 있기 때문이다. 중앙아시
아는 이슬람세계와 구 공산세계 간의 교착지역을 차지하고 있기
때문이다.[1] 이러한 문제의식에는 구소련 무슬림 지역의 독립을 지
정학적 측면에서 중동의 확대, 즉 이슬람 세력의 확대로 받아들이는
인식이 저변에 깔려있다고 할 수 있다.

독립국가로서의 새로운 지위에 적응해야 하는 중앙아시아 국가
들이 직면하고 있는 핵심적인 문제들은 새로운 정치구조의 수립,

---

[1] 연구의 초점은 구소 중앙아시아 신생독립공화국 5개국(우즈베키스탄,
카자흐스탄, 키르기스, 타지키스탄, 투르크메니스탄)에 맞춰져 있지만,
코카서스 지역, 남부 러시아의 회교도 거주지역과 터키계 거주 지역, 서
부 중국 및 아프가니스탄과 이란의 북부지역 등과 같은 주변지역도 연구
대상에 포함시키고 있다.

자립 경제의 건설, 새로운 국가 정체성의 모색 등으로 요약된다.[2] 이러한 핵심적인 과제들을 수행하는 과정에서 중앙아시아 국가들은 사회적, 문화적, 정치적 및 경제적 측면에서 수많은 문제들에 직면하고 있다. 핵심적인 과제들을 수행하는 과정에서 부딪치게 되는 여러 가지 문제들을 해결하는 데에 중앙아시아의 민족주의는 어떤 의미에서든 중요한 역할을 수행하고 있다. 독립 후 중앙아시아 지역의 정치발전 과정에서 민족주의가 수행하는 역할과 기능에 대한 이해는 따라서 중앙아시아 지역에서 민족주의가 수행한 역사적 역할과 기능을 살펴보는 것으로 시작한다.

중앙아시아 민족주의의 역사적 기원에 관한 논쟁은 1990년대에 러시아의 역사학자들에 의해 제기된 '국가란 만들어지는 것'이라는 가설을 둘러싸고 전개되었다. 소비에트 국가가 소비에트 변방지역에서 비(非) 러시아인들의 국가를 만들어 주었으며 이 과정에서 민족이 형성되었다는 주장이다. 이러한 주장은 서니(Ronald Grigor Suny), 슬레즈킨(Yuri Slezkine), 허쉬(Francine Hirsch) 등과 같은 학자들에 의해 제기되었다.[3]

그들은 국가가 주도하여 민족을 형성시킨 가장 좋은 예로써 중앙아시아 지역의 독립공화국들을 들고 있다. 중앙아시아 지역은 러시아에 의한 식민화가 이루어지기 전에는 어떠한 민족기관도 없었을

---

2) 1990년대에 출판된 연구의 대부분은 중앙아시아 국가들이 공산주의로부터 자본주의로 이행하는 현재의 문제에 초점을 맞추고 있다. 그 결과 중앙아시아 지역의 근대사에 관한 개관을 제공해 주는 단행본은 거의 없는 실정이다.

3) Ronald Grigor Suny, *The Revenge of the Past: Nationalism, Revolution, and the Collapse of the Soviet Union* (Stanford: Stanford University Press, 1993); Yuri Slezkine, "The USSR as a Communist Apartment, or How a Socialist State Promoted Ethnic Particularism," *Slavic Review* 53 (Summer 1994), 414-52; Francine Hirsch, "The Soviet Union as a Work-in-Progress: Ethnographers and the Category *Nationality* in the 1926, 1937 and 1939 Censuses," *Slavic Review* 56 (Summer 1997), 251-78.

뿐만 아니라 심지어 민족의식도 결여하고 있었다. 그러던 이 지역이 1924년 소비에트 통치아래 몇 개의 민족공화국으로 나뉘고, 그 후 거의 70년 동안 중앙아시아 공화국들은 소련체제의 변두리 국가에서 민족주의 정권 아래 독립국가로 성장하게 되었다.

그러면, 소연방체제의 언저리 국가들로 탄생한 중앙아시아의 민족공화국들이 어떻게 지금과 같은 완성된 민족국가로 발전할 수 있었는가? 이 질문은 중앙아시아 근대사 연구에서 제기되는 가장 중요한 문제 가운데 하나이다. 이 문제를 규명하는 작업의 일환으로 본 논문에서는 19세기 중앙아시아 지역에서 민족주의 운동이 전개되는 지역 내부의 사정과 국제정치적 맥락을 살펴보고 주요 세력들의 역할과 성격을 규명하고자 한다.[4]

Ⅱ. 중앙아시아 민족 정체성의 기원

냉전 이후 중앙아시아 지역에서 발생하고 있는 민족분쟁의 역사적 기원을 규명한다는 견지에서 민족 정체성 문제는 다음의 세 시기로 나누어 살펴볼 수 있다. 첫 번째는 제정 러시아의 식민지 정책에 대한 반작용으로서 민족정체성이 형성되고 강화되는 소비에트 정권 수립 이전의 시기에 대한 연구이며, 두 번째는 소비에트 정권에 의해 민족정체성이 변형되고 쇠퇴하는 과정에 관한 것이며, 끝으로는 냉전 종식 이후 이 지역에서 민족주의가 다시 등장하고 민족분쟁이 심화되고 있는 현재로 나누어진다. 서론에서도 밝힌 바와 같이 이 논문에서는 20세기를 전후로 한 시기, 즉 제정 러시아 말기와 소비에

---

4) 이 문제에 대한 관심은 탈소(脫蘇) 독립과정에서 심화되고 있는 지역간 및 지역내부의 민족분쟁과 그것이 중앙아시아 지역 및 국제안보에 미치는 부정적 영향에 대한 우려에서도 출발한다.

트 정권수립 초기에 걸쳐 전개되었던 중앙아시아 민족주의 운동을
'그 역사와 국제정치적 동학'이라는 맥락에서 이해하고자 한다. 그러
면, 이 장에서는 중앙아시아에서 전개된 민족주의 운동의 역사적 기
원과 그 성격에 관한 학계의 논쟁을 먼저 살펴보려고 한다.

1. 새로운 자료와 새로운 해석

소비에트 중앙아시아와 포스트 소비에트 중앙아시아에서 민족형
성의 과정을 분석한 학자들 가운데 올리버 로이(Oliver Roy)와 폴 게오
르그 가이스(Paul Grorg Geiss)가 단연 대표적인 연구자들이다. 그들은
중앙아시아 국가들이 소비에트 체제 아래에서 언저리에 머물러 있
던 초라한 민족공화국에서 현재의 독립국가로 성장하게 되는 배경
과 과정을 체계적으로 상세히 설명하고 있다.[5] 그들은 소비에트
국가(soviet state)가 중앙아시아에서 민족(nationhood)을 만들어준 일차
적인 기관이라고 주장한다. 이러한 가설에 입각하여 그들은 거의
70년간에 걸친 소비에트 통치 아래에서 이 지역에서 민족이념과
관습이 어떻게 뿌리내리게 되었는가를 설명하고 있다. 이들의 연구
는 현재의 중앙아시아의 민족성과 소비에트 시절의 기원들을 이해
하는데 커다란 도움을 주고 있다.

로이와 가이스의 연구들은 그러나 오래된 2차 자료를 짜깁기한
작업의 결과라는 지적과 함께 최근의 새로운 연구 동향들에 의해
심각하게 도전받고 있다. 소비에트 역사에 대한 전통적인 해석과는
여러 측면에서 대조되는 수정주의적 역사 해석이 지난 1990년대에
활발하게 전개되었기 때문이다. 수정주의 사관의 대두는 소련의 비

---

5) Oliver Roy, *The New Central Asia: The Creation of Nations* (London: I.B.
   Tauris, 2000): Paul Georg Geiss, *Nation-making in Cental Asia*, European
   University Studies, Series 31, vol.269 (Frnkfurt am Main: Peter Lang, 1995).

러시아 민족들의 민족성 발전의 역사에 대한 관심의 증대와 함께 이루어졌다. 그것은 소련 해체 이후 소련 국립문서보관소의 자료들에 접근할 수 있는 행운을 갖게 된 신진학자들을 중심으로 전개되었다. 새로운 세대의 학자들은 이전에는 열람할 수 없었던 문서보관소의 자료들을 이용하여 소비에트라는 다민족 국가의 작동을 연구하기 시작했다. 그 결과 1990년대 중반에 소비에트의 민족정책과 소비에트 중앙아시아에 대한 학위논문과 단행본들이 주로 미국 대학들에서 활발하게 출간되기 시작했다.6)

신진학자들의 새로운 연구결과들은 로이와 가이스의 일부 결론에 대해 근본적인 의문을 제기하고 있다. 특히, 최근의 연구들은 제국 말 및 소비에트 초기에 민족 정체성의 진화, 중앙아시아에서 민족공화국들을 창설하는 과정, 그리고 소련 안에서 중심—주변관계의 성격에 대한 기존의 이해를 바꾸어 놓기 시작했다. 그러면, 전통적 해석과 수정주주의 해석에 입각한 중앙아시아 민족주의의 기원과 그 특징은 각각 어떻게 다르게 이해되는가를 살펴보자.

---

6) 국립문서보관소의 자료에 근거한 최근의 연구로서 대표적인 연구자와 연구결과들은 주로 박사학위 청구자들과 그들의 학위논문들이다. Terry Martin, "An Affirmative Action Empire: Ethnicity and the Soviet State, 1923~38"; Francine Hirsch, "Empire of Nations: Colonial Technologies and the Making of the Soviet Union,1917~1939"; Peter A. Blitstein, "Stalin's Nations: Soviet Nationality Policy between Planning and Primodialism, 1936~ 1953"; Jeremy Smith, *The Bolsheviks and the National Question, 1917~23*(New York: St. Martin's Press,1999). Shoshana Keller, "The Struggle Against Islam in Uzbekistan, 1921~1941: Policy, Bureaucracy and Reality"; Paula A. Michaels, "Shamans and Surgeons: The Politics of Health Care in Soviet Kazakhstan, 1928~41"; Douglas Northrop, "Uzbek Women and the Veil: Gender and Power in Stalinist Central Asia"; Adrienne Lynn Edgar, "The Creation of Soviet Turkmenistan, 1924~1938"; Adeeb Khalid, *The Politics of Muslim Cultural Reform: Jadidism in Central Asia* (Berkeley and Los Angeles: University of California Press, 1998).

2. 전통주의적 해석: 소비에트에 의한 민족 및 국가 창설론

전통적 해석은 다음과 같이 정리된다. 즉, 소비에트 지배 이전에 중앙아시아에서 민족성이라는 개념은 전혀 알려지지 않았다. 중앙아시아의 여러 종족 집단들은 특정한 영토를 차지하지 못하고 여기저기 흩어져서 다른 종족들과 섞여서 살았다. 또 이 지역에서 활동했던 국가들은 그 정통성을 종족 연대감에 근거하기 보다는 왕조적 및 종교적 요인에 두었다. 따라서 종족 연대감 보다는 부족 형태의 연대감이 훨씬 더 중요하게 작용했다. 이런 환경 속에서 소비에트정권은 중앙아시아 지역에서 국가를 제조하는 강력한 기관이었으며 우즈베키스탄, 타지키스탄, 투르크메니스탄, 키르기스, 카자흐스탄 등과 같은 국가들을 새로이 창설했다는 것이다.

(1) Oliver Roy의 견해[7]

중앙아시아 지역에서는 국가에 대한 대중적 충성과 욕구가 거의 또는 전혀 없었다. 그런데 소비에트가 법령으로 국경선을 획정하고, 국명을 정하고, 그 나라의 역사를 만들어 주고, 종족집단을 규정해 주고, 심지어 언어까지 만들어 주었다. 따라서 중앙아시아 국가들은 완전히 '소비에트 인공물'이라는 것이다.

그러면, 소비에트는 왜 이전에는 존재하지 않았던 국가들을 만들어 주려고 그토록 노력했는가? 이 질문에 대해 로이는 이 지역 주민들이 범투르크 또는 범이슬람 단일체로 통일되는 것을 방지하고 이 지역을 분할 지배하려는 모스크바 정권의 전략적인 행동의 결과였다고 대답한다. 소비에트 정권의 이러한 민족정책은 제정 러시아의 민족정책을 그대로 답습하는 것이었다는 해석이다. 주지하다시

---

7) 로이의 견해는 다음의 책에서 발췌한 것이다. Oliver Roy, *The New Central Asia: The Creation of Nations* (London: I.B. Tauris, 2000).

피 제정 러시아의 민족정책은 중앙아시아 지역에서 범 이슬람(pan-Islam) 및 범 투르크주의(pan-Turkism)가 결집되는 것을 방지하기 위해 종족 정체성과 지방어의 분리를 조장했다는 것이다.

중앙아시아 민족들은 그 인공성에도 불구하고 소비에트 시대에 그 뿌리를 깊이 내리게 되었으며 그것은 1991년까지 진행되었다. 그 결과 민족국가는 이 지역에서 국가구조로서 생각할 수 있는 유일한 형태가 되었다. 그러면, 중앙아시아 민족들은 인공적 민족에서 실재적 민족으로 얼마 만큼 변환되었을까?

로이에 따르면, 소비에트 제도들이 민족(nationhood)의 행정적, 문화적 및 정치적 형태(또는 기질)들을 만들어 줌으로써 중앙아시아에서 순수한 민족의식을 생성시켜 주었다는 것이다. 신생공화국의 존재 자체가 중앙아시아 인민들의 영토화와 종족화에 기여했다는 것이다. 시간이 지남에 따라 중앙아시아 엘리트들과 주민들은 소비에트에 의해 도입된 민족 제도와 관행들을 활용하거나 자신들의 문화적 및 사회적 규범에 맞춰 그것들을 변용시켰다. 로이의 설명에 따르면, 중앙아시아의 정치 및 사회생활이 지금까지도 혈연 및 종교적 연대집단에 의해 지배되고 있다는 것이 그 대표적인 사례라는 것이다. 이러한 연대집단들은 소비에트 통치 아래에서 소비에트 행정구획에 따라 영토화되고 재조직되었다. 그 대표적인 실례로서 집단농장들은 종족 및 종교집단에 따라 형성되었다.

소비에트에 의한 '민족 만들기(nation-making)'가 보여 주는 가장 두드러진 특징은 전체화(totalization)에 대한 소비에트의 집착이다. 소련만이 식민지에서 인위적으로 민족을 만들었던 유일한 식민세력은 아니었다. 소련의 민족정책은 그러나 서유럽국가들의 식민지 민족정책과 비교하면 훨씬 더 야심적이었다. 소련은 중앙아시아에서 나라를 만들어 주었을 뿐만 아니라 언어, 민족사, 민족음악과 민족문학까지 만들어 주었기 때문이다.

중앙아시아 지역에서 민족이 형성되는 과정에서 나타나는 또 다른 특징은 민족주의 이데올로기가 부재하다는 점이다. 중앙아시아 민족들은 민족주의 신념체계의 작동을 통해서 형성된 것이 아니었다. 그것은 소비에트가 만들어준 민족적 제도들에 의해 모습을 갖춘 형태와 관습을 통해서 그 뿌리를 내리게 되었다. 따라서 민족문화를 창달시키려는 중앙아시아 지식인들의 노력은 허약하고 보잘 것 없는 것이었다. 이처럼 허약한 민족문화와 이데올로기 때문에 중앙아시아 민족들은 오늘날까지도 뚜렷한 민족적 상징을 거의 가지고 있지 못한 실정이다.

(2) Paul Georg Geiss의 주장[8]

중앙아시아 민족성의 기원에 관한 가이스의 주장은 로이의 견해와 대체로 유사하다. 그는 중앙아시아 민족들이 인공적인 것이며 심지어 비역사적인 것이었다고 주장한다. 중앙아시아의 어떠한 민족도 종족적으로 동질적인 집단이 아니라는 것이다. 그의 설명에 따르면, 카자크 민족만이 진짜 민족이라고 말할 수 있는 반면에, 투르크멘은 국경선에 의해 만들어진 경우이며, 타지크 민족은 완전히 인공적인 민족이라는 것이다.

소비에트에 의해 만들어진 공화국들은 그러나 민족의식이 등장할 수 있는 틀을 제공해 주었다. 특히, 토착화 정책에 의해 형성된 민족엘리트들은 모스크바의 주구노릇을 했음에도 불구하고 마침내는 민족의 대표로 행세하기에 이르게 되었다. 중앙아시아 지역에서 소비에트가 수립되는 과정에서 국가는 사회변혁을 주도하며 민족형성에 결정적인 역할을 하게 되었다. 국가주도에 의한 교육, 도시화, 매스컴

---

8) 가이스의 견해는 다음의 책에서 발췌한 것이다. Paul Georg Geiss, *Nation-making in Cental Asia*, European University Studies, Series 31(Poiltical Science), vol. 269(Frankfurt am Main: Peter Lang, 1995).

의 발달을 통해, 각 공화국의 시민들은 점차적으로 자신들의 동포들과 연결되었으며, 공화국 제도들과 토착어 학교를 통한 일상적인 상호작용에 통해 대중의식이 형성되었다. 외부인들에 의해 만들어진 민족적 구조들은 시간이 지남에 따라 토착민들에 의해 활용되고 전환되었으며, 전통적인 부족적 사회구조는 소비에트 시대에 꾸준히 강화되었다. 오늘날 중앙아시아 독립 민족국가의 출범 이후에도 그 것들은 중요한 역할을 지속적으로 수행하고 있다.

(3) 양자의 공통점과 차이점[9]

양자의 연구범위, 초점 및 주장은 매우 비슷하다. 중앙아시아의 민족이념은 외래적 성격을 지니고 있으며, 또 그것은 복잡한 민족적 구성에 비추어 잘 맞지도 않는다. 따라서 중앙아시아에서 민족이 형성되는 과정에서 소비에트가 결정적인 역할을 했으며, 민족제도들은 민족의식을 형성시켜 주었다. 소비에트에 의해 만들어진 민족제도들은 토착주민들에 의해 재활용되고 수정되었으며, 마지막으로 하위민족적 또는 부족적 구조가 현재의 민족국가에서도 계속 중요하다는 것이다.

양자는 그러나 중요한 견해 차이를 보이고 있다. 먼저, 로이는 소비에트의 모든 움직임 뒤에는 회교도들을 통제하려는 일관된 결의가 있었다고 본다. 반면에, 가이스는 볼셰비키 전술의 미봉적 성격, 소비에트 동기의 복합성, 모스크바와 지역세력 간의 상호작용 등을 강조한다. 가이스도 소비에트에 의한 '민족 만들기' 작업이 범투르크주의의 위협에 대항하기 위한 것이 아니라 회교도 통일 가능성에 대한 전략적 대응인 것으로 파악한다. 가이스는 그러나 소비에트가 이 지역에 도착하기 이전에 투르키스탄 내부에는 유목민과

---

9) 이 부분은 Roy(2000)와 Geiss(1995)를 참고한 것이다.

정주민간의 분리, 그리고 언어 및 종교집단간의 분리가 이미 진행되고 있었다는 점을 지적한다. 그는 또한 소비에트 민족정책은 비 러시아 주민들의 근대화와 발전을 촉진시키려는 전략적 고려에 의해서도 추진되었다고 덧붙인다.

3. 수정주의적 해석: 비판적 검토

신진학자들의 수정주의 역사해석은 '모든 민족들은 인공적으로 만들어진 것'이라는 로이와 가이스의 전통적인 가설을 비판적으로 검토하는 것으로 시작한다. 그것은 중앙아시아에서 민족이 형성되는 과정을 어떤 분석개념에 입각하여 설명할 것인가를 재검토하는 것이다. 그들은 베네딕트 앤더슨의 '상상의 공동체(imagined communities)' 개념을 원용하여 다른 민족과 마찬가지로 중앙아시아 민족들도 발명, 정의 및 협상이라는 지속적인 과정에 따라 만들어지는 '상상의 공동체'로서 파악한다.[10] 그들은 따라서 중앙아시아 민족만 독특하게 인위적으로 만들어진 민족이라는 전통적인 견해는 냉전시대의 허구적 주장이었다고 비판한다.[11]

수정주의 학자들이 제기하는 두 번째 문제는 민족 형성의 주체에 관한 것이다. 수정주의 신진학자들은 중앙아시아 민족형성 과정에서 토착 지식인들이 수행했던 역할을 결코 무시해서는 안 된다고 강조한다. 최근의 연구에 따르면, 일부 토착 지식인들이 이미 제정 러시아 말기에 언어와 생활양식의 차이에 기초하여 근대적인 민족

---

10) Benedict Anderson, *Imagined Communities: Reflections on the Origin and Spread of Nationalism* (London and New York: Verso, 1983).

11) 전통주의 사관에 입각한 서방의 학자들이나 귀화한 학자들은 중앙아시아 지역에 여러 민족들이 객관적으로 존재했다고 믿었으며, 또 소련이 실제로 존재했던 범 투르크 민족 또는 범 투르키스탄 민족을 파괴시켰다고 소련의 행위를 비난했다.

정체성의 맹아적 의식을 발전시키기 시작했다는 점을 밝혀주고 있다.[12] 러시아 식민주의자들의 종족적인 차별에 의해 각성하기 시작한 토착 지식인들은 오토만제국과 회교권 세계의 다른 곳에서 발흥한 민족주의에 의해 커다란 영향을 받았다. 이른바 자디드(jadid)로 알려진 중앙아시아의 개혁가들은 로이가 주장하는 것처럼 범투르크주의자들은 아니었다. 20세기 초 그들은 본질적으로 초기 우즈베크 민족의 일원으로서 언어적 및 영토적으로 투르키스탄의 정체성을 주창하는 사람들이었다. 따라서 소비에트가 중앙아시아 지역에서 민족공화국의 기초가 되었던 민족 정체성을 중앙아시아 인민들에게 만들어 주었던 것은 아니라는 것이다. 소비에트는 단지 이미 존재했던 민족적 분할을 기초로 하여 그것을 제도화시켰던 것에 불과하다는 것이다.

세 번째 문제는 중앙아시아에서의 국가창설과 민족형성의 동기와 배경에 관한 것이다. 수정주의자들은 중앙아시아에서 민족의 구획은 이 지역을 분할 통치하려는 소비에트의 악의적인 동기에 따른 소행이 아니라 소비에트 프로젝트의 원활한 추진을 위한 편의적인 선택이었다고 해석한다. 반면에 로이 등과 같이 전통적 해석을 하는 학자들은 소련이 국경선을 불필요하게 복잡하게 획정하고 또 일부 영토는 엉뚱하게 다른 공화국에 편입시킴으로써 중앙아시아 민족공화국들이 결코 독립된 국가로서 생존할 수 없도록 만들려고 했다고 주장한다. 이른바 '분할 통치론'에 입각하여 중앙아시아 민족공화국의 경계선이 획정되었다는 것이다. 이러한 전통적인 해석은 오랫동안 의문의 여지가 없는 것으로 받아들여졌다. 그러나 1990년대 중엽부터 나타나기 시작한 소련의 1920년대 민족정책에 대한 신진 학자들의 연구들은 전통적 해석을 정면으로 도전하고 나선다.[13] 그

---

12) Khalid(1998), pp. 243-49, 252-53.

13) Helene Carrere d'Encausse, *The Great Challenge: Nationalities and the*

들은 소비에트에 의한 '민족 만들어주기'는 강력한 이데올로기적 근거를 가졌다고 주장한다. 소비에트의 민족정책은 비단 중앙아시아 지역에만 국한된 것이 아니라 소련 전역에 걸쳐 진행된 소비에트 프로젝트(Soviet project)의 본질적인 부분이었다는 것이다. 소련 지도자들은 근대화되고 소비에트화 되기를 원하는 모든 후진(後進) 인민들에게 '민족의 자주 독립적 지위(nationhood)'는 필수적인 발전 단계라고 확신했다. 왜냐하면 그들은 민족공화국과 지역의 창설이 러시아 식민주의와 강대국 쇼비니즘의 오랜 압제를 받아왔던 비러시아 주민들의 소비에트 프로젝트에 대한 지지를 얻게 해 줄 것이라고 믿었기 때문이다.[14)]

그러면, 영토획정 과정에서 토착세력들의 참여와 반응은 어떠했는가? 소비에트 정권은 소비에트 프로젝트의 원활한 추진을 위한 환경조성의 일환으로 민족정책을 추진했다. 소비에트 정권의 지도자들은 민족정책이 변방 지역에서 많은 지지를 얻을 것이라고 생각했다. 물론 그들의 판단은 기본적으로 옳았다. 실제로 토착엘리트들은 소비에트에 의한 민족공화국의 창설을 환영했다. 중앙아시아에서 투르크멘과 카자크와 같은 유목민 부족집단들은 투르키스탄의 경계를 획정하고 지배하려는 우즈베크의 야심을 경계하고 있었다. 따라서 그들은 분리된 민족공화국과 민족어를 만들자는 소련의 제

Bolshevik State, 1917~1930 (New York and London: Holmes and Meier, 1992), pp. 177-78; Walker Connor, The National Question in Marxist-Leninist Theory and Strategy (Princeton University Press, 1984), chap.9; Seymour Becker, "National Consciousness and Politics of the Bukharan Conciliar People's Republic," in Edward Allworth, ed., The Nationality Question in Soviet Central Asia (New York: Praeger, 1973), p. 166.
14) Slezkine, "The USSR as a Communal Apartment," pp. 418-21; Martin, "An Affirmative Action Empire," pp. 19-28; Jeremy Smith, "The Origins of Soviet National Autonomy," Revolutionary Russia 10:2 (December 1997), pp. 71-73.

안을 선선히 받아들였던 것이다. 토착세력들의 이러한 반응은 오랜 역사를 지닌 지역 및 종족 분쟁에 그 뿌리를 두고 있다. 그 대표적인 사례가 히바한국(Khivan Khanate)에서 유목민인 투르크멘과 정주민인 우즈벡 사이의 불화이다.[15]

중앙아시아에서 민족영토는 복합적인 이유들로 인하여 매우 부자연스럽게 획정되었다. 그렇다고 해서 민족영토의 창설이 위로부터 일방적으로 강제된 것은 아니었다. 영토획정은 토착 민족주의 세력들과 민족 공산주의자들, 지방의 러시아 관리들 그리고 모스크바의 지도부들이 얽혀서 벌였던 복합적인 상호작용의 결과였다.[16] 먼저 지역 엘리트들로 구성된 위원회가 인구학적 및 경제적 기준에 입각하여 신생공화국의 경계선을 그리고 모스크바의 재가를 받아 최종적으로 확정했다. 경계선 획정은 극단적으로 주민들이 섞여 살고 있는 실정에도 불구하고 인구학적 현실을 존중했으며, 민족원칙과 경제원칙 가운데 어느 것을 우선시 할 것인가를 둘러싼 제도적 갈등을 극복해야 했으며, 또한 미래의 민족공화국들의 원주민 대표자들에 의한 영토다툼을 처리해야만 하는 상충되는 명제들이 충돌한 결과였다. 따라서 중앙아시아 공화국들의 경계선이 겉보기에 비합리적인 것같이 보이지만 그 나름의 이유가 있었던 것이다.[17]

---

15) Adrienne Lynn Edgar, "Nationality Policy and Nationality Identity: The Turkmen Soviet Socialist Republic, 1924~29," *Journal of Central Asian Studies* 1:2 (Spring-Summer 1997), pp. 2-20; Daniel E. Schafer, "Origins of the Tatar-Bashkir Border, 1920~1922," *Journal of Central Asian Studies* 1:1 (Fall-Winter 1996), pp. 2-15.

16) Smith, *The Bolsheviks and the National Question*, chaps.3-4; Daniel Schafer, "Local Politics and the Birth of Bashkortostan," in Ronald G. Suny and Terry Martin, eds, *A State of Nations: Empire and Naion-Making in the Age of Lenin and Stalin* (Oxford and New York: Oxford University Press, 2002), pp. 165-90.

17) Hirsch, "Empire of Nations," pp. 44-55; Smith, *The Bolsheviks and the National Question*, pp. 68-69; Edgar, "Creation of Soviet Turkmenistan,"

Ⅲ. 중앙아시아 민족주의 운동의 전개

중앙아시아에서의 민족주의 운동의 기원과 성격 그리고 그 역사적 의미를 둘러싼 이상의 논쟁을 염두에 두고서 중앙아시아 민족주의 운동의 역사적 전개를 제정 러시아의 식민정책에 대항하여 일어난 '안디잔 저항(Andijan Resistance)' 운동을, 1905년 러시아의 시민혁명의 와중에서 무슬림 개혁운동의 형태로 전개된 자디드 운동(Jadid Movement), 볼셰비키 혁명 후 소비에트 정권수립에 대항하여 전개된 반소 저항운동으로서 바스마치 운동(Basmachi Movement)을 차례로 살펴보고 그 역사적 의미를 규명하고자 한다.

1. 반 식민주의 저항운동: '안디잔 저항'

(1) 배경

주지하다시피 제정 러시아의 중앙아시아 정복은 19세기 중엽 이후부터 본격화되었다. 제정 러시아는 크림전쟁(1853~1856)에서의 패배로 인하여 상처받은 러시아인들의 민족적 자긍심과 군사적 명예를 회복하고 상업적 특권을 확보하기 위해 중앙아시아 정복에 박차를 가했다. 러시아의 중앙아시아 정복에는 영국의 중앙아시아 진출을 견제한다는 지정학적 동기도 크게 작용했다. 당시 대영제국은 중동과 인도지역을 장악하는 데에 성공하고 그 여세를 몰아 중앙아시아로 진출하려는 야심을 노골적으로 표시했다.[18]

영국과 러시아가 지배권을 다투고 있던 당시 중앙아시아 지역에는 세 개의 정치세력들이 분열되어 각축을 벌이고 있었다. 사마르칸

---

chap.2.
18) 우덕찬, 『중앙아시아사 개설』(부산: 부산외국어대학 출판부, 2001년), p. 160.

트 지역의 부하라한국, 아무다리야강 하류에 위치한 히바한국, 페르가나 지역의 코칸드한국 등 3개의 한국이 정립(鼎立)하고 있었다. 이들 3개의 한국들은 통합되지 못한 채 상호불신하고 반목 대립하였다. 더욱이 이들은 동일한 투르크 민족이라는 종족 정체성을 결여한 채 부족성에서 그 정체성을 추구했다. 이러한 민족 정체성의 결핍은 러시아의 침략을 불러오는 간접적인 원인을 제공했으며 또 러시아의 중앙아시아 정복을 용이하게 해 주었다.[19]

(2) 저항운동의 전개와 역사적 의미

러시아의 중앙아시아 정복은 러시아의 팽창야욕과 중앙아시아 토착세력의 분열과 무능력의 결과였다. 러시아의 중앙아시아 정복은 1876년 코칸드 한국의 정복으로 마무리되었다. 그 후 트랜스 카스피아 철도의 건설에 따라 러시아인들의 중앙아시아로의 이주가 본격화되면서 이 지역에 대한 러시아의 식민정책도 본격화되었다. 그에 따라 중앙아시아는 러시아의 제국주의적 팽창을 위한 경제적 수탈지로 전락하게 되었다.

경제적 수탈과 민족차별 그리고 종교적 억압으로 특징되는 러시아의 식민통치는 이 지역의 이슬람교도들의 저항을 불러일으켰다. 무슬림의 저항운동은 1885년에 처음으로 페르가나에서, 1892년에는 타쉬켄트를 중심으로 하여 러시아의 강점에 항거하는 독립운동의 형태로 시작되어 1895년에는 보다 광범위한 규모로 발전하였다. 이슬람교도의 저항운동은 이 지역에서 가장 널리 퍼져있는 수니파의 수피형제단들을 대표하는 무하마드 알리를 중심으로 해서 진행되었다. 그는 타쉬켄트와 사마르칸드 지역주민의 지위향상과 부하라,

---

19) 러시아의 중앙아시아 정복은 알렉산드르 2세(1855~1881) 재위 때인 1865년에서 1876년 코칸드한국의 정복으로 완결되었다. 우덕찬(2001), p. 161.

코칸드 및 히바한국들의 진정한 부활을 주장하면서 무슬림 봉기를 주도했다. 이 저항운동은 흔히 '안디잔 저항'(Andijan Resistance)으로 부른다.[20]

'안디잔 저항' 운동은 전통적인 종교특권층을 중심으로 하여 전개되었다. 이들의 저항운동은 러시아의 무력에 의해 초기에 진압되었다. 무하마드 알리와 그의 추종자들(546명)은 모두 처형당했다. 따라서 저항운동은 일반대중에게까지 확산되지 못한 채 조기에 사산되고 말았다. 이처럼 안디잔 저항운동은 구체적인 성공을 거두지 못하고 많은 희생을 치르게 했지만 중앙아시아 지역에서 발생한 최초의 저항운동으로서 그 전통은 10월 혁명 이후에 다시 부활하게 되었다. 볼셰비키 혁명 후 이 지역이 신생 소비에트 정권에 편입되자 이에 저항하여 발생했던 바스마치 운동은, 바로 안디잔 저항운동의 전통을 계승, 발전시키는 것이었다.[21]

2. 이슬람 사회개혁 운동: 자디드 운동(the Jadid Movement)

(1) 배경

자디드 운동은 원래 크롬-타타르 사람인 이스마일 베이 가스피랄리(1851~1914)에 의해 이슬람 개혁운동의 일환으로 1883년에 시작되었다. 러시아의 1905년 시민혁명을 계기로 해서 이 운동은 중앙아시아 전 지역으로 확산되었다. 러시아의 시민혁명에 고무된 청년 이슬람교도들을 중심으로 해서 개혁운동이 본격적으로 전파되었기 때문이다. 자디드(jadid)란 용어가 원래 "새로운 방법"이란 뜻에서 유래했던 바, 자디드 운동은 전통 무슬림 신학교의 교과과정과 가르침을 포함하는 모든 방법을 개혁하는데 그 목적을 두었다. 이 운동을

---

20) 봉기의 중심지역이 안디잔이었기 때문이다.
21) 우덕찬(2001), pp. 162-3.

추진하던 개혁주의자들은 세속적인 학문뿐만 아니라 중앙아시아의 투르크인들을 통합할 수 있는 범 투르크어의 창조를 위해 노력하기도 했다. 따라서 이 운동은 나중에는 전반적인 개혁을 의미하는 운동으로 발전하게 되었다.[22]

중앙아시아 지역에서 자디드 운동이 대두하게 된 배경에는 다음의 몇 가지 요인들이 복합적으로 작용했다. 첫 번째 요인은 1905년 러일전쟁에서 러시아의 패배이다. 러시아의 패전에 뒤이어 발생한 시민혁명은 중앙아시아 무슬림들에게 민족주의의 구현 가능성을 인식하게 만들었다. 둘째, 1908년 오토만터키 제국에서 발생한 청년 터키당의 혁명이다. 청년 터키당의 헌정회복운동과 절대군주제에 대한 항거는, 민주주의가 독재보다 우수하다는 사실을 깨우쳐주었다. 셋째, 20세기 초 중근동에서의 민족주의의 확산이다. 당시 중근동지역에는 범이슬람운동가인 아프가니의 노력으로 이슬람을 구심체로 해서 서구제국주의에 항거하는 민족주의 운동이 팽배해져 있었다. 이러한 민족주의 운동의 확산은 피압박민족이었던 중앙아시아 무슬림들에게 개혁과 근대화 운동으로의 각성을 불러일으키게 되었다.[23]

특히, 러시아어의 중앙아시아 유입은 각 민족내의 그룹을 분화시키는 계기가 되었다. 우선 여러 분야의 엘리트 사이에서 러시아어를 사용하면서 자신들의 언어를 부차적으로 사용하는 그룹들이 확대되기 시작했다. 그러는 가운데 러시아어에 능통한 것은 교육과 문화, 생활에 필요한 것이라는 인식도 점차 확산되기 시작했다. 심지어 이들 가운데에는 러시아적이고 서구적인 문화를 추종하면서 자신들의 고유한 문화를 경시하고 무시하는 부정적인 인식이 대두되기 시작했다. 이러한 러시아화 또는 서구화 추세에 대항하여 자신들의

---

22) 우덕찬(2001), p. 169.
23) 우덕찬(2001), p. 170.

고유한 문화를 지키고 이슬람을 전파하려는 민족주의 운동이 소연방에 포함되기 직전과 직후에 등장하게 되었다. 그 대표적인 운동이 바로 자디드(Jadid)운동이었다.

(2) 개혁운동의 세 가지 흐름

개혁운동은 세 그룹에 의해 주도되었다. 첫 번째는 볼가-타타르 사람인 마르자니(1815~1889)가 영도했던 이슬람 개혁주의 그룹이다. 이들은 종교교육제도의 개혁을 통해 이슬람 보수주의자들의 각성을 촉구하는 한편 이슬람의 전통적 권위에 대한 맹목적 복종을 경멸하고 쿠란에 있는 인간의 권리를 강력히 옹호했다.

두 번째 그룹은 타타르의 진보적인 지식인들에 의해 주도되었다. 이들은 1905년 이전부터 이스탄불, 카이로 등지로 유학을 다녀 온 사람들로서 중앙아시아 이슬람 사회의 개혁과 정치적 부흥에 헌신했다. 이들은 1910년에 '청년교육위원회'라는 비밀조직을 결성해서 대중들에게 개혁사상을 전파시켰다. 이들은 또한 '청년 부하라당'과 '청년 히바당'을 결성해서 개혁운동을 추진해 나갔다. 이들은 중앙아시아 지역 무슬림의 오랜 전통인 수장제도(아미르 제도)를 부정하고 이슬람 성직자 기구를 혁파하는 민주적 사회개혁을 주장하였다.

세 번째는 민족어의 창조를 개혁의 시발점으로 삼았던 그룹이다. 볼가-타타르 사람인 압둘 카이움 나시리는 대중언어에 기초해서 타타르 문자를 필두로 해서 아제리 문자, 카자흐 문자 등을 창제하였다. 당시 중앙아시아 이슬람교도들은 아랍어, 페르시아어, 차가타이계 투르크어를 신학교에서 배웠다. 이러한 언어교육은 부유한 일부 계층에만 한정되었음은 물론이다. 따라서 다수의 일반대중들은 교육받을 기회를 가지지 못했다. 이러한 실정을 감안하여 개혁운동을 지도하는 지식인들은 대중들이 쉽게 배울 수 있는 문자를 창제하여 대중들이 교육받을 기회를 확대시키려고 노력했다. 그래서 지식인들은 사회개혁 운동의 일환으로 민족어를 창안하기 위해 노력했다.

요컨대, '새로운 방식' 운동은 한편에서는 이슬람 종교개혁을, 다른 한편에서는 이슬람 사회의 민주개혁을, 또 다른 한편에서는 중앙아시아 지역의 문명개화를 통해서 러시아 식민주의의 굴레에서 벗어나 궁극적으로는 무슬림 자결주의를 실현하려는 개혁운동으로서 중앙아시아 민족주의 운동의 제2단계를 구성한다.

(3) 개혁, 개화 그리고 민족자의식의 성장

자디드 운동은 초기에는 친 소비에트적 성향을 띠기도 했다.[24] 그러나 개혁운동은 나중에 중앙아시아 무슬림들의 민족의식을 자각시키면서 반 소비에트 저항운동으로까지 발전되었다. 앞 절에서 살펴본 바와 같이 자디드 운동은 지식인층을 중심으로 하여 전개된 까닭에 인구의 절대다수를 차지하는 농민들의 지지를 획득하는 수준으로 발전하지 못했다. 따라서 자디드 운동은 범민족 운동으로까지 성장하지 못한 미완성의 개혁운동이 되고 말았다. 이런 내재적 한계에 더하여 소련의 강력한 민족정책으로 말미암아 자디드 운동은 소멸되고 마는 운명을 맞이하게 되었다. 그럼에도 불구하고 자디드 운동은 중앙아시아인들의 정치적 및 민족적 자의식을 각성시켜 주었으며 훗날 소비에트 정권의 탄압에 맞서 전개되는 바스마치 운동에 직접적인 영향을 미쳤다. 자디드 운동의 정신적인 전통과 교훈은 1990년대 소련해체와 독립 이후 중앙아시아 민족국가에서 민족주의가 재등장하는 데에도 커다란 영향을 미치고 있다.

---

24) 이슬람 보수주의자(Qadimist)들은 자디드 운동이 러시아의 식민정책을 돕고 있다는 이유로 자디스트들을 비난하였다. 우덕찬(2001), p. 169.

3. 반소 민족해방운동: 바스마치 운동(The Basmachi Movement)

(1) 중앙아시아의 소비에트 체제로의 편입: 새로운 형태의 식민체제?

사실상의 식민 지배를 받고 있었던 중앙아시아의 5개 공화국들은 1917년 러시아혁명이후 차례로 소비에트연방의 구성 공화국으로 편입되었다. 소련의 중앙지도부의 민족정책으로 인하여 중앙아시아 5개 공화국은 인위적으로 다민족국가의 특성을 가지게 되었다. 소비에트 중앙정권은 러시아인을 포함하여 다양한 민족들로 구성된 각 공화국의 행정관료 및 중요한 직책에 모두 러시아인들을 배치시켰다.25)

모스크바 중앙정권의 민족정책은 한편으로 러시아어의 공용화와 이슬람의 무력화를 핵심사항으로 하는 문화정책과 더불어, 다른 한편으로 이 지역에 종속적인 경제구조를 건설하는 경제정책과 함께 추진되었다.26) 혁명 직후 이슬람교에 대해 비교적 관대한 정책을 취했었던 레닌은, 소비에트의 영향력이 중앙아시아의 무슬림 지역에까지 확대되자, 이슬람법과 관습을 제한하는 법적 조치를 취하면서 탄압의 강도를 높여갔다. 이슬람 사원 재산을 압수함으로써 이슬람 교단의 재정적 자립을 붕괴시키고 이슬람 교육을 막기 위해 공립학교에서 종교적 내용의 수업을 금지시켰다.27)

---

25) 제12차 공산당 대회에서 채택된 소비에트 권력의 토착화 정책은 각 민족의 지위에 따라 정책 내용이 상이했던 것처럼 민족간 평등의 정착에는 성공하지 못했다. 그렇지만 지방 공산당 요원을 지방자체 내에서 충원하는 토착화 정책은 이후 이 지역의 민족주의 운동 엘리트들을 사전에 형성시켜 주는 기반으로서 그 역할을 하였다. 그러나 이들은 1937~1938년 사이에 스탈린에 의해 대부분 숙청되었다.

26) 각 공화국의 산업시설은 러시아와의 연계성을 고려하여 보조적인 역할을 수행하도록 디자인되었다.

27) 레닌의 뒤를 이은 스탈린은 모든 종교를 말살하는 종교정책에 따라

소비에트 중앙정권의 중앙아시아 정책이 추구하는 궁극적 목표는 중앙아시아 토착사회의 근간을 뿌리 채 뽑아버리고 새로운 소비에트 체제를 이 지역에 수립하자는 것이었다. 여기서 말하는 신체제란 각국의 민족적 상이성을 철저히 인정하는 외양을 띠었지만 러시아 민족이 다양한 법적 및 제도적 장치를 통해서 다민족 구성국을 통제할 수 있도록 만들어진 새로운 형태의 식민체제에 불과했다.

(2) 약탈적 저항에서 군사적 대항으로의 전환 그리고 대단원의 종국

중앙아시아 농민들은 20세기 초에 들어와서 몇 차례에 걸쳐 발생한 기근으로 인해 유랑민이 되었다. 유랑 농민들은 생활고를 해결할 목적으로 러시아인들을 상대로 약탈을 자행하게 되었다. 이 유랑 농민들이 바로 바스마치(basmachi, 투르크어로 약탈자, 무법자)가 되었던 것이다. 초기(1905~1917년)의 바스마치들에 의한 약탈행위는 소비에트 정부의 경제적 수탈과 이 지역에서 발생한 기근에서 비롯된 비조직적인 저항운동의 모습을 띠었다.[28]

약탈적 성격의 저항운동을 벌였던 바스마치들은, 1918년 소비에트 정부에 의해 코칸드 자치정부가 해산당하는 것을 계기로 하여, 소비에트 지배에서 독립하려는 민족해방운동의 성격을 띠는 반소 저항운동을 전개하기 시작하였다. 자치정부 구성에 실패한 일부 무슬림 지식인들은 민족자결의 요구를 관철시키기 위해 바스마치 그룹들과 연대하여 본격적인 반 소비에트 무력저항을 조직화하기 시작하였다. 1918년 이후에 결성된 바스마치 조직들은 그러나 각 부족 간의 갈등과 반목으로 인해 분열과 통합을 거듭하여 통일조직을

많은 이슬람 사원과 학교를 폐쇄하고 거의 대부분의 성직자들을 추방시켰다.
28) 우덕찬(2001), pp. 171-172.

결성하는 데에는 실패하였다. 따라서 바스마치 조직들은 각기 다른 지역에서 반 소비에트 무력투쟁을 개별적으로 전개해 나갔다.

바스마치 운동이 초기의 약탈적 저항운동의 성격에서 벗어나 점차 민족해방과 독립을 지향하는 본격적인 반 소비에트 운동으로 전환하게 되는 과정은 크게 두 시기로 나뉜다. 첫 번째 시기는 이르가쉬 벡과 마다민 벡이 중심이 되어 적군(赤軍)의 무자비한 공격으로부터 코칸드 자치정부를 방어한다는 기치를 내걸고 바스마치들을 지도하던 때였다. 이 시기를 분기점으로 하여 바스마치 그룹들은 초기의 약탈행위에서 벗어나 정치적인 무력저항운동으로 변모하게 되었다. 이르가쉬 벡은 보수적 무슬림으로서 복고주의 입장에서 바스마치 운동을 이끌었다. 그의 목표는 소비에트 군을 무력으로 철퇴시킨 후 자신의 추종자들로 구성되는 전통적인 부족장제도를 부활시키려는 것이었다. 따라서 그는 범투르크주의를 바스마치운동에 접목시키려던 오스만제국의 요구를 거절했다. 한편, 마다민 벡은 이르가쉬 벡보다 젊은 소장파 지도자로서 자유주의적 사상을 가지고 있었다. 그는 자신의 조직에 젊은 지식인들을 흡수하고 무슬림 사회의 근대적 개혁을 추구하였다.

두 번째 시기는 엔베르 파샤의 등장으로 시작된다.[29] 그는 바스마치 운동에 무슬림 민족주의라는 정치적 이데올로기를 주입시키고자 노력했다. 그의 궁극적 목표는 분산된 바스마치 조직들을 통합하여 강력한 반소비에트 저항조직으로 발전시켜 중앙아시아 지역에 새로운 무슬림 국가를 건설하자는 것이었다. 그는 '중앙아시아인을 위한 중앙아시아'라는 슬로건 아래 중앙아시아 무슬림 국가의 건설

29) 엔베르 파샤는 오토만제국의 제3군 사령관, 청년 터키당 집권기의 전쟁성 장관을 역임했던 인물로서 제1차 대전 후 패전국의 전범으로 몰려 1919년 전승국 주도의 군사재판에서 사형선고를 언도받았다. 그는 우여곡절 끝에 1920년대 초 알리 베이라는 가명으로 중앙아시아 지역에 들어와 바스마치 운동을 이끌었다.

을 주창했다. 그는 이러한 이상을 실천하기 위해 1921년 10월 부하라에 도착하여 분산되어 있던 바스마치 조직을 규합하여 실질적인 바스마치 통합군을 지휘하였다. 탁월한 군사적 영도력을 발휘한 엔베르 파샤는 이전에는 바스마치 조직에 적대적이었던 개혁주의자들의 지지를 얻어내는 데에 성공했다. 뿐만 아니라 무슬림 성직자들도 그를 소비에트체제로부터 무슬림을 해방시키는 전쟁을 수행하는 이슬람의 구세주로 간주하였다.

엔베르 파샤는 소련군과의 전투에서 연이어 승리하면서 1922년 4월에는 무슬림군 총사령관으로 추대되었다. 그러나 소비에트 정부의 첩자에 의한 바스마치 지도자들의 암살과 1922년 6월부터 시작된 소비에트 군의 강력한 역공과 같은 해 7월 모스크바와 카불 사이의 협정에 따른 아프가니스탄 자원병들의 귀향, 이브라힘 벡과의 패권 다툼 등 외우내란의 와중에서 엔베르 파샤는 1922년 말 사망하였다. 엔베르 파샤 사망 이후 이브라힘 벡이 페르가나 중부지역의 바스마치 그룹을 중심으로 하는 반 소비에트 저항운동을 지도했지만, 이미 분열되어 약화된 바스마치 운동은 1927년에 들어와서는 사실상 막을 내리게 되었다.

(3) 파국의 정치적 동학과 역사적 유산

바스마치 운동은 초기(1905~1917)의 약탈적이고 비조직적인 저항운동으로 출발하여 후기(1918~1927)의 정치적이고 조직적이며 군사적인 민족해방운동으로 발전하다가 곧 파국으로 대단원의 막을 내리는 한편의 대서사시에 다름 아니었다. 바스마치 운동은 기치로 내세웠던 목적, 즉 해방과 독립을 쟁취하지 못했다는 점에서 실패로 끝난 운동이었다. 거기에는 여러 가지 내외적 요인들이 복합적으로 작용하였다. 실패 원인은 먼저, 바스마치 조직들을 완전한 하나로 묶을 수 있는 정치이데올로기가 존재하지 않았다는 데서 찾을 수 있다. 또한 엔베르 파샤와 이브라힘 벡이 군사적 연합을 결성하지 못했던 것도 실패의 원인이 되었다. 둘째, 군사적인 측면에서 소비에트군의 강력한 화력 앞에 바스마치 전사들의 전력은 보잘것없는 것이었다. 셋째, 1905년 이슬람 개혁주의자들에 의한 자디드 운동 이후 비롯된 개혁주의자들과 전통주의자들 사이의 극심한 세력다툼은 대 소비에트 저항운동의 통합을 가로막은 원인의 하나가 되었다. 끝으로 제1차대전 이후 형성된 신 국제질서 속에서 중동국가들은 바스마치 운동이 성공할 경우 또다시 대두될 수 있는 범투르크주의의 확산을 경계했기 때문에 이 지역 무슬림들의 저항운동에 방관적인 태도를 취하게 되었다.[30]

바스마치 운동은 그 실패에도 불구하고 중앙아시아 토착세력들이 중심이 되어 소비에트의 압제에 항거해서 전개한 강력한 반식민주의 민족해방운동이었다는 점에서 그 역사적 의미는 크다고 할 수 있다.

Ⅳ. 종합과 몇 가지 추론

1. 민족주의의 부활: 축복, 저주?

중앙아시아 민족주의의 역사적 기원과 성격에 대한 필자의 관심은 중앙아시아 5개 국가들의 독립 이후의 정치발전의 현황과 변화 방향에 대한 관심에서 출발한다. 이들 국가들은 새로운 정치구조의 수립, 자립 경제의 건설, 새로운 국가 정체성의 모색이라는 독립국가로서의 핵심적인 과제들을 수행하고 있는 중이다 이 과정에서 사회

---

30) 우덕찬(2001), pp. 175-176.

적, 문화적, 정치적 및 경제적 측면에서 풀기 어려운 수많은 문제들이 분출하고 있다. 여기서 중앙아시아의 민족주의는 부활하여 어떤 의미에서든 중요한 역할을 수행하고 있다. 독립 후 중앙아시아 지역의 정치발전 과정에서 민족주의가 수행하는 실제 역할과 기능은 각자의 원래의 소원에 비추어 볼 때 누구에게는 축복으로, 또 다른 누구에게는 저주로 나타나는 이른바 '판도라의 상자'와 같은 것이다. 이 논문에서 중앙아시아 민족주의의 역사적 기원과 성격을 규명하는 작업은 따라서 '판도라의 상자'를 살짝 엿보는 행위에 해당할 것이다.

2. 한편의 비극적 역사드라마

중앙아시아 지역에서 제기되는 민족 정체성이라는 문제는 다음의 세 시기로 나뉘어 분석된다. 첫 번째는 제정 러시아의 식민지 정책에 대한 반작용으로서 민족 정체성이 형성되고 강화되는 소비에트 정권 수립 이전의 시기이며, 두 번째는 소비에트 정권에 의해 민족정체성이 변형되고 쇠퇴하는 과정이며, 끝으로는 냉전 종식 이후 이 지역에서 민족주의가 다시 등장하고 민족분쟁이 심화되고 있는 현재로 나누어진다. 본 논문에서는 첫 번째 시기와 두 번째 시기의 초기를 분석범위로 하여 이 시기의 중앙아시아의 민족주의 운동을 다시 3단계로 나누어 설명하고 그 성격과 역사적 의미를 규명하고 있다.

중앙아시아에서 민족주의 운동은 제정 러시아의 식민정책에 대항하여 일어난 '안디잔 저항'(Andijan Resistance) 운동에서 반 식민주의의 성격을, 1905년 러시아의 시민혁명의 와중에서 무슬림 개혁운동의 형태로 전개된 자디드 운동(Jadid Movement)을 통해서 민족자의식의 개화를, 끝으로 바스마치 운동(Basmachi Movement)을 통해서 볼셰비키 혁명 후 소비에트 정권수립에 대항하는 민족해방 및 독립운동의 편린을 보여준다.

'안디잔 저항' 운동은 전통적인 종교특권층을 중심으로 하여 전개되었던 까닭에 일반대중에게 확산되지 못한 채 조산되고 말았다. '새로운 방식' 운동은 한편에서는 이슬람 종교개혁을, 다른 한편에서는 이슬람 사회의 민주개혁을, 또 다른 한편에서는 중앙아시아 지역의 문명개화를 통해서 궁극적으로 무슬림 자결주의를 실현하려는 개혁운동이었다. 자디드 운동은 그러나 지식인층을 중심으로 하여 전개된 까닭에 인구의 절대다수를 차지하는 농민들의 지지를 획득하는 수준, 즉 범민족 운동으로까지 성장하지 못한 채 결국 미완성의 개혁운동으로 그치고 말았다. 새로운 식민체제로의 편입에 다름 아닌 소비에트화에 저항하는 바스마치 운동은, 초기의 약탈적이고 비조직적인 저항운동으로 출발하여 후기의 정치적이고 조직적이며 군사적인 민족해방운동으로 발전하다가 곧 파국으로 대단원의 막을 내리고 말았다.

중앙아시아에서의 민족주의 운동의 역사는 한편의 드라마이다. 식민주의와 제국주의가 판치는 국제정치의 냉혹성과, 분열과 대립으로 점철되는 역내 세력간의 권력투쟁과, 소비에트 프로젝트를 전일적으로 집행하려는 소비에트 중앙정치의 편집성이 빚어낸 한편의 역사 드라마이다.

3. 새로운 자료와 새로운 해석

중앙아시아 민족주의의 역사적 기원에 관한 논쟁은 1990년대에 러시아의 역사학자들에 의해 제기된 '국가란 만들어지는 것'이라는 가설을 둘러싸고 재연(再燃)되었다. 올리버 로이와 폴 게오르그 가이스는 소비에트 국가가 중앙아시아에서 민족(nationhood)을 만들어

준 일차적인 기관이었으며, 거의 70년간에 걸친 소비에트 통치 아래에서 민족이념과 관습이 뿌리내리게 되었다고 주장한다. 이러한 주장은 전통적인 해석의 중심을 이루고 있다. 다른 한편, 소련 해체 이후 소련 국립문서보관소의 자료들에 접근할 수 있는 행운을 갖게 된 신진학자들은 소비에트라는 다민족 국가의 작동을 연구하기 시작하여 그 결과를 1990년대 중반에 집중적으로 발표하게 된다. 신진학자들의 새로운 연구결과들은 로이와 가이스의 일부 결론에 대해 근본적인 의문을 제기하고 있다. 그들의 연구들은 제국 말 및 소비에트 초기에 민족 정체성의 진화, 중앙아시아에서 민족공화국들이 창설되는 과정, 그리고 소련 안에서 중심-주변관계의 성격에 대한 기존의 이해를 바꾸어 놓기 시작한다. 이른바 소비에트 역사에 대한 수정주의적 해석이 바로 그것이다.

신진학자들은 먼저 이론적 차원에서 분석개념을 재검토하는 작업부터 착수한다. 그들은 베네딕트 앤더슨의 '상상의 공동체(imagined communities)' 개념을 원용하여 다른 민족과 마찬가지로 중앙아시아 민족들도 발명, 정의 및 협상이라는 지속적인 과정에 따라 만들어지는 '상상의 공동체'로서 파악한다. 그들은 중앙아시아 민족만 독특하게 인위적으로 만들어진 민족이라는 로이와 가이스의 전통적인 견해는 냉전시대의 허구적 주장을 투영하는 것이라고 비판한다.

수정주의 학자들은 민족정체성 형성의 주체문제와 관련해서 토착 지식인들의 역할을 중시한다. 토착지식인들은 러시아 식민주의자들의 종족적인 차별에 의해 각성되었건 또는 오토만제국과 회교권 세계의 다른 곳에서 발흥한 민족주의에 의해 자극되었건, 이른바 '신식주의자(Jadidists)'로 알려진 중앙아시아의 개혁가들의 영향을 받았건, 중앙아시아 지역에서 민족 정체성을 발현시키는 역할을 하였다. 따라서 소비에트 당국이 이 지역 사람들에게 민족 정체성을 만들어 주었던 것이 아니라 이미 형성되었던 민족적 분할을 기초로 하여 그것을 제도화시켰던 것이라고 할 수 있다.

중앙아시아에서의 국가창설과 민족형성의 동기와 배경에 관하여 수정주의 학자들은 이 지역을 분할통치하려는 소비에트의 악의적인 동기에 따른 소행(전통주의 학자들의 해석)이 아니라 소비에트 프로젝트의 원활한 추진을 위한 편의적인 선택이었다고 설명한다. 그들은 소비에트에 의한 '민족 만들어주기'는 강력한 이데올로기적 근거를 가졌다고 주장한다. 소비에트의 민족정책은 소련 전역에 걸쳐 진행된 소비에트 프로젝트(Soviet project)의 본질적인 부분이었다는 것이다. 소련 지도자들은 근대화되기를 원하는 모든 후진(後進) 인민들에게 '민족의 자주 독립적 지위'(nationhood)를 제공하는 것이 필수적인 발전단계라고 확신했다. 왜냐하면 민족공화국의 창설은 러시아 식민주의의 오랜 압제를 받아왔던 비 러시아 주민들로부터 소비에트 프로젝트에 대한 그들의 지지를 반대급부로 얻게 해 줄 것이라고 믿었기 때문이다.

마지막으로 수정주의 학자들은 중앙아시아에서 민족영토가 매우 부자연스럽게 획정되었지만 그렇다고 해서 소비에트 당국으로부터 일방적으로 강제된 것은 아니었다고 주장한다. 영토획정은 토착 민족주의 세력들과 민족 공산주의자들, 지방의 러시아 관리들 그리고 모스크바의 지도부들이 얽혀서 벌였던 복합적인 상호작용의 결과였다고 본다. 따라서 중앙아시아 공화국들의 경계선이 겉보기에 비합리적인 것같이 보이지만 그 나름의 이유가 있었다는 것이다.

4. 소비에트 시대의 중앙아시아 역사에 대한 해석의 유동성

소비에트 시기 중앙아시아 민족공화국들의 경계선이 중앙아시아 인들의 의지에 반해서 모스크바에 의해 일방적으로 획정되었다는 믿음은 소련이 본질적으로 전체주의적이라는 견해를 반영하는 것이다. 다시 말해 1920년대 및 1930년대 중앙아시아에서 전개된 모든 정책과 개혁들은 모스크바가 발의하여 위로부터 강제되었으며, 경계선이 그어지고, 언어가 창조되며, 관련된 주민들의 참여가 거의 없는 가운데 민족이 형성되었다는 주장들은 역사적 사실과 증거에 의해 뒷받침되지 못하고 있다. 전적으로 틀린 주장이라고 단정내릴 수는 없지만 정확하지 못한 것만은 틀림없다.

수정주의 역사학자의 연구에 따르면, 소련 시민들은 소비에트 제도와 규범을 형성시키는데 참여했다는 사실을 여러 가지 방법으로 보여주고 있다. 그것은 러시아의 심장부에서와 마찬가지로 변방지역에서도 사실이었다. 민족 구획은 모스크바에 의해 일방적으로 진행되지 않았으며, 민족문화의 창조도 외부 정복자들에 의해 강제된 외래적인 프로젝트라고만 볼 수도 없을 것이다. 중앙아시아 엘리트들은 모스크바에 의해 정교하게 만들어진 민족문화의 소극적인 수혜자가 결코 아니었다. 그들은 처음부터 표준화된 민족어를 창조하고, 민족문학을 생산하며, 민요를 수집하는 등 전반적으로 민족주의적 지식인들의 역할을 수행했다. 그러나 이들은 1930년대 스탈린 대숙청 시기에 거의 소멸되었다.

특히, 1920년대 말 소비에트 정권이 회교도들을 분할통치하려는 또 다른 방법으로 중앙아시아 언어들 사이의 차이를 확대시키기 위해 투르크어 자모를 강제로 라틴어화 시켰다는 주장은 틀린 것이다. 최근의 연구에 따르면, 사실 라틴어화 주장은 실제로는 투르크 공화국들, 특히 아제르바이잔 사람들에 의해 발의되었으며, 상당히 주저한 끝에 중앙아시아 소비에트 당국에 의해 받아들여졌던 것이다.[31]

이처럼 중앙아시아에서의 민족, 국가 그리고 민족 정체성의 역사

---

31) Martin, "An Affirmative Action Empire," pp. 792–814; Edgar, "Creation of Soviet Turkmenistan," chap.8.

적 기원과 성격에 관한 대조적인 해석은 소련 역사 및 중앙아시아 역사에 관한 연구가 급속한 변화를 겪고 있는 매우 유동적인 상태에 있다는 것을 의미한다.[32]

---

32) Adrienne Lynn Edgar, "Kritika: Explorations," *Russian and Eurasian History* 3 (1) (Winter 2002), pp. 182-90.

제 5 장
중앙아시아 5개국의 이행경제전략 비교연구

현 진 덕

I. 서론

　중앙아시아 역사 가운데 가장 중요한 사건들 중 하나는 1991년 12월 구소련의 공식적인 붕괴와 함께 카자흐스탄, 우즈베키스탄, 투르크메니스탄, 키르기스, 타지키스탄 등 5개의 중앙아시아 국가들이 러시아인들의 굴레에서 벗어나 독립한 사건이었다. 카자흐스탄을 제외한 다른 모든 중앙아시아 국가들이 91년 8월 모스크바에서 발발한 쿠데타가 실패하자 즉각 독립을 선언했다. 분리·독립은 중앙아시아 국가들에게는 다소 특징적인 의미를 가졌다. 일반적으로 독립이라고 하는 현상은 긍정적으로 평가되지만 중앙아시아 국가들의 경우에 경제적으로는 반드시 그렇지도 않았다. 영국의 주간지 이코노미스트의 표현에 의하면 분리·독립 후의 중앙아시아 국가들은 "5명의 어린 고아(The five young orphans)"[1]와 같았다.

---

1) "The five young orphans," *The Economist*, October 23, 1997.

독립 이후 중앙아시아의 공통적인 과제는 효율적인 이행경제였다. 이행경제(transition economies)란 "국가계획의 경제로부터 시장중심의 경제체제(사유재산의 인정과 시장이 지지하는 기관을 가진 경제체제)로 이행했거나 이행하고 있는 국가의 경제체제"를 지칭하는 말이다.2) 구소련과 소련과 인접해 있는 동, 중부 유럽 국가들과 아시아(중국, 몽골, 베트남), 아프리카의 일부의 국가들이 이에 해당된다. 구소련의 국가들은 다른 국가들과는 달리 이행경제과정에서 어려움을 더 겪고 있다. 예를 들면, 국영기업체제의 붕괴와 그에 따른 실업률의 증가, 무역·금융체제의 붕괴와 재정압박 등이 그것이다.

일반적으로 이행경제의 전략에는 크게 두 가지의 입장이 있다. 첫째는 '빅뱅(Big Bang)·어프로치'로서, 이는 대대적 개혁을 일시에 단행해야 한다는 주장인데 일반적으로 미국이나 미국이 주도하고 있는 국제기구 등의 신자유주의적 이념이 이런 입장을 강력하게 지지하고 있다. 이에 대해 두 번째 어프로치는 빅뱅·어프로치의 폐해를 지적하면서 경제개혁은 그 나라의 경제상황을 고려하여 순서에 맞게 이루어져야 한다고 하는 점진주의적 견해를 취하고 있다. 중국의 경우가 이 어프로치의 대표적인 사례라고 할 수 있다.3)

중앙아시아 국가들의 경우 이행경제에 대한 개별국가의 사례분석 연구는 다수 축적되어 있다.4) 그러나 중앙아시아 국가들이 국제

---

2) http://www1.worldbank.org/sp/safetynets/Transition.asp (검색일: 2006. 05. 01) Richard Pomfret, *Constructing a Market Economy: Diverse Paths from Central Planning in Asia and Europe* (Chelthenham, UK, 2002), p. ix.

3) Daman H. Lopez, "Big bang' vs. Gradualism" http://econoc10.bu.edu/economic_systems/ economics/ transit/strategy(검색일: 2006. 05. 04). 헝가리의 이행경제의 사례를 분석하면서, 기존의 입장과는 또 다르게 점진주의의 병폐를 지적하고 있다.

4) 대표적인 연구로는 다음을 참고. Boris Rumer, ed., *Central Asia in Transition* (Armonk: M.E. Sharpe, 1996); Gregory Gleason, *Markets and Politics in Central Asia: Structural reform and political change* (London: Routledge, 2003).

화가 진전되는 과정 속에서 각 국가의 초기조건과 그들의 이행경제
전략과의 상관관계의 시점에서 이루어진 비교연구는 아직 없는 것
같다. 즉 이행경제전략의 형태가 그 국가의 경제의 초기조건과 함께
이행경제의 성과에 중요한 역할을 한다는 사실이 이 장의 문제의식
이다. 결론적으로 말해서 중앙아시아 5개국 중 카자흐스탄과 키르
기스 일종의 쇼크요법(빅뱅 어프로치)을 따랐으나 경제의 성과는
초기에는 좋지 못했다. 특히 키르기스의 경우에는 시장 중심적 쇼크
요법이 경제를 교란할 정도의 외적 충격으로 작용했다. 이에 비해
투르크메니스탄과 우즈베키스탄은 국내정치의 안정을 우선시킨 점
진주의적인 어프로치를 취했고 그 성과는 안정적이었다. 특히 우즈
베키스탄의 정치적 자율성을 중시하는 점진적 이행경제전략은 경제
안정을 유지하면서 점진적인 이행경제를 추진하는 전략으로서 주효
했다. 이런 면에서 보면 해당국가가 자국의 초기조건과 그 이행경제
의 과정에 있어서는 순서(sequencing)가 중요하다는 것을 잘 인식하고
이행경제전략을 국가가 어느 정도 효율적으로 추진했느냐 하는 점이
중요하다고 할 것이다.

〈표 1〉 이행경제의 성과(1989~2003년)

국 가 명	이행 년도	1인당GNP (1989)	최저생산년	(T-1)*이후 최대생산 감소	2003년 대비 생산증가	2003년까지 평균최저 생산증가
카자흐스탄	1992	5130	1995	31.1	53.3	5.34
키르기스	1992	3180	1995	44.8	45.4	4.68
타지키스탄	1992	3010	1996	58.8	59.3	6.66
투르크메니스탄	1992	4230	1997	45.9	93.5	11.00
우즈베키스탄	1992	2740	1995	17.5	27.2	3.01

*(T-1)은 이행년도의 전해.
출처: Stanley Fischer and Ratna Sahay, "Transition Economies: The Role of
Institutions and Initial Conditions," *Festschrift in Honour of Guillermo A. Calvo*
(April 15~16, 2004), p. 13.

우선 중앙아시아 5개국의 이행경제를 비교하기 위해서 중앙아시아 5개국의 주요 경제지표를 살펴보면 다음과 같다. 〈표 1〉과 같이 이행년도인 1992년 이전의 시점인 1989년의 1인당 GNP를 비교해 보면 카자흐스탄, 투르크메니스탄의 순으로 높고 가장 낮은 국가가 우즈베키스탄으로 나타나고 있다. 이것은 독립 이전의 각국의 초기 경제조건을 말해 주고 있다. 2003년 대비 생산증가, 2003년까지 최저 생산증가 등의 수치를 살펴보면 우즈베키스탄의 수치가 가장 낮다. 그러나 90년대 말까지의 이행경제과정의 경제수치는 이와는 상당히 다르게 나타나고 있다는 것 또한 주목해야 한다.

아래의 〈표 2〉는 이행경제전략의 차이와 이행경제수치의 차이를 선명하게 드러내 주고 있다. 독립 후 이행경제 과정에서 5개국은 서로 다른 전략을 취하여 경제적 성과도 달리 나오게 된다. 1992년 이후의 중앙아시아 5개국의 GNP 성장률의 추이를 살펴보면 앞의 〈표 1〉의 경향과는 아주 다르게 나타나는 것을 알 수 있다. 〈표 2〉에서 보는 바와 같이 가자흐스탄과 키르기스는 92년 이행경제가 시작

〈표 2〉 중앙아시아 각국의 GNP 성장률의 추이

연도	카자흐스탄	키르기스	타지키스탄	투르크메니스탄	우즈베키스탄
1991		-7.8			-0.5
1992	-14	-138			-11.1
1993	-12.9	-15.5			-2.3
1994	-17.7	-20.2			-5.2
1995	-9.1	-5.3			-0.9
1996	1.4	5.6			1.6
1997	2.2	4	-0.6		0.3
1998	-2	2.8			3
90~97년의 평균성장률	-10.5	-12.3	-16.4	-9.6	-3.5

출처: ラウ・シンイー, "もう一つの移行経済戦略", 橋田但編, 『中央アジア諸国の開発戦略』(けいそう書房, 2000), p. 209.

된 이후 GNP의 성장이 크게 감소하기 시작했다. 반면 투르크메니스탄과 우즈베키스탄은 감소율이 낮았다. 특히 우즈베키스탄은 90~97년의 평균성장률이 -3.5%로 감소율이 매우 낮은 편이었다.

그러나 97년 이후부터 최근의 경제지표를 살펴보면 쇼크요법을 따랐던 카자흐스탄의 경제성과가 가장 두드러진다. 그 다음으로는 우즈베키스탄이 나름대로 안정적인 경제지표를 보여 주고 있다. 카자흐스탄과 우즈베키스탄의 경제규모를 감안하면 경제이행에는 초기와 그 다음의 이행과정에 각 경제의 초기조건을 감안하여 경제이행전략을 차별적으로 적용할 필요가 있지 않을까 한다.

예를 들어 카자흐스탄과 키르기스 양국은 국제통화기금(IMF), 세계은행이나 구미 여러 나라의 경제전문가의 지도하에 쇼크 요법에 의한 거시경제의 안정, 가격의 자유화, 금융제도의 창설, 민영화와 대외부문의 개혁 등의 시장경제화 정책을 추진했다. 그러나 기대와는 달리 GNP로 나타내는 1998년의 그들의 경제규모는 1991년의 거의 50%의 수준까지 축소되어 버렸다. 한편 이것과는 대조적으로 투르크메니스탄과 우즈베키스탄은 국내정치의 안정을 우선시킨 점진적인 어프로치를 선택했다.

이 장에서는 각 국가가 이행경제의 과정에서 경제규모와 경제의 초기조건을 감안했을 때 어떠한 경제이행전략을 채택했는가에 대한 비교분석을 하고 실질적인 성과를 분석한 후, 최종적으로 초기경제조건과 경제이행전략의 상관관계에 대한 결론을 도출하고자 한다. 우선 각 국가별로 기본적인 초기경제조건과 이행경제전략을 분석해 보기로 한다.

Ⅱ. 중앙아시아 5개국의 이행경제전략

〈표 3〉 중앙아시아 국가의 성장률 (1991~1998:전년도 대비 시점)

구분	국가	전년도대비 감소율					1990년 대비 시점%	전년도대비 감소율			1995년 대비 시점%	1990년 대비 시점%
		1991	1992	1993	1994	1995	1995	1996	1997	1998	1998	1998
G D P	카자흐스탄	-11.0	-5.3	-9.2	-12.6	-8.2	61.4	+0.5	+2.0	-2.5	100	61.4
	키르기스	-7.9	-13.9	-15.5	-20.1	-5.4	50.6	+7.1	+9.9	+1.8	120	60.7
	타지키스탄	-7.1	-29.0	-16.3	-21.3	-12.4	38.1	-16.7	+1.7	+5.3	90	34.3
	투르크메니스탄	-4.7	-5.3	+1.5	-16.7	-7.7	70.4	+0.1	-25.9	+4.5	78	54.6
	우즈베키스탄	-0.5	-11.1	-2.3	-5.2	-0.9	81.2	+1.7	+5.2	+4.4	112	90.9
산 업	카자흐스탄	-0.9	-13.8	-14.8	-28.1	-8.2	44.1	+0.3	+4.0	-2.1	102	45.0
	키르기스	-0.3	-26.4	-25.3	-28.0	-17.8	32.4	+18.8	+50.4	+8.3	177	57.3
	타지키스탄	-3.6	-24.3	-7.8	-25.4	-13.6	43.4	-23.9	-2.0	+8.1	81	35.2
	투르크메니스탄	+4.8	-15.0	-11.0	-33.0	-38.0	32.9	-27.0				
	우즈베키스탄	+1.5	-6.7	+3.6	+1.6	+0.1	99.8	+2.6	+4.1	+5.8	113	112.8
농 업	카자흐스탄	-10.0	+29.0	-7.0	-21.0	-24.0	64.8	-5.0	-0.8	-19.0	76	49.2
	키르기스	-10.0	-5.0	-10.0	-18.0	-2.0	57.4	+15.0	+12.5	+4.0	134	76.2
	타지키스탄	-4.0	-27.0	-9.0	-10.0	-21.0	45.3	-18.0	+4.0	+6.5	91	41.2
	투르크메니스탄	-4.0	-9.0	-16.0	-13.0	-28.0	55.0	-29.0				
	우즈베키스탄	-1.0	-6.0	+1.0	-8.0	+3.0	89.1	-6.0	+4.0	+4.0	102	90.9
투 자	카자흐스탄	+0.5	-47.0	-39.0	-15.0	-37.0	17.4	-39.0	+12.0	+13.0	77	13.4
	키르기스	-14.0	-25.0	-23.0	-45.0	+82.0	49.7	+19.0	-4.0	-53.0	54	26.8
	타지키스탄	-15.0	-42.0	+0.1	-43.0							
	투르크메니스탄	+11.0	+20.0	+74.0								
	우즈베키스탄	+5.0	-32.0	-5.0	-22.0	+4.0	55.0	+7.0	+17.0	+15.0	144	79.2

출처: Stanislav Zhukov, "The Economic Development of Central Asia in the 1990s," in Boris Rumer, ed., Central Asia and the new global economy (Armonk: M.E. Sharpe, 2000), p. 57.

위의 〈표 3〉을 보면 1990~95년에 전반적으로 우즈베키스탄을 제외한 나머지 4개국의 GDP와 산업, 농업, 투자가 각각 감소했다는 것을 알 수 있다. 1995년도 시점에 타지키스탄의 농업은 1990년도에 비해 55% 정도 감소했고 키르기스는 43%, 투르크메니스탄은 45% 감소했고 카자흐스탄은 35% 감소했으나 우즈베키스탄은 11% 감소에 그쳤다. 산업생산에 있어서는 더욱 더 명확한 차를 보였다. 키르기스가 68%, 투르크메니스탄이 67%, 타지키스탄이 57%, 카자흐스탄이 56%의 생산 감소를 기록한 반면 우즈베키스탄은 1995년대 중반

〈표 4〉 중앙아시아 각국의 주요경제지표(1987~2004)

		1987	1990	1995	2000	2001	2002	2003	2004
카자흐스탄	인구(백만)	16.23	16.35	15.82	14.88	14.86	14.86	14.91	15.00
	GDP (10억루블)	24.2	47.9	1014.2	2599.9	3250.6	3776.3	4612.0	5542.5
	대외무역 (백만$)	...	−88.0	1443.5	3772.2	2193.1	3086.3	4518.0	7315.0
	외환보유액 (백만$)	...	...	1659.83	2095.66	2507.91	3140.85	4962.12	9276.66
키르기스	인구(백만)	4.11	4.34	4.62	4.89	4.93	4.97	5.01	5.05
	GDP (백만 솜)		41.7	14960.8	60802.5	68527.0	68810.4	76082.6	84670.7
	대외무역 (백만$)	...	...	−113.4	−49.6	8.9	−101.3	−135.3	−222.2
	외환보유액 (백만$)			124.18	261.85	286.50	317.33	399.27	585.05
타지키스탄	인구(백만)	4.87	5.30	5.67	6.19	6.31	6.44	6.57	6.70
	GDP (10억 러시안루블)	6.2	7.3	66.6	1657.1	2298.5	3032.8	4253.5	5499.8
	대외무역 (백만$)			55.5	325.3	−133.3	149.5	−566.7	−447.6
	외환보유액 (백만$)	...	...	...	94.3	94.3	89.5	117.6	172.1
투르크메니스탄	인구(백만)	3.40	3.69	4.47	5.19	5.39	5.65	5.95	6.23
	GDP (10억 마나츠)			652.0	25647.9	35412.8	46699.0	59174.0	63480.0
	대외무역 (백만$)			516.7	721.0	217.4	736.2	1270.0	...
	외환보유액 (백만$)	...	...	1170.00	1854.00	1935.00	...	...	...
우즈베키스탄	인구(백만)	19.3	20.6	22.9	24.8	25.1	25.4	25.7	26.0
	GDP (백만 루블)	28644	32776	262990	2847925	4341200	6512218	8492759	10481669
	대외무역 (백만$)			827.2	317.3	33.5	276.4	760.8	1037.0
	외환보유액 (백만$)			1867.0	1273.2	1212.2	1216.4	1659.3	2146.5

에 거의 1990년대의 수준과 같은 생산을 기록했다.[5] 이와 같이 경제
의 이행전략에는 경제의 초기조건과 경제구조 등의 모든 것이 고려
되어야 하지만 우즈베키스탄의 경우는 카자흐스탄과 키르기스와
같은 빠른 개혁모델과는 달리 자국의 경제조건에 맞는 점진적 모델
을 선택하여 외적 충격 없이 이루어졌다는 면에서 전략적 선택의
중요성이 부각된다고 하겠다.

1. 카자흐스탄

카자흐스탄 경제의 초기조건을 보면 우선 구소연방의 국가들 중
러시아에 이어 가장 큰 국토를 가진 나라이며 또한 지리적 인접성으
로 인해 전통적으로 중앙아시아 5개국 중에서 가장 러시아에 대한
의존도가 높은 국가이다. 헤게모니 국가인 러시아와 인접해 있어
항상 같이 지낼 수밖에 없는 것이 현실이었다.[6] 그리고 카자흐스탄
은 구소련 국가 중 러시아 다음으로 가장 넓은 국토를 가지고 있으
며 인구의 50%가 무슬림이다.[7] 천연자원 중 비철금속에 관해서는
구소련의 크롬광의 90%를, 동, 납, 아연, 텅스텐 등에서는 50% 정도
의 매장량을 보유하고 있다. 그리고 철광석, 금에 대해서도 유수의
생산국이며 석유, 석탄, 천연가스도 풍부한 매장량을 자랑하고 있다.
석유와 가스를 중심으로 한 자연자원이 중앙아시아 국가들 중에서
도 가장 풍부해 다른 에너지 기업을 끌어들이는 자석의 역할을 하고

---

5) Stanislav Zhukov, "The Economic Development of Central Asia in the 1990s,"
   in Rumer(1996), p. 60.
6) Martha Brill Olcott, *Central Asia's New States: Independence, Foreign Policy,
   and Regional Security* (Washington,D.C.: United States Institute of Peace Press,
   1996), Chapter 4.
7) 심의섭, "중앙아시아와 이슬람경제권", 『한국이슬람학회 논총』(1993), p.
   226.

있으며 그 풍부한 자원은 '중앙아시아의 보석'이라고까지 불리고 있다.[8] 카자흐스탄은 석유매장과 생산 관련으로, 러시아에 이어 CIS(독립국가연합) 내에서 두 번째 규모를 차지하고 있다.[9] GDP의 인구별 구성을 보면 광업이 30%, 공업부문이 20% 이상, 상업이 18% 정도, 농업이 10% 이하를 차지하고 있다. 수출의 1/3이 석유·가스 그리고 30%가 금속으로 되어 있어 천연자원 의존체질이 현저한 경제이다. 게다가 수출의 지역적 비율은 30% 정도가 러시아이고 45% 가 구소련지역이어서 그 이외 지역의 비율은 매우 낮은 지역적 편중을 보이고 있다.

카자흐스탄의 이행경제전략은 서구의 신고전파적인 급진적인 경제개혁노선을 실행하는 것이었다. 카자흐스탄은 1994년 6월 이후부터 국제통화기금(IMF)을 비롯한 국제기관의 제언에 따라 신고전파적인 급진적인 경제개혁정책을 실시했다. 국가의 경제에 대한 보조금의 철폐, 긴축적인 금융정책, 가격자유화, 무역자유화, 시장경제에 불가결한 법제도의 정비 등이 시행되었다. 경제개혁의 상황을 살펴보면 다음의 몇 가지 정책으로 나누어 볼 수 있다.[10] 첫 번째는 민영화정책이다. 카자흐스탄의 민영화는 동구나 러시아의 경험을 토대로 한 것으로 1991년부터 본격화되었다. 두 번째는 외자도입정책이다. 국내의 저축·투자 균형이 적자, 재정균형도 적자, 대외수지도 적자인 상황에서 국내투자를 메우기 위해서는 외국의 저축의 활용 즉 외자의 도입이 불가결한 것이었다. 외자도입 촉진을 위해서 1995년에 신외자법이 도입되었다. 이 외자법에 의해 외국인 투자가들은

8) Rashid Ahmed, "The next frontier: Kazakhstan is a magnet for energy firms," *Far Eastern Economic Review*, Feb. 4(1993), pp. 48-50.
9) 홍성원, "중앙아시아국가들의 세계경제 진입-카자흐스탄과 우즈벡스탄의 에너지개발을 중심으로-", 『슬라브학보』(1999), p. 300.
10) Arystan Esentugelov, "Kazakhstan: Problems and Prospects of Reform and Development," in Rumer(1996), pp. 201-204.

처음으로 카자흐스탄의 투자가들과 동등한 권리가 보장되어 외국 기업은 외화뿐만 아니라 기계설비 등의 통화 이외의 투자도 가능하게 되었다. 이러한 적극적인 외자도입에 의해 카자흐스탄은 외자도입이 중앙아시아 5개국 중에서는 가장 많은 나라가 되었다. 세 번째는, 1992년에 구소련공화국 국가와 함께 일반적인 가격자유화를 시행했다. 즉 기본적인 식료, 에너지 등의 중요물자의 가격을 제외한 가격의 자유화가 시행되었다. 그 후 94년에는 빵을 제외한 식료품의 가격자유화가 시행되고 석유제품의 가격자유화도 시행되었다. 네 번째, 우선 독자적으로 루블권을 탈피하여 자국통화 텡게(Tenge)를 도입했다.[11]

이러한 이행경제전략을 실시했으나 카자흐스탄의 경제개혁의 성과는 경제개혁의 초기에는 그다지 나타나지 않고 오히려 전반적인 경제의 하락현상을 보였다. GDP의 성장률을 보면 1995년까지 연 10% 정도의 대폭적인 하락을 기록했다. 1996년 이후에는 플러스 성장으로 비뀌었으나 불과 0.5%였고 97년에도 2.0% 성장을 기록했으나 98년에는 다시 마이너스 성장을 기록했다. 그러나 앞의 〈표 4〉에 나타나는 바와 같이 2000년부터 2004년까지는 빠른 성장을 보이고 있다. 대외무역과 외환보유액의 면에서도 5개국 중에서 가장 양호한 상태를 기록하고 있다. 이와 같이 카자흐스탄의 경우는 경제개혁의 초기에는 외적 쇼크(석유가격의 급락, 러시아·루블의 급락, 아시아통화위기를 통한 경제의 침체)가 거시경제의 안정을 방해한 사례로 지적되고 있으나 최근 2000년 이후에는 빠른 경제회복을 보이고 있다. 이런 경제적 성과와 함께 미국은 카자흐스탄이 핵무기 보유의 포기 등을 포함하여 미국과 협조적 관계를 맺고 있으며 향후

---

11) 독자통화 도입의 경위에 대해서는, 清水学·松島吉平 編, 『中央アジアの市場経済化 : カザフスタンを中心に』(アジア経済研究所, 1996), pp. 74-75를 참조.

이 지역에서 '지역적 리더'의 역할을 하는 국가가 되기를 기대하고 있다.[12]

2. 키르기스

키르기스는 연료 및 에너지 산업이 전체 산업생산량의 18.5%를 차지할 정도로 경제에서 차지하는 비중이 크다. 또한 천연가스가 다량 매장되어 있다. 중앙아시아 지역 국가 중 천연가스 자원 매장량이 비교적 높은 국가는 투르크메니스탄과 우즈베키스탄, 카자흐스탄으로 각각 검증된 규모는, 투르크메니스탄이 중앙아시아 전 지역의 40% 이상, 우즈베키스탄과 카자흐스탄은 각각 27%로 이 세 국가에 매장된 천연가스 보유량은 중앙아시아 전 지역의 95%이상을 차지한다.[13]

그러나 키르기스는 이와 같이 원유 및 천연가스의 매장량을 보유하고 있음에도 불구하고 러시아, 카자흐스탄, 우즈베키스탄으로로부터 원유 및 석유제품 그리고 천연가스를 수입하고 있는 실정이다. 1999년 연료 및 에너지자원의 수입량은 석탄 772,000톤, 천연가스 574.6㎥, 원유 65,000톤, 난방용 중요(연료유) 36,000톤, 디젤유 84,400톤, 벤진 158,500톤, 등유 42,200톤을 수입하였다.[14] 그리고 석유, 천연가스 등이 생산되기는 하나 GDP의 인구별 구성을 보아도 농업이 절반 이상을 차지하고 있어 기본적으로는 농업국이라 할 수 있다.

이런 경제의 초기조건을 가진 키르기스는 세계은행과 IMF의 이

---

12) Daniel Fried, "A Strategy for Central Asia," *DISAM Journal of International Security Assistance Management* (Winter 2006), pp. 102-103.

13) Kang Wu, Feredun Fesharaki, "Central Asia's potential as Asia-Pacific oil supplier limited for years to come," *Oil & Gas Journal* (Aug.5, 2002), p. 19.

14) 윤재희 · 강명구, 『중앙아시아 및 극동러시아의 경제』(선학사, 2005), pp. 84-85.

념형에 가장 근접한 형태로 시장경제로의 이행을 추진했다. 키르기스는 IMF의 지시에 따라 독자통화를 도입한 CIS 최초의 국가였다. 그 후의 재정·금융정책도 IMF나 국제기관의 지시에 충실한 것이었다. 키르기스는 첫 번째로 1992년 7월에 IMF 및 세계은행과 "1993년말까지 국가자산의 35%를 민영화한다"는 점에 합의해 민영화정책을 실시하여 그 목표를 달성했다. 두 번째로 외자도입 정책을 도입해 외자를 유치했고, 세 번째로 92년에 구소련 국가들과 같이 가격자유화 정책을 단행했다. 세 번째로는, 금융·환율제도의 개혁을 들 수 있는데 IMF의 전면적인 지원 하에 1993년 5월 독자통화인 솜(Som)을 도입했다. 전체적으로 볼 때 키르기스의 이행경제전략은 세계은행과 IMF의 이념형에 가장 근접한 형태로 시장경제로 이행하고 있는 국가였다.[15] 이런 개혁의 연장으로 1995년 중반에 900개 기업이 민영화되었고 1995년에는 증권거래소가 개장되었다.[16]

키르기스의 경제개혁의 성과는, 실질 GDP 성장률로 보면 1995년까지는 마이너스 성장이 계속되었을 정도로 부작용이 많았다. 그러나 96년부터는 5%의 성장이 이루어지고 있다. GDP의 산업별 구성을 보면 농업부문이 46% 이상으로 증대된 반면, 제조업은 30% 정도로부터 10% 정도로 크게 감소하고 있다. 제조업의 축소는 특히 석탄 철강제품 등의 대폭적인 가격하락에 의한 것이었으나 한편으로 섬유부문은 확대되었다. 무역상대국의 구성을 보면 과거의 구소련 의존으로부터 크게 변화하고 있어, CIS는 수출에 있어서 55% 정도 수입에 있어서 40% 정도를 차지하고 있다. 그러나 IMF와 세계은행의 신고전파적인 경제정책의 처방전을 그대로 시행한 키르기스는

15) Turar, Koichuev, "Kyrgyzstan: Economic Crisis and Transition Strategy," in Rumer(1996), pp. 172-180.

16) Michael Kaser, "Economic transition in six Central Asian economies," *Central Asian Survey*, vol.16, no.1(1997), pp. 18-19.

생산의 현저한 저하, 실업의 증대라고 하는 공급 면의 악화를 경험했고 자산의 재분배에 동반되는 사회적 불공정의 만연 등도 큰 과제로 지적되고 있다.[17] 키르기스의 경제는 사유화 등의 강력한 구조조정이 진행 중이지만, 경제구조가 방위산업에 치중되어 있어 생산원자재의 가공능력 부족으로 지속적인 산업생산량 감소가 나타나고 있다. 독립 이전 구소련방의 계획경제와는 다른 시장경제의 지향으로 많은 국유기업들의 사유화가 진행되고 있다. 최근에는 소규모기업의 출현은 물론 농업부문에서의 사유화가 진행되고 있다. 이러한 개혁의 결과 1995~1997년 사이에 인플레이션이 감소했으나, 1999년 이후 다시 악화되어 40%의 인플레이션을 기록했다. 이에 키르기스 정부는 1998년도에 1999~2001년도 경제안정을 위한 다음과 같은 4가지 사업목표를 제시하였다. 그것은 첫째, 건실한 금융신용정책의 시행 둘째, 지불체계의 구조개선 셋째, 예금보험과 은행 간의 보험기금 신설 넷째, 상업은행의 최소자본소요액의 증액 등이다. 이러한 정부의 노력으로 2002년에는 거시경제가 안정세를 나타내었고 인플레이션도 낮아졌다. 2002년도 국가 총생산액은 738,897솜으로 전년 대비 5.3% 증가했으며, 인플레이션도 낮아졌다.[18]

3. 타지키스탄

타지키스탄은 중앙아시아에서 유일한 이란계 국가이다. 1991년에 독립을 달성하긴 했으나, 1992년 구 공산당계 세력과 이슬람계 세력 간에 내전이 발생하게 되었다. 타지키스탄의 경우, 내전으로 인해 UN중재의 평화협정안이 1996년에야 이루어졌기 때문에 정상

---

17) 成相修, 「移行戰略」, 橋田担 編, 『中央アジア諸国の開発戦略』(けいそう書房), pp. 49-51.
18) 윤재희 · 강명구, 앞의 책, p. 83.

적인 경제이행이 개시되는 것을 기대하기는 어려운 실정이었다.[19]
GDP의 구성은 공업부문이 20% 정도, 농업부문이 25% 정도이다.
공업은 발전전력, 알루미늄 제품, 시멘트, 면화 등이 위주이다. 산악
국가라서 경지면적도 작은 편이다. 노동력 중 농업취업자가 60%로
가장 많은 수를 차지하고 있다.

타지키스탄도 유형으로 보면 일종의 쇼크요법에 의한 급격한 이
행경제전략을 추진한 국가였다. 타지키스탄에서는 1996년에 세계
은행, IMF의 지원 하에 제1차 개혁계획이 제시되었다. 그것에 의하
면 다음의 3단계를 따라 개혁을 실행해 나간다고 하는 것이었다.[20]
타지키스탄의 경제체제이행의 특징은 IMF와 세계은행이 강력하게
지지하는 쇼크요법에 의해 이루어졌다는 점이다. 양 기관의 주장에
의하면 중국과 같은 점진적 어프로치는 CIS국가들에게는 적합하지
않으며 농촌개혁을 통해 경제성장과 소비자의 수요에 부응할 수
있는 새로운 경제체제로 급진적으로 이행하지 않으면 안 된다는
것이었다.[21] 그 계획의 제1단계는, 1997년경까지로 경제위기의 극
복, 농업개혁, 소규모기업의 민영화의 완료, 생산 및 상업 활동의
활성화, 외국인투자촉진을 위한 환경정비 등이다. 제2단계는, 1998
년부터 2000년까지로 시장경제화를 추진하기 위해 필요한 제도를
정비하고 대규모 기업의 민영화를 완료하며 생활수준의 향상을 도
모하여 효율적이며 기능적인 통화금융시스템의 확립 등을 실시하
는 것이다. 마지막으로 2000년 이후 3단계로 경제의 성장을 촉진시
킬 것, 산업의 근대화를 도모할 것 등이 목표로 제시되었다. 타지키

---

19) Kaser(1997), p. 22.; 평화협정안에 대해서는 다음을 참고. R. Grant Smith,
"Tajikistan: the rocky road to peace," *Central Asian Survey*, 18, 2(1999), pp.
243−246.
20) Gleason(2003), pp. 90−92.
21) Rafis Abazov, "Policy of economic transition in Kyrgyzstan," *Central Asian
Survey*, 18, 2(1999), pp. 200−201.

스탄도 다른 중앙아시아 국가들과 같이 가격자유화, 외국인 투자를
위한 외국인 투자유치 정책 그리고 금융·환율제도의 개혁 등을
단행했다. 특히 외국투자법은 외자에 의한 100% 출자 기업의 설립
도 인정하는 것이었다. 그러나 외국인에 의한 토지의 보유는 아직
인정되지 않고 있다. 환율제도의 개혁은 1995년 타지크·루블이 도
입된 것이 특징이다.[22]

　타지키스탄은 구소련 국가들 중, 1인당 GDP가 가장 낮은 국가로
원래 경제적 자립이 곤란한 국가였다. 게다가 외적지원에 의한 이행
경제의 정책은 경제의 대혼란을 야기했다. 1992년 이후 계속된 경제
성장률 하락에 이어 98년 이후 IMF의 극단적인 긴축재정정책, 은행
제도개혁, 국제수지대책 등이 실시되었으나 생활수준의 극단적인
하락을 구제하기 위해 긴급적인 지출을 증대시켰기 때문에 재정은
악화되었다. 따라서 IMF를 비롯한 국제기간의 지원이 절실한 실정
이다.[23]

4. 투르크메니스탄

　투르크메니스탄은 CIS 국가 중에서 벨로루시, 타지키스탄과 함께
GDP의 민간생산부문 비율이 가장 낮은 국가에 해당된다.[24] 투르크
메니스탄은 기본적으로 천연가스 의존의 경제로써 전 세계 매장량
의 10%를 차지하며 천연가스 보유국 중 11번째를 차지하는 천연가
스 보유 국가로, 2000년 이후 생산량이 25% 이상 증가하고 있다.
그러나 문제는 이러한 천연가스를 외부로 수송하는 문제로 투르크
메니스탄의 대부분의 가스 파이프라인을 러시아가 통제해 왔기 때

---

22) 成相修, pp. 54-55.
23) 成相修, pp. 56-57.
24) Kaser(1997), p. 23.

문에 경제발전에 큰 장애가 되고 있다.[25]

투르크메니스탄의 이행경제전략의 특징은 키르기스와 같이 IMF 나 세계은행의 지도하에 이루어진 전략이 아니라, 정부가 시장에 깊이 개입하여 전면적인 민영화정책을 달성했다고 하는 점에 있다. 경제개혁의 주요 상황을 정리해 보면, 첫 번째, 민영화정책으로 에너지와 통신을 제외한 모든 경제 분야가 민영화의 대상이 되었다. 두 번째, 외국기업에 의한 직접투자를 촉진하기 위한 법적조치로 외자 도입정책이 실시되었다. 세 번째, 가격자유화 정책이 단행되었다. 이는 1991년 초 구소연방정부에 의해 단행된 가격자유화를 따른 것이었다.

네 번째, 금융·환율제도의 개혁으로 독자통화 마나츠(Manats)를 도입했다. 그리고 중앙은행법이 1994년 제정되었고 상업은행에 대한 법정비도 진행되고 있으나 아직은 정부와 중앙은행의 권한이 강하다. 중앙은행이 상업은행의 면허를 발행하고 있고 은행을 감독하고 있는 것이 현실이다.[26]

투르크메니스탄은 매우 권위적인 정치체제를 이루고 있다. 투르크멘바쉬(투르크멘의 수장)라고 불리는 대통령의 강력한 일원적인 지배 아래[27] 경제도 국가가 강력하게 개입하는 형태를 취하고 있다. 국가 개입의 결과는 경제에도 그대로 반영이 되어 93년 이후 실질 GDP성장률도 계속 하락하고 있다. 이와 같이 투르크메니스탄의 경제이행전략은 정부가 강력하게 경제에 개입해서 통제하는 정책이었으며 이런 점이 카자흐스탄과 키르기스의 경제이행전략과의 차이점이었다. 그러나 그 성과는 대부분 부작용이 많은 것으로 나타났다.

---

25) James P. Dorian, "Central Asia: A major emerging player in the 21st century," *Energy Policy*, Vol.34. (2006). p. 546. ; Robert M. Cutler, "The Caspian Energy Conundrum," *Journal of International Affairs*, (Spring 2003) p. 93.

26) 成相修, pp. 58-59.

27) Gleason(2003), p. 110.

5. 우즈베키스탄

우즈베키스탄은 기본적으로 면화의존의 경제로서 수출의 80%가 면화이다. 세계 5대 면화생산국 및 2대 면화 수출국이고 또한 10대 금 생산국이다. 우즈베키스탄은 1991년 독립한 이후 석유 생산량을 늘린 구소연방 국가 중 몇 안 되는 국가에 속한다. 그리고 우즈베키스탄은 국토의 60%가 석유와 천연가스 매장예상지대인 나라이다.[28]

우즈베키스탄은 다른 중앙아시아의 국가들과는 다른 이행경제전략을 취했다. 카리모프 대통령의 강력한 정치적 지도력 하에 IMF나 세계은행과는 다른 독자의 노선을 취했다. 1991년에 독립을 선언하고, 처음 직접선거로 카리모프 대통령이 선출되었다. 1992년의 『발전을 위한 자립』이라고 하는 문서가 발표되었는데 이 문서는 우즈베키스탄의 독자적인 이행경제전략의 특징을 잘 나타내 주고 있다. 이 문서에 의하면, 경제가 정치에 우선할 것, 국가가 경제운영의 기본을 관리할 것, 소위 '쇼크 요법'이라고 하는 급속한 시장경제화의 전략을 부정할 것 등의 3가지의 원칙에 중점을 두었다.[29] 이와 같은 '우즈베키스탄 모델'은 시장경제화에 필요한 구조개혁이 불충분하고 기득권을 잔존시킨다는 비판이 있었으나 현실의 성과는 구소련의 국가들에 비해 GDP성장률의 감소도 적고 1996년 이후는 플러스 성장을 계속하고 있다. 또한 이러한 경제적 성과뿐만 아니라 1991년 이후 우즈베키스탄의 전통적인 미국과의 전략적 협조로 인해 이 지역에서 우즈베키스탄은 '지역적 헤게모니국가(regional hegemon)'의 위치를 차지하고 있다.[30] 기업개혁의 특색으로서는, 중심적 산업

---

28) Dorian(2006), p. 548.
29) Rustam Dosumov, "Uzbekistan: A National Path to the Market," in Rumer (1996), p. 145.

을 정부의 관리 하에 두고 자원수출에 의한 소득의 확대를 수단으로
국가의 근대화를 도모하고 있다. 면화가공이나 철강은 전략산업으
로서 사유화는 금지되어 있고, 외국자본의 투자도 대통령의 허가가
필요하다. 이러한 관계로 두 번째로, 외자도입정책에 있어서 카자흐
스탄과 같은 적극적인 외자도입정책은 찾아 볼 수 없고 외자도입액
이 구소련 및 중동부유럽국가들 가운데 가장 적다. 세 번째로, 환율제
도는 1994년 7월, 독자통화 숨(Sum)을 도입했으나 이중환율의 존재와
통화의 교환성의 결여가 외국환율제도에 큰 장애요인이 되고 있는
실정이다.[31] 1996년 시점에 11,800개의 국영기업들 중 2,700개의 기업
만 사유화 되었으며 면화재배, 에너지, 철강, 광산, 의약, 철도와 항공
산업 그리고 하이테크 산업들은 영향을 거의 받지 않았다.[32]

이러한 우즈베키스탄의 실질 GDP 성장률은 1995년까지 마이너
스 성장을 계속한 후, 96년부터 플러스 성장으로 바뀌어 98년에는
4.4%로 개선되었다. 독립 이후 우즈베키스탄은 시장경제로의 이행
을 추진하고 있는 다른 국가들과 비교할 때 이례적으로 성공적인
경제개발을 추진하고 있다. 1991~1997년 중 우즈베키스탄의 생산
감소치는 중·동구 및 CIS의 총 26개국들 중에서 가장 낮게 나타나
고 있다. 체제전환국들이 공통적으로 경험하고 있는 소위 "전환기적
침체(transformational recession)"는 이행기 국가들의 평균보다는 물론 그
정도가 상대적으로 양호했던 중·동구 국가들보다도 비교적 약했
다.[33] 우즈베키스탄은 GDP 중에서 국가예산이 차지하는 비중이
1995~97년에 32.5%로 카자흐스탄과 키르기스의 14.9%와 15%를 상

30) Kaser(1997), pp. 494–495.
31) Gleason(2003), pp. 126–127.
32) Annette Bohr, "Regionalism in Central Asia: New Geopolitics, Old Regional
    Order," *International Affairs*, vol.80, Issue 3(May 2004), pp. 494–495.
33) 최병희, "우즈베키스탄의 경제개혁평가와 경제발전 전망," 『세계경제』
    (1999년 10월), p. 98.

회하고 있고 CIS국가들 중에서는 유일하게 '민족국가'라고 불릴 수 있는 조건을 갖춘 나라였다. 1980년대와 90년대에 통합적이고 권위주의 국가들이 CIS국가들에 많이 나타난 반면 우즈베키스탄이 민족주의적인 경향을 보인 것은 경제의 민족주의적인 경향에서 비롯된 것일 것이다. 우선 금과 우라늄 수출을 국가가 장악할 수 있었던 것이 컸고 면화생산을 주축으로 한 전통적인 농업부문을 재조정할 수 있었다는 점이 중요했다.[34]

〈표 5〉 중앙아시아 5개국의 경제발전과 개혁의 성과(1991~94)

국가명	GDP*	투자*	경제정책의 유형	경제개혁의 성공수준**
카자흐스탄	57	41	Stop-and-go정책	10
키르기스	51	23	표준적이면서 전형적인 빅뱅	17
타지키스탄	52	33	경제의 대혼란	10
투르크메니스탄	71	…	인플레적이고 약탈적 정부의 개입에 의한 경제혼란	7
우즈베키스탄	83	52	적극적인 정부개입형의 개발	12

* 1991년 시점 대비 %.
** EBRD 전문가들의 평가에 의한 점수치.
출처: Stanislav Zhukov,"Economic Development in the States of Central Asia," in Boris Rumer, ed., Central Asia in Transition (Armonk: M.E. Sharpe, 1996), p. 110.

지금까지 중앙아시아 5개국의 경제의 초기조건과 이행경제전략을 살펴보았는데 이를 정리해 보면 다음과 같다. 위의 〈표 5〉에 의하면 이행경제의 초기에는 우즈베키스탄의 독자적인 모델이 가장 GDP의 성장률과 투자의 감소가 적었다는 사실을 알 수 있다. 물론 경제개혁의 성공수준에서는 키르기스가 가장 높은 것으로 나타나 있지만 그만큼 희생이 컸던 것도 사실이다. 카자흐스탄은 신고전파

---

34) Stanislav Zhukov, "Adapting to Globalization," in Rumer(1996), p. 161.

적인 Stop-and-Go정책을 실시했으며 키르기스는 가장 전형적인
빅뱅정책을 실시한 국가였다. 타지키스탄은 IMF나 세계은행 등의
외적지원이 오히려 경제의 대혼란을 가져 왔으며 투르크메니스탄
은 정부의 개입이 오히려 경제혼란을 야기한 사례였다. 우즈베키스
탄은 초기 경제이행전략에 있어서는 가장 성공한 국가로서 경제이
행의 초기 조건을 고려하여 독자적인 노선을 취했다.

이러한 수치는 다음의 〈표 6〉의 수치를 비교해 봐도 확인된다.
즉 〈표 6〉은 구매력지수로 본 독립직후의 중앙아시아 5개국의 1인
당 GNP와 GNP의 수준과 경향을 비교한 것인데 이 중 우즈베키스탄
의 경우는 1994년 시점을 기준으로 했을 때, GNP도 중앙아시아 5개
국 중에서 가장 높았으며, 1989년을 100으로 했을 때, 1996년의 GDP
수준도 독립이전의 82%에 달했다고 하는 것은 매우 양호한 이행경
제지수를 나타내 주는 것이었다. 카자흐스탄의 경제규모와 초기경
제조건의 차이 등을 고려하면 이는 매우 현실적인 이행경제전략이
었다고 하지 않을 수 없다. 그리고 급격한 빅뱅 어프로치를 취했던
키르기스와 타지키스탄의 경우는 생산력의 급격한 감소를 가져왔

〈표 6〉 구매력지수로 본 독립직후의 총생산수준과 경향

국가	1인당 GNP PPP (1994, $)	GNP PPP (1994: 백만$)	1996년의 GDP (1989=100)
카자흐스탄	2,830	46,695	46
키르기스	1,170	5,265	51
타지키스탄	1,160	6,612	37
투르크메니스탄	2,990	11,670	60
우즈베키스탄	2,390	53,775	82
CIS	4,060	1,155,577	51

PPP: 구매력 지수(purchasing power parity)
출처: Michael Kaser, "Economic transition in six Central Asian economies,"
Central Asian Survey, vol.16, no.1(1997), p. 6.

다는 것을 알 수 있다.

다음의 〈표 7〉은 유럽부흥개발은행(EBRD)의 1998년 이행경제보고서에 나타난 경제수치이다. 이 중 이행경제 지수는 카자흐스탄과 키르기스가 가장 높은 것으로 나타났다. GDP에서 차지하는 민간부문의 비율도 다른 국가들보다는 높은 편이다. 그러나 이런 국제기관에서 분석한 지수의 이면에 위와 같이 실질적인 경제적 성과를 같이 고려하는 것이 바람직하다고 생각한다. 이런 면에서 우즈베키스탄의 경우는 중간 정도의 이행경제지수이기는 하지만 점진적 개혁의 경제적 성과와의 상관관계를 말해 주고 있다.

〈표 7〉 이행경제의 주요지수(1997년)

	인구 (백만)	1인당 GDP($)	민간부문 (GDP점유)	해외무역 (GDP비)	해외직접투자 (GDP비)	국영은행의 자산비율	EBRD이행 평균지수
중앙아시아	54.7	596	41	43	27	49	2+
카자흐스탄	15.7	1,434	55	31	84	45	3-
키르기스	4.6	366	60	38	18	10	3-
타지키스탄	6.1	179	20	69	2	...	2-
투르크메니스탄	4.7	390	25	48	23	68	1+
우즈베키스탄	23.6	611	45	26	7	71	2

출처: Emine Grugen, "Economic Reforms in Kazakhstan, Kyrgyz Republic, Tajikistan, Turkmenistan, and Uzbekistan," IMF Occasional Paper (August 31, 1999). http://www.imf.org/external/pubs/nft/op/183/index.htm

〈표 8〉은 90년대부터 10년간의 GDP의 상대적인 성장률을 나타낸 것이다. GDP의 성장률만을 보자면 우즈베키스탄의 성장률이 가장 양호한 것을 알 수 있다. 역으로 말하면 이행경제 이후의 감소율이 적었다는 것이다. 결국 2000년에 1990년 기준으로 약 98.5 즉 거의 90년 수준을 회복했다는 것을 말해 주고 있다. 그 다음에는 빠른 개혁을 이루었던 카자흐스탄과 키르기스가 비슷한 회복세를 보이고 있는 것이 특징적이다. 그리고 〈표 9〉의 GDP와 1인당 GDP를

고려하면 초기조건을 고려한 우즈베키스탄의 독자적인 점진적인 모델과 카자흐스탄의 시장중심적인 모델 중 어느 것이 더 우월하다고 지적하는 것은 판단하기 곤란하다. 문제는 결국 시장경제로 이행할 것이나 문제는 순서(sequencing)의 문제이다. 우즈베키스탄의 경우는 그것이 자국의 경제의 초기 조건에 맞았던 것이다. 우즈베키스탄의 경우는 위의 여러 표와 아래의 〈표 8〉이 잘 나타내 주고 있듯이 점진적인 독자적 경제이행전략이 중앙아시아의 5개국 중에서는 경제적 성과로서는 가장 양호했다고 결론지을 수 있다.

〈표 8〉 GDP성장률. 1991~2000(%)

GDP	1991	1992	1993	1994	1995	1995 (1990년 기준)	1996	1997	1998	1999	2000	2000 (1990년 기준)
카자흐스탄	-11.0	-5.3	-9.2	-12.6	-8.2	61.4	0.5	1.7	-1.9	2.7	9.6	69.44
키르기스	-7.9	-13.9	-15.5	-20.1	-5.4	50.6	7.1	9.9	2.1	3.7	5.0	66.33
타지키스탄	-7.1	-29.0	-11.0	-18.9	-12.5	41.7	-4.4	1.7	5.3	3.7	8.3	47.99
투르크메니스탄	-4.7	-5.3	-10.0	-18.8	-8.2	61.0	-8.0	-26.1	4.2	16.0	17.6	58.99
우즈베키스탄	-0.5	-11.1	-2.3	-5.2	-0.9	81.2	1.7	5.2	4.4	4.4	4.0	98.55

출처: Stanislav Zhukov, "Central Asia: Development Under Conditions of Globalization," in Rumer(1996), p. 334.

다음의 〈표 9〉는 1990~2000년의 10년간의 중앙아시아 5개국의 GDP와 1인당 GDP의 추이를 나타낸 것으로 비교적 장기적 시점에서 이행경제의 성과를 판단할 수 있는 자료이다. 우선 경제의 규모를 알 수 있는 GDP의 면에서 가장 경제규모가 큰 카자흐스탄의 경우는 독립 이전 1990년의 430억 달러에서 2000년에는 18억 달러로 크게 감소한 것을 알 수 있다. 그러나 우즈베키스탄의 경우는 그 감소세가 역시 중앙아시아 5개국 중에서는 가장 완만하다는 것을 이 표로서도 확인할 수 있다.

〈표 9〉 중앙아시아 5개국의 GDP와 1인당 GDP(1990~2000년)

구분	국가	세계은행	국가 통계						
		1990	1994	1995	1996	1997	1998	1999	2000
GDP (10억$)	카자흐스탄	43.2	11.8	16.7	21.0	22.2	22.1	16.9	18.2
	키르기스	6.8	1.1	1.5	1.8	1.8	1.6	1.2	1.3
	타지키스탄	5.9	0.8	0.7	1.1	0.9	1.3	1.1	1.0
	투르크메니스탄	6.0		9.7	2.2	2.7	2.7	3.3	4.3
	우즈베키스탄	27.1	6.5	10.2	13.9	14.7	14.3	16.4	13.5
1인당 GDP ($)	카자흐스탄	2600	715	1050	1350	1445	1470	1130	1225
	키르기스	1570	250	330	395	375	340	260	260
	타지키스탄	1130	140	110	180	155	215	180	160
	투르크메니스탄	1650	720	2400	535	640	630	755	980
	우즈베키스탄	1350	295	445	600	620	595	675	550

출처: Stanislav, Zhukov "Central Asia: Development Under Conditions of Globalization," in Rumer(1996), pp. 350–351.

또한 경제의 안정성을 나타내 주는 지표로서 인플레이션과 재정 적자의 규모를 들 수 있는데 이 지표를 1995년의 시점을 경계로 비교한 것이 아래의 〈표 10〉이다. 경제이행의 초기에는 중앙아시아 5개국이 대부분 인플레이션이 만연했으나 1995년에 완화되기 시작 하여 1996년에는 타지키스탄과 투르크메니스탄을 제외한 키르키즈 스탄, 카자흐스탄과 우즈베키스탄은 물가를 두 자리 숫자로 안정시

〈표 10〉 소비자물가의 인플레이션율과 GDP대비 예산적자규모

	인플레이션 (1994년)	인플레이션 (1996년)	예산적자 (1994년)	예산적자 (1996년)
카자흐스탄	1,880	40	-7	-4
키르기스	280	30	-8	-6
타지키스탄	5	700	-11	-6
투르크메니스탄	1,750	500	-1	-6
우즈베키스탄	1,568	50	-6	-4

출처: Michael Kaser, "Economic Transition in six Central Asian economies," *Central Asian Survey* (1997), 16(1), pp. 13–14.

키는 데 성공한 양호한 국가(good states)가 되었다. 또한 예산적자에 대한 유럽통화연맹(EMU)의 수렴기준이 GDP의 3% 수준을 초과하지 않는 범위 내에서 운용되도록 규정한 점을 감안해 볼 때 카자흐스탄과 우즈베키스탄만이 이러한 기준을 거의 충족시키고 있다.

Ⅲ. 결론

중앙아시아 5개국들은 1990년대의 경제적 혼란을 경험했지만 그 경제적 성과와 상관없이 향후 세계경제에 통합되지 않을 수 없는 것이 현실이다. 그렇다면 이러한 세계화에 대응하는 국가전략의 하나로서 이행경제 전략이 이들 국가들에게는 가장 중요하고 시급한 문제라고 할 수 있다. 세계화라는 외적 요인이 이행경제에 미칠 효과는 에너지자원의 시장에서의 수급, 글로벌화 된 국제자본에 대한 신중한 도입, IMF · 세계은행 · 아시아개발은행 등의 개발경제를 지원하는 국제기관과의 협력 등일 것이다. 전후의 IMF는 신고전파의 경제이념을 구현하는 기관이 아니었으나(오히려 그 반대로 케인즈주의적이었다), 세계화의 진행과 미국의 구조적 권력의 증대로 국가의 시장개입을 극력 배제하는 이데올로기인 신고전파가 지배적인 이념이 되어 버렸다. 이에 따라 이행경제에 있어서도 IMF는 각 체제의 초기조건을 무시하고 단기간에 시장이행을 권고했다.

카자흐스탄과 키르키즈스탄은 일종의 쇼크 · 요법(빅뱅 어프로치)을 따랐으나, 이행경제의 초기에 경제의 성과는 좋지 못했다. 이에 비해 우즈베키스탄은 국내경제의 안정을 우선시킨 점진주의적인 어프로치를 취했고 경제적 성과가 상대적으로 양호했다. 이런 면에서 이행경제전략은 해당국가가 자국의 초기조건과 그 이행과정에 있어서 순서(order or sequencing)가 중요하다는 것을 잘 인식하고 이행경제전략을 국가가 잘 추진했느냐 하는 점이 중요하다. 이것과 관련하여 1998년의 IMF총회에서는 통화위기를 맞은 아시아 여러 국가들의 "금융자유화의 순서(order of financial liberalization)"에 대해, 국내금융구조가 글로벌한 국제금융시스템에 대응해 충분한 여력을 가지고 나서 금융자유화를 단행해야만 한다고 하는 소위 "질서 있는 금융자유화"의 필요성을 제언했다는 점은 주목할 만한 일이다. 이것은 IMF가 종래의 조기자유화의 입장으로부터 선회했던 것으로 주목할 만한 사실이었다.[35] 이런 입장은 비단 국제통화위기에 대한 입장만이 아니라 중앙아시아의 이행경제에도 적용이 될 수 있다고 볼 수 있다.

---

35) "Communique of the Interim Committee of the Board of Governors of the International Monetary Fund," 원문은, http://imf.org/external/np/cm/1998/100498.HTM.

제 6 장
독립 후 우즈베키스탄의 농업개혁 현황과 과제

오 재 완

I. 서론

중앙아시아 5개국은 소련 붕괴에 따라 독립한 이후 농업 부문에서 시장경제로 이행하고 있다. 시장경제로의 이행경로는 나라마다 각기 다르게 진행되고 있다. 키르기스는 가장 적극적으로 농업경영의 재편, 토지의 사유화 그리고 개인영농의 장려 등의 정책을 추진하고 있다. 카자흐스탄과 투르크메니스탄은 키르기스와 비슷한 정책을 채택하고 있지만 그 실행은 지체되고 있는 실정이다. 타지키스탄의 경우는 내전과 정부의 약화에 따라 농업개혁이 제대로 착수되고 있지 못하다. 반면에 우즈베키스탄에서는 정부가 농업의 시장경제로의 이행 과정을 매우 철저하게 통제하고 있다. 우즈베키스탄 정부는 점진적인 이행 전략을 채택하고 있다. 그 결과 우즈베키스탄의 농업 상황은 외견상 독립 이전과 크게 다르지 않다는 인상을 주고 있다.[1]

---

1) Peter C. Bloch, *Agrarian Reform in Uzbekistan and other Central Asian Countries*, Working Paper, No. 49 (Land Tenure Center, University of Wisconsin–

우즈베키스탄의 농업환경은 다른 중앙아시아 국가들과 마찬가지로 다음과 같은 몇 가지 특징을 지니고 있다. 먼저, 농업부문에 종사하는 경제인구가 전체 경제인구에서 차지하는 비율이 대단히 높다는 점이다. 또한 농촌인구의 증가와 더불어서 인구 증가율이 대단히 높다. 두 번째 특징은 국토가운데에서 경작 가능한 면적이 적기 때문에 일인당 경지면적은 대단히 작다는 점이다. 경작지 확대에도 한계가 있다. 셋째, 경작지의 관개 수리화 정도가 90%에 이를 정도로 대단히 높은 편이다. 넷째, 단일작물(특히 목화) 재배의 특화 정도가 대단히 높다.[2]

독립 이후 우즈베키스탄은 경제 전반에 걸친 위축과 함께 높은 인플레이션 상황 속에서 농업 총생산도 마이너스 성장을 기록하게 되었다. 이러한 가운데 우즈베키스탄 정부는 농업정책의 최우선 순위를 식량의 자급과 농업구조의 다양화에 두고 발전 정책을 전개해 나가고 있다. 그러나 농업경영형태의 재편 과정에서 중요한 부분이라고 할 수 있는 민영화 과정이 상대적으로 느린 속도로 진행되고 있으며, 그 결과 개혁의 성과가 가시화되지 못하고 있는 실정이다.[3]

이 장에서는 1990년 독립 후 우즈베키스탄의 농업개혁의 현황을 살펴보고 개혁의 성공을 위해 제시되고 있는 농업재편 및 발전 프로그램의 타당성과 실현 가능성을 점검하고자 한다. 우즈베키스탄 농업 발전의 현주소를 이해하는 데에 필수적인 배경적 지식을 얻기 위해 먼저 소비에트 시대 우즈베키스탄 농업의 전개에 대해 간략히 설명한다. 다음으로 독립이후 농업에서 발생한 산출, 소득 및 고용에서의 변화를 분석하여 우즈베키스탄의 현재의 농업전략의 주된 요소들

Madison, May 2002), p. 1.

2) Bloch(2002), p. 2.

3) 민영화 과정은 생산요소 시장의 저발전, 사회간접자본의 저개발, 농촌 기득권층의 정치적 영향력, 기존의 대규모 관개시스템의 존재 및 민족 간 대립 등으로 지체되고 있다. Bloch(2002), p. 3.

을 설명한다. 논의는 제도의 개혁과 인센티브의 재조직(reorganization of incentives)를 중심으로 하여 진행한다. 결론에서는 개혁의 미흡한 부분을 보충하고 또 부작용을 완화하기 위한 정책 문제들과 생산성을 향상시키고 농촌경제의 피고용인들의 생계를 보호하기 위한 제안들을 요약하고 그 사회경제적 의미를 살펴본다.

Ⅱ. 배경

우즈베키스탄은 중앙아시아의 심장부에 있는 나라로서 통상의 중심지였을 뿐만 아니라 지역의 정치적 및 경제적 영향력을 다투는 각축장이었다. 우즈베키스탄은 2,530만 명(2002년도)의 인구를 가지고 있는 중앙아시아에서 가장 큰 나라로서 나라의 규모, 위치, 리더십 및 풍부한 천연자원 등에서 지역의 핵심적인 나라이다.

우즈베키스탄은 세계 최대의 면화 생산국의 하나이며, 구소련 지역에서 두 번째의 금생산국이며 상당량의 석유와 천연가스, 석탄, 구리, 아연, 텅스텐 및 각종 광석을 보유하고 있는 나라이다. 우즈베키스탄의 공업화 수준은 비록 높지 않고 또 최근에 생산이 크게 저하되었지만, 구소련 시대에는 중앙아시아에서 기계와 중장비의 주 생산국이었으며 지금도 자동차와 비행기를 제조하는 나라이다.[4] 그래서 우즈베키스탄은 중앙아시아 국가 가운데에서 소득 및 생활 수준이 높은 나라였다. 1976년경 우즈베키스탄의 1인당 국민소득은 현재의 공식적인 환율로 환산하여 천 3백 달러 이상이었다. 이것은 우즈베키스탄이 1970년대 중엽까지는 대부분의 아시아 인접국가들보다는 더 높은 수준의 물질적 생활을 영위했다는 지표가 된다.[5]

---

4) 최한우, 『중앙아시아』(서울: 펴내기, 1993), pp. 191-192.
5) 교육과 보건과 같은 사회개발 지표에서도 우즈베키스탄의 수준은 아시

소비에트 시대 우즈베키스탄의 농업 체계는 대규모 집단 및 국영 농장의 지배, 면화의 특화 재배, 소수의 축산 농장과 다수의 곡물재배 농장, 생산 투입요소(토지, 물, 비료와 농약 등)의 집약적 사용, 식량생산의 자급자족을 이루지 못하고, 농촌인구의 밀도가 높고 일인당 경작면적이 대단히 작다는 특징을 보여 주었다.[6]

우즈베키스탄의 경제 및 사회발전은 고전적인 산업화 경로를 통한 실질적인 산업 발전에 의한 것이 아니라 농업부문의 급성장과 그에 따른 농촌경제사회의 지속적인 우세가 발전의 핵심적인 요소였다.[7] 소비에트 혁명 직전에 우즈베키스탄은 도시화 측면에서 소련의 여타 지역보다는 앞섰지만, 소련의 해체 경에는 우즈베키스탄의 도시 거주 인구의 비율은 40%미만으로 소련의 여타지역에 비해 매우 낮았다.[8] 이처럼 농촌사회의 지속적인 우세와 낮은 수준의 도시화는 우즈베키스탄의 독특한 성장패턴 때문이었다. 즉, 급속한 농업 발전은 농촌지역의 생활수준을 향상시켰으며, 비교적 낮은 도농 간의 소득격차는 도시지역으로의 이주 동기를 약화시켰기 때문이다.[9]

아 인접국들과 비교하여 매우 높은 수준에 있었다. 인구 당 의사 수는 아시아 평균의 7배였다. Azizur Rahman Khan and Dharam Ghai, *Collective Agriculture and Rural Development in Soviet Central Asia* (London: Macmillan, 1979).

6) 우즈베키스탄의 일인당 경작면적은 0.19 헥타르에 지나지 않는다. 반면에 터키의 경우는 0.42 헥타르이다. Bloch(2002), pp. 6~7.

7) 우즈베키스탄의 공업생산은 증가율은 1928~1932년의 제1차 5개년계획 기간 동안 연 9.4%의 성장률로 시작하여 제2차(19.3%), 제3차(9.4%), 제4차(11.4%), 제5차(1951~1955)의 연 10.0%의 고도성장을 달성했다. Richard Pomfret, *The Economies of Central Asia* (Princeton: Princeton University Press, 1995), p. 68의 표 5-2 참조.

8) 유네스코와 세계은행의 Country Background Information에 1995년도의 도시인구 비율은 우즈베키스탄 38.4%, 카자흐스탄 56.4%, 투르크메니스탄 44.5%, 키르기스 36.0%, 타지키스탄 27.6%였다.

9) Azizur Rahman Khan, *The transition of Uzbekistan's agriculture to a market economy*, Issues in Development Discussion Paper 14 (International Labour

농촌의 물질적인 발전은 면화재배의 특화와 높은 단위면적당 산출량 덕분이었다. 1976년경 우즈베키스탄의 헥타르 당 원면 산출량은 당시 주요 면화 생산국 가운데 최고 수준인 3톤에 이르렀다. 면화특화는 집단농업이라는 제도 안에서 고가의 인센티브를 받고 진행되었다. 우즈베키스탄의 면화는 소비에트 농업의 다른 농산물과 비교하여 특별히 우호적인 조건으로 거래되었다.[10]

소비에트 혁명 후 농업의 집단화 정책에 따라 단위 면적 당 수확량은 급격히 하락하여 1913년의 1, 220kg에 비해 1932년에는 790kg으로 낮아졌다. 생산량의 증대를 위해 소비에트 당국은 1935년에 면화의 수매가격을 거의 네 배로 높이는 정책 변화를 시도했다. 그 결과 1937년에 우즈베키스탄의 원면 생산량은 혁명전 피크 때보다 거의 3배가 증가하여 사상 최고수준인 헥타르 당 1,660kg에 달했다. 그후 20년간 면화 농사는 다른 주요 농산물에 비교할 수 없을 정도로 특별한 우대조치를 받았다.[11]

면화에 대한 소비에트의 예외적인 우대조치는 관개시설을 갖춘 경작지를 곡물재배에서 면화 농사로 급속하게 바꾸게 만들었다. 면화 재배의 특화는 또한 농업 노동력의 수요를 증대시켰다. 우즈베키스탄에서 면화재배에 요구되는 면적당 노동력은 1970년대 중엽에 집단농장(kolkhozy)의 곡물생산의 6배, 국영농장(sovkhozy)의 11.5배에 달했기 때문이다. 그러나 면화에 책정된 높은 수매가격 덕분에 면화

Organization, 1996), p. 2.

10) 소비에트의 면화 우대 정책의 일차적 동기는 기본 필수품의 자급자족을 위한 것이었다. Khan(1996), pp. 2-3.

11) 1952년에 톤당 면화 수매 가격은 다른 곡물의 수매가격의 37배나 되었지만, 평균 생산가격은 소련 전체의 곡물 생산가격의 7배, 우즈베키스탄의 경우에는 4배 미만이었다. 또한, 소련의 수매가격을 당시의 국제가격과 비교해 보면, 1952년에 곡물과 육류의 평균 수매가격은 국제가격의 7분의 1에도 못 미쳤다. 그러나 면화의 수매 가격은 국제가격 보다 거의 3분의 1 이상이나 높았다. Khan(1996), p. 3.

재배 농장은 공업부문의 노동임금 보다 높은 임금 조건을 제시하면서 면화농사에 필요한 노동력을 확보할 수 있었다. 그래서 스탈린 시대에는 부문별 소득 차이를 소련 전체와 비교할 때 우즈베키스탄 농업은 매우 유리한 위치를 차지했었다.[12]

특정한 농산물에 대한 우대정책에 따른 경작 패턴의 변화와 높은 수준의 농업 노동력의 유지 그리고 비교적 낮은 도농간의 소득차이는 행정적인 강제의 결과가 아니라 가격 인센티브 제도를 체계적으로 이용한 결과였다. 이것은 비록 집단농업이라는 제도적 틀 속에서 집행되었다고 할지라도 전략의 상대적인 성공을 설명하고 있다. 비록 집단농업은 소련 안팎에서 농업 성장의 장애물로 판명된 제도였지만, 우즈베키스탄의 실험은 적절한 인센티브와 보상을 제공한다면 집단화 농업이 반드시 농업성장과 불일치하는 것은 아니라는 점을 보여준다.[13]

1950년대 이후 소련의 특정 농산물을 우대하는 고도로 차별적인 구매정책은 점진적으로 종식되었다. 그에 따라 면화의 특별우대 지위는 상당 부분을 상실했으며 면화에 대한 가격-비용 비율은 곡물에 비해 더 낮아졌다. 면화 생산량은 결국 감소하게 되었으며 농가의 소득도 급락하게 되었다. 농촌경제의 침체를 막기 위한 고육지책으로 1963년에 면화의 수매가격을 상향 조정한 이후 면화의 가격/비용 비율을 곡물보다는 더 높게 유지하기 위해 가격정책을 신중하게 운용하였다.[14] 우즈베키스탄에서 면화를 우대하는 수매가는 1980

---

12) Khan(1996), p. 3.

13) Khan(1996), p. 3.

14) 1976년도 곡물 수매가격에 대한 면화의 수매가격은 3.73배였으며, 같은 해 국제가격에 대한 수매가 비율은, 공식적인 환율로 환산했을 경우에, 면화의 경우 1.32, 곡물의 경우 1.01, 육류의 경우 2.02였다. 그에 따라 공업 소득과 농업 소득간의 차이가 면화를 우대하던 시기 보다는 확대되었지만, 그 차이는 전체 소련 보다는 여전히 낮았다. Khan(1996), p. 3; 1975년 공업 소득은 우즈베키스탄 협동농장의 소득 보다 32%가량

년대 동안 독립 전까지 실질적으로 계속 상승했다. 그러므로 전반적인 인센티브 제도가 1980년대 내내 지속되었다고 볼 수 있다.[15]

III. 독립 이후 농업 생산, 소득 및 고용의 변화

우즈베키스탄은 농업국이다. 농업부문은 1998년도 국내총생산의 30%, 고용의 44%, 수출의 50%를 차지하고 있다.[16] 아래의 〈표 1〉은 1989년 이후 국민총생산과 농업생산의 증감 비율을 보여주고 있다.

〈표 1〉 국민총생산(GDP)과 농업생산 지수 (1989=100)

연도	GDP	농업생산	인구	1인당 GDP	1인당 농업생산
1990	106.6	106.2	102.2	104.3	103.9
1991	106.1	105.1	104.7	101.3	100.4
1992	94.3	98.4	107.2	88.0	91.8
1993	92.1	99.9	109.6	84.0	91.1
1994	88.9	96.2	112.1	79.3	85.8

출처 : Azizur Rahman Khan, *The transition of Uzbekistan's agriculture to a market economy,* Issues in Development Discussion Paper 14 (International Labour Organization, 1996), pp. 3-4.

1989년과 1994년 사이 우즈베키스탄의 국내총생산과 1인당 국내총생산의 연간 감소율은 각각 2.33 %와 4.53 %였다. 이러한 하락률

더 높았다. 소련 전체로 볼 때 그 차이는 43%였다. Khan(1996), p. 13.
15) 1990~1992년간 면화의 평균 생산량은 456만 8천 톤, 밀은 198만 5천 톤, 과일은 112만 톤, 야채는 365만 톤이다. Pomfret(1995), p. 34, 표 3-3 참조.
16) Nilufar Egamberdi, Peter Gordon, Alisher Ilkhamov, Deniz Kandiyoti, and John Schoeberlein, "Uzbekistan Agriculture Enterprise Restructuring and Development Program," p. 224.

은 구소련의 공화국들의 하락률(각각 13.2 %, 14.2 %)과 비교하여 훨씬 적은 것이었다. 그렇다고 해도 우즈베키스탄의 1994년도의 1인 당 GDP는 1989년도에 비해 21%나 감소했다. 소득의 급감은 절대빈 곤층의 급격한 증가를 의미한다. 1989년 조사에 따르면, 우즈베키스 탄 인구의 44%는 최저생계비인 월 75루블 미만의 소득을 가지는 절대빈곤층을 이루고 있으며, 인구의 23%는 75루블에서 100루블 사 이의 월 소득에 그치고 있다. 1994년에 인구의 67%는 1989년도 기준 가격으로 79.3 루블 미만의 월 소득으로 생계를 꾸려가고 있다. 1989 년 조사에 사용된 빈곤소득최저선(poverty income threshold)을 이용하 면, 1994년에 우즈베키스탄 인구의 62%가 빈곤층을 이룬다고 할 있 다. 이것은 절대빈곤 발생률이 41%나 증가했다는 것을 보여준다. 그 사이 인구가 12% 증가했기 때문에 절대빈곤층의 증가는 58%로 더 높게 나타난다. 소득 불평등의 심화를 감안한다면, 실제 상황은 더 나쁘다고 할 수 있다. 절대빈곤의 확산과 소득 불평등의 심화는 독립 후 시장경제로 전환하는 과정에서 광범위하게 목격되는 우즈 베키스탄의 일반적 현상이었다.

1. 생산과 소득의 변화

농업생산의 연 0.75% 감소는 국내총생산의 하락폭과 비교하여 훨씬 작은 것이었다. 일인당 농업생산의 감소는 연 3% 정도였다. 그러나 농업생산의 감소는 농가의 실제소득의 감소폭 보다는 작았 다. 그 이유는 농산물 거래조건이 현저하게 나빠졌기 때문이다. 농 산물, 특히 면화의 수매가는 급락했기 때문이다. 면화가격의 폭락은 면화를 우대하여 수매하던 시기가 끝났다는 것을 확실히 보여주고 있다. 다른 한편, 그 정도는 적지만 곡물의 실제가격도 하락했다. 면화에 대한 차별적인 가격 책정에 따른 농업에서의 소득 이전 하나

만으로도 농업부문의 국민총생산 가치의 10% 이상을 차지한다는
점을 고려할 때, 농업소득의 하락과 농촌경제의 침체는 1인당 국민
소득의 감소를 능가했다. 따라서 농촌지역에서 절대빈곤의 발생률
은 도시지역에서의 그것을 크게 앞질렀던 것이다.[17]

2. 고용의 변화

다음의 〈표 2〉는 1989년부터 1992년 까지 고용된 노동력의 분포와
1994년도 전체 및 농업 노동력의 분포를 보여주고 있다. 실업자의
수는 1993년 9월 14,400명에 불과할 정도로 미미한 것이었다. 고용현
장에서 나타나는 두드러진 특징의 하나는, 1989년 이후 전체 고용에
서 농업에 종사하고 있는 노동자들이 차지하는 몫이 크게 증가했다
는 점이다. 1989년과 1992년 사이에 공업, 건설 및 운송부문에서의
고용은 총 6.7%, 매년 2.3% 하락하고, 서비스 부문의 고용은 연 1.9%
증가하는데 그쳤다. 그것은 연 2.8% 증가한 노동인구에 비하면 대단
히 작은 수치이다.

반면에 1989년과 1994년 사이에 농업부문에서의 고용은 연 4.6%
성장했다. 그러나 이 기간동안 농업생산은 3.8% 하락했다.[18] 농업
부문에서의 고용증가는 농업노동 수요의 증가에 의한 것이 아니라

---

17) 농촌인구의 급증은 농촌지역의 빈곤발생의 한 원인을 이루고 있다.
    Egamberdi, pp. 229-230.
18) 1990~1998 사이 생산과 고용 변화를 살펴보면, 전체적으로 -9.1% 생산
    감소에도 불구하고 고용은 10.8% 증가했다. 같은 기간 농업부문의 경우
    9.1% 생산 감소에도 불구하고 고용은 13.1% 증가했다. 그것은 바로 생산
    성 하락으로 직결되었다. 같은 기간 동안 농업부문의 생산성은 20% 하
    락했다. Stanislav Zhukov, "The Economic Development of Central Asia in
    the 1990s," in Boris Rumer, ed., *Central Asia and the New Global Economy*
    (Armonk, New York: M.E. Sharpe, 2000), pp. 73-74의 표 2-4와 표 2-5
    참조.

노동공급의 증가 때문이었다. 다른 부문에서 고용 기회가 축소됨에
따라 노동력이 농업, 잔여 고용 부문으로 이동하여 기존의 노동력과
작업을 나눠가졌기 때문이다.[19]

〈표 2〉 고용 노동력의 분포

	1989년〈천명〉(%)	1992년〈천명〉(%)	1994년〈천명〉(%)	1989~94년 변화율
농업	2941.1(39)	3594.7(43)	3690.0(44)	25
공업	1183.8(16)	1147.2(14)		
건설	689.5(9)	597.7(7)		
운송	390.5(5)	368.4(4)		
서비스	2422.2(32)	2565.3(31)		
전체	7627.1	8273.3	8334.7	9

*세계은행, 『우즈베키스탄 경제 백서』(1994년)에서 재인용.

요컨대, 〈표 2〉에서 제시되는 기간에 우즈베키스탄은 총생산의
감소와 더불어 총 노동수요의 감소를 경험했다. 총고용(Aggregate
employment) 수준은 1990년의 79.4%에서 1994년에는 76.8%로 하락했
다. 고용수준의 하락은 독립 후 우즈베키스탄 정부의 농업정책의
변화에 따른 농업환경의 변화에서 그 원인을 찾을 수 있다. 이 기간
동안에 50만 헥타르의 경작지가 면화재배에서 곡물재배로 바뀌었
으며, 그에 따라 농업부문에서의 노동수요가 크게 감소하게 되었
다.[20]

---

19) Zhukov(2000), p. 4. 일자리 나누기(Work sharing)는 노동자 사이에, 협동
    농업의 전반적인 틀 안에서 노동하는 절대 대다수의 노동자들 사이에
    광범위하게 분포되었다. Zhukov(2000), p. 5.
20) 목화농사는 밀농사에 비하여 1 헥타르 당 908시간(할인해서 681시간)의
    노동을 더 필요로 한다. 노동자 한사람의 하루 8시간, 연 220일 노동으로
    환산하면, 목화에서 밀로의 작물 변경에 따른 고용감소 효과는 헥타르
    당 0.39명이 된다. 따라서 50만 헥타르의 목화농장의 밀농장으로의 변경
    은 약 19만 5천명의 노동수요의 감소로 나타난다. 이는 농업부문 전체

이처럼 농업환경의 변화에 따른 노동수요의 감소(10%)와 인구증가에 따른 노동공급의 증가(2.5% 가량) 등에 따라 농촌실업(약 30% 증가)은 심각한 실정이다. 여기에 1인당 농업생산의 감소와 정부의 농산물 가격정책의 변화에 따른 소득의 감소를 고려하면, 독립 후 우즈베키스탄은 생산, 고용 및 소득 전반에 걸친 농촌경제의 총체적 파탄을 맞이하고 있다고 할 수밖에 없다.[21)]

우즈베키스탄 농촌경제의 총체적 파탄의 원인은 페레스트로이카 시대의 개혁의 불완전한 집행, 소련의 붕괴 그리고 시장지향 개혁의 부분적 도입에서 찾을 수 있다. 소련시대부터 존재했던 인구급증과 물, 가스 및 신용의 부족문제가 재편 과정에서 초래된 사회복지 및 공동재의 황폐화와 개혁의 불완전한 집행과 맞물리면서 최악의 상황을 초래했다.[22)]

IV. 농업구조의 급격한 변화: 현황과 문제점

1990년 독립 당시 우즈베키스탄의 농업구조는 집단농장(kolkhozy, collective farms)과 국영농장(sovkhozy, state farms)으로 조직되었다.[23)] 〈표 3〉에서 보는 바와 같이, 개인토지로서 노동자들에게 할당된 경작지

고용의 6.6%에 해당한다. 여기에 생산량의 감소에 따른 고용감소분 3.8%를 더하면, 전체고용의 감소는 약 10%에 달하게 된다. Zhukov(2000), p. 5.

21) 1인당 국내총생산은 1990년의 1, 340달러에서 1998년 현재 공식가격으로 600달러, 암시장 가격으로 250달러로 감소했다. Zhukov(2000), p. 76의 표 2-6참고.

22) Egamberdi, pp. 226-234.

23) 국영농장은 고정임금으로 노동자를 고용하는 국영기업과 같은 것이다. 한편, 집단농장은 총수입에서 총비용을 공제하고 남는 잔여 소득으로 노동자의 임금을 일부 현물과 일부 화폐로 지급한다.

는 총경작지의 극히 일부에 지나지 않았다. 독립 전의 추세는 국영농장의 비율이 증가하는 경향을 보였다.[24] 그러나 우즈베키스탄의 농업구조는 독립 이후 급격한 변화를 겪게 된다. 변화의 주된 특징은 국영농장의 폐지와 개인적 농업경영(Individual farming)의 발전으로 요약된다.

1. 국영농장(sovkhozy)의 폐지

농업제도 면에서 가장 두드러진 변화는 국영농장의 폐지와 협동농장으로의 전환이다. 그 배경에는 먼저 국가예산에 대한 고려가 작용했다. 소련체제 하에서 우즈베키스탄의 국가예산의 상당부분은 연방차원의 각종 지원금으로 충당되었지만, 독립 이후 지원금을 받지 못하게 된 우즈베키스탄 정부는 국가예산에서 국영농장의 노동자의 임금을 더 이상 지불할 수 없게 되었기 때문이다. 다음으로 효율성에 대한 고려가 국영농장의 폐지를 설명할 수 있다. 국영농장

〈표 3〉 경작지 분포

연도	집단 및 협동농장	국영농장	개인농장	기타
1990	34.9	58.7	0.1	6.3
1991	34.0	57.7	0.1	8.1
1992	36.4	51.8	0.4	11.5
1993	47.5	39.0	0.6	12.9
1994	75.3	1.0	2.1	21.6

출처: Azizur Rahman Khan, *The transition of Uzbekistan's agriculture to a market economy*, p. 6에서 재인용.

---

24) 국가소유는 "전인민적 소유"(ownership by the entire population)로서 간주되었는데, 그것은 협동농장을 특징짓는 "협동조합적 소유"(cooperative ownership)와 비교하여 "공산주의 사회로의 이행"에서 우월한 소유형태였다. 고승효 지음/김한민 옮김,『북한 사회주의 발전연구— 그 이론과 실제』(서울: 청사, 1988), pp. 147–172.

은 집단농장과 비교할 때 고비용, 저생산, 저효율의 농업경영형태가 되었다. 따라서 1994년에 종자개량을 위한 실험농장만을 제외하고 나머지 국영농장들은 협동농장 등으로 전환되었다.[25]

2. 개인적 농업경영(individual farming)의 발전

우즈베키스탄 농업구조의 두 번째로 중요한 변화는 개인영농의 비약적인 발전이다. 이러한 변화는 세 가지 측면에서 전개되었다. 먼저, 집단농장이나 다른 형태의 농업조직의 노동자들에게 개인 경작지로 할당된 토지가 크게 증가했다는 점이다. 개인토지의 총계가 독립 전의 11만 헥타르에서 1994년에는 63만 헥타르로 증가했으며, 이 가운데 경작지는 36만 2천 840헥타르에 달했다. 개인소유의 토지의 규모는 가구당 0.1 헥타르 미만으로 제한되었지만 0.25헥타르로 확대되었다.

둘째, 민간농장의 영농업자(private farmers)에게 정부가 보유하고 있는 토지를 분배하는 프로그램에 따라 1994년에 약 10, 408개의 민간 농장이 총 89,690헥타르(총경작지의 2%에 해당), 가구당 8.6헥타르에 달하는 경작지를 영농했다.[26]

셋째, 개인적 농업경영의 방향으로 발전하는 과정에서 잠재적으로 가장 중요한 현상은 집단농장이 소속 농가와 개별적으로 계약하여 농사를 짓는 추세를 보이고 있다는 점이다. 그것은 집단농장에 소속된 개별농민이 생산을 관리, 조직하는 한편, 협동농장 측은 특정한 서비스와 생산요소를 제공하고 수입을 나누는 방식이다.[27] 구체

---

25) Khan(1996), p. 6.
26) Khan(1996), p. 6.
27) 계약 농가에 할당되는 토지의 규모는 각 농가의 노동력에 비례하여 제공된다.

적으로 협동농장 농민은 협동농장이 국가로부터 받는 가격 보다
낮은 가격으로 국가의 수매 할당량을 맞추어 주고 그 나머지의 판매
이익을 농민과 협동농장이 계약에 따라 나누어 가지는 것이다.[28]

농업구조 측면에서 국영농장은 물론이고 집단농장도 협동농장으
로 빠르게 전환되고 있으며, 생산형태 측면에서 종래의 강제매상
제도에서 벗어나 계약 매상제도의 관행이 급속도로 확산되고 있다.
농업구조와 영농형태에서의 변화의 본질은 개인적 영농의 발전이
다. 그에 따라 국영농장과 집단농장의 지도 및 관리 행정기능은 축
소되고 있으며 국가수매를 집행하는 중간기관으로 존재하고 있다.

〈표 4〉 토지분포 내역(1994년도)

집단농장	49.0%
협동농장	26.4%
임대기업(leased enterprise)	6.4%
국영농장	1.0%
방목 협동농장	1.6%
혼합기업(mixed enterprise)	0.8%
텃밭(personal plots)	8.6%
민간농장	2.1%
국가 및 협동농장의 자투리 땅	2.4%
기타	1.8%

출처: Azizur Rahman Khan, *The transition of Uzbekistan's agriculture to a market economy*, p. 7에서 재인용.

---

28) 1970년대 말 이후 중국 농촌의 기본적인 생산형태로 자리 잡은 호별경영
    책임제 (중국의 표현으로는 包乾到戶, 혹은 大包乾)와 비슷한 농업경영
    형태이다. 호별경영책임제는 토지를 청부한 개별적인 농가가 자기의
    부담으로 자주적으로 이를 경영, 그에 대한 수확에 대해서는 각 농가가
    일정액의 세금과 매상, 그 밖의 공공적립금, 복지기금 등의 비용을 납입
    한 나머지는 전부 개별 농가에 돌아가게 하는 생산형태이다. 조정남,
    "중국경제 개혁의 부문별 내용 분석", 서진영 편, 『현대중국과 북한 40년
    (III)』(고려대학교 아세아문제연구소, 1991), pp. 87-88.

개인적 농업경영으로 가는 두 가지 경로의 하나는 민간농장의 창설이며, 다른 하나는 집단농장과 협동농장 틀 안에서 개별 계약농가의 발전이다. 집단농장과 협동농장의 관할 아래 있는 경작지(총경작지의 75% 차지)가 영농 시스템의 전환 중에 있다. 그것은 우즈베키스탄 농업 개편의 기본방향이 되고 있다. 성공적인 이행을 위한 최선의 방법은 농가 계약 시스템을 개발하여 표준화하고 보편적으로 적용하는 것이다. 민간농장의 확대발전은 농업개혁에 부정적인 영향을 미칠 수 있다. 민간농장의 인센티브 제도와 농가계약 시스템의 인센티브 제도는 서로 상이하기 때문이다. 즉 민간농장은 국가의 수매 명령에 따르지 않기 때문에 국가수매에 묶여있는 집단농장 및 협동농장에 비해 유리할 수밖에 없기 때문이다. 그리고 개인적 영농의 장점들은 집단농장 하의 농가계약을 통해서 달성할 수 있기 때문에 개인적 영농을 발전시킬 필요가 없다. 요컨대, 두 가지 형태의 개인적 영농, 즉 민간농장과 계약농가는 전혀 다른 수익구조를 가지고 있으며, 그것은 잠재적으로 농업개혁 과정에 매우 파괴적인 영향을 미칠 수 있다. 이와 관련하여 택지 부속지(텃밭)의 존재는 그 규모가 커지면 문제가 될 수도 있지만 현재로서는 농업재편 과정에서 별다른 문제를 야기하지 않고 있다.[29]

Ⅴ. 농업지도 및 관리체계의 개혁: 인센티브 구조의 변화

　농업 인센티브 구조에서 두 가지 변화가 발생했다. 하나는 농산물의 거래 조건이 급격히 악화되었다는 점이며, 다른 하나는 면화를 박대하고 곡물을 우대하는 방향으로 인센티브 구조가 바뀌었다는

---

29) Khan(1996), pp. 6-7.

것이다. 인센티브 구조에서의 이러한 변화는 먼저, 소비에트 시대에 소련으로부터 받았던 예산보조금(budgetary grant)의 중단과 새로운 예산 세입원의 확보 필요성으로 설명될 수 있다.[30] 우즈베키스탄 정부는 면화의 수매가와 수출가격의 차이를 통해서 추출한 농업 잉여를 국가예산에 충당하기로 결정했다. 이러한 정책은 다른 농산물에까지 확대되어 적용되었다.

면화를 박대하고 곡물을 우대하는 상대적 인센티브의 변동 정책은 우즈베키스탄의 곡물 수입의존에 대한 우려를 반영한 결과이기도 했다. 우즈베키스탄 정부는 곡물의 자급자족의 달성을 경제정책의 목표로 설정하고, 인센티브 구조의 변경을 통해서 목화농사를 버리고 밀농사를 하도록 유도했다.[31]

면화의 국가 수매가격은 1990년까지 꾸준히 증가하여 1990년도의 구매가격은 1976년 가격보다 약 25%가량 상승했다. 그러나 1994년 10월에 면화의 실제 구매가격은 공식적인 환율로 환산하는 경우와 시장 교환율로 환산하는 경우 모두에서 급락했다. 국가가 1994년도의 면화수매에 지불한 순 액수는 7억 3백만 달러였지만, 국제시장에서의 실제가격으로 환산하면 11억 2천만 달러가 되었다. 면화에 대한 이러한 가격정책을 통해서 추출된 농업 잉여는 국내총생산과 정부예산의 큰 몫을 차지하였다.[32]

---

30) 1980년대 말 소련의 예산보조금은 우즈베키스탄 국내총생산의 7~10%에 달했으며, 1990년과 1991년에는 국내총생산의 19% 이상을 차지했다. Khan(1996), p. 14.

31) 농업 인센티브 구조의 변화에 따라 목화밭이 크게 줄었을 뿐만 아니라 단위 면적당 생산량도 감소하는 것으로 나타났다. 면화의 총생산량은 1990년대 초반 4년에 걸쳐 15%, 1985년 이후 27%나 감소한 반면에, 곡물 생산량은 각각 30%와 67%이상 증가했다. Khan(1996), p. 8.

32) 면화 수출은 국내총생산의 10%를 차지했다. Egamberdi, p. 225. 그것은 또한 정부 총 세입의 13.4%에 해당했다. World Bank, *Uzbekistan Economic Memorandum*, vol. Ⅱ. June 1994.

이처럼 우즈베키스탄 정부가 국가예산의 세입원으로서 농업부문에 눈을 돌리는 것은 이유가 있다. 그러나 여기서 고려해야 할 이슈는 두 가지이다. 하나는 현재의 수매 가격 시스템이 자원을 추출하기 위해 구사할 수 있는 최선의 방법인가, 또 다른 문제는 자원 추출이 그토록 차별적이어야 할 필요가 있는가이다.

현재의 조세제도는 시장원칙에 반하는 것으로 시장원리에 의한 인센티브를 완전히 자의적인 방법으로 왜곡시키고 있다. 그러므로 현행제도는 시장의 실패를 체계적으로 교정하는 데에 사용할 수 없다. 따라서 수매제도는 폐지되어야 하며, 그에 따른 세수 감소는 보조금 지급의 중단과 토지세의 신설로 그 대부분을 보전할 수 있다. 여기에 덧붙여 농업 부문의 순소득에 대한 18% 과세는 과중한 조세 부담이 되고 있기 때문에 세율의 인하를 신중하게 고려해야 한다.[33]

한편, 목화와 밀에 대한 상대적인 인센티브의 변화에 따른 문제는 우즈베키스탄 경제의 발전에 걸림돌이 되고 있다. 올바른 전략은 시장이 결정하도록 하는 것이지만, 우즈베키스탄 정부가 실제로 추진하고 있는 정책 방향은 면화 수출을 줄이는 대신 곡물 수입을 대체하기 위해 모든 정책 수단을 동원한다는 것이다. 그 결과 곡물 수매가에 대한 면화 수매가의 비율은 과거에 3.5배 이상에서 약 2.5배로 낮아졌으며, 보조금 비율은 면화 보다 곡물이 더 높게 책정되었으며, 면화 수출에 세금이 부과되어 할당된 수매량 이상의 생산물의 처분을 통해서 얻는 이익을 더욱 삭감시켰다.[34]

목화농사에 대하여 밀농사를 장려하는 사람들의 주장들과 그에 대한 반론을 정리하면 다음과 같다.[35] 첫째, 소비에트 시대에 목화

---

33) 보조금을 폐지하고 토지세를 신설하는 것이 정치적으로 어렵지 않다는 것이 중론이다. Khan(1996), p. 9.
34) Khan(1996), p. 9.
35) Khan(1996), pp. 9-10.

농사는 비교우위의 이점을 넘어서 인위적으로 장려되었다고 주장한다. 목화재배는 소비에트 경제정책의 요구, 즉 사활적인 공업원료의 안정적인 공급을 확보하기 위한 것이었다는 것이다. 실제로 1930년대 중엽이후 20년간 목화농사를 우대하는 인센티브의 급선회가 있었다. 그러나 이러한 사실이 면화에 대한 차별을 정당화시키지는 못한다. 따라서 목화와 밀에 대한 인센티브가 동등해야 한다는 것이다. 두 작물에 상이한 세율을 부과할 필요가 없다는 것이다. 시장인센티브가 두 작물의 상대적 산출량을 결정하도록 하자는 것이다.

두 번째 주장은 또 곡물과 비교하여 면화가 더 수익성이 높다는 주장은 틀린 것이며 오히려 곡물재배는 2모작이 가능하여 면화보다 단위면적당 생산량과 이익을 더 많이 산출할 수 있다는 것이다. 그러나 만약 이러한 주장이 타당하다면, 면화에 더 높은 세금을 부과할 이유가 없는 것이며, 만약 이모작이 가능하고 더 많은 이익을 가져다준다면 토지는 자연스럽게 면화에서 곡물로 이동하게 될 것이다.

세 번째 주장은 경작지의 감소가 생산량의 감소로 직결되는 것은 아니며, 집약적 영농을 통해서 총생산량과 수출 세입을 유지할 수 있다는 것이다. 인센티브 구조의 변화에 따라 면화생산량은 실제로 급감했기 때문에 이러한 주장은 허구이다.[36]

넷째, 목화농사에 물이 많이 소요되며, 우즈베키스탄이 직면하고 있는 생태 문제에 주범은 지나치게 물을 사용하는 과거의 영농 패턴이라는 주장이다. 그러나 이 문제는 적절한 물 값(관개사용료)의 책정을 통해서 해결할 수 있을 것이다.

마지막 주장은 식량의 자급자족을 위해서는 복지의 상실을 감수해야 한다는 것이다. 식량과 같은 필수품의 공급을 수입에 의존한다는 것은 위험한 일이기 때문이다. 더욱이 식량 공급자는 독점권을

---

36) 1980년대의 500만 톤에서 1994년의 400만 톤으로 감소했다. Egamberdi, p. 224.

행사한다고 주장한다. 그러나 이러한 주장들은 과장된 것이다. 종자 개량과 영농기술의 개발을 위한 지원을 통해 곡물 생산을 장려하는 것은 바람직하며, 이를 통해 자급률을 제고할 수 있을 것이다. 그러나 곡물의 부족분을 수입하는 것에 크게 불안해 할 필요는 없다. 곡물의 국제시장은 상당히 경쟁적이며, 국제시장의 추세를 모니터 하면 국내정책의 변화가 필요한지 여부를 파악할 수 있기 때문이다.

차별적인 인센티브에 의한 면화재배 면적의 강제 축소에 따른 국가적 비용은 실재적일 수 있다. 먼저, 비교 우위에 반하는 생산구조의 장려 때문에 복지의 손실이 발생했다. 면화재배지를 곡물재배지로 바꾸는 것보다는 면화를 수출해서 번 돈으로 곡물을 수입해서 공급 하는 것이 더 싸게 먹힐 수 있다. 그러나 경작지를 면화재배에서 곡물재배로 바꾸는 일은 다른 중요한 배분적 결과를 초래한다. 이미 발생한 변경은 농촌에서 일거리가 줄어드는 중대한 문제를 초래했다. 이러한 이행 국면에서 총생산과 소득의 하락을 감안한다면, 노동 수요의 하락은 심각한 분배적 및 사회적 결과를 초래할 수 있다.

마지막으로 면화 생산에서의 지속적인 비교우위가 우즈베키스탄 을 영원한 원면 공급국으로 만들 것이라는 의미는 아니다. 시장 인 센티브는 우즈베키스탄으로 하여금 수입대체와 면섬유의 수출로 나아가게 만들 것이다. 따라서 섬유방적업에 대한 투자와 장려는 국가경제 계획에서 강조되어야 할 것이다.

VI. 향후의 정책과제

우즈베키스탄 농업개혁은 첫째, 사유화 과정이기 보다는 탈국영화(destatization)의 과정을 밟고 있으며 협동농장이 지배적인 영농형태로 정착되고 있다. 둘째, 키르기스나 카자흐스탄과는 달리 우즈베키스탄에서는 집단농장의 해체에 대한 요구가 거의 없다. 따라서 집단농장의 수가 증가하고 있다. 셋째, 토지의 사적 소유가 허용되고 있지 않기 때문에 사유화 과정은 매우 제한적으로 진행되고 있다. 마지막으로 농업부문의 전 영역에 걸쳐 국가의 통제와 관리가 여전히 지속되고 있다.[37]

이러한 성격의 농업개혁이 거둔 성과는 복합적이다. 농업에서의 국가부문은 이제 비교적 적은 부분만을 차지하고 있으며, 그 대신 집단농장이 면화와 밀과 같은 주요작물을 생산(약 75%)하고 있다. 한편, 민간부문은 목축, 과일, 감자, 채소 등의 생산을 주로 맡고 있다. 이러한 이중적인 농촌경제는 과거의 소비에트 농업정책의 유산이면서 동시에 독립 후 우즈베키스탄 정부의 농업정책의 결과이기도 하다. 한마디로 말하자면, 점진주의적 접근법에 의한 농업개혁의 결과이다. 그것은 한편으로 다른 중앙아시아 국가들과 비교하여 상대적으로 안정된 모습을 보여주고는 있지만 장기적인 관점에서 볼 때 그 전망은 밝지 않은 것이다.[38]

우즈베키스탄에서의 농업개혁은 매우 느리게 진행되고 있으며, 그에 따라 진정한 농업발전에 많은 장애에 직면하고 있는 실정이다. 특히 농업부문에 대한 정부의 과도한 개입은 농업개혁의 꽃이라고 할 수 있는 농민농장경영(farmer enterprises)의 발전에 커다란 장애가 되고 있다. 개혁의 주된 결함은 생산 효율성의 문제로 압축된다. 이러한 문제를 극복하기 위해 긴급히 고려할 필요가 있는 몇 가지 중요한 정책적 과제들이 있다. 주된 정책 이슈들은 다음과 같이 정리할 수 있다.

첫째, 국영농장과 집단농장을 협동농장으로 전환하는 제도적 변화의 방향은 올바른 것이지만, 이 전환과정을 조기에 완결하기 위해

---

37) Bloch(2002), p. 8.
38) Bloch(2002), p. 12.

필요한 법적 장치들을 조속히 마련해야 한다. 그래서 명목적인 변화가 아니라 실질적인 농업구조의 전환이 이루어져야 한다. 제도적 전환의 초점은 농업협동조합의 틀 속에서 개인적 농업경영의 창설에 맞추어야 한다. 그러나 동일한 인센티브 제도에 속하지 않는 민간농장 경영자를 만드는 별도의 작업은 불필요하고 파괴적인 결과를 초래할 것이다.

둘째, 국영 및 집단농장의 행정기구들은 장기적으로는 해체되어야 하지만 농업협동조합의 형태로는 존속되어야 한다. 그것은 농업전환을 조직하고 국가 수매를 집행하는 것과 같은 필수적인 기능뿐만 아니라, 더 나아가 생산투입요소의 배분이나 기술지원의 확대와 같은 서비스를 계속해서 제공할 수 있어야만 하기 때문이다.

셋째, 현재의 국가 수매제도는 가능한 조기에 폐지되어야만 한다. 국가 수매의 폐지에 따른 세수의 상실은 보조금의 삭감 또는 완전 종결, 수세의 적절한 징수 및 토지세의 제도화 등을 통해 실질적으로 보전될 수 있다. 개별 농민의 소득세를 부과할 수 있는 행정 네트워크가 존재하기 때문에 토지세나 수세 및 기타 수수료를 징수하는 것이 현실적으로 어려운 일이 아니다. 그러나 이행에 따른 농업에 대한 총체적인 조세 부담에 대한 종합적인 분석을 통해 그것이 과중하게 부과되지 않도록 해야만 한다. 농업생산물에 대한 과중한 조세부담은 민간부문에서의 농업투자 의욕을 냉각시킬 수 있기 때문이다.

넷째, 면화에 대한 우대는 종식되어야 한다. 다시 말해 면화, 곡물 및 기타 주요 작물의 재배에 제공되는 인센티브는 균등화되어야 한다. 이를 위해 수매제도의 폐지, 보조금의 중단 및 투입요소에 대한 적절한 가격책정이 필요하다. 현재 주로 면화에 부과되는 수출세도 중단되어야 한다. 그러나 우즈베키스탄의 면섬유 산업은 국제 시장에서 비교우위를 가지고 있는바 섬유산업의 사업성을 검토하여 면섬유 산업을 확대시키는 방안을 강구하여 실행에 옮겨야 한다.

또한, 곡물의 자급을 위한 정당한 정책들, 생산성과 이윤성의 개선을 위한 종자개량과 영농기술의 개발을 위한 연구 개발 투자를 적극 지원해야 한다.

다섯째, 인센티브 제도의 개혁 이후에도 농촌경제는 만성적인 실업문제에 직면할 것이다. 따라서 농촌의 잉여 노동력을 고용하기 위한 공공근로 프로그램을 조직하는 문제에 우선순위를 두어야 한다. 프로그램의 목적은 농촌의 인프라를 개발하고 생산적인 자산을 창출하는 것이 되어야 한다.

끝으로, 농업개혁 과정에서 가난한 농업노동자의 가정경제가 더욱 어려워질 수 있다. 국가농장과 집단농장의 폐지로 인하여 그것들이 제공했던 복지 서비스가 중단되어서는 안 된다. 정부는 지방행정 네트워크를 통해서 복지 서비스를 제공할 수 있는 자원을 찾아야만 한다. 따라서 정부는 지역위원회(mahalla/Qishlaq committees)를 통해 영세 농가를 지원하는 기존의 프로그램의 운영 상황을 모니터하여 영세 농가를 보호하는 데에 만전을 기해야 한다.

우즈베키스탄 농업개혁의 기본선은 사유화, 제도화, 대중참여로 요약된다. 여기서 사유화는 집단농장의 사유화, 관개시설과 가스공급의 자유화, 생산투입요소시장의 자유화, 마케팅 지원, 농가공업의 사유화와 자유화 등을 의미한다. 제도화는 금융기관과 농산물시장의 건립과 지방단위 위원회의 강화를 말한다. 끝으로, 대중참여란 참여를 격려하고 맞춤식 기술지원을 제공하는 것이다. 이러한 농업개혁의 성공은 농가 소득을 증진하고 고용을 촉진하여 농촌경제를 활성화시키는 것에 그치지 않고 국가경제 전체를 건강하게 발전시키는 것이다. 이 과정에서 여성의 사회경제적 조건도 개선될 수 있으며 민족갈등도 완화될 수 있을 것이다.[39]

---

39) Egamberdi, pp. 251-256.

VII. 결론

이상과 같은 우즈베키스탄의 거시경제 및 사회정책 전반에 대한 체계적 및 비판적 이해는 거시경제 개혁의 핵심 부분이라고 할 수 있는 사회정책의 목표들을 결합시키는 통합된 정책 틀을 제공해 준다. 우즈베키스탄은 경제개혁을 가속화해야 하는 동시에 개혁의 사회적 차원을 고려해야만 한다. 건전한 사회정책이야말로 경제개혁의 성공을 위한 전제조건이기 때문이다. 다시 말해, 사회정책은 전반적인 발전 전략의 핵심부분이 되어야 하지 단순히 거시경제정책이 초래한 부정적인 결과에 대한 반응이어서는 안 된다. 그러므로 사회발전 전략은 신중히 계획되어서 시장지향 경제로 전환하는 동안에 평균 생활수준이 악화되어 전체 개혁과정과 장기적인 성장 전망을 위협하지 않도록 해야만 한다.

이 전략을 수행하는 데 있어 수많은 정책 개혁과 제도적 변화 그리고 투자 프로그램이 제안되었다. 그러나 문제는 재정전략인데, 우즈베키스탄은 중앙계획경제에서 시장지향경제로 전환하는 과정에서 심각한 재정적인 어려움에 직면하고 있기 때문에 사정은 매우 어렵다고 할 수 있다.

결국 우즈베키스탄의 농업 개혁의 지속적인 성공 가능성은 사회정책을 거시경제정책의 틀에 체계적으로 통합시킬 수 있는 방법을 찾을 수 있느냐 여부에 달려있다. 다시 말해, 급속한 경제개혁과 사회적 통합 사이에 균형을 이룰 수 있느냐에 달려있다. 이런 맥락에서 우즈베키스탄의 개혁 과정에 대한 사례연구는 비교적 관점에서 다른 중앙아시아 공화국의 개혁 과정에 대한 이해에도 커다란 도움을 줄 것이다.

제 3 부

'반문명'으로서의 중앙아시아의 전쟁

제 7 장

현대 중앙아시아의 이슬람 정치세력화:
타지키스탄 내전과 러시아-우즈베키스탄 관계*

이 문 영

I. 머리말

1991년 소연방의 해체는 카자흐스탄, 우즈베키스탄, 키르기스, 투르크메니스탄, 타지키스탄으로 대표되는 중앙아시아 5개국에 국가적, 민족적 정체성의 재확립이라는 시대적 과제를 부여하였다. 이것은 수세기에 걸친 러시아제국의 식민통치와 70여년의 세월 동안 형성된 소비에트화(Sovietification) 유산의 청산, 독립국가에 준하는 자율적인 정치, 경제, 사회구조의 확립, 고유한 민족적, 문화적 전통의 회복을 의미한다. 독립 후 십여 년이 흐른 지금, 이러한 과제의 해결 양상과 그 과정은 각국의 특수한 상황과 조건에 따라 다양하게 나타나고 있지만, 주목할 만한 점은 해당지역 국가들의 자기정체성의 확립과정에서 이슬람이 강력한 대안이념으로 부상하고 있다는 사실이다. 독립 후 중앙아시아 5개국 모두에서 공통적으로 발견되는

---

* 이 글은 『러시아연구』 제14권 제1호(2004년)에 게재된 것임.

강력한 이슬람 부흥운동이나,[1] 개혁과 구조조정 과정에 커다란 영향력을 행사한 정치세력화된 이슬람의 존재는 이를 입증해 준다. 특히 후자의 경우, 종교와 신앙의 체계로서의 이슬람이 러시아와 소련의 지배에도 불구하고 중앙아시아에 지속적으로 존재해왔던데 반해, 적어도 독립 이전까지 해당지역에서 이슬람의 정치적 역할은 매우 제한적이었다[2]는 사실을 감안한다면 매우 의미심장한 변화라고 말할 수 있을 것이다. 이슬람의 정치세력화는, 해당지역에서 이슬람이 단지 종교적 차원에 국한되지 않고, 정치, 경제, 문화 등, 사회의 각 분야와 구조적으로 연관되어 새로운 사회관계 창출을 위한 이념적 토대가 되어줄 수 있음을 의미한다.

현대 중앙아시아에서 이슬람이 가지는 이러한 특권적 지위는 무엇보다 해당지역의 극심한 정치적, 경제적, 이념적 위기와 밀접하게 결합되어 있다. 실제로 소련의 지배질서를 대신할 만한 확고한 대안 질서가 부재한 상태에서 갑자기 맞이하게 된 자유와 독립은 사회정치적 혼란과 이념적 공백, 도덕적 가치기준의 붕괴를 초래하였고, 이러한 위기를 극복하기 위한 열쇠를 중앙아시아인들은 자신들의

---

1) 이슬람 부흥운동은 중앙아시아 5개국에서 공통적으로 발견되는 사원 수의 폭발적 증가를 비롯하여 종교적 활동과 조직결성의 합법화, 종교적 축일의 기념 허가와 공휴일 지정, 이슬람교리와 아랍어 학습 열풍 등의 현상에서 확인할 수 있다. A. V. Malashenko, "Islam and Politics in the Southern Zone of the Former USSR," *Central Asia and Transcaucasia: Ethnicity and Conflict* (Westport: Greenwood Press, 1994), pp. 110-116.
2) 예를 들어 중앙아시아 연구자인 A. 마트베예바는 이슬람 정치운동이 처음 발생한 것은 1990년대 초기였다고 주장한다. A. Matveeva, "The Islamist Challenge in Post-Soviet Eurasia," *Central Asia and the Caucasus*, http://www.ca-c.org/dataeng/04.matveeva.shtml(검색일: 2002.11.12), p. 2. A. 말라쉔코 역시 조직화된 정치세력으로서의 이슬람운동은 타지키스탄과 우즈베키스탄에 존재했던 이슬람 반대그룹의 제한적 활동을 제외하고, 페레스트로이카 이전에는 존재하지 않았으며, 이슬람의 정치적 움직임은 1990년대 초반부터 본격화되었다고 말했다. A. Malashenko(1994), p. 116.

전통적 신앙이자 정체성의 뿌리인 이슬람에서 찾으려 한 것이다. 제정 러시아 말기 활발히 전개되었던 다양한 저항운동이 모두 이슬 람이라는 이름 하에 진행되었던 것처럼, 이슬람은, 소련의 의도적인 민족분할과 언어의 이질화에 의해, 초기의 투르크족이라는 민족적 일체성과 투르크어라는 언어적 동질성을 상실한 채 반목하고 있는 중앙아시아인을 결속시켜줄 수 있는 유일한 고리로 여겨졌던 것이 다. 동시에 이것은 소련의 지배하에 왜곡되고 억압된 민족문화의 회복과정이기도 하다. 다른 한편으로 독립 후 심각하게 악화된 해당 지역의 경제상황은 '위대한 예언자 마호메트와 4대 정통 칼리프 시 절의 공정한 경제적 질서의 구현'[3]을 약속하는 이슬람 속에서 위안 과 희망을 가지게 하였다.

그러나 해당지역에서의 이슬람의 이와 같은 순기능과 함께 반드 시 지적되어야 할 사실은, 중앙아시아에서의 이슬람 정치세력화의 과정과 결과가 다양한 이익집단의 이해관계에 따라 이용되거나, 사 회적으로 누적된 모순을 은폐 또는 심화시키는 것으로 왜곡되는 경우가 빈발하였다는 점이다. 그 결과 이슬람은 집권세력이 정치적 반대세력을 억압하는 구실로 이용되거나, 정통성을 결여한 정권에 대한 폭력적 도전을 정당화하는 명분으로 왜곡되기도 하는 등, 중앙 아시아 국가의 국내 정치의 위기를 심화시키는 결과를 초래하기도 하였다.

다른 한편으로 중앙아시아에서 활발한 정치활동을 보이는 이슬 람 정당의 많은 수가 이슬람 원리주의를 그 근본이념으로 삼고 있다 는 점, 그 이론이 역사적으로 중동의 아랍 무슬림 국가나, 이란, 아프 가니스탄과 같은 이슬람 원리주의 국가로부터 수입된 것이라는 점, 그리고 중앙아시아가 이 나라들과 지리적으로 매우 인접하고 있다

---

3) S. T. Hunter, "Religion, Politics and Security in Central Asia," *SAIS Review* 21(2)(2001), p. 8.

는 점에서 중앙아시아의 이슬람 정치세력은 과격한 폭력이나 테러로 우려의 대상이 되는 극단적인 이슬람주의자들의 영향력에 항상적으로 노출되어 있다고 말할 수 있으며, 이를 둘러싼 중앙아시아 국가들 간의 반목과 갈등은 지역안보에 심각한 위협이 될 수 있다. 특히 이것이 소비에트 통치의 결과 중앙아시아에 구조화된 인종적, 영토적 분쟁요소와 결합될 경우 그 위험성은 더욱 증폭될 것이다. 더 나아가 이러한 상황은 9.11테러, 미국의 아프간 공격, 이라크 전쟁 등 최근의 세계정세와 관련되어 국제 정치 차원에서도 다양한 분쟁과 갈등의 소지를 안고 있다.

이상과 같이 중앙아시아에서의 이슬람 정치세력화는 그 긍정적인 가능성과 함께 치명적인 위험성을 함께 내재하고 있는 '양날의 칼'이라고 말할 수 있으며, 이런 의미에서 타지키스탄 내전은 매우 상징적인 의미를 지닌다. 타지키스탄 내전은 이슬람 정당의 정치적인 성공이 유혈분쟁을 통해 실현됨으로써, 이슬람 정치세력화의 가능성과 그 한계를 가장 극적인 형태로 보여준 사건이라고 할 수 있다. 더 나아가 타지키스탄 내전의 발생 배경과 그 전개과정, 내전 종식 후 타지키스탄이 직면한 현실은 중앙아시아 전체의 과거의 상처와 현재의 문제와 미래의 과제를 집약적으로 반영하고 있다고조차 말할 수 있다.

이러한 문제의식에서 본 논문은 타지키스탄 내전의 발생과 전개과정을 살펴본 후, 타지키스탄에서의 이슬람 정치세력화의 본질과 한계를 해당국 내의 역사적 모순이나 사회문제들, 그 이념적 배경이 되는 이슬람 원리주의와의 관련 속에서 고찰할 것이며, 마지막으로 이들이 야기하는 지역적, 국제적 차원의 문제를 우즈베키스탄과 러시아와의 관계를 통해 살펴볼 것이다.

Ⅱ. 타지키스탄 내전의 발생과 전개과정

1991년 9월 독립을 맞은 후 9개월 만에 발생한 타지키스탄 내전은 96년의 휴전 협정과 97년의 평화조약 체결에 이르기까지 약 5만의 사상자와 100만 이상의 난민을 발생시킨 비극적인 사건이었다. 내전의 두 당사자는 타지키스탄 북부 후잔트와 남부 쿨랍 지역을 근거지로 하는 친공산 보수세력과 이에 반대하는 개혁연합세력(The United Tajik Opposition—이하 UTO)이다. 이 개혁연합세력을 주도한 것은 '타지키스탄 이슬람 부흥당'(Islamic Renaissance Party of Tajikistan)이며, 이 연합세력은 작가나 지식인 중심의 '라스토헤즈 민중전선'(Rastokhez Popular Front)과 같은 민족주의 계열, '타지키스탄 민주당'(Democratic Party of Tajikistan)과 같은 민주주의 그룹은 물론이고, 사업가와 상인들로 이루어져 시장경제로의 조속한 이행을 촉구한 '민중연합전선'(Popular Unity Front)으로부터, 특정지역의 발전과 분리독립을 목적으로 하는 자치주의자 그룹(La'li Badakhshon)까지 매우 다양한 정치적 이념과 입장을 지닌 집단을 광범위하게 포함하였다.[4]

이러한 광범위한 연합은 개혁의 필연성에 대한 대중적 공감을 입증하는 것이며, 이들은 공산집권 세력이 상징하는 구시대적 유물을 청산하고, 독립 후 새로이 출발하는 조국 타지키스탄에 진정한 정치적, 경제적, 사회적 개혁이 이루어지기를 희망하였다. 이들이 내세운 가장 주된 슬로건은 개혁세력에 대한 탄압 반대, 타직어와 이슬람으로 대표되는 전통문화의 보호, 그리고 대통령의 직접 선거였다. 그러나 1991년 11월 치러진 선거에서 '타지키스탄 공산당(Communist

---

4) 타지키스탄 내 정치그룹에 대해서는 B. R. Rubin, "Tajikistan: From Soviet Republic to Russian—Uzbek Protectorate," *Central Asia and the World* (New York: Council of Forign Relations Press, 1994), p. 213; A. Rashid, *The Resurgence of Central Asia* (London: Oxford Univ. Press, 1994), p. 174 참조.

Party of Tajikistan)'의 제1서기장이었던 R. 나비예프(Nabiev)가 58%의 득표율로 당선된다. 반대세력은 부정선거 의혹을 제기하고 재선거를 요구하지만, 나비예프는 이를 거절하였을 뿐만 아니라, 개혁세력에 우호적인 두샨베 시장과 시의회 의원들, 그리고 라스토헤즈당과 타직 민주당 당수를 부패혐의로 체포한다. 1992년 3월에 벌어진 이 사건으로 타지키스탄 전국은 대규모 항의시위에 휩싸이고, 이 과정에서 5월 6일 처음으로 폭력사태가 발생하여 3명이 숨지고 11명이 부상을 입게 되며, 그 다음날 나비예프의 친위대라 할 수 있는 국가수비대(National Guard)와 무장한 반군세력간의 무력충돌이 발생한다. 이러한 무력충돌은 중앙아시아 이웃나라와 러시아의 우려를 낳아 CIS 평화유지군 러시아 사령관으로 타지키스탄에 머물던 V. 자볼로트느이(Zabolotnyi)의 중재로 나비예프와 UTO는 '국가 화해를 위한 연립정부(Coalition Government of National Reconciliation—이하 GNR)' 구성에 합의한다. 이 합의에 의해 이슬람 부흥당 부의장인 D. 우스만(Usman)이 부수상에 임명되고 내각 각료 구성의 1/3이 UTO 쪽에 할당된다.

그러나 이러한 협상 결과에도 불구하고 나비예프의 완전 사임을 요구하는 반대세력과, 분리 독립을 불사하겠다는 후잔트—쿨랍의 나비예프 지지자들간의 폭력은 계속되었다. 그 결과 6월에는 무장한 쿨랍 공산주의자들이 개혁세력을 지지하는 쿠르간—튜베를 공격해서 적어도 100명이 사망하고 수천의 튜베인이 난민화되었고, 다른 한편으로는 개혁 무장세력에 의해 결국 9월 나비예프가 사임하게 된다. 곧 이어 개혁파 A. 이스칸다로프가 이끄는 임시정부가 구성되지만, 1992년 10월 쿨랍의 무장세력에 의한 쿠데타로 이스칸다로프 내각이 사임하고, 친공산주의자들이 득세하는 후잔트 의회에서 일방적으로 쿨랍 출신의 공산주의자인 I. 라흐모노프(Rakhmonov)가 새로운 대통령으로 선출되었다. 한편 수도 두샨베에서는 보수세력의 이러한 폭거에 맞서 반군세력이 저항하지만, 12월 주로 러시아와 우즈베키스탄 군으로 이루어진 CIS군의 지원을 받은 후잔트-쿨랍 연합세력과 히사르군의 두샨베 공격으로 수도는 라흐모노프와 친공산 세력에 함락된다. 이러한 승리에도 불구하고 쿨랍 무장세력인 '타지키스탄 인민전선(People's Front of Tajikistan)'의 지도자 S. 사파로프 (Safarov)는 개혁 지지자들에 대해 끔찍한 보복살인과 처형을 자행하였고, 이로 인하여 이슬람 부흥당의 리더인 M. S. 히마트자드 (Himatzade)와 UTO의 핵심지도자인 A. 투라존-조다(Turadzhon-Zoda) 는 물론이고, 수십만의 평범한 타지키스탄 시민들조차 아프가니스탄으로 탈출하게 되고, 이 과정에서 많은 타직인들이 희생되었다.[5]

라흐모노프와 친공산세력의 승리로 내전 상황은 일시적인 소강상태를 보이는 듯 하였지만, 라흐모노프 정권은 화해를 위한 구체적인 노력을 하지 않았다. 한편 아프가니스탄에 은신한 반군세력들은 한편으로는 아랍과 파키스탄의 이슬람 원리주의 세력으로부터, 또 다른 한편으로는 아프가니스탄의 무자헤딘 집단으로부터 물질적, 군사적 원조를 얻게 되고 이에 힘입어 1993년 봄부터 아프가니스탄으로부터 타지키스탄 공격을 감행한다. 특히 이 이웃나라들의 원조는 자신들과 원리주의 이론을 공유하는 이슬람 부흥당 지지자들 쪽에 주로 집중되었다. 그 군사적 공격의 가장 대표적인 사례는 1993년 6월의 쿨랍 지역에 대한 보복공격으로 그 결과 200여명의 쿨랍

---

5) 타지키스탄 내전에 대해서는 A. Rashid(1994), pp. 172-184; B. R. Rubin(1994), pp. 213-216; A. Malashenko(1994), pp. 122-125; G. Gleason, "Why Russia Is In Tajikistan," *Comparative Strategy* (Taylor&Francis, 2001), pp. 79-82; M. B. Olcott, *Central Asia's New States* (Washington D. C.: US Instisute of Peace Press, 1996), pp. 25-28; S. Olimova, "Political Islam and Conflict in Tajikistan," *Central Asia and the Caucasus*, http://www.ca-c.org/dataeng/11. olimova.shtml(검색일: 2004.03.17), pp. 1-10; S. Gretsky, "Russia's Policy toward Central Asia", *Central Asia and the Caucasus*, http://www.ca-c.org/dataeng/ GRETSKY.shtml(검색일: 2004.03.17), pp. 4-13 참조.

주민이 살해되었다. 또한 이들의 군사행동의 타깃은 내전에서 집권 세력을 도왔던 러시아와 우즈베키스탄 주도의 CIS군을 포함하기에 1993년 5월 이들은 스팅거 미사일로 우즈베키스탄에서 타지키스탄 으로 이동하던 수호이-24 제트 전투병을 공격하였고, 앞서 언급한 6월의 쿨랍 공격에서는 25명의 러시아인 아프가니스탄-타지키스탄 국경수비대원이 사살되었다.[6]

이에 러시아는 타지키스탄 주둔 평화유지군과 국경수비대를 강 화하고, 1993년 8월 중앙아시아 국가 원수들과의 정상회담에서 타지 키스탄 문제에 대한 중앙아시아와 러시아의 공동책임을 강조하였 으며, UN에 타지키스탄 내전의 정치적 해결을 위한 중재를 요청한 다. 1994년 UN은 UNMOT(UN Mission of Observers in Tajikistan) 본부를 두샨베에 설립하며, UN과 러시아 등의 외교적 압력으로 결국 1995 년 8월 라흐모노프 대통령과 UTO 의장인 S. A. 누리(Nuri) 사이에 국가 화해를 위한 의정서가 채택되고, 1996년 12월 모스크바에서 체르노미르딘 러시아 총리의 참석 하에, UTO 대표를 의장으로 하는 국가화해위원회(Commission on National Reconciliation-이하 CNR) 설립, 평 화협상 중 완전 휴전, 조속한 시일 내 자유로운 국회의원 선거 실시, 난민 보호와 복귀 노력을 주 내용으로 하는 휴전협정이 이루어지고, 다음해 6월 평화협정이 체결되어 내전은 사실상 종결된다.[7]

Ⅲ. 타지키스탄 이슬람 정치세력화의 배경과 본질

앞서 살펴본 바와 같이 이슬람 부흥당은 타지키스탄 내전의 발생

---

6) 반군의 쿨랍과 CIS군 공격에 대해서는 B.R. Rubin(1994), p. 218 참조.
7) 소위 Intra-Tajik Talks라 불리워지는 이 평화협상 과정에 대한 더 자세한 사항은G. Gleason(2001), p. 82; S. Gretsky, pp. 11-12 참조.

과 그 전개과정에 깊숙이 개입되어 있으며, 다른 민주-민족주의 세력과의 연합을 주도하며 독립 후 타지키스탄의 정치구조에 커다란 영향을 미쳤다. 중앙아시아에서의 이슬람 정치세력화를 논할 때 타지키스탄이 그 가장 성공적인 사례로 빠짐없이 거론되는 것은 바로 이슬람 부흥당의 활약 때문이다.[8] 이들은 중앙아시아 최초로 합법화된 이슬람 정당이고, 비록 나비예프에게 결과적으로는 패배하였지만, 1991년 선거에서 무려 40%에 가까운 득표율을 얻어냈으며, 이러한 대중적 지지에 기반해 정부 구성(1992년의 GNR 구성)에 참여한 중앙아시아 최초의 이슬람 정당이기도 하다.

여기서 지적되어야 할 것은 타지키스탄에서의 이슬람 정치세력의 이와 같은 약진이 이 정당의 정치적 능력의 탁월함보다는 사회에 대한 대중의 누적된 불만에 의해 이미 준비되어진 것이라는 사실이다. 중앙아시아 전반에 걸친 이슬람 부흥 상황이 체제전환기의 위기의식과 밀접하게 관련되어 있다는 점은 이미 서론에서 지적한 바 있지만, 타지키스탄의 경우 소비에트 체제를 거쳐 역사적으로 구조화된 모순과 중첩된 사회문제들이 그 어느 나라보다 심각한 수준에 이르고 있으며, 중앙아시아가 직면한 모든 문제들이 가장 극단적인 형태로 집약된 곳이라고까지 말할 수 있다.[9] 정권의 정통성이나

---

8) 1990년 6월 아스트라한에서 최초로 결성된 이슬람 부흥당은 사실 그 시작에는 중앙아시아 뿐 만이 아니라, 볼가-우랄 지역과 카프카즈를 포함하는 소련의 모든 무슬림 지역의 연합을 통해 전체 무슬림의 이해를 대변하는 초국가적, 초민족적 정당을 표방하였으나, 내부의 반목과 이견 조정의 실패로 인하여 점차 그 영향력을 상실하게 된다. 그러나 이 정당의 타지키스탄 지부라 할 수 있는 타지키스탄 이슬람 부흥당은 당시 집권세력인 공산정권의 방해와 탄압에도 불구하고 타지키스탄 내에서 주목할만한 활동을 전개하고 그 결과, 1991년 12월 합법적인 정당으로 정식으로 등록된다. 이슬람 부흥당에 대해서는 S. T. Hunter(2001), pp. 5-6; A. Malashenko(1994), pp. 118-122; S. Olimova, pp. 5-8 참조.

9) 소비에트의 중앙아시아 통치가 해당지역에 미친 긍정적인 영향에 대해 주장하는 학자들도 존재한다. 이는 주로 러시아 연구자들에 의해 제기되

그 독재적인 통치방식에 대한 대내외적 논란에도 불구하고 다른 중앙아시아 공화국들이 비교적 조용하고 매끄럽게 체제전환에 성공한 것에 비해, 유독 타지키스탄만이 독립 후 유혈분쟁의 진통을 겪어야만 했던 것은 여기에 기인한다. 이렇게 타지키스탄의 정치세력화된 이슬람에 대한 대중적 지지의 근원이면서, 내전발생의 직접적인 원인으로 작용한 사회적 문제들은 크게 두 가지 측면으로 나누어 고찰해 볼 수 있다.

첫 번째는 극심한 경제적 어려움이다. 구소련 구성 지역 중 중앙아시아가 경제적으로 가장 취약한 지역이라는 점은 이견의 여지가 없지만, 그중에서도 타지키스탄은 1인당 국민소득이 가장 낮은 최빈국에 속한다. 카자흐스탄이나 우즈베키스탄, 투르크메니스탄 등의 다른 중앙아시아 국가가 천연가스나 석유 등의 풍부한 천연자원을 보유하고 이를 독립국가 건설의 강력한 경제적 토대로 활용하고 있는데 비해, 타지키스탄에는 석유도, 가스도 나오지 않으며, 국토의 93%가 파미르 고원으로 대표되는 산악지방에 속한다. 그나마 경작이 가능한 평야는 소비에트 시절 면화공급지로 특화되면서 토질악화와 산성화로 필수 농작물의 경작이 불가능한 상태이다. 한편 수출의 86.5%, 수입의 83.6%를 차지했던 구소련과의 교역 비중이 독립 후 심각한 변화를 겪으면서 무역적자와 이에 따른 외부원조에

는데, 소비에트 시기 실시된 산업화와 도시화가 중앙아시아의 근대적 발전에 크게 기여하였으며, 특히 지역경제의 성장, 거의 100%에 달하는 문맹률의 퇴치, 공중보건의 향상, 여성의 지위 상승과 역할의 증가 등이 소비에트화의 부인할 수 없는 덕목으로 지적되는 부분이다. 그러나 그러한 산업화와 근대화의 초점이 지역발전이 아닌 러시아 중심주의에 근거하였고, 이것이 지역 정치와 경제의 의존성과 기형성을 초래하였다는 점에 있어서는 이견의 여지가 없다 하겠다. 소비에트 통치의 긍정성에 대해서는 U. Kasenov, "Post-Soviet Modernization in Central Asia: Realities and Prospects," *Central Asia: The Challenge of Independence* (New York: M. E. Sharpe 1998), p. 29; A. Rashid(1994), p. 170 참조.

대한 대외의존도가 매우 높다. 게다가 25.7%에 달하는 실업률, 연평균 5%에 이르는 높은 인구증가율로 인해 타지키스탄 경제는 매우 절망적인 상태에 놓여 있었다.[10]

두 번째 요인은 타지키스탄 내의 지역과 종족에 따른 심각한 분열 상황이라고 말할 수 있으며, 이것은 중앙아시아 전체의 민족적, 영토적 분쟁요소와 밀접하게 관련되어 있다. 타지키스탄의 경우 주민족인 타직인이 전체 인구구성비율에서 차지하는 비중은 58.8%이며, 23%는 우즈벡인이, 11%는 러시아인이, 그 나머지를 카자흐인, 키르기스인, 위구르인 등이 나누어 구성하고 있다. 이렇게 한 공화국 내에 중앙아시아 대표민족들과 러시아인이 혼재하는 양상은 단지 타지키스탄에 국한된 것이 아니라, 중앙아시아 5개국에 공통적으로 나타나는 현상이다. 예를 들어 카자흐스탄의 경우 해당지역 러시아인의 인구구성비율(38%)은 주 민족인 카자흐인(40%)에 거의 필적하는 수준이며, 우즈베키스탄의 경우도 우즈벡인 외에 8.3%의 러시아인과 5%의 타직인을 주요인구 구성분으로 포함한다.[11] 이러한 현상은 스탈린 시기 중앙아시아에 행해진 인위적인 민족분할과 자의적인 국경설정의 역사적 산물이다. 볼셰비키 혁명의 성공 후 중앙아시아 지역을 점령한 소비에트는 해당 지역에서 투르크 민족을 중심으로 하는 자민족 우선주의가 나타나는 것을 막고 공화국 내 동질성을 약화시키기 위해 국경을 인위적으로 조정해 동일 거주지역으로 묶여 있던 집단을 분산시키고, 의도적으로 러시아인을 포함한 다양한 민족구성으로 각 국을 출범시켰다.

타지키스탄은 이러한 소비에트 분할통치 정책의 가장 대표적인

---

10) 타지키스탄의 경제상황에 대해서는 A. Rashid(1994), pp. 170-171; 최한우, "중앙아시아학 입문"(서울: 펴내기, 1997), p. 423-427 참조.
11) 타지키스탄과 중앙아시아 인구구성비율에 대해서는 A. Rashid(1994), p. 169; B. R. Rubin(1994), p. 210; S. Gretsky, p. 7; 최한우(1997), p. 330, p. 359 참조.

희생양이라고 말할 수 있는데, 무엇보다 이것은 타지키스탄이 중앙아시아 5개국 중 유일하게 투르크 계열이 아닌 페르시아계 민족이라는 사실과 밀접하게 관련된다. 페르시아 최초의 무슬림 왕조인 사만조는 기원상 타직인이며, 비록 사만조의 멸망 후 셀축과 같은 투르크-이슬람 제국이나 몽골제국, 우즈벡 투르크의 지배 하에 차례로 놓이게 되지만, 타직인들은 페르시아 이슬람 문명에서 자신의 뿌리를 찾으며, 그 수도이자 이후 중앙아시아 이슬람 문명의 중심지였던 부하라와 사마르칸트에 대한 높은 자긍심을 가지고 있었다.[12] 그러나 1924년 소비에트는 타지키스탄을 자치공화국의 형식으로 우즈베키스탄에 합병시켰고, 1929년 타지키스탄을 연방공화국으로 승격시켜 우즈베키스탄으로부터 분리하는 과정에서 부하라와 사마르칸트를 우즈베키스탄의 영토로 남겨두는 반면, 역사적으로 우즈베키스탄에 속했던 후잔트 지역은 타지키스탄 영토에 남겨두게 된다. 그 결과 타지키스탄과 우즈베키스탄 양국에는 민족적 경계와 지리적 경계의 불일치로 발생하는 소수민족문제 — 즉 타지키스탄의 우즈벡인 또는 우즈베키스탄의 타직인과 같은 — 와 영토를 둘러싼 분쟁이 다른 어떤 나라에서보다 더욱 첨예하게 제기되었고, 특히 타지키스탄의 경우 이것은 뒤따른 소비에트 정권의 불균형한 지역발전 정책에 의해 더욱 심각하게 왜곡된다.

소비에트 시기 타지키스탄의 모든 정치적 권력과 경제적 혜택은 후잔트와 히사르같은 타지키스탄 북부와 두샨베 서부지역에 집중되었다. 이 지역의 공통성은 첫 번째로는 우즈베키스탄과 지리적으로 매우 인접하고, 두 번째로는 다수의 우즈벡인과 러시아인이 거주하는 매우 투르크화되고 친소비에트적인 산업도시라는 점이다.[13]

---

12) 이에 대해서는 A. Rashid(1994), p. 166 참조.
13) 예를 들어 후잔트는 독립 전 레니나바드로 불렸던 대표적인 공업도시로, 31%에 달하는 우즈벡인과 수만의 러시아인 거주지역이었으며, 히사르

이 지역에서는 우즈벡인과의 결혼이나 우즈벡어의 사용이 매우 일반화되어 우즈벡인과 타직인간의 동화가 광범위하게 이루어졌고, 이러한 지역적 특성이 민족적 차이를 제압하였다. 반면 주로 타지키스탄 남부나 동부 산악지방에 위치한 쿠르간-튜베나 고르노-바다흐손, 가름과 파미르 지역인들은 보다 순수한 의미의 타지키스탄 문화와 전통적 가치체제를 보존한 사람들이었고, 이 지역 엘리트들은 타지키스탄 권력구조에서 전적으로 배제되었고, 경제적으로도 불이익을 받았다. 이러한 정치적, 경제적 소외는 친우즈벡적이고 친소비에트적 지역민들에 대한 반감, 그리고 이러한 불평등한 관계를 구조화한 공산집권세력에 대한 불만을 야기하였고, 이것이 이들을 개혁세력의 지지자로 만든 근본원인이었다. 1970년대 남부의 쿨랍이 후잔트와 동맹관계를 형성하면서 타지키스탄은 집권 보수세력을 지지하는 후잔트-쿨랍 지역 대(對) 개혁세력으로 날카롭게 양분되었고, 앞서 살펴본 바와 같이 바로 이들이 내전의 두 당사자들이었다.

결국 소비에트의 민족분할정책과 그것이 야기한 타지키스탄과 우즈베키스탄 간의 해묵은 갈등, 즉 중앙아시아 내의 국가간 갈등과 민족간의 갈등은 타지키스탄 내부의 종족적 분열과 지역적 갈등으로 내면화되었다고 말할 수 있으며, 이렇게 중첩된 모순이야말로 타지키스탄 내전 발생의 본질적인 원인이라고 말할 수 있다. 다른 한편으로 극심한 경제적 빈곤, 국가적, 민족적 정체성의 확립을 방해하는 지역적, 종족적 분열 상황은 이슬람이라는 종교적 공통성 속에서 구소련의 통치를 대신할 만한 일체성을 구하게 한 것이고, 이것이 모든 개혁세력을 이슬람이라는 모토 아래 결집시킬 수 있었던 이유

의 경우 우즈벡인 비율은 무려 45%에 달했다. 특히 후잔트는 앞서 거론한 바 있듯이 과거 우즈베키스탄의 영토였다. 이에 대해서는 A. Rashid(1994), pp. 161-162; B. R. Rubin(1994), pp. 210-212 참조.

이자, 정치세력화된 타지키스탄 이슬람, 즉 이슬람 부흥당이 발휘했던 힘의 본질이라고 말할 수 있을 것이다.

Ⅳ. 타지키스탄 이슬람 정치세력화와 이슬람 원리주의의 관계

이슬람 부흥당이 독립 후 타지키스탄 국내 정치에서 차지했던 비중에도 불구하고, 그가 주도한 위기의 해결과정이 민족 간의 비극적인 유혈분쟁으로 귀착되었다는 사실은 그 정치적 한계를 보여주는 것임과 동시에 그 이념적 토대가 되었던 이슬람 원리주의의 위험성을 입증해주는 것이다. 주변 이슬람 국가로부터 수입된 이론이라 할 수 있는 이슬람 원리주의는 첫 번째로는 그 수용과정 자체가 앞서 설명한 타지키스탄의 역사적으로 중첩된 모순과 밀접한 관련을 가진다는 점에서, 두 번째로는 그 존재가 지역적, 국제적 차원의 가장 중요한 정치적 이슈가 되어 내전 이후 타지키스탄의 정치구조를 규정하고 있다는 점에서 매우 중요하다고 말할 수 있다.

사실 이슬람법(샤리아)에 근거한 이슬람 국가 건설을 궁극적인 목적으로 하며, 이런 의미에서 이슬람과 정치의 결합을 그 본질로 삼을 수밖에 없는 이슬람 원리주의는 중앙아시아에 고유한 종교이론이라고 말할 수 없다. 타지키스탄을 포함한 중앙아시아인 대부분이 믿고 있는 이슬람 종파는 순니 계열의 하나피파와, 이슬람과 중앙아시아 토착신앙이 결합된 형태라고 말할 수 있는 수피즘으로, 전자는 세속적인 정치권력을 존중하고 이슬람의 정치개입을 강력히 반대한다는 점에서, 후자는 특유의 신비주의적이고 반속세적인 성격으로 인하여 이슬람의 정치세력화와는 거리가 멀다.[14] 따라서 중앙

---

14) 하나피파와 수피즘에 대한 더 자세한 사항은 A. Rashid(1994), p. 246; J. O. Voll, "Central Asia as a Part of the Modern Islamic World," *Central*

아시아에서의 이슬람 정치세력화 과정은 주변 이슬람 국가의 이슬람 원리주의 이론의 수입으로부터 본격적으로 시작된다고 말할 수 있으며,[15] 그 중에서도 1979년의 소련-아프가니스탄 전쟁이 중앙아시아 전체, 특히 타지키스탄에 미친 영향은 엄청나다.

아프가니스탄이 타지키스탄에 대해 갖는 이러한 특별한 의미는 첫째로는 두 나라가 1,206km의 국경을 두고 인접하고 있다는 지리적 요인과, 아프가니스탄에 거의 400만에 달하는 타직인이 거주하고 있다는 인종적 요인으로부터 출발한다. 이러한 원인으로 인하여 79년 전쟁시 타직인은 전쟁의 양측 모두에 가담하게 된다. 당시 타지키스탄은 소련의 아프가니스탄 침공의 기지역할을 하였으며, 이 과정에서 수천의 타지키스탄 군인이 소련 측 군사로, 또는 통역가로 전쟁에 참여하였다. 한편 아프가니스탄 반군세력에 대한 파키스탄의 전폭적인 지원과 파병과정에서 수백의 타직인을 포함한 중앙아시아인이 반군세력으로 전쟁에 참여하였고, 이들은 아프가니스탄 국경과 인접한 파키스탄의 군사 캠프에서 군사적, 이념적 훈련을 받았다. 이 과정에서 아프가니스탄 반군세력인 무자헤딘이 이념적 배경으로 삼은 와하비즘, 즉 혁명을 통한 이슬람 국가 수립이라는 원리주의 사상이 그들에게 전달되었다.

Asia in Historical Perspective (Boulder: Westview Press, 1994), pp. 65-66; A. Rorlich, "Islam and Atheism: Dynamic Tension in Soviet Central Asia," *Soviet Central Asia* (Boulder: Westview Press, 1991), pp. 201-203; 문명식, "구소련지역과 러시아에서 이슬람의 문제", 『슬라브연구』(1998), p. 14, p. 307 참조.

15) 자말룻 딘 아프가니의 범이슬람주의나 사우디아라비아의 와하비즘, 인도의 네오반디즘과 같은 이슬람 원리주의가 중앙아시아에 소개된 것은 이미 19세기부터이고, 이 이론들이 당시 제정 러시아의 지배에 대한 중앙아시아 무슬림 저항운동의 이념적 배경이 되었지만, 이 저항운동에서 강조된 것은 이슬람의 정치적 역할보다 계몽적 역할이었고, 그나마 뒤따른 소비에트의 철권통치에 의해 이러한 과정이 강제적으로 중단되었기에 이를 본격적인 의미에서의 이슬람 정치세력화로 보기는 힘들다.

타직인이 아프가니스탄 무자헤딘에 보인 친화성에는 원리주의 이론에 대한 공감과 더불어 인종적 동질감이 큰 역할을 하였다. 당시 소련의 침략에 성공적으로 저항해온 무자헤딘의 주요 거점 중 하나가 아프가니스탄-타직인의 대다수가 거주하던 아프가니스탄 북부였고, 특히 이 북부지역의 반군 사령관이자, 나지불라 공산 정권 타도 후 구성된 무자헤딘 정권에서 국방부 장관을 지낸 A. S. 마수드 (Masoud) 역시 타직인이었다. 소련 지배 하에서 자신의 페르시아적 정체성의 뿌리라 할 수 있는 부하라와 사마르칸트를 잃은 상실감, 자신들이 우즈베키스탄으로 대표되는 투르크 주도의 중앙아시아의 변방에 불과하다는 소외감을 항상 가져온 타직인에게 이러한 사실은 커다란 자긍심과 위안이 되었다. 소련이 전쟁 6개월 만에 아프가니스탄의 소련 군대로부터 모든 타직인을 철수시켜버린 것도 아프가니스탄 무자헤딘과 타직인 사이의 이러한 이념적, 인종적, 정서적 유대를 두려워하였기 때문이다.[16]

이렇게 79년 아프가니스탄 전쟁을 통해 전해진 이슬람 원리주의는 그 후 30년의 세월에 걸쳐 비공식적인 경로를 통해 은밀히 타지키스탄을 포함한 중앙아시아에 깊숙이 퍼졌으며, 1990년대에 이르러 소연방의 해체와 독립이라는 자유로운 시대적 분위기 속에서 급속히 정치적 대안세력으로 부상하기 시작한 것이다. 타지키스탄의 이슬람 정치세력화를 상징하는 이슬람 부흥당 역시 기본적으로 이슬람 원리주의를 표방하고 있다. 그러나 이슬람 부흥당은 적어도 내전 발생 전, 그 활동의 초기에는 어떠한 종류의 폭력이나 극단주의에도 반대하였다. 히마트자드나 우스만 같은 이슬람 부흥당 지도자들은 "원리주의란 합법적인 정치적인 투쟁을 통해 이슬람의 요구에 부응하는 삶을 창조하기 위한 무슬림의 희망에 바탕하고 있으며",[17] "이

---

16) 소련군의 아프가니스탄으로부터의 타직인 철수에 대해서는 A. Rashid(1994), p. 172 참조.

슬람 부흥당의 목표는 법에 근거한 민주국가의 건설"[18]임을 재차 강조하였다.

그러나 이슬람 원리주의는 그것이 아무리 온건한 형태를 취한다 할지라도, 한편으로는 그 이론적 동질성으로 인하여 보다 과격한 형태의 이슬람 원리주의와 언제든지 결합할 수 있으며, 다른 한편으로는 청년단원을 중심으로 한 급진적 당원을 항상 그 일부로 하기에 언제든지 과격화될 수 있는 가능성을 가지고 있다. 실제로 이슬람 부흥당 의장 히마트자드는 자신의 발언과 모순 되게 이미 내전 시작 전에 8천에 달하는 비밀 군사조직을 가지고 있었고, 내전 시기 반군 무장세력의 주축을 형성한 것이 바로 이들이었으며, 아울러 그는 아프가니스탄 무자헤딘과 긴밀한 관계를 유지하고 있었다.[19] 아프가니스탄의 타직 영웅인 마수드는 말할 것도 없고 무자헤딘의 또 다른 영웅이이었던 G. 히크메티아(Hikmetyar) 역시 이슬람 부흥당에 군사적 원조를 아끼지 않았으며, 특히 그는 두샨베에 400명의 무장세력을 직접 가지고 있다고 알려졌다.[20] 이슬람 부흥당과 무자헤딘 간의 이러한 유대는 특히 공산집권세력의 쿠데타와 뒤이은 보복공격으로 이슬람 부흥당과 반군세력이 아프가니스탄으로 대대적으로 탈출한 후 더 가속화되었다. 이슬람 부흥당 반군들은 히크메티아나 마수드의 지배 하에 놓여 있던 쿤드즈나 타하르와 같은 지역에서 그들의 보호와 지원 하에 젊은 타직인들에게 게릴라 군사훈련과 이념교육을 실시한다.[21]

---

17) A. Malashenko(1994), p. 118.
18) S. Olimova, p. 7.
19) 히마트자드에 대한 더 자세한 사항은 A. Rashid(1994), pp. 159-160 참조.
20) 이에 대해서는 위의 책, p. 177 참조. 특히 히마트자드의 별명이 '타지키스탄의 히크메티아'였다는 사실은 그와 무자헤딘간의 밀접한 관련을 시사한다.
21) 이슬람 부흥당과 무자헤딘 관계에 대한 더 자세한 것은 B. R. Rubin(1994),

이렇게 이슬람 원리주의라는 이념적 동질성과 부분적으로 인종적 친화성을 기반으로 한 아프가니스탄과 타지키스탄 이슬람 원리주의 세력간의 결합은 타지키스탄 내 분쟁의 폭력성과 과격성을 더욱 증폭시켰고 이것은 크게 세 가지 부정적인 결과를 초래하였다. 첫 번째로 국내정치의 차원에서, 내전의 경험은 일반 대중에게 정치세력화된 이슬람에 대한 부정적인 인상을 심어주었다. 1997년 평화협정에 의해 차기 정부구성의 30%가 UTO에 할당됨으로써 이슬람부흥당 지도자들이 부수상, 외무부 차관 등 행정부의 주요 요직에 임명될 수 있는 기회가 주어졌고,[22] 이것은 이슬람 부흥당이 내전을 통한 권력 분배에 성공했음을 입증해주는 것이지만, 오히려 내전 종식 후 이슬람 부흥당에 대한 대중의 지지도는 현저하게 떨어진다. 내전 발생 전인 1991년 대선에서 이슬람 부흥당이 얻어냈던 40%에 가까운 대중적 지지는 1999년 1월 실시된 여론조사 결과 5%로 급락하였다. 이러한 현상은 유혈과 결합된 타지키스탄 이슬람 정당의 정치적 성공의 한계를 극명하게 보여주는 것으로 이런 의미에서 한 연구자의 다음과 같은 지적은 매우 시사적이라 할 수 있다. "타지키스탄 내전은 중앙아시아 전체에 걸친 원리주의의 명성에 부정적인 영향을 끼쳤다. 사람들은 유혈의 책임을 그들에게 물었고, 많은 타직인들이 그들을 두려워한다. 타직인들은 고향을 떠나 내전이 끝나기를 기다리는 편을 택했다... 역설적이게도 이슬람 원리주의의 영향력이 가장 강했던 타지키스탄이 이슬람 원리주의의 제한된 가능성을 입증한 셈이다."[23]

두 번째로 아프가니스탄과 타지키스탄 이슬람 원리주의의 결합과 그에 따른 과격화는 다른 중앙아시아 공화국 집권세력에게 유혈

---

pp. 216-218 참조.

22) 1997년 CNR 구성에 대해서는 S. Gretsky, p. 12 참조.

23) A. Malashenko(1994), pp. 123-124.

의 원인을 전적으로 이슬람 원리주의에 돌리는 명분을 만들어주었다. 그 결과 중앙아시아 내의 정치세력화된 이슬람은 물론이고 모든 반대세력에 대한 탄압이 정당화되고, 이것이 다시 이슬람 세력의 과격화를 야기하는 악순환이 초래되었다. 특히 이러한 상황은 아프가니스탄에 탈레반 정권이 등장한 1996년부터 더욱 심각해진다.

그러나 이보다 더 중요한 사실은 이슬람 원리주의의 폭력성에 대한 이러한 경계가 주변 국가들이 타지키스탄에 개입할 구실로 작용하였다는 점이다. 특히 이 과정에서 중앙아시아의 새로운 강자가 되려는 우즈베키스탄과, 구소련 영토에 대한 책임과 권리를 주장하는 러시아간의 관계가 새로운 갈등요소로 등장하였다. 다시 말해 급진적 이슬람 원리주의에 기반한 타지키스탄의 이슬람 정치세력의 존재는 러시아와 우즈베키스탄 양국이 타지키스탄의 내전과 이후 내정에 깊숙이 개입할 수 있는 효과적인 명분이 되었고, 이것은 타지키스탄에 구조화된 소비에트적 유물, 우즈베키스탄과의 역사적 갈등구조와 긴밀하게 관련되어 타지키스탄의 개혁과 발전에 걸림돌이 되고 있다. 이렇게 타지키스탄의 정치세력화된 이슬람은 내전은 물론, 중앙아시아, 더 나아가서는 구소련지역의 지역안보와 국제 정치구조에도 커다란 영향을 미쳤으며, 여기에 대해서는 다음의 독립된 장에서 더 자세히 살펴보겠다.

V. 타지키스탄을 둘러싼 러시아-우즈베키스탄 관계

앞장에서 설명한 바와 같이 내전을 야기한 타지키스탄 내의 사회적 모순들이 러시아가 주도했던 소비에트 시기의 직접적인 산물이라는 점에서 그리고 그 모순이 우즈베키스탄과 밀접하게 관련되어 있다는 점에서 양국은 내전과 이미 발생론적으로 연관되어 있다고 말할 수 있다. 그리고 이러한 역사적 연관관계로 인하여 양국이 타지키스탄 내전의 전개과정과 이후 정치구조에서 차지하는 비중은 실로 엄청나다고 말할 수 있다. '내전 이후 타지키스탄과 러시아의 관계는 신식민주의와 다를 바 없다'거나,[24] '타지키스탄은 사실상 우즈베키스탄의 식민지에 다름 아니다'라거나,[25] '타지키스탄은 소비에트 공화국에서 러시아-우즈베키스탄의 보호령으로 변화하였을 뿐이다'라는[26] 주장이 가능할 수 있는 근거가 여기에 있다. 이처럼 양국이 타지키스탄 내전에 깊숙이 개입할 수 있는 표면적인 명분이 되어준 것은 앞장에서 간략히 밝힌 바와 같이 바로 정치세력화된 이슬람 원리주의에 대한 경계와 그 위험성으로부터의 현지 자국민 보호, 그리고 그 영향력의 자국으로의 확산 차단이었다.

먼저 우즈베키스탄은 타지키스탄과 지리적으로 인접하고 있을 뿐만 아니라, 소비에트 통치의 결과, 타지키스탄 인구의 23%에 달하는 우즈벡인이 타지키스탄에 살고 있으며, 우즈베키스탄 내에도 수백만의 타직인이 거주하고 있다. 또한 90년대 들어 주로 이슬람 원리주의에 기반한 이슬람 정치세력화가 타지키스탄에서만큼이나 활발하게 진행되고 있었으며, 특히 이러한 이슬람 운동이 타지키스탄과 국경을 접하고 있는 페르가나 계곡을 중심으로 이루어지고 있었다. 예를 들어 'Adolat(Justice)', 'Islam Lashkarlari(Warriors of Islam)', 'Hizb at-tahrir al-ialami(Islam Liberation)'과 같은 원리주의 이슬람 집단들은 모두 페르가나를 준거지로 삼았다.[27]

---

24) S. Gretsky, p. 17.
25) S. T. Hunter, *Central Asia since Independence* (Connecticut: Praeger, 1996), p. 99.
26) 이는 앞서 인용한 B. R. Rubin의 논문제목 자체이다.
27) 우즈베키스탄의 이슬람 정치세력에 대해서는 B. Badadzhazov, "The Fergana Valley: Source or Victim of Islamic Fundamentalism?" *Political Islam and Conflicts in Russia and Central Asia*, http://www.ca-c.org/dataeng/10.babadzh.shtml (검색일: 2004.03.17)(2000), pp. 6-8 참조.

이러한 이유로 우즈베키스탄의 대통령 카리모프는 타지키스탄 내전이 자국내 이슬람 반대세력에 미칠 영향을 근거로, 타지키스탄 내전에 대한 중앙아시아 국가를 포함한 CIS의 공동대응을 강력히 주장하였다. 타지키스탄 주둔 CIS 평화유지군에서 우즈베키스탄이 차지하는 비중이 러시아 다음이었다는 점이 이를 보여준다. 다른 한편으로 타지키스탄 내전은 그가 이슬람 정치집단을 포함한 모든 반대세력을 철저히 탄압하는 구실이 되었다. 실제로 우즈베키스탄 이슬람 원리주의 정치세력을 대표하는 IMU(Islamic Movement of Uzbekistan)는 다수의 우즈벡인과 타직인으로 구성되어 있으며, 이들은 1992년에서 1993년 사이 그 근거지를 타지키스탄으로 옮겨 반군세력에 가담하여 내전에 참여하였고, 이 과정에서 IMU도 아프가니스탄의 원리주의 세력과 접촉하게 된다. 특히 IMU는 아프가니스탄의 무자헤딘 그룹뿐만이 아니라 탈레반과도 밀접한 관계를 맺었으며, 이들과의 접촉이 IMU의 정치적 급진성을 더 강화시키고 이들의 군사적 무장과 반군활동을 본격화한 것은 사실이다.[28]

그러나 실제로 IMU의 과격화를 불러일으킨 보다 근본적인 원인은 오히려 카리모프 대통령 자신에 있다고 할 수 있다. Adolat나 Islam Lashkarlari와 같이 '평화적 수단'을 통한 이슬람 국가 건설을 주장했던 중도적 원리주의 그룹이 급진적인 IMU에 흡수된 것은 카리모프의 독재와 탄압에 대한 반작용이었고, IMU가 타지키스탄으로 근거지를 이동한 것도 카리모프의 강경탄압을 피하기 위한 것이었다. 1999년 IMU의 바트켄 테러 후 키르기스스탄 정부는 카리모프의 지나친 탄압이 원리주의 집단의 과격화를 야기하였고, 그렇게 급진화된 원리주의가 유입되어 자국 무슬림들을 오염시킨다며

---

28) IMU의 활동에 대해서는 S. T. Hunter(2001), pp. 1-2; S. E. Cornell & R. A. Spector, "Central Asia: More than Islamic Extremists," *The Washington Quarterly* (Winter, 2002), pp. 193-199 참조.

카리모프를 강하게 비난하였다. 이에 대해 카리모프는 타지키스탄이 IMU에 은신처를 제공하고 물질적 지원을 했기 때문이라며 모든 비난을 타지키스탄에게 돌린다.[29] 그러나 카리모프의 주장과 달리 중앙아시아에서 일국의 과격화된 이슬람 정치세력이 주변국에 빠르게 확장되고 이로 인해 중앙아시아 국가들 간의 갈등과 긴장이 유발되는 것은 타지키스탄 내전 때문이라기보다, 민족혼재 또는 그로 인한 민족갈등, 영토 분쟁 등 소비에트 지배의 결과 해당지역에 구조화된 모순 때문이다. 중앙아시아의 급진적 원리주의 세력이 이러한 모순이 집약된 곳, 즉 민족적 경계와 지리적 경계가 일치하지 않는 국경 인접지역[30]을 주된 근거지로 삼아, 이 지역의 소수민족을 종교적, 정치적 활동의 타깃으로 삼는 경우가 빈번한 것은 이 때문이다.

오히려 카리모프의 타지키스탄 사건에 대한 적극적인 개입의지는 이러한 구조적 모순의 해결보다는 그러한 모순의 유지를 통해 기득권을 보호하려는 것이라는 혐의가 더 짙으며, 여기에는 중앙아시아 지역의 새로운 강자로 군림하려는 카리모프의 정치적 야심이 큰 작용을 하였을 것이라고 말할 수 있다. 사실 카리모프의 이런 희망은 역사적 근거를 가지는 것으로, 우즈베키스탄의 수도인 타시켄트는 제정 러시아 시대부터 소비에트 시기에 이르기까지 중앙아시아의 정치적, 행정적 중심이었고, 우즈벡인들은 다른 중앙아시아 지역의 통치 엘리트로 군림해 왔다.[31] 그 대표적인 예가 바로 소비에트 타지키스탄을 지배했던 후잔트의 우즈벡인이다. 따라서 카리모프는 타지키스탄 내전의 출발부터 일관되게 후잔트 친공산집권 세력을 옹호해 왔고, 타지키스탄 내의 우즈벡인들 그리고 친 우즈벡

---

29) 바트켄 사태를 둘러 싼 갈등에 대해서는 S. T. Hunter(2001), p. 2 참조.
30) 예를 들면 중앙아시아 이슬람 원리주의는 앞서 언급한 페르가나 계곡(우즈베키스탄-타지키스탄-키르기스의 접경지역)이나 오쉬(우즈베키스탄-키르기스의 접경지역) 지역 등에서 특히 번창하고 있다.
31) 우즈베키스탄의 역사적 지위에 대해서는 S. Gretsky, p. 17 참조.

성향의 타직인들이 후잔트 진영을 돕도록 만들었으며, 그들의 반군 진압을 군사적, 물질적으로 지원하였다. 이슬람 원리주의에 대한 경계보다 우즈베키스탄의 기득권과 영향력 보존이 타지키스탄 내전 개입의 더 큰 원동력이었음을 입증해 주는 것은 첫 번째로는 후잔트 진영의 승리를 위해 우즈베키스탄이 우즈벡인인 아프가니스탄 무자헤딘 리더인 A. R. 도스탐(Dostam)과도 공조하였다는 사실, 두 번째로는 후잔트-쿨랍간의 확고한 동맹관계에도 불구하고 우즈베키스탄과 직접적인 관련을 갖지 않는 쿨랍 출신의 공산주의자인 라흐모노프가 대통령이 된 이후로 이 정권과 일정 정도의 거리를 항상 유지하였다는 점, 세 번째로는 그 결과 카리모프와 타지키스탄 반군지도자 간의 비밀접촉이 이루어졌다는 사실이다.[32]

이렇게 타지키스탄에 대한 예전의 영향력을 보존하려는 우즈베키스탄의 시도는 내전 전과정에 걸쳐 매우 주도면밀하게 실행되었고, 뿌리 깊은 역사적 의존관계와 내전이라는 불안정한 정치 상황, 그리고 타지키스탄 인구의 거의 1/4에 해당하는 거대한 우즈벡인 집단의 존재에 기반하여 이러한 목적은 어느 정도 달성되었다고도 말할 수 있다. 1994년 라흐모노프 타지키스탄 대통령은 "타지키스탄 외교정책의 일순위는 우즈베키스탄과 긴밀한 관계를 유지하는 것"[33]이라고 말했고, 이 정권의 국방부 장관을 맡은 것도, 카리모프에 의해 그 임명이 개인적으로 승인된 우즈벡인이었다.[34]

그러나 우즈베키스탄의 정치적 야심은 개혁세력을 필두로 한 타

---

32) 1995년 카리모프는 UTO의 핵심리더인 투라존-조다와 비밀리에 만났고, 이 사실을 알게 된 타지키스탄 정부는 카리모프가 타지키스탄의 미래를 불안정하게 만든다며 몹시 비난하였다. S. T. Hunter(1996), pp. 99-100.

33) S. T. Hunter(1996), p. 97.

34) 이는 러시아계 우즈벡인인 Aleksandr Shishlyannikov를 말한다. B. R. Rubin(1994), p. 216.

지키스탄 내부 정치세력의 강한 경계의 대상이 되었을 뿐만 아니라,[35) 중앙아시아 지역 패권을 둘러싼 러시아와의 긴장관계를 유발하였다.

우즈베키스탄과 달리 타지키스탄 내전 발생 초기 러시아의 입장은 중립과 불간섭이었다. 그러나 1992년 말경 이러한 입장은 극적으로 변화한다. 그 이유는 타지키스탄의 정세보다는 국내정치 흐름과 관련된 러시아 외교정책의 선회 때문이다. 잘 알려져 있듯이 소연방 해체 직후 러시아는 대표적인 대서양주의자인 외무부 장관 코지레프의 주도 하에 강력한 친서방주의 외교정책을 펼쳤다. 따라서 이 시기 러시아는 구소련 구성 공화국들, 특히 아시아권 국가와의 관계에 보다 소극적이었고 CIS를 느슨한 연합체 정도로 상정하였다. 그러나 기대와 달리 러시아 개혁에 대한 서구의 경제적 지원은 만족할 만한 수준에 미치지 못했으며, 이러한 실망감 속에서 특히 동유럽이나, 발틱 3국으로 대표되는 옛 소련 구성공화국들의 친서구화 정책과 이들을 대상으로 한 나토의 동진은 러시아에 커다란 위기감을 불러 일으켰다.

이러한 상황은 러시아 내의 정치적 불안정, 경제 사정의 악화와 더불어 친서구적 외교정책에 대한 비판과 근본적인 수정의 필요성을 제기하였다. 그 비판은 유럽과 아시아를 이어주는 교량으로서의 러시아의 국제적 역할을 강조하는 유라시아주의자들과, 여기서 한 발 더 나아가 옛 소련의 권위와 힘의 회복을 주장하는 제국주의적 극우 민족주의자들을 중심으로 이루어졌다. 결국 1992년 중반 러시아 외교정책의 방향을 둘러싼 친서구주의자들과 그 반대세력간의

---

35) 페레스트로이카 이후 타지키스탄 민족주의자 그룹에서 강한 호응을 얻은 이슈가 우즈베키스탄으로부터 부하라와 사마르칸트를 돌려받자는 것이었는데, 이것은 단지 영토반환의 문제만이 아니라 타지키스탄 고유의 페르시아 문화로의 회귀, 이란권 국가와의 관계 회복 등의 문제와 긴밀히 연관되는 것이다.

대논쟁의 결과, 구소련 영토, 즉 근외지역이 러시아에 가지는 중요성과 근외지역에서의 러시아의 특별한 역할과 책임감 그리고 이를 위한 의미 있는 구조로서의 CIS를 강조하는 유라시아주의적 외교정책으로의 전환이 이루어졌다.[36] 타지키스탄 내전에 대한 러시아의 입장이 중립과 불간섭에서 적극적인 개입과 중재노력으로 급선회한 것은 위와 같은 외교정책의 변화 때문이며, 그 결과 1992년 12월 타지키스탄에 대한 군사개입이 러시아 정부에 의해서 승인된다.

러시아의 타지키스탄 내전 개입을 정당화하는 표면적인 명분은 우즈베키스탄의 경우처럼 과격한 이슬람 원리주의의 영향력 차단과 그 위험으로부터 자국민의 보호이다. 이미 체첸이나 다게스탄과 갈등을 겪고 있는 러시아로서는 타지키스탄 내전의 결과가 자국 내 이슬람주의자들의 분리, 독립요구에 미칠 영향을 경계하지 않을 수 없었다. 더구나 러시아 연방 내 무슬림의 많은 수가 투르크계—예를 들어 볼가 우랄 전역과 카프카스 일부지역—라는 점에서 중앙아시아 이슬람에 큰 파급력을 가진 타지키스탄 이슬람 세력은 러시아의 비상한 관심을 끌었다. 아울러 타지키스탄에는 인구의 11%에 해당하는 40만 러시아인이 살고 있다. 근외 지역 거주 러시아인의 보호는 러시아 외교정책 개념의 기본 조항 중 하나이며, 따라서 내전으로부터 이들의 보호는 내전 개입의 효과적인 명분이 되었다.

---

36) 외교정책의 유라시아주의적 전환은 1992년 말 채택된 「러시아 연방의 외교정책의 개념들」이란 문서에 반영되었고, 코지레프 역시 'CIS에서의 러시아의 특별한 역할과 책임감'과 '옛 소련공화국들에게 새로운 형태의 연합(연방)이 필요함'을 강조하는 등 유라시아주의적 입장을 수용하기 시작한다. 이에 대해서는 S. Gretsky, pp. 1–5 참조. 러시아 외교정책 전반에 대한 더 자세한 사항은 G. E. Fuller, "Russia and Central Asia: Federation or Fault Line?" *Central Asia and the World* (1994), pp. 99–107; 문명식, "구소련지역의 민족분규와 러시아연방의 인근외교", 『러시아연구』, 제4권(1994), p. 14–18; 신범식, "러시아의 근외정책과 독립국가연합", 『현대러시아의 이해』(퇴설당, 2001), p. 254–278 참조.

그러나 러시아의 타지키스탄 개입은 보다 근본적으로 유라시아 주의적 러시아 외교정책의 핵심이라 할 수 있는, 구소련 지역에서의 러시아의 정치적, 경제적, 군사적 지위와 영향력의 보존과 확대를 위한 것이라고 말할 수 있다. 물론 이때 러시아와 구소련 공화국들 간의 관계는 과거의 제국주의적 지배-피지배 관계가 아닌, 독립과 상호존중에 기반한 '새로운 연방(연합)적 형태'라고 주장되지만, 옐친이 "구소련지역의 평화와 안정의 보증자로서의 러시아의 특별한 능력"[37]이나, "중앙아시아 국가를 보호해 줄 수 있는 유일한 나라로서의 러시아와 그들의 새로운 연방(연합) 추구"[38]를 운위할 때, 이것이 과연 무엇으로부터의 보호이고, 누구를 위한 평화와 안정인지에 대해서는 언제나 논란의 여지가 있다. 타지키스탄 내전에서 러시아의 역할도 이 논란을 넘어서지 못하는 것이었다.

이러한 논란의 가장 중요한 근거가 되는 것은, 스스로의 중립선언에도 불구하고 러시아가 절대로 내전 양 세력으로부터의 중립을 지키지 않았다는 사실이다. 타지키스탄 내전 초기 러시아가 중립과 평화적 중재노력을 기울인데 반해,[39] 외교정책의 변화 후 러시아는 친정부세력 편에서 내전에 가담하였고, 이들에 대한 일방적인 군사적 지원이 내전을 격화시켰을 뿐만 아니라, 반군세력에 러시아에 대한 강한 반감을 심어놓았다. 이것은 이후 프리마코프의 외무부 장관 취임 후 보다 적극적으로 행해진 러시아의 중재노력에도 불구하고, 반군 측이 평화의 보증인으로서의 러시아의 독점적 지위를 부정하게 만들었다.[40] 이런 의미에서 "CIS가 종족분쟁에서 평화유

---

37) G. E. Fuller(1994), p. 105.
38) B. R. Rubin(1994), p. 219.
39) 1991년 옐친은 임시수상이었던 Igor Gaidar를 두샨베로 보내 러시아 파견 군대가 타지키스탄 갈등에 간섭하지 말 것을 명령하였다(S. Gretsky, p. 4). 1992년의 GNR이 러시아 사령관 자볼로트느이의 평화적 중재의 결과 탄생한 것이라는 사실은 2장에서 이미 언급한 바 있다.

지를 도울 수 있지만, 종족 갈등의 진압이 더 넓은 대중에 反한 비대
중적 정권을 지원하는 경우, 해당 공화국의 민주 세력은 CIS 메커니
즘을 억압의 도구로 볼 것"이라는[41] G. E. Fuller의 경고는 타지키스
탄 내전의 상황에 정확히 일치하는 것이다.

　결론적으로 타지키스탄 내전 개입의 숨은 명분이 기득권 보호와
영향력 유지라는 점에서 러시아는 우즈베키스탄과 커다란 차이를
보이지 않으며, 타지키스탄은 중앙아시아의 미래의 패권을 둘러싼
양국간의 경쟁과 대결의 무대가 된 셈이다. 예를 들어 쿨랍 출신의
라흐모노프가 대통령에 당선된 것은 우즈베키스탄의 지역적 야심
이 타지키스탄 내전 개입의 주된 이유임을 간파한 러시아가, 우즈베
키스탄과 혈맹관계인 후잔트인 대신, 우즈베키스탄과 아무런 연고
가 없는 쿨랍인을 지원했기 때문이라고 하며, 실제 대선 승리 후
라흐모노프와 쿨랍 지지자들은 중앙과 지역정부의 요직에서 후잔
트인과 타직-우즈벡인을 몰아내었다. 이에 우즈베키스탄은 카자흐
스탄, 키르기스와 함께 '중앙아시아연합(Central Asian Union)'을 형성
해, 러시아를 배제한 중앙아시아만의 타지키스탄 문제 해결을 시도
하였다.[42] 사실 양국의 타지키스탄 내전에의 개입 자체가 서로에
대한 견제의 측면을 가지고 있다고도 말할 수 있다. 즉 러시아 입장
에서는 중앙아시아 장악에 대한 야심을 가진 우즈베키스탄에 대한
전략적 균형추로서 타지키스탄이 필요하였고, 우즈베키스탄의 경
우는 러시아의 지배력이 중앙아시아에 새로이 고착되는 것을 막기

---

40) 휴전협정과 평화조약을 이끌어낸 Intra-Tajik-talks에서 라흐모노프 정
　　부 측과 UTO간의 이견이 가장 심각하였던 것이 바로 평화보증인으로
　　서의 러시아의 독점적 지위에 대한 사항이었다. 러시아의 독점적 지위
　　를 인정한 라흐모노프 측과 달리 UTO는 러시아군이 내전에서 중립을
　　지키지 않았기에 평화보증인으로서 이란과 파키스탄을 함께 참여시켜
　　야 한다고 주장하였다. 이에 대해서는 S. Gretsky, p. 12 참조.
41) G. E. Fuller(1994), p. 105.
42) S. Gretsky, pp. 17-19.

위해 보다 적극적으로 타지키스탄 내전에 개입하고 그 해결을 주도해 나가려 하였던 것이다. 나아가 우즈베키스탄의 강력한 친서구주의, 친미국적 외교정책은 서구의 경제적 시스템을 자국 경제 발전의 모델로 삼고 있다는 사실과 서구로부터의 경제적 지원을 활발하게 유도하고자 하는 목적에 일차적으로 기인하지만, 이와 동시에 중앙아시아 지역에서의 러시아의 패권에 대한 견제의 일환이기도 하다고 말할 수 있다.[43]

양국 간의 경쟁관계가 타지키스탄 정치 구조에 미친 영향은 매우 컸으며, 주로 이것은 타지키스탄의 구조적 모순을 심화시키고 안정을 해치는 쪽으로 나아갔다. 1998년 11월 후잔트에서 일어난 반정부 소요는 이것의 가장 극단적이고 상징적인 예다. 러시아와 라흐모노프 정권에 의해 CNR 대표구성에서 제외된 후잔트 정치인 A. 압돌로조노프(Abdollojonov)가 일으킨 이 소요사태로 114명의 정부군과 220명의 반군이 숨지고 170명의 시민이 부상하였으며, 타지키스탄과 우즈베키스탄 정부를 중심으로 한 지역갈등의 골이 더 깊어졌다.[44]

VI. 맺음말

이상에서 살펴본 바와 같이 타지키스탄의 정치세력화된 이슬람은 내전은 물론 이후 타지키스탄의 정치구조 속에서 주도적 역할을 하였고, 이것은 무엇보다 타지키스탄에 구조화된 모순과 이것이 야

---

43) 우즈베키스탄은 9.1 테러 이후 미군의 주둔을 허락한 최초의 중앙아시아 국가이다. S. E. Cornell & R. A. Spector(2002), p. 201.
44) 후잔트 반정부소요에 대한 더 자세한 사항은 G. Gleason(2001), p. 85 참조.

기한 사회적 문제들에 대한 대중의 광범위한 비판에 기반한 것이었다. 그러나 이러한 정치적 약진에도 불구하고 과격한 원리주의 이론과 행동으로 그들은 한편으로는 대중적 지지를 상실하였고,[45] 다른 한편으로는 다른 주변국가의 내정간섭을 초래하는 원인으로 작용하여 오히려 기존의 사회적 모순을 심화시키고 새로운 지역적, 국제적 갈등을 야기하는 불안요소가 되었다. 더욱이 중앙아시아 모든 국가가 이슬람 국가가 아닌 세속국가로서의 정치 형태를 선택하였다는 사실, 중앙아시아인들이 소련의 지배 하에서도 이슬람을 지켜왔음에도 불구하고 장기간에 걸친 지속적인 무신론 교육의 영향으로 주변 이슬람국에 비해 종교 관념이 일정부분 약화되어 있다는 사실, 중앙아시아 이슬람의 주류를 형성하는 하나피파와 수피즘의 유연성과 리버럴리즘에 익숙한 대중에게 원리주의의 이론적 엄격성과 원칙성이 매우 이질적이라는 사실 등, 중앙아시아에 고유한 정치적, 종교적 환경은 해당지역 이슬람 원리주의 정치그룹에 변화와 현실적 적응능력을 요구한다.

그러나 타지키스탄 이슬람 집단이 대표하는 중앙아시아 이슬람 정치세력의 급진화와 과격화 자체가 다양한 차원에서 중첩된 사회적 모순의 결과라는 점에서 보다 근본적으로 이러한 모순을 지속적으로 재생산해 내는 소비에트 지배의 유산 — 즉 구조화된 경제적 의존관계와 이로 인한 경제적 취약성, 관행화된 독재적 정치시스템과 같은 — 을 청산하고, 중앙아시아 지역갈등의 근본모순을 해결해 나가려는 시도가 선행되어야 할 것이다. 이러할 때에만 이민족의 오랜 지배를 견디어내게 한 자아정체성의 근본요소이자 민족적 자

---

45) 이슬람 원리주의에 대한 대중들의 비판은 그들이 자행한 테러와 폭력사태 뿐만이 아니라, 이들이 마약밀매나 무기거래와 같은 조직적인 범죄와 연루되어 있다는 사실에도 기인한다. 이에 대해서는 S. E. Cornell & R. A. Spector(2002), pp. 197-198; A. Matveeva, p. 6 참조.

존심의 본질이며, 사회적 삶을 구성하는 조직적 힘으로서의 이슬람의 위력은 긍정적인 발전요소로 작용할 수 있을 것이다.

제 8 장
미국의 아프가니스탄전쟁의 기원

이 웅 현

I. 문명충돌의 국제정치적 기원으로서의 아프가니스탄

2001년 9.11테러는 미국 대 이슬람 세력의 대결을 가시화한 사건으로 문명충돌론의 가치 격상은 물론 동시에 테러의 온상으로서의 아프가니스탄에 대한 관심의 고양이라는 학문적인 결과를 가져왔다.[1] 아프가니스탄의 탈레반 정권의 비호를 받는 것으로 알려진 테러리스트 그룹이 9.11테러의 주범으로 지목되고, 바로 그 해 10월

---

[1] 2000년 이후 새로운 전쟁의 형태로서의 테러 및 대테러전 그리고 아프가니스탄의 상황을 연결 분석한 연구서로는 Anthony H. Cordesman, *The Lessons of Afghanistan: War Fighting, Intelligence, and Force Transformation* (Washington, D.C.: The CSIS Press, 2002); Stephen Tanner, *Afghanistan: A Military History from Asexander the Great to the Fall of the Taliban* (Cambridge: Da Capo Press, 2002); Victor Davis Hanson, *Between War and Peace: Lessons from Afghanistan to Iraq* (New York: Random House, 2004); John K. Cooley, *Unholy Wars: Afghanistan, America and International Terrorism* (London: Pluto Press, 2000); Ali Ahmad Jalali and Lester W. Grau, *Afghan Guerrilla Warfare: In the Words of the Mujahideen Fighters* (London: Compendium, 2001) 등이 있다.

8일 미국의 아프가니스탄 공격이 시작되면서 이슬람 세력과 미국의 대외정책의 상관관계는 물론 아프가니스탄과 미국의 관계에까지 관심이 확대된 것이다.

알카에다를 비호했다는 이유만으로 아프가니스탄은 미국의 타격 대상이 된 것일까? 소련의 침공과 점령기를 거치면서 100만 명 이상의 국민의 희생을 감수하면서까지 소련을 타도의 대상으로 삼았고 또 소련군의 점령기인 1980년대 미국의 직, 간접적인 지원을 받았던 것으로 알려진 아프가니스탄은 어째서 냉전 붕괴 후 10년 만에 미국을 타도의 대상으로 삼게 되었을까?

결과론이지만 미국이 중동의 시아파 국가 이란과 정치적으로 대립 갈등하고 있던 시기에 소련은 아프가니스탄을 침공함으로써 중동, 중앙아시아 그리고 남아시아의 수니파 국가들(아프가니스탄, 파키스탄 등등)과 대립하는 형국을 조성했다. 종파의 관점에서 보면 미국은 소련에 저항하는 이들 수니파 국가들을 지원함으로써 수니파 이슬람 세력과의 연대를 도모하고자 했고, 이는 이란의 혁명정권과 팽창주의적인 소련을 동시에 제어할 수 있는 자연스럽고도 합리적인 정책이라고도 할 수 있었다. 미국이 아프가니스탄의 반군을 지원하게 된 근본적인 이유도 이러한 맥락에서 이해할 수 있다.[2]

냉전 시기에는 이슬람 세력과의 대립이 미국과 소련의 분업에 의해서 이루어졌다면, 그보다 20년이 지난 시점에서는 미국 단독으로 이슬람 세력과 대치하는 상황이 전개된 것이다. 따라서 현재의 이른바 '문명충돌'의 정치적 기원은 1979년 소련의 아프가니스탄 침공을 전후로 한 시기의 미국과 이슬람 국가 특히 아프가니스탄의 관계에서 찾아 볼 수도 있을 것이다. 실제로 이 시기의 미국의 대아프가니스탄 정책은 소련의 침공의 전과 후 확연한 변화를 보였고,

---

2) John K. Cooley, *Unholy Wars: Afghanistan, America and International Terrorism* (London: Pluto Press, 2000), p. 20.

침공 후에도 구체적인 정책의 방침이 수립되기까지 오랜 시간이 요구되었다. 본고는 1979년 12월 소련의 아프가니스탄 침공 시부터 1980년 6월까지 6개월 동안의 미국의 대 아프가니스탄 정책의 내용과 변화과정을 살펴보면서 현재의 미국-아프가니스탄 관계의 정치적 기원을 찾는 것은 물론 당시의 미국의 정책 내용과 변화를 초래한 요인 그리고 이들의 국제정치적 의의 등을 분석하는 것을 목적으로 한다. 1979년 12월까지 아프가니스탄에 대해서는 아웃사이더로서, 그리고 아프가니스탄의 반군에 대해서는 방관자로서의 자세를 견지했던 미국[3]으로 하여금 아프가니스탄 문제에 발을 디밀도록 했던 요인은 무엇이었을까?

II. 소련의 침공과 미국의 정책 변화: 브레진스키 득세

1979년 12월 26일 하루 전날부터 소련군의 대규모 카불 공수가 시작되었다는 아프가니스탄 주재 미 대사관의 보고[4]를 받은 미 국무성은 밴스 국무장관 명의로 모든 나토동맹국에 보내는 전문에서 "다양한 반군 그룹들에 대해서 협상을 제의했지만, 바브락(카르말) 정권이 전 정권보다 더 소련의 창출정권으로 간주되기 때문에 반군들이 대부분 이를 거절할 것이며… 이미 사기가 심각하게 저하되고

---

3) 소련-아프가니스탄 관계의 문제가 미국을 비롯한 서방국가들의 외교적 쟁점으로 부각되기 시작한 1979년 3월부터 1979년 12월까지의 미국의 대 아프가니스탄 정책에 관해서는 이웅현, 『소련의 아프간전쟁』(서울: 고려대학교 출판부, 2001년), pp. 263-284 참조.

4) "Soviet Airlift to Kabul," [Classification Excised] Cable from U.S. Embassy to Afghanistan to U.S. Joint Chiefs of Staff; Defense Intelligence Agency. 이 문서를 포함하여 별도로 출처를 표시하지 않은 아래의 모든 문서는 *Afghanistan: The Making of U.S. Policy, 1973-1990* (Washington, D.C.: The National Security Archive, 1990) 마이크로 피쉬에서 참조한 것이다.

있는 아프가니스탄 군은 최근의 사태로 더욱 동요하여 이탈자가 속출하게 될 것이고... 결국 소련은 아프가니스탄 군 건설과 경제재건에 어려움을 겪을 것"이라고 예상했다.[5]

소련의 아프가니스탄 침공에 가장 먼저 반응한 중동국가는 이집트였다. 이집트 의회는 소련군의 즉각 철군을 요구하는 항의서를 채택했고, 이집트의 이슬람 결사체들은 아프가니스탄 상황의 타개를 위해 아프가니스탄의 무슬림 반군들에게 재정적인 지원을 하자고 촉구했다.[6] 미국은 소련의 아프가니스탄 침공이 페르시아만 지역의 미국의 석유 이해관계에 직접적인 위협이라고 간주했다.[7]

1980년 1월 1일 전직 대사이자 아프가니스탄 전문가인 노던 애리조나 대학의 리언 풀라다(Leon Paullada) 교수는 백악관의 로이드 커틀러(Lloyd Cutler)에게 서신을 보내, 대통령에게 제안할 것을 전제로 아프가니스탄의 반군에 대한 미국의 군사적 지원을 촉구했다. 풀라다는 아프가니스탄 사태에 대해 "미국이 직접적인 군사적 대응을 하기에는 너무 멀기 때문에... 지난 1년 이상 동안 자유의 전사들이 미국의 지원을 요청하였음에도 불구하고... 내전에 간섭하지 않기 위해서 그리고 소련에 의한 동종의 행동을 유도하지 않기 위해서 반군의

---

5) Confidential Cable 333161, 1979/12/28, p. 5.

6) Cairo 00036, 1980/01/02, p. 3.

7) 소련의 의도에 관계없이 1979년 12월 아프가니스탄 침공으로 인해 이외에도 파키스탄, 이란을 비롯한 중동의 다른 지역에서의 이해관계가 위협받고 있다고 미국은 인식하고 있었다. "Talking Points for Telephone Calls on the President's Speech," 1980/01/00, Carter Copy Library 분류불명의 문서. 이스라엘 역시 미국과 같은 시각에서 소련의 아프가니스탄 침공을 페르시아만의 석유 장악을 위한 첫 단계로 보았다. "Israel Is Extremely Gloomy about Afghanistan," Classification Unknown Defense Intelligence Summary. 1980년 1월 4일 카터는 대국민 연설에서 "소련 점령 하의 아프가니스탄은 이란과 파키스탄 양국에 위협이 되며, 세계의 석유공급지를 장악하기 위한 시도"라고 강조했다. Office of the White House Press Secretary, "Text of the President's Address to the Nation," p. 2.

요청을 무시했다"면서 반군에게 재정적 군사적인 지원을 할 것을 주장했다. 이러한 행동은 "적절한 무기 지원을 받은 아프가니스탄 반군으로 하여금 소련을 수 년 동안 붙잡아 두는" 효과를 볼 수 있으리라는 것이었다. "아프가니스탄 반군은 승리할 수는 없겠지만 패퇴시키기 또한 어려울 것이며, 따라서 소련은 아프가니스탄이라는 독립국가를 점령한 데 대해서 막대한 대가를 치르게 될 것이며, 미국은 아프가니스탄을 소련의 베트남으로 만들 수 있을 것"이라는 것이었다.[8]

1월 3일 미 국무성은 전 세계의 미 대사관에 보내는 전문에서 소련의 침공에 대해서 파키스탄이 안보의 불안을 느끼고 있다는 점을 지적하면서 "브레진스키가 카터에게 1959년 체결된 미-파키스탄 조약이 유효하다는 점을 확인해 주었고... 미국은 파키스탄에 대한 지원 노력의 일환으로 군사적인 공급 파이프라인을 통해서 군사 물자를 지원하고 추가적인 군사장비를 판매할 것"이라고 알렸다.[9]

같은 날 이집트의 뉴스매체들(『아흐바르』)은 파키스탄에 대한 미국의 군사적 지원 증가 방침을 보도하면서 미 국무성 대변인의 말을 인용하여 "미국이 걸프지역의 안전과 이란에 억류중인 인질의 보호를 위해서 군사기지를 이용해도 좋다는 이집트의 제안을 진지하게 고려하고 있다"고 전했다.[10] 이집트는 아프가니스탄 반군에 대한 적극적 지원을 촉구하고 미국에 대한 기지제공의 의사표시를 하는 데 있어서 다른 어떤 국가들보다 앞서 있었다.[11]

아프가니스탄에서는 정규군의 반군으로의 이탈이 증가했다.[12]

---

8) Letter from Leon B. Poullada to Lloyd Cutler, 1980/01/01.
9) "Current Foreign Relations," Issue No. 1, January 3, 1980. Confidential Cable.
10) Cairo 00148, p. 3.
11) Cairo 00439, p. 2.
12) [Classification Excised] Cable, From U.S. Embassy in Afghanistan to Defense Intelligence Agency, U.S.

페샤와르의 미국 영사 더글러스 아처드(Douglas B. Archard)는 헬만드 지방과 헤라트 그리고 잘랄라바드에서 반군의 활동이 격화되고 있다는 라디오 보도를 미 국무성에 보고했고, 파키스탄의 라디오들은 헤크마티야르가 이끄는 아프가니스탄 이슬람당(Hizb-i Islami)이 페샤와르에서 선전전을 개시했다고 보도했다.[13]

1월 4일 역시 아처드의 보고에 의하면 페샤와르의 아프가니스탄 반군들은 파키스탄의 지원과 미국이 자신들의 요구에 대한 군사적 지원을 하지 않고 있는 데 대해 불만스러워 하고 있으며, 가일라니 그룹의 고문인 사다가트(Saddagat)는 아처드에게 반군 그룹들이 단합하지 못하고 있는 점을 고려하여 미국이 반군들의 단합에 주도적인 역할을 해 주기 바란다고 요청했다.[14] 아프가니스탄 반군이 전반적으로 안고 있던 문제는 외부의 지원부족과 단결능력의 부족이었다. 일부 반군 그룹이 이러한 면에서의 외부의 지원을 요청하기 시작한 것이다.

1월 6일 사다트 주재로 열린 이집트 집권당 민족민주당의 정치국 회의에서는 "아프가니스탄 반군을 위한 군사적인 훈련시설과 재정지원"을 할 것을 결정했고,[15] 1월 7일 미 상원의원 폴 핀들리(Paul Findley)는 카터에게 보내는 서한에서 소련에 대한 곡물수출 금지 조치만으로는 소련에 대한 제재로 불충분하기 때문에 "소련의 침공에 맞서 싸우는 아프가니스탄의 [반군] 세력들을 비밀리에 무장하는 작업이 필요하다"고 역설했다.[16]

1월 7일 이집트 국무장관 만수르 핫산(Mansour Hassa)은 아프가니스탄 반군 지도자인 모함메드 하룬 알 마그두디(Magdoudi)와 지아 낫서

---

13) Peshawar 00003, p. 1.
14) Peshawar 00005, p. 2.
15) Cairo 00364, p. 3.
16) Paul Findley to President, 1980/01/17.

리(Nasseri)를 만났고, 이들은 이집트에 무기지원을 요청했다. 그리고 낫서리는 동일한 요청을 위해 이란을 방문했다.[17]

반군 그룹의 적극적인 지원요청활동에도 불구하고 미국 특히 국무성은 미-소 관계를 우선적으로 고려하고 아프가니스탄의 반군에 대한 적극적 지원 움직임을 보이지 않았다. 1월 9일 예일 대학 교수 유진 로스토우(Eugene V. Rostow)가 밴스 국무장관에게 보낸 서신을 보면 당일 오전 워싱턴에서는 소련의 아프가니스탄 침공에 대한 미국의 대응에 관한 밴스 주재의 자문회의가 있었던 것으로 보인다. 조지 볼 등을 비롯한 전문가들이 모인 이 회의에서 밴스가 제시한 대응방안은 서한의 문면에 명확하게 적시되어 있지는 않지만 카터가 이미 발표한 곡물수출 금지, SALT 회담의 중단, 올림픽 보이콧 등을 중심으로 한 비군사적 제재였던 것으로 보인다. 로스토우는 편지에서 밴스가 제시한 대응방안이 적절하지 않다고 비판하면서 소련의 행위는 단지 "데탕트의 종언"이나 "냉전으로의 복귀"를 의미하는 것이 아니라 "열전의 공개적인 점화"에 해당하기 때문에 미국은 "아프가니스탄에서의 전투를 연장하고 강화하기 위한 합리적인 모든 조치를 취하는 것이 중요하다"고 주장했다. 그는 이러한 조치야말로 "전면적인 전쟁(general war)을 하지 않고 소련의 팽창을 저지하는 마지막 기회"가 될 것이라고 강조했다.[18] 이 서신은 브레진스키에게도 사본이 전달되었고, 로스토의 입장은 브레진스키의 동의를 얻을 수 있는 것이었다. 워싱턴에서는 밴스와 브레진스키의 소련의 행위에 대한 대응에 관해서 입장차이가 여전히 존재하고 있었고, 밴스가 설득당하는 상황이었던 것이다.[19]

---

17) Cairo 00364, p. 2

18) Eugene V. Ros tow to Cyrus Vance, 1980/01/09.

19) 밴스는 대 소련정책과 아프가니스탄 반군에 대한 지원정책에 관한 한 백악관의 스태프들과 다른 시각을 여전히 견지하고 있었다. 1980년 2월 1일 백악관의 로이드 커틀러는 프랭크 스탠튼(Frank Stanton)이 아프가

1월 10일 CIA의 National Foreign Assessment Center가 작성한 메모랜덤 "발루치스탄"은 파키스탄, 이란, 아프가니스탄 3개국에 걸쳐 위치한 발루치스탄의 전략적 중요성을 강조하고 이 지역으로의 소련의 접근이 특히 파키스탄과 이란의 안보불안을 초래하고 있으며, "아프가니스탄에 대한 소련의 군사적 개입은 러시아의 전통적인 부동항 욕구를 연상시킨다. 1,000킬로미터에 달하는 발루치스탄의 해안은 자연적인 양항은 부족하지만 페르시아만으로 진출하는 데 좋은 조건을 지니고 있다"고 기술하고 있다.[20] 미국의 정보기관도 소련의 아프가니스탄 침공을 팽창의 전조로 보고 있었다.

같은 날 미 의회의 외교국방조사국은 보고서를 통해 소련의 대 아프가니스탄 정책과 미국의 대응방침을 정리, 분석하면서 아프가니스탄에 대한 소련의 "장기적인 점령 가능성이 크고 또 대부분의 관찰자들은 소련군이 아프가니스탄의 국경을 넘어서는 모험을 할 것이라고 보고 있기 때문에... 소련과의 대화를 단절하고 (경제적인 제재 등을 비롯한 정치적 응징만으로) 진지한 대안이 될 수 있는가?"하는 의문을 제기했다.[21]

이미 1979년 7월 3일의 카터는 반군에 대한 선전과 의약품 지원을 개시하는 데 동의했지만 1980년 1월 10일부터 즉 소련의 침공 2주일 후부터는 파키스탄을 통해서 무기(.303 Enfield rifles)가 지원되기 시작했다.[22] 올리비어 로이(Olivier Roy)는 소련의 침공 직후 한 달 동안은

<hr />

니스탄에 관한 믿을 만한 정보를 카터 대통령에게 직접 전하고 싶다는 의사를 표명했다고 카터에게 메모를 보내면서 "사이(밴스의 애칭)가 아니라 대통령이 직접 전화해 주기 바란다"고 전했다. Letter from Lloyd Cutler to President Carter.

20) Secret Memorandum, "Baluchistan: A Primer," pp. 2, 4.

21) Foreign Affairs and National Defense Division, Congressional Research Service, "Afghanistan: Soviet Invasion and U.S. Response," pp. 9, 20.

22) CIA의 아프가니스탄 반군지원 담당관리 Charles Cogan의 증언. John K. Cooley(2000), p. 19.

소련의 군사작전의 목표가 반정부군의 주 활동무대인 농촌과 산악 지역이 아닌 아민 정권의 군과 정부였기 때문에 무장저항이 발생하지 않았다면서, 소련군의 진입이 시작된 12월 27일부터 약 두 달 동안은 동절기였을 뿐만 아니라 대규모 군사작전을 예상하지 못했던 데서 오는 충격으로 인해서 반군의 무장저항은 눈에 띄지 않았다[23]고 기술하고 있는데, 사실 소규모의 반군 저항은 침공 직후부터 시작되고 있었다. 미국의 반군에 대한 무기지원이 시작된 10일을 전후해서 수 일 동안 아프가니스탄의 잘랄라바드 지역에서는 헤크마티야르가 이끄는 아프가니스탄 이슬람당 세력과 소련군과의 교전이 계속되었다.[24]

　1월 12일 파키스탄은 미국과 모종의 교섭을 가졌고, 15일과 16일 이틀에 걸쳐서 파키스탄의 지아 울 하크 대통령은 공개적인 코멘트를 통해 "소련의 병력이 아프가니스탄 반군의 궤멸을 위해 아프가니스탄-파키스탄의 국경을 넘는다면 소련군에 대해 발포하겠다"고 엄포를 놓으면서 파키스탄에 대한 미국의 지원이 "어떠한 조건도 달지 않은 것"이라고 평가했다.[25]

　1월 1일 풀라다의 서한을 받은 백악관의 커틀러는 풀라다의 제안을 진지하게 고려하고 있었음에 틀림없다. 그는 이 문제를 SCC회의에서 제의 검토하고, 국무성에 페르시아만 지역에서의 미군의 작전에 관한 국내외의 법률적 문제에 관한 의견을 구했다. 이에 대한 회신으로 국무성 법률자문실의 로버트 오웬(Robert B. Owen)은 밴스에게 대통령의 군사력 동원은 전반적으로 문제가 없으며 다만 국내적으로 상하 양원을 비롯한 광범위한 합의를 얻을 필요가 있다고

---

23) Olivier Roy, *Islam and Resistance in Afghanistan*, 2nd ed. (Cambridge: Cambridge University Press, 1990), p. 118.

24) Peshawar 00015, p. 1.

25) Islamabad 00379, p. 2; Cairo 01155, p. 3.

보고했다.26)

2월 초 아프가니스탄 외상 샤 모함마드 도스트(Dost)는 미국과 중국 그리고 이집트가 파키스탄과 아프가니스탄 반군에 재정적 지원과 군사훈련 지원을 하고 있으며, 이것은 아프가니스탄에 중대한 위협이라고 주장했다.27) 미국과 이집트는 실질적인 지원을 개시하고 있었던 것으로 보인다.

2월 2~5일 브레진스키와 워런 크리스토퍼 국무차관은 파키스탄과 사우디아라비아를 방문하여 현안에 관해 협의했다. 그리고 2월 13일 페샤와르의 미 영사의 보고에 의하면 아프가니스탄의 바다흐샨 지역에서 소련군과 반군의 교전이 있었다.28)

2월 12~14일에는 마이애미 대학의 Center for Advanced International Studies가 주최한 '중동과 서방'에 관한 국제학술회의에서 랜드연구소의 스티븐 로슨(Steven J. Rosen)은 "아프가니스탄이 중동으로의 진출을 위한 소련의 군사적 전초기지가 될 것"이라고 발표했다.29) 같은 시기 미 육군정보국(U.S. Defense Intelligence Agency)도 소련의 아프가니스탄 침공은 페르시아만의 유전지역 장악을 위한 시도의 일환이며 특히 사우디아라비아의 안보에 위협적이 될 것이라고 분석, 보고하고 있었다.30)

2월 14일 밴스는 중동과 남아시아 각국의 미대사관에 보내는 전문을 통해서 가까운 시일 내에 소련군이 아프가니스탄으로부터 철

26) Department of State, "Briefing Memorandum," from Roberts B. Owen to The Secretary.
27) Kabul 00519, p. 1.
28) Peshawar 00053, p. 1.
29) Steven J. Rosen, "Soviet Strengths and Vulnerabilities in the Middle East," pp. 7–8.
30) Classification Unknow Defense Intelligence Agency, "The Soviet Invasion of Afghanistan".

수할 가능성이 없다는 의견을 표명했고,[31] 2월 16일과 17일 오스트레일리아의 라디오 방송은 아프가니스탄의 바다흐샨, 타하르 그리고 와르다크 지방에서 반군에 대해 소련군이 독가스를 사용했다고 보도했고 페샤와르의 미 영사는 이 사실을 미 국무성에 확인해 주었다.[32]

2월 24일 아프가니스탄 외상 도스트는 국제연합에 서신을 보내 "미국, 영국, 중국, 파키스탄 그리고 이집트가 아프가니스탄 내정에 '지속적인 개입'을 하고 있다"고 주장하면서, 아프가니스탄에 침투한 미국인 로버트 리(Robert Lee)를 포함한 파키스탄인 30명을 체포했다고 주장했다.[33] 3월에 들어 CIA는 「아프가니스탄: 인종적 다양성과 반정부활동」이라는 조사보고서를 통해서 "아프가니스탄의 인종구성이 복잡하여 반군단체들을 통합하는 데 어려움이 있을 것"이라고 보고했다.[34] 페샤와르에 근거를 두고 있는 가일라니 그룹이 1월 4일 미국에 요청한 데 대한 CIA의 의견이었다.

Ⅲ. 방향전환: 밴스의 동요

같은 달 미 국무성이 작성한 「아프가니스탄과 파키스탄」이라는 보고서는 "아프가니스탄 반군이 8만 5천명의 소련군에 대항하고 있지만 조직적이지 않기 때문에 소련군의 철수를 이끌어 낼 수 없는

---

31) State 040959, "Department Press Briefing," p. 5.
32) Peshawar 00069, p. 1.
33) USUN N 00954, pp. 1-2; 4월 23일 이집트의 『아흐바르』지는 "아프가니스탄 반군이 이집트가 지원한 소련제 무기를 가지고 파키스탄 국경의 소련군을 공격했다"고 보도했다. Cairo 09157, p. 3.
34) National Foreign Assessment Center CIA, "Afghanistan: Ethnic Diversity and Dissidence," p. 11.

상황"이라면서 파키스탄을 통한 반군에 대한 지원이 더 필요함을 암시했다.[35] 그리고 3월 3일 역시 국무성의 밴스 명의로 작성된 보고서 「아프가니스탄: 미국의 진로」에서 "아프가니스탄에서의 미국의 목표는 소련군의 철수"라고 못 박았다.[36] 미국은 이제 소련의 철군을 목표로 반군에 대한 지원 방향을 잡게 되었다.

3월 6일 이슬라마바드의 미국 대사관은 아프가니스탄의 쿠나르 지방에서 소련군이 반군을 공격하는 과정에 탱크와 전투기, 전투헬기 그리고 네이팜탄을 사용했다고 보고했다.[37] 미국의 지원 이후 반군의 활동이 격화되었고 이에 대한 소련군의 대응도 강화되었다. 13일까지 이러한 교전지역은 난가하르, 라그만, 파크티아 지방으로 확대되었다.[38]

4월 들어서 CIA는 반군에 대한 지원확대를 위한 기초조사 작업에 들어갔다. CIA는 「아프간 난민: 소련-파키스탄 관계를 자극하는 것」이라는 비밀보고서에서 아프가니스탄의 파슈툰족이 보수적 이슬람의 전통을 지니고 있어서 공산주의에 대한 정치적 반대와 저항을 지지하고 있다면서 파키스탄으로 피난하고 있는 70만 명의 아프간인들의 대부분이 파슈툰이라고 분석했다.[39] 파키스탄의 아프가니스탄 반군지원의 체계화를 위한 본격적인 분석 작업에 돌입한 것이다.

4월 말과 5월 초에 걸쳐서 소련군과 아프간군은 전투기를 동원하

35) Department of State Confidential Briefing Paper, "Afghanistan and Pakistan," pp. 1-5.
36) Cyrus Vance, "Afghanistan: America's Course," Current Policy No. 144, pp. 2-3.
37) Islamabad 02128, pp. 1-2; Islamabad 02137, pp. 1-2.
38) State 066185, pp. 1-2.
39) CIA Secret Memorandum, "The Afghan Refugees: An Irritant to Soviet-Pakistani Relations," pp. 1-3.

여 아프가니스탄-파키스탄 국경 지역을 최소한 7차례 폭격했다. 이 지역은 아프간 난민과 반군들이 운집해 있는 지역이었다.[40] 6월 들어 반군의 활동과 반정부 스트라이크는 카불 근처까지 확대되었고, 소련군은 이에 대한 밀도 높은 소탕작전을 전개하기에 이르렀다.[41] 6월 2일 파키스탄의 미국 대사관의 무관이 국방성의 정보기관으로 타전한 바에 의하면 이집트와 중국이 아프가니스탄 반군에 지원하고 있는 무기에는 RPG-2 대탱크 화기, RPG-7 로켓발사기, SA-7 지대공 미사일과 화약 등이 포함되어 있었다.[42] 내전의 상승작용이 시작되었다.

6월 3일자로 브레진스키가 작성한 SCC 회의의 메모랜덤에는 페르시아만의 안전보장에 관한 논의를 위해 12차례의 회의가 열렸고, 여기서 논의된 것은 소련으로 하여금 대가를 치르게 하고 또 페르시아만의 중요한 이해관계를 보호하기 위한 정책도출이었음을 알 수 있다. 메모랜덤은 대부분 기밀삭제되어 그 내용을 정확하게 알 수는 없지만 전체의 문면으로 보아 군사적인 대응방침을 우선적으로 고려하고 있음을 알 수 있다.[43] 미국은 침공 직후부터 6개월 동안 경제제재를 중심으로 한 공식적인 대응을 지속하면서 군사적인 대응방안에 관해서 면밀히 검토했고, 이 과정은 이집트와 파키스탄의 적극 대응과 지원 호소, 반군 그룹의 적극적인 해외 지원 유치 활동, 아프가니스탄 내부의 소련군과 반군 사이의 교전 격화, 미국 내의 대 소련 강경방침 여론의 강화 현상과 시기를 같이 했다.

---

40) Peshawar 00171, pp. 1-2.
41) Kabul 01778, pp. 1-8.
42) (원문에는 이름과 문서번호가 삭제되어 있음) [Classification Excised] Cable, pp. 1-3.
43) White House, Secret Memorandum "Persian Gulf Security Framework," pp. 1-4.

Ⅳ. 몇 가지 추론들

레이건 정권 시기에 본격화된 것으로 알려진 미국의 아프가니스탄 반군 지원은 사실상 카터 행정부에서 시작된 것이었다.44) 구체적인 대응책과 그 목표가 수립될 때까지 국무성과 백악관의 견해 차이 그리고 정보 수집과 분석, 여론의 수렴과정이 필요했지만 반군의 활동이 소강상태에서 벗어나기 시작하면서 임시적인 군사지원이 시작되었고, 소련의 철군이 무망한 것으로 판단되기 시작하면서 구체적인 정책의 목표와 그의 추진을 위한 반군지원 활동이라는 명확한 성격규명이 이루어졌다. 이 시기의 정책변화를 위해서는 CIA를 비롯한 정보기관, 대학의 아프가니스탄 연구자들은 물론 소련 전문가들의 지속적인 자문과 충고가 있어야 했고, 의회의 묵시적 촉구도 필요했다.

물론 미국의 아프가니스탄 정책변화를 주도한 사람은 폴란드 출신의 반공주의자 브레진스키였다. 아말렌두 미스라(Misra)는 브레진스키가 아프가니스탄 침공을 계기로 라이벌인 헨리 키신저에 필적하는 전략가와 외교관으로서의 입지를 굳히고자 하려 했다고까지 극단적인 평가를 하고 있지만,45) 브레진스키는 1979년 7월 카터의 반군지원 명령서를 이끌어 냄으로써 소련을 아프가니스탄의 수렁 속으로 몰아넣으려 했었고,46) 그 수렁을 더 빠져나오기 힘든 곳으로

---

44) 1981년 1월 22일 파키스탄 주재 미대사관의 무관 해롤드 모저(Harold A. Mauger, Jr.) 대령이 미육군의 로버트 브라운(Robert K. Brown) 중령에게 아프가니스탄 반군에 대한 미국의 화약 등 무기지원 작업에서의 공로를 치하하는 서신을 보낸 것으로 보아 분명 미국은 1980년부터 아프가니스탄 반군을 비밀리에 지원하고 있었다.

45) Amalendu Misra, *Afghanistan: The Labyrinth of Violence* (Cambridge: Polity Press, 2004), p. 27.

46) 1998년 1월 14일자 『르 누벨 옵세르바퇴르』지와의 인터뷰, John K. Cooley, *Unholy Wars: Afghanistan, America and International Terrorism*

만드는 작업까지 주도적으로 수행했던 것이다.

　이를 위해서 미국은 당연히 이집트, 파키스탄, 사우디아라비아 등과의 국제적 연대를 형성하면서 반 소련 반 아프가니스탄 공작을 추진했지만, 위의 보고서와 전문들을 통해서 보는 한 이스라엘, 이집트, 파키스탄 등의 국가들은 오히려 소련의 행위를 비난하면서 주도적으로 아프가니스탄 반군에 대한 지원에 박차를 가했다. 미국이 이들 국가들과의 협력을 필요로 했다는 것은 역설적으로 말해서 미국의 입장에서 아프가니스탄 그 자체는 사실상 전략적으로 중요한 국가가 아니었기 때문이었다고 할 수 있다. 소련의 침공으로 인해 비로소 미국에게 아프가니스탄이 중요해진 것은 카터 정권이 표방한 인권의 침해나 주권국가의 독립침해가 발생했기 때문이 아니라 미국에 전략적으로 중요한 페르시아만과 파키스탄을 비롯한 동맹국의 안전이 위협을 받게 되었기 때문이었다. 초기의 미국의 대응태도는 아프가니스탄 침공이 이 지역으로의 소련의 팽창의 전조일지도 모른다는 조바심에서 비롯한 것이었다. 베트남의 수렁을 경험했던 미국은 소련을 아프가니스탄의 수렁 속에서 허우적거리게 만들려고 했고, 이제는 그 소련이 결국 미국으로 하여금 아프가니스탄과 악연을 맺도록 했던 것이다.

　(London: Pluto Press, 2000), p. 19에서 재인용.

제 9 장
중앙아시아 지역을 둘러싼 권력투쟁과 함의*

이 호 령

I. 서론

1990년 이전까지만 해도 구소련에 편입되었던 중앙아시아 5개국은 동구권의 붕괴와 소련 해체라는 외부환경 덕분에 큰 노력 없이 독립을 얻었지만, 아직 러시아의 영향력에서 크게 벗어나지 못하고 있다. 석유, 가스 등의 지하자원과 테러, 이슬람 문화 등의 이슈들은 이 지역에 대한 미국과 러시아의 관심을 증대시켰을 뿐만 아니라 중국, 터키, 이란, 인도, 파키스탄 등에 이르기까지 서로 이윤추구와 영향력 확대를 위해 경쟁하게 했다.[1] 특히 중앙아시아를 둘러싼 이란과 터키간의 문화적 영향력 경쟁은 과거 역사적, 종교적, 문화적 관계에서 비롯된다고 볼 수 있다. 즉 문화적 영향력을 통해 이 지역에 대해 패권 추구에 있다.

---

* 이 글은 『전략연구』 제XIIIrnjs 제3호(2006년)에 게재된 것임.
1) Matthew Edward, "The New Great Game and the New Great Gamers: Disciples of Kipling and Mackinder," *Central Asian Survey*, (March, 2003), pp. 83–102.

이러한 구도는 19세기 중앙아시아를 둘러싼 영국과 러시아간의 패권경쟁이 21세기 다시 재현되는 듯하다. 구소련 해체 후, 강대국 간의 "Great Game"은 군사적 모험주의에서 지하자원, 이슬람 세력의 폭력 잠재성에 대응한 전략적 준비 등에 이르기까지 게임의 종류가 다양해지고 있다.

따라서 본 장에서는 탈냉전이후 중앙아시아 지역에서 강대국이 추구하려는 이익이 무엇이며, 강대국의 이익 차이에 따른 정책의 변화가 중앙아시아를 변화시킬 수 있는지, 또한 이러한 변화들이 궁극적으로 우리의 안보와 대 중앙아시아 정책에 어떠한 영향을 줄 수 있는지 등을 고려하면서 중앙아시아를 둘러싼 주요 국가들의 이익과 경쟁이 초래할 수 있는 문제와 중앙아시아의 자체 문제를 통해 향후 중앙아시아의 미래와 안정과 발전을 위해 유의할 점을 제시하고자 한다.

II. 중앙아시아에 대한 강대국의 이익

1. 미국

냉전시기 미국이 중앙아시아에 대해 관심을 갖게 된 계기는 소련 이 중앙아시아에 핵실험 장소와 미사일 발사 기지를 갖추고 있었기 때문이다. 따라서 미국은 중앙아시아의 소련의 군사활동을 모니터 하기 위해 이란과 파키스탄에 군사시설을 설치했다.[2] 그러나 소련 붕괴 후 이 지역에 대한 미국의 주요 관심사항은 중앙아시아가 자립 성을 갖고 안정을 되찾음으로써 러시아의 영향력으로부터 벗어나

---

2) Charles William Maynes, "America Discovers Central Asia," *Foreign Affairs*, 82-2, (Mar/Apr, 2003).

도록 하는데 있다.[3] 유라시아의 중심인 중앙아시아 지역은 미국의 주요 이해관계가 얽혀 있는 지역으로 미국은 중앙아시아 국가들이 미군의 아프가니스탄 주둔을 지지하기를 바라며, 중앙아시아 지역의 이슬람 영향력 증대를 완화시키고, 이 지역에 대한 러시아 · 중국 · 이란의 공동지배 방지 등을 추구하고자 한다.[4] 또한 카스피해 주변의 석유 · 천연가스 생산증가와 이 지역의 민주화를 희망하고 있다.

특히, 9.11이후 미국은 중앙아시아 국가들이 대외적으로는 테러리즘, 대량살상무기 확산, 무기거래 등과 맞서 싸우는 한편, 내부적으로는 민주화, 자유 시장경제, 인권, 에너지 개발을 촉진하도록 노력하고 있다. 따라서 중앙아시아 국가들에 대한 미국의 정책은 중앙아시아 국가들이 책임 있는 국가로서 국제질서와 규범을 따르도록 국제공동체내로 통합시키고자 하며 평화와 안정에 위협이 되는 근본주의자들과 반서방주의자들의 활동을 근절시켜 나가는데 중점을 두고 있다.[5] 물론, 중앙아시아 국가들에 대한 미국의 정책은 국가별로 접근법이 다를 수밖에 없다. 즉, 카자흐스탄에 대한 미국의 최우선 순위 정책은 안보문제로, 구소련시대 핵무기와 생물무기와 관련된 물질과 시설의 제거이며, 타지키스탄에 관해서는 원조의 상당부분을 주로 경제재건을 위해 지불하고 있으며, 미국의 에너지 기업들은 카자흐스탄, 투르크메니스탄, 우즈베키스탄의 석유와 천연가스 개발에 투자하고 있다.[6]

---

3) 미국은 코카서스 지역뿐만 아니라 중앙아시아 지역 내의 분쟁 방지, 인도주의적 필요성, 경제발전, 에너지 파이프라인을 포함한 수송, 커뮤니케이션, 국경통제, 민주주의, 시민사회 조성 등의 지원을 위해 "실크로드 전략 법안(Silk Road Strategy Act)"(P.L. 106-113)을 1999년에 통과시켰다.

4) 아리엘 코언, "중앙아시아의 줄타기 외교", 『세계』, 2005. 7. 5.

5) Jim Nichol, "Central Asia: Regional Developments and Implications for U.S. Interests," *CRS Issue Brief for Congress*, Nov. 12, 2004.

6) Jim Nichol(2004).

중앙아시아 국가별로 미국의 정책우선순위는 다르지만, 미국은 중앙아시아 지역을 국가차원보다는 지역차원에서 전략적 이익을 추구하고 있다. 첫째는 안보이고 둘째는 에너지와 지역경제협력, 그리고 마지막으로는 개혁을 통한 자유 확산이라고 볼 수 있다.[7] 먼저 안보적 측면에서 볼 때, 미국은 9.11테러참사 이후 세계전략을 본질적으로 전환하기 시작했다. 즉 강대국 간의 분쟁 대처에서 테러리즘의 공동대처로 전환한 것이다. 냉전시기 이념을 중심으로 작동되었던 동서 대결구조가 테러를 둘러싼 선의 축과 악의 축간 대결구조로 재편된 것이다. 선의 축은 민주주의, 시장경제, 인권 등 미국이 추구하는 주요 가치관과 원칙을 함께 공유하고 수호하려는 문명세력인 반면, 악의 축은 문명사회의 기본가치와 원칙을 파괴하려는 반문명적 테러집단과 그 후원세력을 지칭한다. 따라서 악의 축을 근절하기 위해서는 국제사회가 모두 동참하고 협력해야 하는 것이다.[8] 따라서 러시아는 미국이 테러의 주요 근원지인 아프가니스탄의 탈레반 정권을 소탕하는데 자신의 뒷마당까지 진출하는 것을

---

7) Daniel Fried, Assistant Secretary for European and Eurasian Affairs, "A Strategy for Central Asia," Statement before the Subcommittee on the Middle East and Central Asia of the House International Relations Committee, Washington D.C., Oct. 27, 2005.

8) 안보전략의 기본방향으로 ① 인간 존엄성에 대한 열망 옹호 ② 국제테러리즘을 분쇄하기 위한 동맹 강화 ③ 지역갈등을 완화하기 위한 협력 증대 ④ WMD 확산 사전 예방 ⑤ 자유시장과 무역을 통한 세계경제성장 주도 ⑥ 사회개방과 민주주의에 기초한 개발혜택 확대 ⑦ 주요 강대국들과의 협력증진을 위한 의제 개발 ⑧ 21세기 도전과 기회에 부합하도록 국가 안보기구들의 변혁 등을 제시했다. 이는 이전의 안보전략과 ① 안보위협의 원인을 실패한 불량국가와 WMD 및 테러의 결합 ② 새로운 위협에 대처하기 위해 동맹국은 물론 다른 강대국들과 함께 협력관계 강화 ③ 테러 공격을 예방하기 위해 기존의 억제와 봉쇄 개념에서 선제공격 개념으로 전환 ④ 미래에 다른 강대국들이 미국에 도전할 생각을 갖지 못하도록 절대 우위의 군사력을 계속 확보해 나간다는 측면에서 차이가 난다. White House, *National Security Strategy*, September, 2002.

허용할 수밖에 없었다. 당시 미국은 탈레반과 아프가니스탄에 있던 오사마 빈 라덴 제거를 결정하면서 공군기지를 둘 장소를 찾다가, 우즈베키스탄의 카르쉬-카나바드 군기지와 키르기스의 수도 비슈케크의 국제공항을 이용하도록 두 정부로부터 허락을 받게 되었다. 미국은 회계연도 2002년에 이 지역에 약 5억 8천만 달러를 지원했는데 2001년에 약 2억 5천만 달러를 지원한 것과 비교해 볼 때 거의 두 배 수준이다. 키르기스에 미군 3,000명이 주둔했고, 우즈베키스탄에 미군 1,000명이 공군 기지에서 작전을 수행했으나, 아프가니스탄 전쟁이 종결된 후 현재는 아프가니스탄 내 18,000명의 다국적군 지원과 특수부대 활동 및 정보정찰 업무, 항공기 재급유 등의 목적으로 우즈베키스탄의 카르시-하나바드 공군기지와 키르기스의 마나스 공군기지에 약 2,000명의 미군이 현재 주둔하고 있다. 한편, 중앙아시아 지역의 미군주둔은 테러문제 이외에도 미국의 군사변형 (transformation)과도 연계되어 있다. 미국은 실패한 불량국가나 테러집단이 미국 본토뿐만 아니라 동맹 국가들에게 WMD로 공격하는 상황을 21세기 국제사회의 주요 안보위협으로 간주했다. 이는 냉전시기 지역과 적의 일치로 위협지점과 그렇지 않은 지점들을 쉽게 분리할 수 있었던 것과 달리, 지금은 이러한 위협이 세계 도처에서 발생할 수 있다는 점에서 어느 특정지역을 마크할 수 없다. 따라서 미국은 냉전시대의 해외 전진 고정배치 전략을 신속 기동배치 전략으로 전환해 분쟁지역에 신속히 기동하여 목표를 정확히 타격할 수 있는 수단과 운영체계를 개발하고 있다. 이러한 점에서 볼 때, 중앙아시아 지역은 미국의 주요 안보위협의 변화에 따른 세계전략의 주요 중심축 중의 하나라고 볼 수 있다.

두 번째로 에너지와 지역경제협력의 중요성을 보면, 석유는 전략물자로 국제사회의 주요행위자간 세력균형을 가져다주는 주요 요소로 특히 걸프전 이후, 석유, 가스 등 에너지 공급은 안보의 주요 대상이 되어왔다. 따라서 미국을 비롯한 주요 강대국들은 중앙아시아 지역의 자원개발에 개입필요성을 강조해 왔다. 클린턴행정부가 이 지역에 대한 적극적 정책을 취할 필요가 있다고 강조한 데 이어, 부시행정부도 20년 뒤 미국은 석유 소비량의 2/3를 해외에 의존해야 하기 때문에 추가적인 에너지 공급원, 즉 카스피해의 원전 확보를 강조했다.[9] 러시아는 안보리 보고를 통해, 2005년까지 CIS 에너지 자원에 대한 의존도를 증대시켜야 한다고 주장함으로써 이 지역에 대한 러시아의 관심을 표명했다.[10] 중국 역시 중앙아시아 가스 수입을 위해 중앙아시아, 신장지구, 상하이로 잇는 파이프라인 연결 계획에 주요 관심을 보였다.[11] 카스피해의 석유지대 확보, 파이프라인 연결, 저장 루트, 석유 컨소시엄, 독점계약 등은 이 지역의 최종 우승자가 가질 수 있는 것들이기 때문에, 이러한 요소들은 각 국가들의 야망을 촉진시키고 이익 공유 여건도 만들어 주지만 때로는 역사적 요구를 점화하기도 하며 제국주의적 열망과 국가 간의 경쟁을 불러일으키고 있다.[12] 한편, 미국은 고대 실크로드의 무역경로를 활성화시켜 중앙아시아 국가들이 남아시아와 유럽을 통해 세계경제에 접근할 수 있도록 노력하고 있다. 특히 아프가니스탄과 타지키스탄이 지역 무역과 국제 무역의 활성화를 가져올 수 있는 가교역할을 하는 데 중점을 두고 있다.[13]

마지막으로 미국은 개혁을 통한 자유 확산을 위해 행정부, 의회의

---

9) U.S. Department of Energy and The White House, *National Energy Report*, May 17, 2001.

10) J. Erickson, "Russia will not be trifled with : Geopolitical facts and fantasies," *Journal of Strategic Studies*, 22-2/3 (1999), pp. 257-258.

11) A. Rashid and T. Saywell, "Beijing gusher," *Far Eastern Economic Review*, Feb. 26, 1998.

12) Z. Brezinski, *The Grand Chessboard: American Primacy and its Geo-strategic Imperatives* (New York: Basic Books, 1997), p. 125.

13) Daniel Fried(2005).

고위급 인사들의 방문을 통해 외교적 관계도 진전시켜 나가는 한편, 이 지역의 정치지도자들에게 개혁으로 인한 정치경제적 국내혼란을 감수해낼 수 있는 여건도 만들어주고 있다. 그 결과 미국과 중앙아시아의 관계는 급격히 공고화 되어가고 있다. 테러에 대한 공포로 미국은 이 지역에 군사주둔을 하게 되었고, 중앙아시아는 주둔을 허용함에 따라 안보와 경제적 이익을 동시에 얻을 수 있는 기회를 갖게 되었기 때문이다. 미국은 중앙아시아 지역에 대한 전략적 구상('Russia Down, China Out, America In')대로 러시아의 기득권은 줄이고 중국의 영향력은 차단하며 미국의 개입[14]을 확대하기 위해 러시아와 중국을 자극하지 않으면서도 중앙아시아 국가들이 미국의 가치와 이념을 공유하는 국가로 전환시켜 나갈 수 있는 발판을 만들어 나가게 된 셈이다.

2. 러시아

러시아는 중앙아시아 지역에 대한 국익을 광범위하게 정의하기를,[15] 첫째, 지역 국가들과 긴밀한 파트너십 관계를 통해 중앙아시아 지역의 안정을 추구하며, 둘째, 중앙아시아 국가들을 중국, 인도, 이란과의 관계를 지원해 줄 수 있는 유용성을 극대화시켜 동서남북을 잇는 수송의 교두보로 활용하며, 셋째, 장기적으로 국내에서 생산한 재화들의 판로 개척을 위해서 중앙아시아 지역국가들과 서로 협력하는 단일 경제공동체를 추구하는 한편, 중앙아시아 지역의 수력에너지와 천연자원 사용의 결정에 개입하는 것도 우선순위에 포

---

14) 이복재, "자원의 보고 중앙아시아에서 열강이 충돌하고 있다", 『석유가스신문』, 2005. 7. 27.

15) Dimitry Trofimov, "Russian Foreign Policy Objectives in Central Asia," *Russian Regional Perspectives, Russia's New Southern Border: Western Siberia Central Asia,* http://www.iiss.org/rrpfreepdf.php(검색일: 2006. 2. 1).

함시켜야 하며, 넷째, 중앙아시아 지역의 실질적 문제들을 해결하고 국제적이고 지역의 파워를 행사하기 위해서 지(地)전략적 위치를 차지해야 한다는 것이다. 당분간 러시아는 우주로켓의 70%를 발사하는 카자흐스탄의 바이코누르(Baikonur) 우주센터를 지(地)전략적 위치로 이용하겠지만, 궁극적으로는 카자흐스탄, 타지키스탄, 키르기스로 확대해 나가겠다는 구상을 갖고 있다. 이 지역들은 러시아에게 엄청난 전략적 위치를 제공해 주기 때문이다. 그리고 마지막으로 이 지역에 대한 러시아의 권력행사를 중앙아시아 지역 국가들과 외부세력으로부터 인정받아야 한다는 것이다.

중앙아시아 지역에 대한 러시아의 국익추구는 소연방 해체 후, 러시아 안보정책의 우선순위가 점차적으로 서쪽 지역에서 남쪽 지역으로 이전해가고 있는 것과 연관되어 있다. 이러한 변화는 푸틴 대통령이 나토와의 관계를 정상화하고 친서방 정책을 취하고 있기 때문이기도 하지만, 다른 한편으로는 남쪽 국경지대의 불안정성과 경제적 어려움이 주요 안보위협으로 등장하고 있기 때문이다. 또한 중앙아시아 지역은 체첸에 이어 러시아의 두 번째 주요 불안 지역으로 특히 마약밀매와 같은 연성안보위협(soft security threat)에 주의를 기울여야 하기 때문이다.

따라서 러시아는 연성안보위협과 국경안보, 중앙아시아 지역의 내부 혹은 주변의 테러집단 확산 방지 그리고 중앙아시아 지역 국가들 간의 충돌이나 국가붕괴 방지 등을[16] 위해 CIS 집단안보조약과 상하이 협력기구(SCO) 등을 중심으로 적극적인 외교적 노력을 펼쳐왔다. 비록 집단안보조약을 통한 러시아의 중앙아시아 국가들에 대한 영향력은 과거 소련이 바르샤바조약을 통해 동구권국가들에게

---

16) Oksana Antonenko, "Russia's Foreign and Security Policy in Central Asia," *Russian Regional Perspectives, Russia's New Southern Border: Western Siberia Central Asia*, http://www.iiss.org/rrpfreepdf.php(검색일: 2005. 12. 19).

미친 정치·군사적 영향력과 비교해 볼 때 그 강도는 낮지만, 가입국들의 군사 활동 및 동맹관계 수립에 상당한 영향력을 행사하고 있다. 러시아는 집단안보조약의 제1조(체약국이 체약 동맹국에 적대시되는 군사동맹 또는 여타 종류의 연합에 가입할 수 없음)를 통해 여타 가맹국에 대한 정치·군사적 영향력을 행사하고 있다. 1993년 12월 아쉬하바드에서 CIS 가맹 7개국(벨로루시, 아르메니아, 아제르바이잔, 투르크메니스탄, 타지키스탄, 카자흐스탄, 키르기스)과 개별적으로 맺은 군사·기술 협력협정은 협정국 일방이 적으로부터 공격을 받을 경우, 다른 일방이 군사력을 동원하여 지원하는 것을 명시하고 있기 때문에, 러시아는 옛 소련지역에서 사실상 경찰국가의 역할을 할 수 있는 토대를 만들었다고 볼 수 있다. 특히 카자흐스탄의 나자르바예프(Nursultan Nazarbaev)는 자국의 안보를 강화하기 위해서는 러시아와의 군사·안보 협력이 필연적이라고 간주하고 있으며, 중앙아시아 나머지 4개국들도 아프가니스탄으로부터의 회교 원리주의자들의 침투는 타지키스탄에서와 같은 내란 또는 정치적 불안정이 야기될 것으로 믿고 있다. 따라서 이들 국가들은 자국의 취약한 군사력을 보완하면서 국가 안보를 유지하기 위해서 러시아와의 군사·안보 협력이 불가피하다고 믿고 있다.

또한 9.11테러로 아프가니스탄 전쟁에서 중앙아시아 지역에 미군이 주둔하게 되자, 러시아는 중앙아시아 지역의 테러 문제에 관해 중앙아시아 지역 국가들과의 파트너십 관계를 더욱 강조하게 됐다. 비록 우즈베키스탄은 러시아 주도의 안보협력에 부정적 태도를 보이다가 마침내 1999년 4월에 집단안보조약(CST: Collective Security Treaty)을 탈퇴하고 미국과의 협력적 관계를 증대시켜 나갔지만, 타지키스탄과 키르기스는 그렇지 않았다.[17] 2003년 두샨베에서 열린

---

17) Lena Jonson, "Russia and Tajikistan," *Project on Systemic Change and International Security in Russia and the New Status of Eurasia,* (October, 2002).

CST 정상회의에서 러시아는 CST를 집단안보조약기구로 전환하면서 중앙아시아 지역에 러시아 군대의 주둔을 확대하는데 합의를 얻어냈다. 러시아는 키르기스의 칸트(Kant)에 공군기지를 설립하는데 합의했을 뿐만 아니라 타지키스탄과는 201사단을 장기적으로 공식적인 중앙아시아의 러시아 군의 주둔으로 그 위상을 변화시키고자 했다. 이는 지정학적 우려뿐만 아니라 미국과 나토 회원국가들이 키르기스와 우즈베키스탄에 군을 주둔시키고 있는데 따른 안보적 우려 때문이다.[18] 중앙아시아 지역의 미군 주둔은 이 지역에 대한 미국의 정치적 영향력 확대를 가져올 것이고, 이는 궁극적으로 중앙아시아 국가들이 러시아와의 관계와 이익을 희생시키면서 미국과 협력을 확대해 나갈 수 있다는 가능성을 배제할 수 없기 때문이다.[19]

한편, 두마에서는 미군 주둔으로 인한 지정학적 변화를 우려해 이 지역에서의 미군 주둔 장기화를 허용해선 안 된다고 목소리를 높이고 있다.[20] 중앙아시아에는 러시아의 주요 군사비밀시설이 수십 개나 있기 때문에 나토나 미국은 주둔기지를 발판으로 삼아 러시아에 대한 정보수집 가능성을 배제할 수 없기 때문이다. 카자흐스탄에는 러시아의 조기경보시스템의 일부인 사리-샤간(Sari-Shagan) 반공 미사일 발사 사이트와 레이더 기지가 있으며, 키르기스에는 러시아의 해군 장거리 통신센터와 이식-쿨(Issyk-Kul) 호수에 핵잠수함 로켓 시험 기지가 있다. 또한 타지키스탄의 누렉에는 우주 인공위성 국도 있기 때문에 미군의 장기주둔은 러시아 안보에 부담이 될 수밖에 없다. 따라서 두마는 F-18 제트기가 2002년 키르기스에 도착했을

---

18) Oksana Antonenko, http://www.iiss.org/rrpfreepdf.php(검색일: 2005. 12. 19).

19) Dmitry Trofimov, http://www.iiss.org/rrpfreepdf.php(검색일: 2006. 2. 1).

20) Alec Rasizade, "Entering the Old 'Great Game' in Central Asia," *Orbis* (Winter, 2003), pp. 41-58.

때 키르기스의 1억3천3백만 달러의 채무 이행 계획을 재조정해주었다. 이처럼 미군주둔의 장기화는 두마나 러시아 군부 모두에게 민감한 사안이 되고 있다.

3. 중국

중국의 1인당 석유, 물, 경지(耕地)는 각각 국제평균치의 8.3%, 25%, 40% 밖에 되지 않으며 자원사용의 비효율성의 문제도 심각해 100만 명당 에너지 소비율도 미국의 2.5배, EU의 5배 그리고 일본의 9배에 이를 정도로,[21] 중국은 지속적인 경제발전 뒤에 언제 닥칠지 모르는 자원고갈과 에너지 부족 문제를 겪고 있다. 따라서 중앙아시아 지역에 대한 중국의 최우선적 이익은 자원과 경제적 이익창출에 있다. 그러나 9.11테러 이후, 중국은 안보와 영토통합에 대한 관심이 높아가고 있다. 중국이 왜 서쪽지역에 대한 인프라 구축에 투자를 해오고 있으며, 특히 신장지구에 대한 외부의 관심과 중앙정부를 거치지 않은 외부와의 협력에 왜 그렇게 민감한 반응을 보이는지가 바로 그 이유라고 할 수 있다.[22]

따라서 중국은 이러한 이유들로 인해 중앙아시아에서 안보협력 그룹을 발전시켜 왔는데, 그 대표적인 노력의 일환이 '상하이 협력기구'이다. 이 기구는 중국과 구소련 공화국들 간의 국경분쟁을 해결하기 위해 1996년 중국, 러시아, 카자흐스탄, 키르기스, 타지키스탄 5개국으로 구성된 '상하이 5'를 협력기구로 제도화하고 지역경제협력체로 발전시켜 왔다. 중국은 이 기구를 통해 중앙아시아 지역에서

---

21) Ambassador Zhou Wenzhong, "China's Strategy of Peaceful Development and the Future of China-US Relations," *Speech at the Georgetown Univ.*, Washington D. C., Oct. 5, 2005. http://www.fmprc..gov.cn/eng/wjb/zwjg/zwbd/t215310.htm (검색일: 2006. 1. 28).

22) Oksana Antonenko, http://www.iiss.org/rrpfreepdf.php(검색일: 2005. 12. 19).

지역 강대국으로서 새로운 역할을 부각시키기를 원하고 있다.[23] 중국은 이 기구의 주요 재정 부담국으로 테러와의 전쟁이후 중앙아시아 지역에 진출하고 있는 미국 세력에 대응하고자 하는 측면이 크다고 볼 수 있다.

한편, 중국은 중앙아시아 국가들과의 양자관계도 꾸준히 심화 발전시켜 오고 있다. 2005년 10월 26~27일 원자바오가 카자흐스탄의 아크메토프(Akhmetov)와 만났을 때 양국 간의 전략적 파트너십과 모든 분야에서의 쌍무적 협력을 증진하기로 한 것을 재확인한 것도 바로 이러한 맥락에서이다. 양자간의 경제와 무역 협력의 엄청난 증대와 에너지 협력은 이미 괄목할만한 성장세에 있으며, 중국과 카자흐스탄을 잇는 송유관 건설이 완성되어 송유가 본격화 되면 양국가의 경제, 무역, 에너지 협력은 새로운 단계에 접어들게 될 것이다.[24] 중국과 카자흐스탄 정부 모두 다 중국의 국가석유회사와 카즈무나이가즈(KazMunaiGaz)의 에너지 협력강화를 지지하고 있다.[25]

또한 키르기스는 중국과의 상호 우호협력 합의와 향후 10년간 협력 프로그램 체결로 중국과의 외교관계를 최우선 순위로 놓으며 타이완과 티베트 문제에 대한 중국의 입장을 지지하며 중국의 국익을 훼손하는 제3의 세력이나 "동투르크(East Turkistan)"세력의 키르기스 영토 이용을 절대 허용하지 않겠다는 입장을 표명했다. 또한 양자 간의 경제와 무역협력을 증진하기 위해 중국-키르기스의 경제무역협력공동위원회가 핵심적인 역할을 할 수 있도록 하는데도 합

---

23) "중앙아시아 안보협력체 '상하이 협력기구' 회담 중국서 열려", 『news VOAcom』, 2003. 9. 17.

24) "Wen Jiabao Meets with Government Leaders at the Meeting of Member States of the Shanghai Cooperation Organization," Oct. 27, 2005. http://www.fmprc.gov.cn/eng/wjdt/wshd/t219183.htm(검색일: 2005. 12. 18).

25) http://www.fmprc.gov.cn/eng/wjdt/wshd/t219183.htm(검색일: 2005. 12. 18).

224 제3부 '반문명'으로서의 중앙아시아의 전쟁

의했다.[26]

그리고 경제, 무역, 에너지, 인프라 분야에서 투르크메니스탄과 중국과의 교류와 협력은 꾸준히 증대하고 있으며 후진타오와 2005년 5월 모스크바에서 투르크메니스탄의 대통령 니야조프(Saparmurat Niyazov)와 맺은 쌍무협력의 심화에 대한 합의로 투르크메니스탄은 5월 회담의 합의사항을 외교정책의 최우선순위로 놓고 이행해 나가고 있다고 했으며, 소위 "3적(three forces)" 즉 테러리즘, 분리주의, 극단주의에 대한 중국과의 공조와 협력을 적극 지지해오고 있다.[27] 중국은 투르크메니스탄의 중립정책과 유엔의 지지아래 설립된 중앙아시아 예방외교지역센터(Regional Center of Preventive Diplomacy in Central Asia)를 지지하고 있다.

한편, 우즈베키스탄과는 2005년 5월 상호우호협력 파트너십 협약을 맺음으로써 양자 간의 포괄적인 관계발전의 기초를 마련하게 됐다. 카리모프는 지역의 안정과 공동발전을 증진하기 위해서는 상하이협력기구 틀 내에서 쌍무적인 협력을 증진시킬 것을 요구하고 있다.[28]

중국이 이처럼 상하이협력기구와 쌍무조약 등을 통해 중앙아시아 국가들과의 관계를 심화 발전시키려는 이유는 자원문제 이외에도 미군 주둔을 러시아 보다 더 직접적인 위협으로 받아들이고 있기 때문이다. 중국 입장에서 볼 때, 미국이 한국, 일본에 이어 중앙아시아에 미군을 주둔시키고 대만과 암묵적 안보관계를 유지한다는 것은 중국을 잠재적인 적으로 간주해 봉쇄정책을 추진하는 것으로

---

26) http://www.fmprc.gov.cn/eng/wjdt/wshd/t219183.htm(검색일: 2005. 12. 18).

27) "Turkmen President Meets with Wu Yi," July 20, 2005. http://www.fmprc.gov.cn/eng/zxxx/t204603.htm(검색일: 2005. 12. 16).

28) "Hu Jintao Meets with Uzbek President Islam Abduganiyevich Karimov," July 5, 2005. http://www.fmprc.gov.cn/eng/topics/hzxcfelseng/t202782.htm (검색일: 2005. 12. 16).

받아들이기 때문이다. 따라서 중국은 2002년에 우즈베키스탄에게 미국이 1억 6천만 불의 경제원조를 해 준 것의 거의 3.5배 수준인 6억불의 경제 원조를 해주겠다고 발표하기도 했다.

중국은 이처럼 중앙아시아에서의 미국 독주를 견제하기 위해서 러시아와의 전략적 협력관계를 유지해 오고 있다. 1996년 중국과 러시아간의 국경문제와 무역 증진을 도모하고자 맺은 상하이협력기구(SCO)를 반테러 활동에 공동 협력하는 방향으로 성격을 전환시켜 중앙아시아 국가들을 SCO에 편입시킨 것도 바로 미국의 독주를 견제하기 위한 장치의 일환으로 볼 수 있다. 중국과 러시아는 자신들의 뒷마당이라고 할 수 있는 중앙아시아 지역의 미군주둔 문제에 관해서는 뜻을 같이해 오고 있다. 2005년 7월 2일 러시아와 중국은 카자흐스탄, 타지키스탄, 우즈베키스탄, 키르기스 등이 참가한 상하이협력기구 정상회의에서 공동선언문을 통해 "국제문제에 대한 일방주의적 태도를 배격하고 주권국가의 내정에 간섭해서는 안 되며... 우즈베키스탄과 키르기스의 미군기지 철수와 아프가니스탄의 외국군 철수 시점을 밝혀 줄 것"을 요구했다.[29] 아프가니스탄에서의 적극적인 군사 활동이 끝났다는 것이 그 이유였다.[30] 이에 대해

---

29) "중·러, 미국은 중앙아시아서 손 떼라", 2005. 8. 9, http://www.naeil.com/ News/Politics/(검색일: 2005. 12. 13).

30) 중앙아시아에서의 미군철수 요구에 다른 요인도 작용한 것으로 보인다. 우즈베키스탄의 경우 2005년 5월 안디얀에서 우즈베키스탄 보안군이 수백 명의 민간인들을 살해하는 소위 '대량학살'이 발생했음에도 불구하고 카리모프 대통령이 안디얀 사건에 대한 독립적인 국제조사를 거부하자 미국을 비롯한 서방국가들은 이를 비판했다. 한편, 키르기스의 경우 중국과 러시아로부터 미군기지 철수를 요구를 받았을 가능성이 높다고 평가하는 전문가들이 많다. 키르기스는 서방국가들과 긴밀한 관계를 맺기를 원하면서도 동시에 러시아나 중국과의 관계가 소원해지는 것도 원하지 않기 때문이다. 7.2공동선언이후 럼스펠드 국방장관이나 라이스 국무방관이 중앙아시아 지역 방문에서 우즈베키스탄을 제외시킨 점을 볼 때 우즈베키스탄에 대한 미국의 입장도 변하고 있음을 보여주고 있다.

콘돌리자 라이스 국무장관과 **리처드 마이어스** 합참의장은 "아프가
니스탄은 여전히 반테러를 위해 미군의 도움이 필요하다"며 병력철
수 요구를 일축했다.[31] 또한 우즈베키스탄의 이슬람 운동과 지하드
그룹을 포함한 이슬람 극단주의 그룹들의 테러리즘은 중앙아시아
지역의 안보와 안정에 지속적인 **위협**이므로, 미국은 중앙아시아 지
역 국가들이 안정적으로 민주체제로 이행하고 번영하도록 지원해
야 하며, 이러한 지원은 중앙아시아 지역의 발전과 이익에 도움이
될 뿐만 아니라 미국에도 이익이 된다고 봤다.[32]

그러나 러시아와 중국 입장에서 볼 때, 미군주둔의 장기화는 중앙
아시아 지역의 서구화, 민주화로 이어져 미국과의 패권경쟁에서 밀
려날 뿐만 아니라 중국과 러시아 국내에도 부정적 영향을 미칠 것이
라는 두려움이다. 2005년 5월 키르기스와 우즈베키스탄에서 있었던
시민혁명에 왜 중국과 러시아가 적극적인 관심과 개입을 하려했는
지도 바로 그러한 두려움에 기인한다고 볼 수 있다. 러시아는 아직
도 중앙아시아 국가들을 예전 소비에트 연방의 일원인 것처럼 행동
하고 있으며, 에너지 확보에 열을 올리고 있는 중국은 풍부한 천연가
스가 매장되어 있는 이들 국가로부터 안정적인 에너지 공급을 바라
고 있다. 또한 중국으로서는 신장성 국경지대에 살고 있는 터키계
민족들의 민주화 요구를 막기 위해서라도 키르기스와 우즈베키스
탄에 권위주의적 정부가 유지되어야 한다고 보고 있다.[33]

---

31) "라이스, 중앙아시아 주둔군 철수 거부", 『한겨레신문』, 2005. 7. 11.
32) Daniel Fried, "A Strategy for Central Asia," Statement before the Subcommittee
    on the Middle East and Central Asia of the House International Relations
    Committee, Washington D. C. October 27, 2005.
33) "중앙아시아를 둘러싼 중-러 동맹", 『서울경제신문』, 2005. 7. 7.

Ⅲ. 중앙아시아 국가들의 문제

소련붕괴이후 중앙아시아 국가들은 2가지 방향으로 상황이 변해가고 있는데, 한 축은 카자흐스탄과 키르기스로 이곳은 상대적으로 진보적인 경제정책과 민권사회 발전, 서방사회 개방 등을 특징으로 하고 있으며, 다른 한 축은 우즈베키스탄과 투르크메니스탄에서 보이는 전제정치 형태로 국내 경제활동을 질식시키고 인권을 탄압하는 1인 독재를 특징으로 하고 있다.

그럼에도 불구하고 중앙아시아 국가들은 대부분 정치경제개혁의 지체, 부패, 범죄, 이슬람 극단주의의 위협에 직면하고 있다. 중앙아시아 국가들이 떠안고 있는 보다 근본적인 5가지 도전을 제시해 보면,[34] 정체성, 물, 빈곤, 국경, 지역패권 추구 등의 문제로 요약해 볼 수 있다.

1. 정체성문제

중앙아시아 국가들의 소수 민족들은 수 십 년간 소련의 지배 하에서 진행된 스탈린의 강제이주 정책과 민족보다는 중앙아시아라는 지역주의로 특별히 정체성 문제를 제기해 오지 않았다. 또한 중앙아시아 국가들은 역사적으로 소위 민족국가를 형성했던 역사적 경험이 없었기 때문에, 볼셰비키 혁명 후 레닌이 공화국을 형성해야 할 때 중앙아시아 지역을 인종 중심으로 나누는 것은 어리석은 짓이라고 경고할 정도였다.[35] 그러나 스탈린은 소련을 15개 공화국으로 나누면서 현재의 국경과 사회 인프라를 구축했다. 이처럼 중앙아시아 지역은 역사적으로 볼 때, 정치 · 경제적 이유에 의해 인위적으로

---

34) Charles William Maynes(2003).
35) Alec Rasizde(2003).

인종적 이동이 이뤄진 대표적인 지역 중 하나인 셈이다. 1890년부터 1930년까지 러시아 농노는 지역 방랑자에 의해 광대한 목초지가 사용되는 것을 점령하기 위해 중앙아시아지역으로 이주하도록 했다. 그리고 1954년과 70년 사이에 카자흐스탄 개발 캠페인에 수백만 명의 러시아인들이 이주하기 시작했다. 이 지역은 2차 세계대전 동안에는 독일인, 타타르인, 체첸인, 그루지야 출신의 터키인들이 이미 이주해 와서 정착했다. 이처럼 중앙아시아 소수 민족들은 토착세력 이라기 보다는 경제, 정치적 목적으로 이주해 왔기 때문에 언제든지 모국으로 돌아갈 수 있는 가능성을 배제할 수 없다. 또한, 이러한 요인들로 인해서 다른 국가들의 민족에 비해 중앙아시아 국가들의 민족들은 국가에 대한 귀속감이 낮다.

따라서 중앙아시아 국가들은 국가별로 해체 혹은 내전에 휩싸일 위험이 내재해 있다고 볼 수 있다. 즉, 아프가니스탄의 경우처럼 퇴화되고 분열될 수 있다는 것이다. 내전 후 타지키스탄이 이 시나리오에 가장 적합한 후보 중 하나로 간주됐었다. 타지키스탄은 5개 국가 중 가장 오래되고 안정된 인도-유럽계 인종으로 구성되어 있었으나, 1992~97년 동안 종교 극단주의와 인종 중심의 극단주의에 따른 내전으로 6백만 명의 인구 중 10만 명이 죽고 5만 5천명의 고아가 발생했고 70만 명이 쫓겨났다. 내전이 종결된 후 "타지키스탄의 강화", "우즈베키스탄의 강화"를 외치며 레닌과 스탈린이 설정한 국경선의 수정을 요구하기도 했다.

한편, 우즈베키스탄은 구소련에서 독립한 뒤 130여개 민족으로 구성된 다민족 국가를 통합하는 수단으로 종교를 이용했다. 독립당시 우즈베키스탄 전체의 사원수는 87개에 불과했지만 10년이 지난 시점에서는 무려 1,700여 개로 늘어나는 등[36) 중앙아시아 이슬람의

---

36) 우즈베키스탄의 이슬람은 정통적인 아랍국가의 시각에서 보면 세속적이다. 온건파인 수니파가 다수로 이슬람 근본주의에 대한 반감이 강한

진원지가 되어가고 있다.

2. 물문제

물문제도 소련해체와 더불어 중앙아시아 국가들 간의 갈등 문제로 부각되고 있다. 즉 하류 지역에 살고 있는 우즈베키스탄, 카자흐스탄, 투르크메니스탄은 상류지역에 살고 있는 타지키스탄과 키르기스에게 물 공급을 더 요구하고 있다. 상류지역에 위치한 두 국가는 시르다리야(Syr-Darya)와 아무다리야(Amu-Darya)의 두 강에 수력발전소를 갖고 있으며 중앙아시아 전 지역 사용량의 3/4을 공급하고 있다. 따라서 카자흐스탄과 우즈베키스탄은 시르다리야강 공유에 대한 경쟁을, 타지키스탄과 우즈베키스탄 간에는 아무다리야강 공유에 대한 경쟁을 하고 있으며, 투르크메니스탄은 관개지역으로 영토 확장을 꾀하고 있다.

한편, 구소련시절 상류지역에 건설한 두 개의 수력발전소는 중앙아시아 지역에 전기를 공급하는 에너지원이었다. 러시아의 섬유산업에 면을 공급해 주는 우즈베키스탄의 관개사업은 이 두 곳으로부터 받는 에너지와 연계되어 있었고, 석탄의 주요 공급원인 카자흐스탄과 천연가스의 주요공급자인 우즈베키스탄과 투르크메니스탄은 모스크바의 지시에 따라 키르기스와 타지키스탄의 에너지 요구를 충족시켜 줄 수 있었다. 이처럼, 구소련 시절 중앙아시아 지역은 효율성을 높이기 위해 특히 물과 에너지는 철저하게 분업체제로 운영되었다. 그러나 중앙아시아 국가들이 독립하자, 국가별로 집중

반면, 슬라브 정교 등 타종교에는 너그러운 편이다. 그러나 인접한 키르기스와 타지키스탄 접경 산악지대에서 근본주의 세력이 커지고 있고 빈민 등 소외계층들이 근본주의를 지지하고 있어 중앙아시아 안보에 위협이 되고 있다. "脫러시아-이슬람 부흥 거센 바람", 『동아일보』, 2001. 6. 24.

되고 특화된 분업들을 어떻게 조정해야 하는가의 문제에 직면했고 이는 국가 간의 갈등요소가 되고 있다. 이에 러시아는 중앙아시아 지역의 총수량의 86%를 차지하고 있는 키르기스와 타지키스탄에 현대화된 수력발전소 재건과 건설에 많은 관심을 보이고 있다. 궁극적으로 두 지역에서 나오는 에너지는 다른 중앙아시아 3개국을 비롯해 더 나아가 남아시아 국가들에게도 잉여 에너지를 수출할 수 있을 뿐만 아니라 이를 통해 러시아의 영향력을 발휘할 수 있기 때문이다.[37)

3. 빈곤문제

중앙아시아의 경제는 구소련 체제하에 있을 때보다 더 열악하다. 세계은행(World Bank)에 따르면 중앙아시아는 경제, 보건, 교육 수준 등 모든 면에서 구소련시기 보다 떨어지고 있다고 보고하고 있다. 그리고 석유가 풍부한 카자흐스탄을 제외하고는 국내총생산량이 급격히 떨어지고 있다. 타지키스탄의 경우는 1990년 수준과 비교해 볼 때 36%이고,[38) 우즈베키스탄은 96%로 간신히 탈냉전으로의 전환기 수준을 유지하고 있다. 이러한 경제저발전 요인 중 하나는 무엇보다도 중앙아시아 국가들이 구소련의 유산 덕분에, 전체주의, 부패, 법과 인권이 무시되는 기조가 지속되고 있다는 점이다. 독립 후 10여년이 훨씬 지났음에도 불구하고, 중앙아시아 국가들 대부분은 여전히 비민주적이고 인권 탄압과 일당 지배체제가 유지되고 있다.[39) 단, 총 GNP가 CIS 내에서 가장 낮은 수준을 보이고 있는

---

37) Dmitry Trofimov, http://www.iiss.org/rrpfreepdf.php(검색일: 2006. 2. 1)
38) 타지키스탄의 2/3 이상이 키르기스의 1/2 이상이 하루에 2달러 미만의 생활을 하고 있으며 우즈베키스탄의 1/3 이상은 공식적으로 발표된 최저 수준이하의 생활을 하고 있다.
39) *New York Times*, Mar. 12, 2001.

키르기스만이 중앙아시아에서 가장 민주적으로 민영화의 시장개혁을 주도하고 있다. 한편, 정치 대안의 부재는 많은 젊은 실업자들이 지역의 근본주의 운동에 빠지게 하고 있으며, 교육받은 불만 세력의 엘리트들은 모스크바로 돌아가는 양극화 현상이 나타나고 있다. 투르크메니스탄의 외교부장관인 보리스 쉬무라도프, 카자흐스탄의 수상이었던 아케잔 카제겔딘 등이 그러했다. 불만세력이 러시아로 돌아간다는 것은 향후 중앙아시아의 미래에 영향을 미칠 수 있는 잠재적 지렛대를 제공하는 것이라고 볼 수 있다는 점에서 주목해야 할 사항이다.

중앙아시아 국가들의 빈곤문제 중 하나로 중앙아시아 국가들 대부분의 경제개혁에 대한 거부 외에도 해외유치의 제한성도 들 수 있다. 사실 외국 투자자들은 석유매장량이 높은 카자흐스탄과 천연가스가 풍부한 투르크메니스탄을 제외하고는 중앙아시아에 거의 관심이 없기 때문이다. 따라서 향후 중앙아시아 지역의 경제 발전을 위해서는 외부원조와 내부 개혁의지가 종합될 때만이 가능해진다고 볼 수 있다. 2차 세계대전 이후 유럽이 마셜플랜으로 회생할 수 있었던 것은 단순히 미국의 원조 덕분만이 아니라, 유럽의 노력에 있었다는 점을 중앙아시아 국가들은 인지해야 한다. 다시 말해, 유럽부흥과 재건을 위한 총 투자액 중 80%는 미국이 아니라 유럽자체 내에서 나왔다는 점을 상기해 볼 만하다.

4. 국경문제

중앙아시아 지역이 5개 국가로 나눠지자, 5개 지역에 흩어진 소수 민족들은 5개 지역 중 많이 편입되어 있는 지역으로 가려고 하는 현상이 나타나고 있으며, 이는 또다시 국경분쟁을 낳을 수 있는 문제가 되고 있다. 중앙아시아의 남쪽 지역과 국경을 접하고 있는 아프가니스탄의 북쪽 지역은 인종적으로 타직인과 우즈벡인과의 관계가 깊을 뿐만 아니라 다른 중앙아시아 국가들과 역사적 관계도 깊다.[40] 따라서 아프가니스탄은 1990년대 이후 현재까지도 중앙아시아 국가들의 주요 관심사가 되고 있다. 아프가니스탄은 알-카에다 같은 테러 집단에게 급진적인 이슬람 세력들을 훈련시키고 지원해 주는 장소로 이용될 뿐만 아니라, 불법이주, 마약거래, 소형무기 확산 등 소위 중앙아시아 지역의 '연성안보위협(soft security threat)'의 주요 원천지가 되고 있기 때문이다.[41] 따라서 중앙아시아 지도자들은 이 지역에 제2의 탈레반 정권의 수립을 최악의 시나리오로 간주하고 있다. 특히 우즈베키스탄, 타지키스탄, 키르기스로 나눠주는 페르가나 계곡은 중앙아시아의 중심으로 국경문제 발생의 주요 통로다. 즉, 이 계곡은 이슬람 종교의 교리와 이념이 퍼지는 주요 통로로, 아프가니스탄의 급진적 이슬람주의도 이 계곡을 통해서 전파됐다. IMU 네트워크와 Hizb ut-Tahrir 운동 확산도 이 계곡을 중심으로 중앙아시아 지역으로 확산되었다. 이러한 요인은 중앙아시아 국가들이 미국의 아프가니스탄 전쟁에 협조를 하도록 하는 동인이 되었다. 그러나 아프가니스탄 전쟁은 중앙아시아 국가들에게 또 다른 문제를 안겨줬다. 접경지대의 주민들이 빈곤을 벗어나기 위해 국경을 넘나들고 있으며, 목화 따기처럼 계절별 국경을 넘나드는 노동이동이 새로운 국경문제로 등장한 것이다. 중앙아시아 국가들은 안보적 이유로 불법 입국자들을 추방하기 시작했는데, 카자흐스탄의 경우는 독립국가연합(CIS) 출신을 5만 명 이상 방출했으며 우즈베키스탄은 자국 국경과 인접한 타지키스탄, 키르기스, 카자흐스탄 주민들을 학살하는 끔찍한 행태를 보였다.

---

40) Oksana Antonenko, http://www.iiss.org/rrpfreepdf.php(검색일: 2005. 12. 19).
41) Oksana Antonenko, http://www.iiss.org/rrpfreepdf.php(검색일: 2005. 12. 19).

5. 지역 헤게몬 추구

카자흐스탄은 소련으로부터 핵무기를 유산으로 받았다. 이는 프랑스와 영국의 핵무기 수를 합한 것에 버금가는 수준이었다. 그러나 미국의 압력으로 카자흐스탄은 핵무기를 포기하게 되었고, 러시아, 중국, 우즈베키스탄과의 전략적 균형을 유지할 수 없게 되었다. 즉 러시아 팽창의 두려움과 지역 헤게몬을 추구하는 우즈베키스탄의 팽창을 제어할 수 있는 수단을 잃게 된 것이다. 또한 카자흐스탄과 우즈베키스탄 모두는 미국의 아프가니스탄 전쟁을 적극 지원했지만, 우즈베키스탄이 구소련 기지를 미군에게 사용할 것을 제공함에 따라 중앙아시아 지역의 전략적 환경에 급격한 변화가 발생했다. 우즈베키스탄이 미국의 전략적 파트너가 된 것이다. 즉 우즈베키스탄에 미군기지 설립과 그에 따른 군사지원으로 중앙아시아에서 우즈베키스탄의 위상이 부상한 것이다. 미국이 우즈베키스탄, 키르기스, 타지키스탄과 관계를 강화해 나가자, 카자흐스탄은 소련과의 관계를 증진하는데 박차를 가했다. 카자흐스탄은 타시켄트조약과 러시아와의 쌍무조약으로 러시아와의 안보관계가 긴밀하기 때문이다.

그런데 빌 클린턴 전 대통령과 조지 W 부시 대통령이 우즈베키스탄의 카리모프 대통령에게 민주화와 시장경제 확대를 약속으로 많은 지원을 해 주었지만, 우즈베키스탄에서는 미국이 의도하는 바와 정반대의 결과가 나왔다. 2005년 안디잔에서 수백 명의 시위자들이 학살되었고, 온건한 이슬람 반대세력을 억제한 결과 이슬람 과격파를 정치세력으로 성장시켰다. 한편, 카자흐스탄 대통령인 누르술탄 나자르바예프는 이슬람교도인 투르크족과 러시아어를 쓰는 기독교도를 하나로 묶어 독립국가를 탄생시켰고 천연자원을 바탕으로 시장경제로의 성공적 이행을 이끄는 등 우즈베키스탄의 카리모프 대통령과 대조적인 행보를 보였다. 더욱이 나자르바예프 대통령은 2005년 2월 서방과 동아시아 모델을 혼합한 종합적인 개혁계획을 발표했다. 지방자치 확대, 사법제도 강화, 전자정부 구현 등으로 구성된 이 계획이 성공하게 되면, 카자흐스탄은 중앙아시아 지역의 리더로 자리를 굳히게 될 것이다.[42] 경제성장 동력을 높이기 위해 경제개혁을 추구하고, 관용을 증진하며 심지어 민주주의 개혁 가능성을 높이고 있는 카자흐스탄은 미국이 중앙아시아 국가들에게 바라는 바람직한 모델이 된 셈이다. 미국은 중앙아시아 지역발전과 안정을 위해 카자흐스탄에게는 개혁을 통한 번영을, 키르기스, 타지키스탄, 그리고 이웃 국가들에게는 에너지, 무역, 투자 등이 확대되기를 바라고 있다.[43] 미국의 이러한 기대는 나자르바예프 대통령이 러시아와 중국, 미국, 그리고 유럽 사이에서 줄타기 외교정책을 추구할 수 있는 환경을 만들어 주고 있다. 미국이 카자흐스탄에 주둔하게 되면 러시아와의 관계는 위태로워질 수 있고, 타시켄트에 대한 미국의 군사원조 증대는 중앙아시아의 전략적 균형에 혼돈을 가져올 수 있다. 미국의 원조와 주둔은 결국 중앙아시아의 세력균형을 좌우하는 균형자의 역할을 수행한다고 볼 수 있다.

Ⅳ. 결론 : 3가지 도전과 함의

이 지역에 대한 주요 국가들의 권력투쟁은 냉전과 그 성격을 달리하고 있다. 냉전시기 소연방으로 편입되어 있었던 중앙아시아 5개국은 소련의 직접적 통제를 받았지만, 소연방 해체로 중앙아시아 5개국이 독립되자 주요 강대국들은 경제, 자원, 안보적 이익을 서로

---

42) 아리엘 코언(2005).
43) Daniel Fried(2005).

선점하기 위해 경쟁하고 있다. 냉전과 비교해 유사한 점이 있다면, 유라시아의 지정학적 가치를 중시하고 있다는 점과 러시아와 중국이 미국의 영향력을 견제하기 위해 서로 협력하고 있다는 점이다. 그러나 흥미로운 점은 주요 강대국들이 이 지역에 대한 이익을 선점하기 위해 서로 영향력 경쟁을 펼치고는 있지만, 자기의 영향권 내로 완전히 편입시키려고 하지 않는다는 점이다.

중앙아시아 국가들은 엄청나게 부를 창출할 수 있는 잠재성을 지닌 지역에 위치하고 있지만, 현실적으로는 극심한 빈곤, 마약, 전체주의, 부패 등으로 여전히 가난하며 불안정하다. 매장된 자원들을 부로 창출할 수 있는 능력이 없기 때문이다. 비록 이러한 잠재성과 지정학적 위치로 주변 강대국의 관심은 끌었지만,[44] 주요 외교정책의 대상이 되는 핵심 지역은 아니다. 향후 지속적으로 관심을 갖고 개발해 나갈 필요가 있는 잠재력이 큰 지역일 뿐이다. 사실 옐친, 푸틴 하의 러시아의 주요 외교정책 방향도 '서구 지향적'이다. 주로 나토확대, MD 문제 등이 주요 관심사항이다. 또한 중국도 중앙아시아 서아시아에 대한 직접적 정치적, 경제적 영향력을 추구하고 있지 않기 때문에 외교정책의 2순위에 해당된다.[45] 물론 중앙아시아의 경제적 잠재성이 신양지구와 연결될 때, 안보적 문제로 불거질 수 있기 때문에 이 문제는 주요 외교정책의 대상이 되지만, 중앙아시아 자체가 주요 대상이 되는 것은 아니다.

그럼에도 불구하고, 미국, 러시아, 중국은 어떠한 형태로든 중앙아시아에 개입해 영향력을 지속적으로 확대해 나가려고 할 것이다.

---

44) 이란에 대한 러시아의 정책, 신장지구에 대한 중국의 정책, 파키스탄에 대한 미국의 정책 등은 바로 중앙아시아 지역을 둘러싼 강대국들의 관심과 밀접한 관계가 있다. Paul A. Goble, "Central Asia, Back on the map: the Geopolitics of Central Asia," *Central Asia and the Caucasus*, pp. 2-8 (1997).

45) C. D. Maass "The Afghanistan Conflict: External Involvement," *Central Asian Survey*, 18-1 (1999), p. 77.

그런데 문제는 어떠한 모델로 개입을 하던 간에, 미국이나 러시아 그리고 중국은 중앙아시아 지역의 정치와 이 지역 국민들의 복지 그리고 지역안보라는 3가지 문제에 봉착하게 된다는 점이다. 첫째, 이 지역의 정치체제를 보면, 소수의 행정부 고위계층에 권력이 집중되어 있고, 선거는 무용지물이 되고 있으며, 안보라는 명목으로 국민들의 자유를 억압하고 있다. 이들 정권들은 국내 인권탄압 등에 대한 국제사회의 비난에도 불구하고 미국의 원조를 지속적으로 받을 수 있다고 생각한다. 즉, 페르가나 계곡 주위의 테러근원지인 이슬람 반정부 세력을 소탕하는데 강대국들이 지원을 계속해 줄 것이라고 믿는 것이다. 중앙아시아 국가들에게 지원해 주는 개혁 비용들은 결국 권위주의, 독재주의, 부패주의, 인권탄압 등을 양성하는 방향으로 나갈 수 있는 위험이 내재되어 있다. 결국 이러한 위험성을 어떻게 차단하고 바람직한 정치체제와 개혁을 이뤄낼 수 있는가는 향후 강대국들이 영향력을 확대해 나가는데 큰 바로미터가 될 것이다.

둘째, 공공복지 문제다. 국내 불안정의 가장 근본적인 원인은 극심한 빈곤에서 초래된다. 따라서 빈곤 문제를 해결하지 않고는 강대국으로부터 받는 원조와 안보보장 그리고 정치개혁은 제대로 작동될 수 없다. 구소련 붕괴이후 계속해서 하향곡선을 걷고 있는 경제를 어떻게 회복시킬 수 있는 것이 관건이다. 가족을 먹여 살릴 수 있는 환경 조성 및 직업창출이 되어야만 아편생산, 마약밀매, 유혈충돌 등이 사라질 것으로 예상된다. 중앙아시아 국가들은 우선적으로 경제위기를 극복하고 해외투자를 유치하는데 집중해야 한다. 투르크메니스탄의 경우, 가스, 전기, 물, 연료, 아파트, 대중교통 등을 무상으로 지원한 후, 이슬람 급진주의와 폭력이 사라졌다. 이러한 점을 고려해 볼 때, 중앙아시아 지역의 안전은 이 지역 주민들의 복지와 경제문제 해결에 달려 있다고 봐도 과언이 아니다.

셋째, 지역안보다. 중앙아시아 5개국 중 누가 지역 패권을 쥘 것인가에 대해 우즈베키스탄이 가장 많은 관심을 보이고 있다. 우즈베키스탄은 러시아 안보의 권역에서 빠져나와 국내 안정과 세력 확장에 미국을 이용하려 하고 있다. 특히, 미군이 주둔하고 있는 상황 하에서 우즈베키스탄이 세력 확장을 위해 이웃국가들과 무력 분쟁을 할 경우 미국은 어떠한 역할을 할 수 있는가? 중앙아시아 국가들이 미국, 러시아, 중국의 지원을 교묘히 이용하는 가운데 지역패권을 추구하거나 혹은 내전을 일으킬 때 강대국들은 어떠한 입장을 표명할 것인가도 앞으로 이 지역의 안보에 주요 요소가 될 것이다.

비록 지금은 중앙아시아 지역에 대한 주요 강대국들의 정책이 뚜렷하게 추진되고 있지는 않지만, 카스피해 유전과 중국과 러시아를 겨냥한 미군 주둔이 장기화될 경우 문제는 달라질 것이다. 즉, 이 지역의 영향력 확보를 위해 미국, 러시아, 중국 간의 경쟁이 갈등으로 이어지고 힘의 균형이 깨질 경우, 중앙아시아 국가들은 정치, 경제, 사회적으로 불안정을 겪을 가능성이 높다. 중앙아시아를 둘러싼 지역 환경 불안정은 이슬람 급진주의, WMD, 마약, 밀매, 인권침해 등 연성안보의 위협을 심화시키고 다른 지역으로 확산시켜 나갈 것이다. 또한 중앙아시아 국가들 간 그리고 강대국간 자원 분쟁에 휩싸일 가능성도 배제할 수 없다.

따라서 중앙아시아 지역을 둘러싼 강대국간 경쟁과 중앙아시아 국가들의 정치, 경제, 사회의 저발전문제는 중앙아시아 지역문제로 제한되지 않고 다른 지역으로 확산된다는 점에 주목해야 한다. 특히, WMD, 마약, 밀매의 음성적 거래가 중국을 경유해 한반도로 이어질 경우 한반도 안정에 부정적 영향을 미치게 될 것이다. 또한 에너지 부족을 겪고 있는 우리를 비롯해 동북아 지역 국가들 대부분이 새로운 에너지 공급원으로 중앙아시아 지역을 주시하고 있다는 점을 고려해 볼 때, 주요 강대국간 자원 분쟁 및 중앙아시아의 불안정은 우리가 추구하려는 경제적 이익에 보다 직접적인 영향을 미친다고 볼 수 있다. 이러한 점들을 감안해 보더라도 중앙아시아 지역의 안정과 발전이 필요하고 중요하다. 이를 위해서 중앙아시아 국가들은 내부적 역량을 강화하도록 개혁에 박차를 가해야 하며 미국, 중국, 러시아간의 경쟁을 잘 활용해야 할 것이다. 즉, 중앙아시아 국가들은 어느 한 강대국의 영향력 하에 들어가기 보다는 강대국 간의 세력균형 속에서 이익을 극대화시켜 나갈 수 있는 방안들을 계속 모색해 나가야 할 것이다.

제 4 부

'제국'과 중앙아시아의 헤게모니

제 10 장
러시아의 대 중앙아시아 관계의 역사와 전망*

이 문 영

I. 서론

　유럽과 남아시아, 중동과 시베리아를 이어주는 중앙아시아는 세계 문명의 발생지이자, 동서문명의 가교로서의 지정학적 가치에도 불구하고, 그간 정치적, 경제적, 학문적 관심에서 배제되어 왔다. 이는 무엇보다 해당지역이 오랜 기간 소련이라는 '철의 장막'에 가려져 있었다는 사실에 크게 기인한다. 그러나 1991년 12월 소련의 공식적인 해체는 이후 세계의 정치·경제적 질서와 이념적 구도에 질적인 변화를 초래하였고, 특히 과거 70년에 걸친 세월동안 소련이라는 단일체제에 묶여있던 나라들이 하나의 독립국으로 세계무대에 등장하면서, 이들이 여기서 맡게 될 새로운 역할과 그 영향에 대한 지대한 관심은 소련 해체 후 전세계적으로 나타난 보편적 현상의 하나가 되었다. 카자흐스탄, 우즈베키스탄, 키르기스, 투르크메니스

---

* 이 글은 『평화연구』 제11권 2호(2003년 봄)에 게재된 것임.

탄, 타지키스탄 등 중앙아시아 국가들에 대한 최근의 관심은 이러한 현상을 반영하는 대표적인 사례의 하나이다.

이들 중앙아시아 신생 독립국들에 대한 관심은 이 지역에 풍부한 석유나 천연가스, 철광, 우라늄 등 지하자원과 그 미래의 활용이 가져올 경제적 잠재성, 5천 5백만 무슬림의 거주지이자 이슬람 문명의 본원으로서의 문명적 가치, 아시아와 유럽은 물론 아프리카에까지 위력을 떨치며 대륙의 강자로 군림했던 오스만 제국의 존재로 암시되는 범투르크 민족주의에 대한 경계, 카자흐스탄이 보유하고 있는 핵무기의 군사적 위험성 등 다양한 요인을 가지고 있다. 특히 이러한 관심은 9.11테러 후 이슬람 원리주의를 향한 '테러와의 전쟁'이 선포되고, 미국의 아프간 공격이 시작된 후 더욱 첨예해진다. 이는 아프가니스탄과 중앙아시아 국가들 간의 지리적 인접성, 역사적 동질성, 종교적 친화성에 의해 이슬람 원리주의 세력이 중앙아시아로 확산될 수 있다는 우려로부터 출발하는데, 최근 진행되고 있는 미국의 해당지역에 대한 적극적 개입(예를 들어 중앙아시아 지역의 미군 주둔)은 이러한 우려에 기반하며, 이것은 중앙아시아를 둘러싼 지역정세를 더욱 복잡하게 만든다. 이러한 다양한 요인에 근거하여 현재 중앙아시아는 러시아와 미국, 중국, 터키와 이란, 유럽 등 세계 각국이 저마다의 이해관계를 가지고 각축을 벌이는 국제정치의 주무대가 되고 있다.

이렇게 해체 후 중앙아시아 국가들의 현재가 주변 강대국들의 입장과 관점에 의해 크게 좌우되고 있는 현실은 독립을 맞이한 이들 국가들의 국내사정과 깊은 관련을 가진다. 소연방 해체 후 등장한 새로운 15개의 독립국들에 대한 관심의 초점과 방향이 나라마다 상이한 것과 마찬가지로, 이 신생독립국들 역시 해체 후의 변화기에 대한 준비와 대응에 있어 많은 차이를 보인다. 동일 슬라브족이라는 공통성을 기반으로 해체 후에도 러시아와의 긴밀한 연계 속에서 그 미래를 준비해 갈 수 있었던 우크라이나나 백러시아 그리고 민족, 종교, 역사, 문화 등 다양한 관점에서 노정되어지는 유럽적 뿌리로 인하여 이미 해체 이전부터 러시아로부터의 정치적, 경제적, 문화적 독립을 다양한 방식으로 추구해온 발트3국(리투아니아, 라트비아, 에스토니아)과 달리, 중앙아시아 국가들에 있어서, 소연방의 해체와 그로부터의 독립은 내부로부터 준비되어졌다기보다, 다분히 외부로부터 갑작스럽게 주어진 사건에 다름 아니었다. 정치, 경제, 외교 안보나 군사 부문 등 다양한 부분에서의 이들 5개국의 취약성은, 이들이 연방 해체의 논의로부터도 배제되어 있었다[1]는 사실이 증명해줄 뿐만 아니라, '해체 후'에 대한 그들의 대응의 방식을 어느 정도 예견하게 해준다. 중앙아시아의 현재와 미래에 대한 다양한 이론적 연구와 고찰들이 예외 없이 외부의 도움과 원조 없이 중앙아시아의 지역적 안정성과 번영을 기대하기는 힘들다고 지적하고 있는 사실이 보여주듯이, 중앙아시아 5개국의 현재와 미래는 주변강대국들과의 관계 속에서만 규정될 수 있으며, 특히 이 주변국 중에서 러시아가 차지하는 위치가 지대하다는 것은, 재론의 여지가 없는 명백한 사실이다.

중앙아시아 국가들에 대한 관계에 있어서 다른 주변 강대국들과 러시아와의 가장 결정적인 차이는, 후자가 이미 중앙아시아 내부에, 그 일부로서 존재한다는 사실이다. 독립 후 중앙아시아 국가들이

---

1) 예를 들어 1991년 12월 소연방의 해체 직전 이에 관한 논의를 위해 이루어졌던 민스크 회동은 중앙아시아 공화국을 배제한, 러시아, 우크라이나, 백러시아 등 슬라브 삼국 정상들만의 모임이었다. 이는 중앙아시아 공화국을 크게 자극하였고, 예를 들어 카자흐스탄의 나자르바이예프 대통령은 다음과 같이 말했다. "슬라브인들은 자신들끼리만 만났고, 이제 무슬림들 역시 따로 만날 것이다... 우리는 아시아 연방을 창조할 계획을 가지고 있다..." 이에 대해서는 Boris Rumer, "Disintegration and Reintegration in Central Asia: Dynamics and Prospects," in Boris Rumer, ed., *Central Asia in Transition* (M.E. Sharpe, New York, 1996), pp. 24-25.

당면한 가장 중요한 과제 중 하나는 자신의 종교적, 민족적, 국가적 정체성을 확립해나가는 것이라 할 수 있는데, 이는 수세기에 걸친 '러시아화(Russification)'와 '소비에트적 인간(Homo Sovieticus)'의 유물을 극복하는 것에 다름 아니다. 경제적인 측면에서도 제정 러시아와 소비에트 시기에 걸쳐 의도적으로 계획되고 실현된 '러시아 의존형' 경제구조의 개혁이 중앙아시아의 가장 시급한 문제라고 할 수 있다. 이와 같이 중앙아시아와 러시아의 긴밀성은 그 폭과 깊이, 역사에 있어 비교의 대상을 찾을 수 없을 정도이며, 따라서 러시아는 중앙아시아의 과거와 현재, 그리고 미래에 강력한 영향력을 행사할 수 있는 가장 중요한 파트너 중의 하나이다.

이러한 문제의식 하에서 본 논문은 중앙아시아 5개국과 러시아의 관계를 역사적으로 고찰하고, 양자 간의 관계가 중앙아시아의 현재를 어떻게 규정하고 있는지, 그리고 이에 대한 러시아의 입장은 어떠한 것인지를 살펴볼 것이다.

II. 제정 러시아와 중앙아시아(~1917년)

러시아의 중앙아시아 진출은 16세기 제정 러시아의 짜르 이반 4세가 카잔한국과 아스트라한국을 정복하면서부터 시작되었다. 이반 4세는 거의 250년에 걸친 몽골-타타르의 지배에 의해 분열된 러시아를 통일시키고 피폐해진 경제를 회복하려는 선왕 이반 III세의 정책을 이어받아, 러시아를 강력한 중앙집권국가로 발전시키려는 정치적 의도를 가지고 있었다. 아울러 그는 몽골 지배에 의해 상실된 국가적 자존심을 회복하기 위해 외부로의 영토 확장과 정복을 매우 적극적으로 실행해 나갔는데, 특히 중앙아시아는 13세기 이래로 몽골 제국이 광범위하게 지배했던 공간이었고, 그 뒤를 이은 티무르 제국 역시, 비록 투르크계 지도자에 의해 창건되기는 했지만 몽골 제국의 부활을 꿈꾸고 있었다는 점에서 러시아의 정복욕을 자극하기에 충분한 근거를 가지고 있었다. 1520년 티무르 제국이 멸망한 후 중앙아시아에는 권력의 공백기가 발생하였고, 이러한 상황을 틈타 이반 4세는 중앙아시아로의 남하정책을 추진하기 시작하였다.

이렇게 이반 4세로부터 시작된 러시아의 중앙아시아 정복은 19세기에 들어 더욱 본격화되어 19세기 후반기에 이르러서 중앙아시아의 거의 모든 지역이 사실상 러시아의 통치 아래 놓이게 된다. 이미 1735년부터 러시아는 카자흐스탄 지역에 요새를 건설하고, 이 요새를 근거지로 카자흐스탄과 긴밀한 경제적 상호관계를 만들어간다. 특히 1854년 카자흐스탄 남부에 새워진 '베르노예'라는 요새가 발전해 만들어진 도시가 바로 얼마 전까지 카자흐스탄의 수도였던 알마아타이다.[2] 이와 더불어 1850년대에는 대부분 유목민 생활을 하는 본국인들을 몰아내고 러시아인 스스로 카자흐스탄 북부의 비옥한 토지로 이주·정착하게 되는데, 이러한 러시아인의 이주는 현재 카자흐스탄의 러시아인 인구비율이 전체 인구의 40%를 차지하는 상황의 역사적인 출발점이 되었다. 한편 1821년 키르기스를 정벌한 러시아는 1860년대에 이를 완전히 병합하게 되고 우즈베키스탄은 1868년에 러시아의 보호령 하에 놓이게 되었으며, 투르크메니스탄은 1860년 카스피해로부터 침입한 러시아군에 항복한 이래 최근의 독립까지 러시아 지배에 놓인다.

19세기 러시아의 중앙아시아 정복이 이렇듯 활발했던 것은 여러 가지 배경을 갖는다. 1861년 농노해방이라는 개혁조치와 맞물려 있는 국내자본주의의 성장으로 인하여 러시아는 면화나 곡물, 가죽

---

2) C. H. 스이로프, 기연수 역, 『러시아의 역사』(서울: 동아일보사, 1988), p. 212.

등의 공급지이자 상품의 시장으로서 중앙아시아를 주목하게 되었다. 동시에 1876년 크림전쟁의 패배로 대표되는 서진정책의 잇따른 실패는 러시아의 제국주의 팽창정책의 방향을 동쪽으로 향하게 하였다. R. 키플링에 의해 "19세기의 Great Game"이라 불릴 정도로 치열했던 러시아와 영국간의 영토 쟁탈전 역시 중앙아시아를 포함한 아시아에서의 주도권을 두고 벌어진 싸움이었다. 1885년 양국간의 조약체결로 마무리된 이 쟁탈전의 결과 영국의 주도권이 인도에 한정됨으로써 러시아는 사실상 중앙아시아의 유일한 강자로 남게 된다. 나아가 1881년부터 시작된 트랜스코카서스 철로 건설은 러시아의 중앙아시아 진출과 그 통제를 더욱 원활하게 만드는 계기가 된다. 총길이가 1,755㎞에 달하는 이 철로는 오렌부르그로부터 타시켄트를 이어주는데 이를 통해 해당 지역과의 교류는 물론 러시아인의 우즈베키스탄 지역으로의 유입이 가속화되었고 이미 1896년에 그 수는 1만 2천명에 달하게 된다.[3] 이상의 과정을 통해 제정 러시아의 중앙아시아 정복은 사실상 완결된다.

한편 정복된 중앙아시아 투르크들에 대한 러시아 본국의 통치정책은 무엇보다 종교와 밀접히 관련되어 실행되었다. 9세기 이래로 중앙아시아는 이미 그 지역 거주민의 대다수가 이슬람교를 믿고 있었는데, 이 중앙아시아 무슬림들은 이반 4세의 중앙아시아 진출 시기, 무자비한 반(反)이슬람정책을 경험하게 된다. 그 대표적인 것이 카잔공국의 투르크계 타타르인에 대한 잔인한 핍박이며 그 결과 지금도 이 지역의 많은 타타르인들은 러시아정교를 자신의 종교로 삼고 있다. 피정복민들은 러시아에 의해 러시아정교로의 개종을 강요받았으며, 이를 받아들이지 않은 무슬림 종교지도자들은 죽임을 당하거나 근거지로부터 축출되었고 대다수의 이슬람 사원이 파괴

---

3) 19세기 말 러시아의 중앙아시아 진출과 철로건설의 관계에 대해서는, 최한우, 『중앙아시아학 입문』(서울: 펴내기, 1997), p. 160 참조.

되었다. 특히 1565년에는 단지 지도세력에게 뿐만 아니라, 일반 대중을 대상으로 한 기독교 개종의 계획이 강제적으로 시행되었다.[4] 이러한 이슬람탄압정책은 늘 경제적 통제와 동반되었는데, 기독교로 개종하지 않은 자들에게는 갖가지 경제적 불이익이 주어졌다.

그러나 이반 4세의 이와 같은 강력한 억압과 통제 정책을 제정러시아 시기 중앙아시아 지배의 일반적인 원칙으로 보편화할 수는 없다. 항상 회유와 탄압이라는 양날의 칼이 사용되기는 했지만, 오히려 양자 간 역사의 많은 기간 동안 러시아 통치자들은 이슬람과 그로 대표되는 중앙아시아 고유의 전통과 관습과 문화에 관대하였다. 예를 들어 18세기 후반 러시아의 여제 에카테리나 2세는 중앙아시아를 문명화하는데 있어서 러시아정교보다 이슬람이 더 효율적이라는 사실을 인정하고, 러시아에 지배되고 있는 식민지의 여러 지역에서 이슬람교도들의 경제적 권리와 종교의 자유를 보장해주었다. 그녀는 선임 통치자들이 적용하였던 반(反)이슬람적인 제한 조건들을 철폐하였고, 이슬람이 강하기로 유명한 투르크계 카잔 타타르 상인들의 상업 활동을 보장하는 중요한 조약을 수립하기도 하였다. 심지어 그녀의 통치 기간 동안 중앙아시아의 일부 지역에서는 형식적으로만 받아들여졌던 이슬람교가 유목민들 사이에서 깊이 뿌리내리는 결과가 초래되기도 하였다.[5]

이러한 정책은 1860년대까지 계속되어 제정 러시아는 자신의 통치 식민지의 이슬람교를 지지하는 정책을 유지하였고, 그것은 해당 지역에서 이슬람 문화의 발전과 이슬람 사상에 근거한 교육제도, 이슬람 법전에 입각한 법률체계가 형성·발달되는 것으로 표면화되었다. 그러나 이슬람 보호정책은, 혁명파 테러리스트들에 의해

---

4) 이반 4세 시기 러시아의 중앙아시아 정책에 대해서는 최한우(1997), pp. 265-266.

5) 스이로프(1988), pp. 211-213; 최한우(1997), pp. 266-268 참조.

아버지가 암살되고, 그 자신 스스로도 암살의 위기에 처했었던 알렉산드르 3세가 왕위에 오르면서 심각한 변화를 겪는다. 전제국가 러시아와 러시아 정교의 힘을 강조하는 매우 보수적인 반동정치로 일관했던 그는 당연히 소수민족에 대한 통치에 있어서도 정교 우선주의, 러시아 우월주의를 원칙으로 내세운다. 비(非)기독교 종파들에 대한 그의 억압정책은 제정 러시아 마지막 황제인 니콜라이 2세의 통치 초반까지 유지된다.[6] 그러나 실제로 이러한 억압정책이 실시된 시기는 20년이 채 못 되는 시기로, 1905년 러시아 제국에서 종교의 자유를 선언하는 칙령이 발표됨에 따라 러시아의 대(對) 이슬람 정책은 다시 온건한 유화정책으로 돌아서게 되며, 그 결과 과거 강제적으로 기독교로 전향해야 했던 러시아 제국 내 대다수의 투르크계 무슬림들은 옛 신앙인 이슬람으로 돌아가게 되며, 이러한 현상은 1917년 볼셰비키 혁명까지 이어진다.[7]

이상에서 알 수 있듯이 비록 통치자의 이념과 특성에 따라 많은 굴곡을 겪지만, 그럼에도 불구하고 제정 러시아의 중앙아시아에 대한 기본적인 태도는 해당국가의 종교로 대표되는 사회문화와 관습, 그리고 그에 기반한 자치권을 인정하는 것이었다고 말할 수 있다. 물론 이민족국가의 정복의 과정과 그 논리가 자국의 정치적 힘과 경제적 이익을 우선시하는 제국주의에 근거한다는 점에서 러시아의 팽창주의가 제국주의 일반과 궤를 같이 한다는 점에 대해서는 이견의 여지가 없지만, 그럼에도 불구하고, 적어도 제정 러시아의 상당 시기 동안 러시아는 그리고 적어도 중앙아시아에 대해서는, 원주민들을 인위적인 방식으로 러시아인화하거나, 그들에게 러시

---

6) 최소영, "소비에트 정권과 反이슬람 정책의 변화", 『외대사학』(2000년 12호)와 허승철 외 3인 공저, 『러시아 문화의 이해』(서울: 대한교과서, 1998), p. 215 참조.
7) 최한우(1997), p. 269

아 정교와 그에 바탕한 기독교 문명을 폭력적으로 강요하지는 않았다.[8] 오히려 중앙아시아 지배의 역사에서 두드러진 것은 경제적 요인에 의한, 정복된 지역으로의 러시아인의 이주와 정착, 그리고 그러한 러시아인의 이주에 따른 러시아의 개발 계획과 자연스럽게 이어지는 일련의 후속 조치들, 그에 의한 중앙아시아 제국가들과 러시아와의 경제적 상호관계이다.[9] 역설적으로 이것은 유럽이나 동일 슬라브 계통의 인접국가에 비해 중앙아시아가 러시아에 대해 가지는 의미가 상대적으로 높지 않았음에 대한 반증일 수도 있다. 다시 말해 제정 러시아는 인종적으로, 종교적으로 너무나 이질적일 뿐만 아니라, 정치·경제·문화적으로도 러시아와 비교할 수 없이 낙후된 중앙아시아를 다루면서, 이슬람에 제한을 가하고 이슬람인의 정서에 반하는 조치를 취해 쓸데없는 분쟁을 만들고 싶어 하지 않았고, 아울러 실제로도 그와 같이 허용된 자치와 자유가 러시아의 지배를 위협할 정도의 도전을 만들어내지도 않았다.

---

8) 이러한 견해는 많은 학자들에게 공통적으로 나타난다. 예를 들어 우미르세릭 카세노프는 제정 러시아 시기 중앙아시아가 러시아의 식민지 정책에 의해 많은 영향을 받았지만, "그럼에도 전통적 사회는 어떠한 본질적인 변화도 경험하지 않았고", "삶과 문화와 신앙의 가장 기본적인 방식은 훼손되지 않은 채 남아 있었다"고 주장한다. Umirserik Kasenov, "Post-Soviet Modernization in Central Asia: Realities and Prospects", *Central Asia: The Challenges of Independence* (M. E. Sharpe, New York, 1998), pp. 28-29. 또 아서 사가제예프 역시 제정 러시아 통치자들이 중앙아시아 무슬림을 기독교로 전향시키기 위해 많은 시도를 했지만, 결코 그들을 러시아인화하려고 하지는 않았다고 말한다. Arthur Sagadeev, "Great Power Ideology and the Muslim Nations of the CIS", *Central Asia and Caucasus after the Soviet Union* (Univ. Press of Florida, 1994), p. 236.

9) 최한우(1997), p. 156.

Ⅲ. 구소련과 중앙아시아(1917년~1991년)

제정 러시아 시기의 대(對) 중앙아시아 정책은 1917년 러시아 혁명이후 소연방이라는 하나의 이념적 공동체가 형성되면서 질적인 변화를 겪게 된다. 물론 소련 시기 대 중앙아시아 정책 역시 제정 러시아 시기와 마찬가지로 지도자나 지도 이념, 해당 시기의 국내외 정치상황에 의해 당근과 채찍이라는 두 중심축 사이의 진자운동을 보였다는 점에서는 그 공통성을 찾을 수 있지만, 사회주의 이념의 수출과 영구혁명의 이론을 사회주의 공화국들의 연방의 결성이라는 선에서 절충해내야 했던 소련의 정치 지도자들에게 그러한 연방 형성의 숙명적 조건이 될 수밖에 없는 다민족 공존의 현실은 가장 미묘하고 복잡하면서도 시급한 해결이 필요한 일이었다. 이와 더불어 극단적으로 양극화된 이데올로기 구도 속에서 연방의 이념적 결속과 단결은 절대적으로 필요한 일이었다. 볼셰비키 혁명 후 소연방의 구축에 이르기까지의 몇 년 간, 그리고 그것이 안정화되어 가는 과정에서 보이는 소련의 민족정책은 이러한 배경 속에서 형성되었고, 중앙아시아에 대한 정책 역시 이러한 구도 속에 위치한다.

중앙아시아 무슬림들에게 러시아 혁명은 무엇보다 러시아로부터 조국의 독립이 가능해짐을 의미하였다.[10] 러시아 제국 내 모든 민족의 독립과 정치적 자결권을 인정한 레닌의 4월 테제(1917년)와 같은 해 11월에 볼셰비키에 의해 선포된 "러시아와 동방의 모든 이슬람교도에게"라는 선언 ─ 제정 러시아의 종교적·민족적 탄압을 그릇된 것이며, 무슬림들의 관습과 민족적·문화적 제도는 불가침의 것이다 ─ 은 중앙아시아인들의 그러한 인식의 개연성을 뒷받침해 주는 것이며, 이는 단지 중앙아시아 지역에서만이 아니라 제국주의 열강

---

10) Sagadeev(1994), p. 235

의 식민지로 전락한 그 당시 모든 억압받는 소수민족의 공통된 기대이기도 하였다. 혁명운동과 독립운동이 동일시되고, 그러한 과정을 통해 혁명에 대한 열광적인 기대와 호응을 불러일으키는 것, 이것이 레닌이 사회주의 이론과 결코 공존할 수 없는 민족주의를 자신의 혁명이론과 결합시킨 이유이다. 그러나 사회주의 이론과 민족주의 이론 간의 생래적인 모순, 그 결합이 품고 있는 예정된 파국이 현실화되는 데는 채 몇 년도 걸리지 않았다. 특히 사회주의 이론과 민족주의의 관계는 현실에 있어 많은 경우 민족문제가 종교문제와 얽혀 있다는 점에 의해 더욱 복잡해진다. 앞서 인용된 11월의 선언에서 제기된 이슬람 종교와 그 문화에 대한 볼셰비키의 인정은 사실 중앙아시아 지역에서 민족주의가 '이슬람 민족주의'의 형태로 종교와 불가분의 관련을 갖는다는 현실로부터 출발한 것이지, 결코 볼셰비즘의 무신론을 수정 또는 포기함을 의미하지는 않는다.

실제로 중앙아시아 지역민들의 호응 하에 1917년 11월 15~22일에 걸쳐 중앙아시아 소비에트 자치정부가 구성되었다. 이 지역 무슬림 성직자위원회는 소비에트 정부 내에 무슬림 대표단의 설치를 요구하였고, 이러한 요청은, 물론, 거부되었다. 이에 성직자위원회는 보수–이슬람 세력을 규합하여 중앙아시아 자치정부에 반대하는 코간드 자치정부를 형성하였는데, 1918년 타시켄트 소비에트 정부는 코간드 자치정부를 무력으로 해산하고 부하라를 공격하였으며 이 과정에서 다수의 토착민이 희생되었다. 이 사건을 통해 이미 중앙아시아 지역에 광범위하게 퍼져있던 바스마치 저항운동은 반(反)소비에트 민족해방운동이자 정치적인 무력저항운동으로 본격화된다. 특히 오스만 제국 황실의 사위였던 엔베르 파샤가 리더로 부상하면서 바스마치 저항운동은 범투르크 민족주의로 확장된다. 그러나 소비에트 정부의 강력한 대응과 내부분열 그리고 보다 결정적으로는 1922년 엔베르 파샤가 전사함으로써 바스마치 운동은 사실상 그

막을 내리게 된다.[11] 이후 중앙아시아의 공화국들은 차례로 소비에트 연방에 편입·흡수된다. 1924년 부하라와 히바한국이 공식적으로 해체되고 우즈베키스탄 소비에트 사회주의 공화국이 선포되었다. 같은 해 우즈베키스탄으로부터 투르크메니스탄이 분리되었고 1926년에는 우즈베키스탄으로부터 타지키스탄이, 1936년에는 카자흐스탄으로부터 키르기스가 분리되어 소연방에 흡수되었다. 이로써 중앙아시아 5개국의 소연방 편입과정은 완성된다. 이 과정에서 이루어진 인위적인· 국경의 설정은, 바스마치 저항운동의 진원지였던 페르가나 계곡이 우즈베키스탄, 타지키스탄, 키르기스 등 3개국으로 분할된 것과 밀접하게 관련되면서, 소련 해체 후 지역 국가의 주된 분쟁의 씨앗이 되어 지역의 평화를 위협하게 된다.

이렇게 중앙아시아 5개국이 소연방의 구성 공화국이 되는 과정은 앞서의 4월 테제나 11월 선언은 물론, 1918년에 제정된 '러시아 사회주의 연방 소비에트 공화국 헌법'에 명기된 민족 평등의 원칙과 전혀 일치하지 않으며, 이것이 야기하는 문제점은 러시아 민족주의에 기반해 제정 러시아보다 더욱 강력한 중앙집권화와 보다 계획적인 러시아화 정책을 펼쳤던 스탈린에 의해 더욱 심화되고, 이러한 정책에 의해 구조화된 소연방 내의 민족 상황은, 결국 연방의 해체로 결과 지워진 고르바초프의 개혁 개방정책이 실현되기 전까지 큰

---

11) 혁명 직후 소비에트와 중앙아시아 토착 권력의 관계, 무슬림 저항운동으로서의 바스마치 운동에 대해서는 Э. Г. Филимонов, Ислам в СССР: Особенности процесса секуляризации в республиках советского Востока (Москва, 1983); Alexandre Bennigsen & Marie Broxup, The Islamic threat to the Soviet State (London&Canberra, 1983), Shireen T. Hunter, "Religion, Politics, and Security in Central Asia", *SAIS Review* 21.2.(The Johns Hopkins Univ. Press, 2001); 김경문, 『구소련의 중앙아시아 강점과 무슬림 저항운동—바스마치 운동을 중심으로』(한국외대 대학원 석사논문, 1994); 송재우, 『중앙아시아 지역국가의 이슬람 발전과정에 대한 연구』(한국외대 대학원 석사학위논문, 1995)과 최소영(2000), 최한우(1997), pp. 164-171, 204-229, 269-271 참조.

틀에서 유지된다고 말할 수 있다.

중앙아시아 공화국들의 소연방내로의 편입과정부터 이미 깊숙이 개입해 있었던 스탈린은 중앙아시아 지역에서 투르크 민족을 중심으로 하는 자민족 우선주의가 나타나는 것을 막기 위하여, 의도적으로 러시아인을 포함한 다양한 민족구성으로 각국을 출범시켰다. 앞서 언급한 국경의 인위적 조정 역시, 동일 거주지역으로 묶여 있던 집단을 분산시켜 공화국 내 동질성을 약화시킨다는 점에서 이와 같은 맥락에서 취해진 조치라 할 수 있고,[12] 1937년 극동지역 거주 한인 17만 명을 중앙아시아로 강제 이주시킨 것 역시 같은 맥락이다. 한편 종교적인 차원에서는 보다 노골적인 종교말살 정책을 취했다. 많은 무슬림 인텔리들이 소비에트 정부에 대한 그들의 태도와 무관하게 제거되었으며, 1920년대 2만 5천에서 3만에 이르렀던 이슬람 사원은 1940년대에 겨우 천여 개로 줄었다. 14,500개의 이슬람 학교가 문을 닫았고 4만 7천여 명의 성직자 중 목숨을 건진 사람은 2천 명이 되지 않았다. 이러한 소련의 공식적인 반(反)종교 캠페인은 중앙아시아인들로부터 그들의 문화유산의 가장 본질적인 부분을 앗아갔고, 더불어 다른 이슬람문명권과의 연대의 고리를 박탈하는 결과를 초래하였다. 1929년 소비에트 정부는 아랍어를 이용한 기존의 표기 방식을 버리고 라틴 알파벳을 사용하도록 하였으며, 1930년대 말에는 아예 이 라틴 알파벳조차 러시아의 끼릴 알파벳으로 대체해버렸을 뿐만 아니라 중앙아시아의 모든 국가에서 러시아어가 공용어가 되도록 하였다.[13]

경제부문에서 중앙아시아의 소비에트화는 거대한 규모의 산업화

12) 실제로 우즈베키스탄으로부터 타지키스탄을 인위적으로 분리한 결과, 현재 각각의 공화국 내 페르시아계 타직인과 투르크계 우즈벡인간의 갈등과 긴장이 중요한 분쟁요소가 되고 있다.

13) 스탈린 시기 소련의 反이슬람 정책과 그 결과에 대해서는 Sagadeev(1994), pp. 235-236 참조.

와 근대화의 실행으로 요약될 수 있다. 이 과정을 통한 중앙아시아 지역경제의 성장은, 거의 100%에 달하는 문맹률의 퇴치나 공중보건의 향상과 더불어 소비에트화의 부인할 수 없는 덕목으로 지적되는 부분이기도 하다. 그러나 이것 또한 러시아 의존적인 기형적 산업구조를 통해서만 가능했다는 점에서 역시 비판을 면하기 어렵다. 다시 말해 중앙아시아에서 실행된 경제정책의 원칙은 해당지역 국가의 이익보다는, 그 경제적 중심으로서의 러시아에 대한 고려 속에서 만들어졌다. 예를 들어 해당지역에서의 산업의 발전은 농업과 광업 같은 1차산업에 치중되었는데, 이는 이 지역이 러시아에 대한 원료 공급지이자 상품의 소비지라는 종속적 경제역할에 제한되었기 때문이다. 물론 도시화와 공업화 정책도 주목할 만한 성장을 보이지만, 여기서 문제는 이 근대적 공업화의 근간을 이룬 사람은 주로 러시아로부터의 이주민이라는 사실이다. 중앙아시아의 토착민들은 근대화의 과정이나 경제의 새로운 분야에서는 극히 주변적인 역할을 담당했을 뿐이고, 주로는 농업과 같은 기초생산직종에 종사하였다.[14] 이러한 러시아 의존현상은 정치나 행정 분야에서도 반복된다. 대다수의 고급관료나 행정의 요직에는 러시아인이 배치되었고, 국가원수의 경우에도 소비에트 정권과의 이념적 친화성이 권력유지의 필수조건이 되었다. 현재 5개의 중앙아시아 공화국의 대통령들이 한결같이 과거 소련 지역 공산당 서기장이나 고위관료 출신이라는 점은 이를 잘 입증해 준다.

이상에서 살펴본 바와 같이 사회, 경제, 정치, 종교, 문화 등 다양한 영역에서 심화된 소비에트화의 모순을 통해 중앙아시아 국가의 민족적 정체성은 심하게 훼손되었다. 이렇게 누적된 문제들은 소연방 해체 후 독립한 이들 국가들의 현재와 미래를 좌우하고 있으며, 이런

---

14) 소련에 의한 중앙아시아 근대화의 특징에 대해서는 Kasenov(1998), pp. 28-31 참조.

의미에서 그들에게 소련은 아직 과거가 아니다.

IV. 소연방 해체 후 러시아와 중앙아시아(독립국가연합 속의 러시아와 중앙아시아 : 1991년~현재까지)

소비에트 시기, 정치, 경제는 물론이고 종교, 사상, 문화 영역에 걸쳐 광범위하고 조직적으로 이루어진 '러시아화'의 결과는, 이 시기가 중앙아시아 제국가에 있어 근대국가 형성 시기와 일치한다는 점에서 더욱 중요하다. 국가 경영의 기본적인 틀을 마련하는 과정을 지배한 러시아 중심주의에 의하여 이들 국가에서 러시아 의존성은 사회의 각 부분에 '구조화'된다. 소연방의 해체는 이 '구조' 자체의 붕괴를 의미하며, 연방의 해체와 독립이 중앙아시아 국가들의 국가적 정체성 문제와 동일시되는 것은 바로 이런 이유이다. 그러나 더욱 중요한 것은 이 구조화된 모순이 모순 해결의 구조 역시 일정 정도 지배하고 있다는 사실이고, 이것이 현재 중앙아시아 제국가의 엄연한 현실이다.

연방 해체 후 지금까지의 중앙아시아 역사는 독립의 환희와 그 미래에 대한 낭만주의적 기대가 냉정한 현실 앞에 무릎을 꿇는 과정에 다름 아니었다. 러시아와의 결별의지는, 페르시아계인 타지키스탄을 제외한 중앙아시아 4개국 모두가 독립 후 제일 먼저 달려간 곳이 투르크계의 맏형이라 할 수 있는 터키였다는 사실에서 상징적으로 드러난다. 이들의 터키 방문은 오스만–투르크 제국의 후예로서의 터키를 중심으로 동일 민족 국가들 간의 연대를 확인하고, 그 민족적 · 종교적 동질성에 기반한 정치 · 경제적 연대를 이루어내어, 해체 후 닥쳐 온 위기를 극복하려는데 그 일차적 목적이 있다. 그러나 이 방문은 기대한 성과를 이루어 내지 못하였다. 터키로서는 중앙아시아 신생 공화국들에 충분한 경제적 지원을 해 줄만한 능력이 전혀 없었을 뿐더러, 미국과 러시아, 중국을 비롯한 주변강국역시 이와 같은 투르크 민족의 연합 기도를 방관하지만은 않았기때문이다.[15]

그러나 과거 소비에트 시기 형성된 러시아 중심적 경제질서에대한 중앙아시아의 불만에도 불구하고, 독립 후 중앙아시아 5개국의 경제는 오히려 급속도로 악화되었다. 통계에 따르면 카자흐스탄의 GDP, 공업생산량, 농업생산량, 자본투자는 각각 독립 이전의45.9%, 48.1%, 56.1%, 13%로 감소되었다.[16] 이러한 현상은 부문별로정도의 차이는 있지만, 중앙아시아 5개국에 공통된다. 이 지역 모든나라에서 산업간 인구불균형 현상이 심화(공업인구의 감소와 농업인구의 증가)되고, 궁핍과 빈곤은 국가적 규모로 확대되었다. 이들나라 근로자의 한 달 평균임금은 10~100불에 불과하여 기본적인생계가 위협되는 수준이다. 이러한 경제위기의 원인은 다양하지만,가장 근본적인 것은 소연방과 맺었던 예전의 경제적 연대가 파괴되었음에도 불구하고, 그것을 대체할 만한 효율적인 경제 시스템이아직 부재하다는 사실이다. 세계시장을 상대로 한 경쟁력을 갖추지못한 상태에서, 소비에트에 속했던 공화국들과의 경제적 연대가 보장해주었던 안정적인 시장 확보가 불가능해지고, 동시에 러시아로부터의 원조규모가 대폭 축소됨에 따라, 예산부족과 높은 이율, 인플레이션과 높은 실업률은 이제 이들 국가들의 만성적인 문제가 되었다. 이러한 심각한 경제위기를 극복하기 위해, 예를 들어 카자흐스탄 정부는 자국기업과 외국기업간의 트러스트를 장려하는 정책을펼치고 있는데, 실질적으로 이것은 자국기업에 대한 외국기업의 통

---

15) 이에 대해서는 최한우, "중앙아시아 지역연구 현황과 과제" (국제지역연구, 2001년 5권 1호) 참조.
16) Kasenov(1998), pp. 33-34.

제를 강화하는 방향으로 나아갈 수밖에 없기 때문에, 장기적인 차원에서는 경제의 새로운 종속을 낳을 위험이 있다.[17] 실제로 중앙아시아 국가들은 독립 후 새로운 파트너와의 무역에서도 과거의 원료공급형 경제구조에서 크게 벗어나지 못했을 뿐만 아니라 그 비율은 오히려 더 증가하였다는 사실은 이러한 위험이 단지 가능성에 그치지 않는다는 점을 보여준다.

이러한 경제적 위기는 정치의 영역에서도 예외가 아니다. 현재 모든 중앙아시아 국가의 지도자들은 과거 소비에트 시기 러시아에 의해 낙점된 인사들이기에, 독립국에서 그들 정권의 정통성은 매우 미약하다고 할 수 있다. 그들은 이러한 정통성의 부재를 강력한 독재와 전제정치로 메우고 있다. 물론 이미 모든 중앙아시아 국가들에 의회가 존재하고, 다양한 정당의 활동이 인정되고, 선거에 의해 대통령이 선출되지만, 아직까지 이들 국가에서 이러한 민주주의적 절차는 매우 형식적인 차원에 머물며, 실제로는 대통령이 국회의 결정을 거부하고 의회를 임의로 해산하며, 반대자를 납치하거나 린치를 가하는 '민주주의와 인권의 사각지대'이다.[18] 예를 들어 우즈베키스탄의 경우 1991년과 1994년 선거에서 야당은 심지어 선거에 참여조차 할 수 없었으며, 투르크메니스탄의 대통령 사파무라드 니아조프는 우상숭배의 대상이기까지 하다. 이러한 정치적 비민주성은, 첫째 이들이 주도하는 국제정치와 외교의 많은 문제가 국익보다 정권유지의 관점에 지배될 수 있다는 점, 둘째로는 그들이 권력의 경제적 기반을 확보하는 과정이 과거 소비에트 시기 집단화·국유화된 사회자본을 사유화하는 과정과 매우 긴밀하게 연관되어 있을 것이라

---

17) Kasenov(1998), pp. 35-36.
18) 중앙아시아 국가들의 정치적 비민주성에 대해서는 Charles H. Fairbanks, "Disillusionment in the Caucasus and Central Asia: Ten Years After the Soviet Breakup," *Journal of Democracy* (2001, Vol.12, No.4), pp. 49-56 참조.

는 의혹과 결합되어 현재 중앙아시아의 위기를 심화시키는 결과를 초래한다.

해체와 독립 후 나타난 사회 전반에 걸친 위기는, 중앙아시아 일부 대중들 사이에서 소비에트 시절에 대한 향수와 그 질서로의 복귀라는 여론을 만들어 내기도 하였다. 그러나 이러한 위기의 경험을 통해 해당지역 국가들은 자신들의 독립 이후의 미래를 보다 실리적인 관점에서 조망해 볼 수 있게 되었다. 이것은 특히 러시아에 대한 관계에서 명확하게 드러난다. 그들은 경제적 동반자로서의 러시아의 역할과 비중을 보다 적극적으로 인정하게 되었고, 그와의 관계 개선을 위해 노력하고 있다. 독립 후의 경제위기를 겪으면서, 중앙아시아 제국가들은 수세기에 걸쳐 축적된 러시아 의존형 구조의 탈피를 위해서라도 러시아와의 공존은 어쨌든 필요악이라는 현실적 인식에 도달했다고 할 수 있다.

러시아로부터의 완전한 독립과 그를 위한 연대라는 이러한 이중성은 우즈베키스탄과 러시아의 관계에서 가장 첨예하게 드러난다. 자국 내 러시아인 인구비율이 거의 40%에 달하는 카자흐스탄이나, 특히 경제적 기반의 열악함으로 러시아 의존성이 매우 강한 다른 중앙아시아 국가들에 비해 우즈베키스탄은 러시아의 영향력으로부터 상대적으로 자유로운 입장에 놓여 있다. 이러한 상황으로 인하여 우즈베키스탄은 중앙아시아 국가들 중 전통적으로 반(反)러시아 감정이 가장 강했고, 독립 이후부터 일관되게 러시아로부터의 완전한 독립을 주장해 왔으며, 1996년 러시아와 중국 그리고 다른 중앙아시아 국가들을 중심으로 이루어졌던 상하이 안보동맹에 우즈베키스탄이 참가하지 않았던 것 역시 러시아에 대한 이러한 경계와 거리두기를 반영한다.[19] 그러나 현재 우즈베키스탄은 러시아와의 관계를

───────────────

19) 중앙아시아 전문가인 보리스 루머에 따르면 중앙아시아의 지도자들 중에서 오직 우즈베키스탄의 카리모프대통령만이 러시아의 슈퍼 파워

배제한 채 정치 경제적 발전을 도모하는 것이 사실상 불가능하다고 판단하고, 최근 보다 적극적으로 대러 관계에 임하고 있다. 다른 중앙아시아 국가들처럼 우즈베키스탄 정부는 과거의 종속관계를 탈피하면서 동등한 동반자적 관계 속에서 러시아와 긴밀한 경제 공동체로 발전하길 원하고 있다.[20]

러시아에 대한 중앙아시아의 이러한 입장은, 한편으로는 현재 러시아의 대 중앙아시아 관계에서 공통적으로 발견할 수 있는 부분이기도 하다. 사실 연방의 해체 후 러시아의 대 중앙아시아 정책은 다소 일관되지 못한 모습을 보였다. 보다 정확히 말해서 연방해체 초기 러시아는 옛 소비에트의 아시아 공화국들에 관심을 제대로 기울이지 않았다. 해체 후 러시아조차도 심각한 경제위기 속에서 강대국으로서의 예전의 권위와 힘을 잃고, 서방으로부터의 원조를 얻기 위해 동분서주해야만 하는 상황 속에서 아시아 국가들에 대한 관심은 상대적으로 미약할 수밖에 없었다. 더 나아가 '새로운 러시아'의 지도자들이 구상하고 있었던 것은, 유럽공동체에 맞설 수 있는 거대한 슬라브 경제블록의 형성이었다. 이 경제블록의 파트너로 러

에의 야심, 우즈베키스탄의 경제적 독립, 정치적 자주성을 저해하는 시도들에 일관되게 반대해 왔다고 한다. Rumer(1996), p. 36.

20) 이러한 변화의 요인 중 중요한 것의 하나는 이슬람 원리주의자와 테러리즘에 대한 경계이다. 타지키스탄과 인접한 우즈베키스탄은 타직 내전으로 인해 실질적인 위협을 경험하였으며, 이는 Juma Namangani가 이끄는 '우즈베키스탄 이슬람 운동'(IMU)이라는 우즈베키스탄 내 반정부 과격 세력이 야기하는 위협과 밀접히 관련된다. 실제로 1999~2000년 러시아의 군대가 바트켄에 주둔한 것은 중앙아시아 제 공화국들에 의해 환영받았으며 이는 러시아와 중앙아시아 국가 간의 관계를 긴밀히 하는데 긍정적으로 작용하였다. 2000년 11월 민스크에서 우즈베키스탄이 마침내 상하이 협력체에 가입한 것은 이와 같은 저간의 상황을 반영한다. 우즈베키스탄의 대 러시아 정책에 관해서는 Sean Yom, "Power Politics in Central Asia," *Foreign Policy in Focus* (2002. 7. 26); Svante E. Cornell & Regine A. Spector, "Central Asia: More than Islamic Extremists," *Washington Quarterly* (2002, Winter), pp. 193–197; Rumer(1996), pp. 35–36 참조.

시아가 상정했던 나라는 우크라이나나 벨로루시 같은 동일 슬라브족과 옛 동유럽 국가들이다. 그러나 동유럽은 이러한 러시아의 구상에 냉담했고 오히려 나토나 OECD 등 미국과 서유럽의 경제 안보 시스템으로의 편입을 추진하였다.[21] 슬라브 경제연합에 대한 기대의 무산과 더불어 해체 초기 러시아를 지배한 슬라브지향적, 친서구적 경향에 대한 옛 아시아 형제국가로부터의 반발[22] 등 여러 요인에 의해 러시아는 다시 중앙아시아 국가에 대해 관심을 보이기 시작한다. 1992년 5월 우즈베키스탄의 수도 타시켄트에서 러시아와 아르메니아, 그리고 키르기스를 제외한 중앙아시아 4개국이 맺은 집단 안보조약은 중앙아시아에 대한 러시아의 태도 변화를 알리는 서곡과 같은 것이었고, 이것은 이후 '근외지역' 개념에 기반한 프리마코프 독트린이나 1995년 러시아와 벨로루시, 카자흐스탄, 키르기스, 타지키스탄 사이에 맺어진 관세동맹과 자유무역지구 선언으로 이어진다. 친서구적 경향이 매우 강했던 옐친과 달리, '강한 러시아 건설'의 기치 아래 매우 현실주의적인 노선을 추구하는 푸틴정권 출범 이후, 중앙아시아의 지역적 가치는 더욱 적극적으로 인정되어지며, 이는 2000년 5월 푸틴의 중앙아시아 방문 후 맺어진 '신경제협력조약(New Economic Cooperation Treaties)'으로 가시화된다.[23]

---

21) Rumer(1996), pp. 23-28.
22) 앞서 언급한 민스크 회동의 예에서 드러나는 러시아의 친슬라브주의는 중앙아시아 국가들로부터 강한 반발을 불러 일으켰고 이는 1992년 해당 국가들이 러시아를 배제한 채 이란, 터키, 파키스탄과 투르크메니스탄의 수도 아스하바트에서 정상회담을 가진다거나, 상기한 아시아 국가들 중심의 경제협력기구(Economic Cooperation Organization, ECO)에 가입, 적극적으로 활동한 사실로 표면화된다. 중앙아시아 국가들의 이러한 움직임은 이후 슬라브 경제 블록 구상의 실패, 체첸전의 위기, 나토의 동방진출에 대한 경계 등 여러 요인과 상호작용하며 러시아의 대 중앙아시아 정책의 변화에 큰 영향을 미쳤다.
23) 푸틴이 대통령이 된 후 처음 방문한 외국이 우즈베키스탄이나 투르크메니스탄과 같은 중앙아시아라는 사실은 이런 점에서 매우 시사적이다.

중앙아시아, 보다 넓게는 '근외지역' 즉 옛 소비에트 형제국가에 대한 러시아의 입장은 그 정치적 관점에 따라 다양하다. 현재 러시아 사회 전반의 위기는 과거 소비에트 러시아의 강력한 파워에 대한 노스탤지어를 낳았고, 이러한 대중적 정서를 겨냥한 극우 민족주의나 신나치주의는 옛 소련의 통합과 근외지역에 대한 통제의 강화 등을 주장한다. 반면 분리주의자의 경우는, 소련 시기 러시아가 연방의 유지를 위해 지불해야만 했던 불필요한 대가를 상기시키며, 러시아의 모든 힘을 오직 '러시아'로 결집시켜야 함을 주장한다. 예를 들어 저명한 소설가이자 사회사상가인 솔제니친은 러시아가 'great power' 콤플렉스에서 벗어나야만 하며, 중앙아시아가 지우는 짐으로부터 우리 자신을 자유롭게 해야 한다고 주장한다.[24] 이러한 주장은 물론 러시아 민족주의에 기반한 것이고 바로 이러한 요구에 의해 연방이 해체된 것이지만, 이러한 주장이 때로는 경제적인 차원에서의 고려가 아니라, 극우 민족주의에 내재된 제국주의의 부활에 대한 이데올로기적 경계로부터 출발하는 경우가 적지 않다는 점에서 이 두 번째 경향은, 첫 번째 경향과 마찬가지로 다분히 이데올로기적인 성격을 갖는다.

그러나 현재 러시아가 처한 여러 가지 객관적인 조건을 고려해 볼 때, 사실 중앙아시아와 마찬가지로 러시아의 경우도 현실적인 차원에서 중앙아시아와의 긴밀한 상호관계가 필요하다. 그 이유는 첫 번째로는 앞서 서론에서 거론한 바와 같이 이미 주변 강대국들의 각축을 이끌어낸 이 지역의 지정학적, 경제적, 국제정치적 가치 때문

특히 양국은 중앙아시아 국가 중 러시아의 입지가 가장 약화된 곳으로 평가되는 나라이기도 하다.

24) 이러한 러시아내 정치동향에 대해서는 Rumer(1996), pp. 18-21 참조. 한편 러시아의 대 중앙아시아 정책의 핵심을 해당지역에서의 러시아 패권주의의 부활기도로 보는 시각에 대해서는 Stephen Blank, "Russi's Back in Central Asia," *The Middle East Quarterly*(1995. 6) 참조.

이고, 두 번째로는 장기간의 소비에트의 공동 경제체제로 인하여 러시아 경제에도 중앙아시아에 대한 경제적 의존성이 어느 정도 만들어졌기 때문이며(원료나 자원의 주요공급지로서), 세 번째로는 아직 러시아 상품은 옛 소비에트 공화국 내의 시장 외에서 경쟁력을 갖고 있지 못하며, 네 번째로는 수백만 러시아인들이 중앙아시아에 살고 있다는 엄연한 현실 때문이다. 특히 근외로서의 유리함과 특권을 활용해 이 지역에서 러시아의 입지를 공고히 한다면, 이는 주변 강대국과의 관계에도 긍정적으로 작용할 것이다. 따라서 러시아에 필요한 태도는 과거의 great power에 대한 회고적 복귀나, 엄격한 분리주의와 같은 극단적인 시각이 아니라, 정치·경제적 이해와 상호관계에 기반해 해당지역에 영향력을 행사할 수 있는 실용주의적 관점이라 할 수 있다. 이러한 측면에서 현재 푸틴 정권이 보여주고 있는 현실주의적인 대 중앙아시아 정책은 주목해 볼 만하며, 이것이 앞으로 어떤 양상으로 전개되어 갈지 관심을 갖고 지켜보아야 할 것이다.

V. 결론

이상에서 살펴본 바와 같이 러시아와 중앙아시아의 관계는 다른 주변국과 비교할 수 없이 깊은 역사를 가지고 있다. 제정 러시아 시대로부터 소비에트에 이르는 러시아 통치 기간이 중앙아시아에 남긴 유산은 단기간에 수정될 수 있는 문제는 결코 아니다. 무엇보다 중요한 것은 현재 중앙아시아 해당 국가들에게 이 문제를 해결해 나갈 자립적인 능력이 없다는 사실이다. 나아가 지금 그들에게 쏟아지는 관심은 중앙아시아 내부로부터가 아니라 국제정치의 복잡한 흐름과 얽혀 외부로부터 부과된 의미에 의해 촉발된 측면이 없지 않다. 막대한 지하자원의 보유와 지정학적 가치 등은 현재 단지 가능성으로서만 존재할 뿐이다. 이것을 현실화하기 위해서 개개의 사안에 관련하여 국제 정치의 흐름, 주변 강대국과의 관계에 유연하고 능동적으로 대처하는 것이 무엇보다 중요하다. 이것은 중앙아시아 국가들뿐만이 아니라 러시아를 포함하여, 1991년 해체 후 어려움을 겪고 있는 구소련 구성 공화국들 모두에게 공통적으로 주어지는 과제이기도 하다. 해체 이후 파괴된 국가정체성을 바로 확립하고, 무너진 경제를 회복시키는 과정에서 러시아와 중앙아시아는 서로에게 매우 중요한 전략적 파트너가 될 수 있으며, 이러한 인식을 기반으로 할 때에만 러시아와 중앙아시아에 고유한 상호관계와 그들 간의 뿌리 깊은 역사는 새로운 미래로 다시 태어날 수 있을 것이다.

제 11 장

19세기 말 일본의 중앙아시아 학습과 세계권력정치의 이해

남 기 정

I. 도입: 19세기 중앙아시아와 러시아

아시아 대륙의 정 중앙부에는 두 개의 큰 분지가 펼쳐진다. 그 하나가 톈산(天山)산맥, 카라코람산맥, 파미르고원, 쿤룬(崑崙)산맥 등으로 둘러싸인 타림분지이며, 다른 하나가 힌두쿠시산맥과 파미르고원 서북부로 펼쳐지는 추라니아분지이다. 이 둘 가운데 동쪽의 타림분지는 동터키스탄, 서쪽의 추라니아분지는 서터키스탄으로 불리워 왔다.[1] 터키스탄이란 어원적으로는 '터키인들의 나라'란 뜻이며, 이 지역이 역사적으로는 투르크족 또는 터키인들의 삶의 터전이었다는 사실을 담고 있다.

16세기 초 사마르칸트를 중심으로 성립했던 샤이바니왕조는 17

---

* 이 글은 『평화연구』 제12권 2호(2004년)에 게재된 것임.
1) 본고가 연구시기로 설정한 19세기 말 20세기 초 일본의 문건에는, 동터키스탄은 중국령 터키스탄이라는 의미로 지나 터키스탄, 서터키스탄은 러시아령이 되었던 사실을 반영하여 러시아 터키스탄이라는 지명으로 나타나기도 한다.

세기 초에 이르러 부하라한국, 히바한국으로 나뉘었으며, 18세기 초에는 다시 코칸드한국이 독립하여 삼한국시대(三汗國時代)를 맞이했었다. 한편 타림분지에 수립되었던 카슈가르한국은 18세기 중엽 청의 건륭제에 의해 정복당하여 신장성(新疆省)이라는 이름으로 청의 영토에 편입되었다. 이어 19세기 전반에는 서터키스탄에 성립했던 세 한국도 러시아에 정복당함으로써, 중앙아시아는 러시아와 청이라는 동서의 두 전제제국의 통치하에 들어가게 되었다.

험준한 산세로 인해 주변 세계로부터 고립되어 있을 뿐더러 기원 전후부터 진행된 건조화로 인해, 오랫동안 외지인의 시야에서 사라져 있던 중앙아시아가 세계 권력정치의 중심으로 부상하고, 이윽고 일본의 관심을 사게 된 것은, 이들 지역이 러시아와 청이라는 대륙적 세계제국에 의해 양분 편입되고, 해양 제국 영국이 인도에 기반을 두고 이에 가세하여, 3대 세계 제국의 각축의 장이 되었다는 사실에 기인한다.

19세기 들어, 인도를 거점으로 하여 남방으로부터는 영국인이, 북방으로부터는 러시아인이 중앙아시아로의 대탐험을 시도함으로써, 유럽인들에 의한 중앙아시아 탐험시대가 도래했다. 1830년대에서 1840년대에는 유럽인들에 의한 중앙아시아 여행 견문록이 본격적으로 발간되기 시작했다. 19세기의 본격적인 탐험의 시대 도래 직전인 1829년, 러시아 황제 니콜라이 1세의 요청으로 독일의 지리학자 알렉산더 폰 훔볼트가 이 지역을 여행했다. 훔볼트는 이 때의 견문록을 1843년에 파리에서 프랑스어로 발표했는데, 그 제목에 중앙아시아(Asie Centrale)라는 용어가 등장했고, 이것이 아시아 내륙지방을 중앙아시아로 명명한 최초의 예가 되었다.

훔볼트의 여행으로부터 3년 뒤인 1832년, 영국의 동인도회사가 고용한 현지 용병부대 병사 알렉산더 번즈(Alexander Burnes)가 중앙아시아의 대탐험시대를 여는 여행에 나섰다. 번즈의 중앙아시아 여행은, 러시아의 남하에 신경을 곤두세우며 터키스탄 지방에 대한 정확한 정보를 얻고 싶어하던 벵갈 총독 윌리엄 벤딩 경이 번즈의 계획을 전적으로 지원하여 이루어진 것이었다. 번즈의 여행 경로는, 봄베이를 출발하여 인더스강을 거슬러 올라 라호르에 도착, 라호르로부터 페샤와르, 카불, 버미안 등 아프가니스탄의 도시를 지나 힌두쿠시산맥을 넘어 터키스탄의 부하라, 페르시아의 테헤란을 거친 뒤, 페르시아만으로 나와 인도양을 통해 봄베이로 돌아오는 장대한 여행이었다. 1831년 연말부터 1833년 1월 18일에 이르는 13개월간의 여행기간 꼼꼼히 기록해 왔던 일기를 기초로 하여, 1834년 초 번즈는 세 권짜리 여행기를 출판했다.

한편, 번즈의 터키스탄 여행은 영국의 숙적 러시아의 의심을 사게 되었다. 러시아 짜르는 비밀 공작원 I. V. 비트케비치(Ivan Victorovich Vitkevich)를 이 지역에 파견, 독자적인 정보수집에 나섰다. 1833년 새로이 올렌부르크 총독으로 취임한 바실리 알렉산드로비치 페로프스키는 유럽 러시아와 부하라, 사마르칸트 등 중앙아시아의 주요 도시를 오가는 러시아 상인들의 안전을 확보하는 데 큰 관심을 가지고 있었다. 비트케비치는 페로프스키의 명령에 따라 1835년 여름부터 11월에 이르기까지 부하라를 여행하고 돌아왔던 것이다. 이어서 비트케비치는 터키스탄을 둘러싼 영러의 경쟁이 본격화하기 시작할 즈음인 1837년 5월부터 1839년 4월에 걸친 만 2년 동안 쌍끄트 뻬쩨르부르크와 카불을 왕복하며 러시아 황제의 비밀사절로서 아프간 공작을 수행했다. 비트케비치의 중앙아시아 공작을 계기로 영국에게 유리하게 전개되던 중앙아시아 정세가 러시아에 유리한 방향으로 역류하기 시작했다. 그러나 비트케비치는 이 대장정에서 돌아오자마자 카불 공작과 관련된 모든 서류를 소각한 뒤 자살하고 말았고, 그가 수행했던 카불공작의 상세한 내용과 카불에서의 견문조사 내용은 역사의 검증을 받지 못한 채 사라지고 말았다.

어쨌건, 러시아는 비트케비치의 선구적인 활동을 발판으로 하여 19세기 중반 이래, 시베리아로의 급속한 동방진출과 함께 아시아 대륙 남단을 향해 중앙아시아로의 진출을 시도하여, 19세기 중엽에는 카자흐 평원을 평정했으며, 나아가 1868년에는 부하라한국을, 1873년에는 히바한국을 보호국화했으며, 이어서 1876년에는 코칸드 한국을 병합했다. 나아가 러시아는 청국의 서쪽 끝 경계인 신장 지방에까지 진출하여 청국과 마찰을 빚게 되는데, 1868년에 청국과의 사이에 신장 경계비를 설치하기에 이르렀다.

한편, 청조가 중앙아시아에 진출한 것은 전술한 대로 18세기 중엽의 일이었다. 1759년, 청조는 동터키스탄을 점령하여, 현재 중앙아시아로 불리는 지역의 일부를 역사상 처음으로 중국의 통치하에 편입했다. 그 이후 1세기 만에 청조는 이 지역에서 내부로부터의 반란과 외부로부터의 침입이라는 사태에 직면하게 되었다.

1862년, 샨시(陝西)와 간쑤(甘肅) 지방에서 일어난 이슬람교도의 반란이 신장에 파급되면서 톈산 남북로 각지에서 이슬람교도가 봉기하는 사태가 벌어졌다. 여기에 위구르인이 가세하여 1864년에는 신장에 이슬람 정권이 수립되었다. 1865년에는 코칸드에서 러시아에 패배한 뒤 신장에 피해있던 야쿠브 베크가 카시가르에서 이슬람 국가 수립을 선언했다. 이 때, 러시아는 이 지역에서의 자국민 및 권익 보호를 명목으로 신장 서북부 지방에 병력을 파견하여 이리(伊犁)지방을 점령했다.

이러한 사태 전개에 대해, 청국은 쭤종탕(左宗棠)의 진압군을 파견, 1877년 신장 일대의 진압에 성공했다. 이리지방을 점령한 러시아에 대해서는 청국 내부에 강경파와 온건파의 의견이 엇갈렸으나, 결국 1881년 이리조약(뻬쩨르부르크조약)이 체결되어, 이리 서부를 러시아가 획득, 이리강의 지류인 호르고스강을 양국간 국경으로 한다는데에 합의했다. 이 경계선이 거의 현재의 경계선을 이루고 있다.

한편, 러시아는 파미르 지방으로도 진출하여, 1892년에는 현지의 청조 세력을 몰아내고 이 지역을 점령했다. 1895년에는 인도를 지배하는 영국과 중앙아시아의 세력권 분할에 대해 합의하여, 파미르 대부분이 러시아의 세력범위로 인정되게 되었다.[2]

니시 도쿠지로(西德二郎)라는 이름의 일본인이 일본인으로서 처음으로 중앙아시아에 발을 들여놓을 때, 중앙아시아는 러시아와 영국, 청이 지역 패권을 놓고 다투고 있었으며, 그 향방이 세계적 규모에서의 패권을 결정지을 양상으로 전개되고 있었다. 그리고 그 주역은 인도의 영국과 중원의 청을 위협하고 있던 러시아였다.

II. 니시 도쿠지로(西德二郎)의 중앙아시아 탐험

니시 도쿠지로는 1847년 7월 가고시마(鹿兒島)에서 태어났으며, 1912년(메이지 45년) 3월 도쿄에서 66세를 일기로 사망했다.[3] 사츠마번 하층 출신인 니시는 메이지 유신을 전후한 혼란기에 일본 국내의 여러 전투를 경험하는 가운데, 신체적인 한계를 통감하고 학문에 뜻을 세웠다고 한다. 도쿄의 대학남교(大學南校, 현재의 도쿄대학 문과계열학부)에 적을 두고 학업을 시작한 것은 러시아로 출국하기 1년

---

2) 村井友秀, 「中國の西方進出と中央アジア」, 『外交時報』, 1350號, 1998年, 7・8合併號, pp. 35-36.

3) 이하 植村淸二, 「西德二郎の『中亞細亞紀事』」, 『蒙古』, 昭和 15年(1940年), 6月號 ; 同, 「西德二郎の『中亞細亞紀事』補遺」, 『蒙古』, 昭和 16年(1941年), 3-4月號 ; 金子民雄, 『中央アジアに入った日本人』, 中央文庫, 1992年 등에 의거함. 니시에 대한 전기로는, 1933년(쇼와 8년)에 사카모토 기산(坂本箕山)이 편집 공간한 『男爵西德二郎傳』이 있다. 그러나 이 전기는 중앙아시아 여행에 관해서는 불과 4쪽을 할애하고 있을 뿐이며, 그나마 니시의 『中亞細亞紀事』를 오독한 부분이 있어 주의를 요한다. 金子民雄(1992), pp. 49-51 ; pp. 88-90.

전의 일이었다. 당시 사할린과 그 주변에서는 일본과 러시아와의 갈등이 심각해지고 있었다. 니시는 이러한 시대적 환경 속에서 자연히 러시아에 관심을 갖게 되었으며, 『入露說』라는 글을 작성하여 구로다 기요타카(黑田淸隆)를 거쳐 오쿠보 토시미치(大久保利通)에게 전했다고 한다. 그 구체적인 내용은 전해지지 않고 있으나, 일본에서 러시아에 대한 연구나 인식이 뒤떨어져 있는 현실을 극복하기 위해 솔선하여 유학을 떠나고 싶다는 내용이었다고 전해진다. 니시의 동향 선배인 오쿠보는 개인적으로 니시의 러시아 유학을 지원하게 되었다.

1870년(메이지 3년) 12월, 니시 도쿠지로(西德二郞)는 메이지 정부로부터 해외도항허가를 받고 러시아의 쌍끄트 뻬쩨르부르크에 부임했다. 시베리아 철도가 유럽과 극동 아시아를 육로로 연결하기 이전의 일이다. 니시는 외무성 관료 오노데라 로이치(小野寺魯一)와 함께 태평양을 건너, 미대륙을 횡단하고 다시 대서양을 건너 발트해를 따라 이곳에 도착했던 것이다. 당시 쌍끄트 뻬쩨르부르크에는 이치카와 붕키치(市川文吉)와 다치바나 고사이(橘耕齋) 등 이미 두 명의 일본인이 체류하고 있었다. 막부 관료출신인 이치카와는 1863년 막부유학생으로 러시아에 입국한 뒤, 막부가 붕괴한 뒤에도 눌러앉아 체류 중이었다. 한편 승려 출신으로 알려진 다치바나는, 1855년 이즈시모다(伊豆下田)에 정박 중이던 뿌쨔친의 러시아 함대에 숨어들어가 러시아에 밀항한 뒤, 러시아 외무성 아시아국에서 근무하고 있었다.

니시는 러시아 도착 후, 뻬쩨르부르크 대학 법정과에 입학해 1875년에 졸업했다. 본래의 유학 목적이 학업 그 자체에 있다기 보다는 러시아 국정에 대한 최신의 정보수집에 있었던 만큼, 그는 재학 중에 학업 이외에 러시아의 국정에 대한 조사에도 몰두하게 되었다. 러시아 외무성의 움직임에 대한 정보는 다치바나를 통해 입수했을 가능성도 있다. 니시가 대학에 적을 두고 학업을 병행하며 전개한 정보 수집 활동은 아직 일본공사관이 개설되기 전의 상황에서 일본정부로서는 대단히 중요한 의미를 지니고 있었을 것으로 생각된다. 후에 대외 첩보활동을 전담하는 참모본부가 일본에서 만들어지는 것은 그가 졸업한 지 8년이 지난 1883년의 일이었다.

한편, 1873년 연말부터 니시는 주러 일본공사관 설립에 관여하여 분주한 나날을 보내게 되는데, 그 한편 당시 뻬쩨르부르크에 주재하는 외국인들에게 작은 흥분거리였을 한 소식에 접했던 것으로 생각된다. 뻬쩨르부르크 주재 미국 총영사 유진 스커일러(E. Schuyler)와 뉴욕 헤럴드 기자 재누어리우스 맥거핸(J. A. McGahan)이 1873년 3월부터 11월까지 중앙아시아를 여행하고 돌아온 것이었다.[4] 이러한 뻬쩨르부르크의 분위기가 메이지 정부 최초의 러시아 유학생인 니시의 지적호기심을 발동하게 하고, 메이지 국가 건설기의 외교관으로서의 공명심과 의무감을 자극했으리라는 것은 쉽게 상상이 가는 일이다. 후술하게 될 니시의 중앙아시아 여행보고서『中亞細亞紀事』에 실린 여행 궤적을 보면, 스커일러와 직접 면식이 있었는지 여부와는 관계없이 니시의 중앙아시아 여행이 스커일러 일행의 여행에 크게 자극받은 것이었다는 점을 알 수 있다. 니시의 행로와 스커일러의 행로는 전문가가 아니라면 식별해 낼 수 없을 정도로 거의 같은 것이었다.

니시는 1876년(메이지 9년)에는 잠시 주불 공사관 서기생으로 전근했으나, 곧 서기관으로 승진하여 주러 공사관으로 발령받고 뻬쩨르부르크로 돌아왔으며, 에노모토 다케아키(榎本武揚)가 귀국한 뒤에는 잠시 임시대리공사를 맡기도 했다. 1880년(메이지 13년), 야나

---

4) 스커일러의 중앙아시아 여행 답사 보고서는 다음과 같은 제목으로 출판되었다. Schuyler, E., *Turkestan: Notes of a Journey in Russian Turkestan, Khokand, Bukhara, and Kuldja*, 2 vols. (New York, 1876).

기하라 젠코(柳原前光)가 공사로 부임해 옴에 따라 일본으로 귀국하게 되었는데, 니시는 서유럽으로 돌아오는 대신 중앙아시아와 시베리아를 귀로로 택했다. 이는 바로 전술한 바와 같은 뻬쩨르부르그의 지적 분위기에 영향을 받은 선택이었으며, 나아가 당시 중앙아시아가 세계정치의 초점으로 부상하고 있었다는 시대상황과도 무관하지 않았다.

1880년 7월 15일, 신임 공사가 착임함에 따라, 7월 20일 니시는 뻬쩨르부르크를 출발했다. 당시 러시아의 중앙아시아 방면으로의 철도는 올렌부르크가 종점이었다. 이후로는 줄 곧 기마 여행이었다. 이하 니시의 중앙아시아 여행을 간단히 재구성해보고자 한다.

니시는 이르기스 강변의 이르기스를 경유, 카잘린스크에 도착했다. 이로부터 시르 다리아(Syr Darya)를 따라 거슬러 올라가면서 투르케스탄, 침켄트를 경유, 8월 18일에 페르가나의 요지 타시켄트에 도착했다.[5]

당시의 타시켄트는 터키스탄 총독의 주재지로서 러시아인 인구도 많은 지역이었다. 니시는 여기에서 10일을 체류하면서 실지조사를 마친 뒤, 8월 27일 이곳을 출발, 지자크를 경유하여 사마르칸트에 도착했다. 사마르칸트는 구 티무르 제국의 수도였다.

사마르칸트에 며칠 머문 뒤, 남향하여 카르시를 경유, 9월 14일에는 부하라에 도착했다. 부하라 체류 중에는 부하라한국 국왕 무자파르를 알현했다.

9월 22일에는 부하라를 출발, 자라프샨을 따라 케르미네, 자에츠데인, 카테이 쿠르간 등을 경유, 사마르칸트로 돌아 온 뒤, 다시 페르

---

5) 사카모토 기산(坂本箕山)의 전기는 이 사이에 세르기오폴, 코팔, 베르느이, 토크마크 등을 경과했다고 기술하고 있으나, 이는 위의 경로와는 전혀 방향이 다르며, 이들을 경과할 경우, 당시의 교통사정을 생각할 때, 도저히 한 달 만에 주파할 수 있는 거리가 아니었다. 이러한 기술은 니시의 『中亞細亞紀事』의 기재 순서를 여행경로로 착각한 것이다.

가나를 향해 출발하여, 호젠트, 코칸드 등을 경유한 뒤, 10월 12일에 마르기란에 도착했다. 코칸드는 구 코칸드한국의 수도였던 곳이며, 마르기란은 페르가나 지역의 요충지였다.

나아가 니시는 아라이 고원 북부지역의 주요 도시 안지잔, 나망간 등을 방문한 뒤, 페르가나 지방에서 철수, 일단 타시켄트로 돌아온 뒤, 동북부로 방향을 틀어 이리 지방으로 향했다. 먼저 알렉산드르 산맥의 북쪽 산록을 따라 아우리에 아타, 비시케크, 토크마크 등을 경유한 뒤, 베르느이(현 알마트이)를 지나, 이리강의 계곡지방으로 들어갔다. 11월 2일에는 그루지아(惠遠城, 현재의 이닝[伊寧])에 도착하기에 이르렀는데, 니시가 러시아와 청국사이의 국경지대를 자유로이 넘나들 수 있었던 것은, 당시 이 지역을 러시아군이 점령하고 있었기 때문이다. 그러나 니시는 더 나아가 청국 병사들이 수비하고 있던 정하성(精河城)까지 시찰하고 돌아오는 바, 니시의 중앙아시아 여행이 궁극적으로 어디에 목적이 있는지를 짐작하게 하는 대목이다. 니시는 이 지역에서 목격한 광경과 그에 대한 감상을 『中亞細亞紀事』 가운데 「見聞餘錄」이라는 제목으로 특기하여 부록으로 붙여 기술해 놓았다.

11월 25일, 니시는 그루지아를 출발, 코파르, 세르기오폴을 경유한 뒤, 세미빨라친스크에 도착했다. 이로서 중앙아시아 여행을 마친 니시는 시베리아 몽골 지방을 여행한 뒤, 청국 내지를 시찰하고 이듬 해 상하이에 도착, 1881년 4월 28일에 도쿄로 귀환했다.

이상이 대강의 여행경로였다. 이 가운데 니시는 중앙아시아의 정치지형 위에 서 있는 다양한 입장의 인물들을 접촉했고, 이를 기록해 놓았다.

니시는 타시켄트에 체류하는 동안, 콘스탄찐 뻬뜨로비치 폰 카우프만 총독을 만났다. 도착 인사 겸 앞으로의 터키스탄 여행의 허가를 받기 위한 이 자리에서 니시는 이리 문제를 둘러싼 러시아와 청국간의 교섭이 아직 확정된 것 없이 진행 중이라는 카우프만의 이야기를 전해 듣고 이를 그의 저서에 기록해 놓고 있다. 6) 니시의 중앙아시아 여행 목적이 이리 지역의 탐사에 있었을 것이라는 점을 다시 한 번 확인시켜주는 대목이다. 후술하는 바와 같이 니시는 귀국한 뒤 참모본부에서 일하면서, 중앙아시아 여행기를 집필 완성하였고, 이를 기초로 후쿠시마 안세이(福島安正), 히노 츠토무(日野强) 등이 이 지역을 방문, 니시의 조사 내용을 보강해 갔다.

니시는 또한 카르시(Karshi)에서 부하라한국의 사이드 무자파르 에진 왕을 알현했다. 무자파르왕은 즉위 이래 동으로는 코칸드한국을 서로는 투르크멘을 제압하고 내란을 평정하는 등 한때 위세를 떨치기도 했으나 니시가 부하라한국을 방문할 즈음에는 러시아의 중앙아시아 진출에 굴복, 터키스탄 총독 카우프만에 복종하여 가까스로 왕조로서의 명맥을 유지하고 있을 뿐이었다. 니시는, 그러한 쇠락하는 운명 또한 '왕의 운명이라 할 것이니, 때로는 옛날을 추억하여 즐겁지 못한 나날을 보내(王ノ運命ト謂フベキヤ° 間ニハ゛ 往時を 追懷シテ゛ 快カラザル時日ヲ送ラルル)'고 있을 모습을 생각하며 '다소 감상에 젖지 않을 수 없었다(多少ノ感ナキヲ得ズ)'고 기록하고 있다.7) 부하라에서 얻은 니시의 결론은 다음과 같은 것이었다.

부하라에서는, 러시아 황제가 그 국가를 멸하지는 않겠다고 약속했던 바, 굳게 이를 믿고 방어를 정비하지 않았다. 또한 스스로 능히 할 수 있는 일이 없음을 깨달을 수밖에 없었다. 따라서 만일 언젠가 그 국내에 또는 그 근린에서 일이 벌어지고, 러시아 황제의 중앙아시아 정략상 묵인할 수 없는 사정이라고 판단하여 그 병력을 국경 넘어 진격하게 하는 날에는 부하라는 다시 지금의 부하라

---

6) 金子民雄(1992), pp. 74-77; 『中亞細亞紀事』, 下卷, p. 225.
7) 金子民雄(1992), pp. 109-113.

의 국가로서 존재할 수 없다.(ブカラニ於テハ、ロシヤ帝其国ヲ减サザル
約束ヲ与ヘシトテ、固ク之ヲ信ジテ、復タ备御ヲ设ケズ。亦自ラ能ク力ヲスコト
アルナキヲ知ルナリ。故ニ若シ他日此国內、或ハ其近邻ニ事起リ、ロシヤ
帝中アジヤ政略上、默止スベカラザル事情アリト认メ、其兵ヲシテ国境ヲ超
ヘシムルノ日至ラバ、ブカラ復タ方今ノ、ブカラ国タルヲ得ズ)8)

　부하라한국은 한국으로서의 독립을 유지하고는 있으되, 이미 그
생사여탈권을 러시아에 빼앗긴 상태였다. 니시는 부하라에서 러시
아가 시베리아를 거쳐 동아시아로 다가오고 있는 현실을 마주대하
고 있었다. 아시아에 새로이 세력을 뻗으려 하는 유럽의 대국 러시
아와 그에 밀려 쇠락하는 아시아의 왕조가 니시의 눈에는 선명히
대비되어 비쳤을 것이다. 니시의 귀국 후의 활동이 대러 경각심 고
취의 선봉에서, 러시아에 대비한 국력 강화책 강조에 집중되는 것은
자연스러운 전개였다.

Ⅲ. 일본 최초의 중앙아시아 연구서『中亞細亞紀事』: 니시의 답사 보고서

　니시는 귀국 후에 다죠칸(太政官)9) 관료로 일하는 한편, 참모본부
에도 재직하면서 참모본부장의 명에 따라 자신의 중앙아시아 여행
견문록 발간을 위해 편집작업에 들어갔다. 초고 교정을 거친 제1편
이 메이지 15년 즉 1882년 봄에 완성된 것으로 보아, 이미 메이지
14년, 1881년에는 이미 집필작업에 들어갔던 것으로 보인다. 그러나,

---

8) 金子民雄(1992), p. 119.
9) 1868년 [게이오 4년]에 설치된 최고관청. 1869년의 관제개혁에 따라 民部
　省 이하 6개 성을 관할. 오늘날의 내각에 해당함.

1882년 알렉산드르 3세 대관식 참석차 러시아를 방문하는 일본 황족에 수행하여 러시아와 유럽을 여행하면서 신자료를 입수, 첨삭 가필 작업에 들어갔다. 현재 전해지는 니시의 중앙아시아 답사 보고서 『중아세아 기사(中亞細亞紀事)』는 1884년 봄에 탈고하여 1885년 9월에 공간되었다.[10] 그 공간의 경위로 보아, 『중아세아 기사』는 니시가 참모본부에 제출한 조사 보고서라고 할 수 있는 것으로, 참모본부에서 출판되었으며, 육군문고에 편입되어 있다.

상하 2권, 전체 4편으로 구성되어 있으며, 상권은 서언 9쪽, 목록 12쪽, 본문 421쪽, 하권은 목록 13쪽, 본문 270쪽으로 편성되어 있다. 상권에는 2개의 지도가 첨부되어 있으며, 1편 및 2편이 상권에 3편 및 4편이 하권에 수록되어 있다. 제1편은, 러시아령 중앙아시아의 지리, 제2편은 러시아령 중앙아시아의 역사, 제3편은 아프가니스탄, 제4편은 신장의 현황을 서술한 것이다. 이 가운데 특히 제2편의 제2부와 제3부는 러시아의 중앙아시아 침략과 병합의 과정을 기록한 것이며, 제3편의 제2부는 러시아와 영국의 아프가니스탄 분쟁, 제4편의 제2부는 신장 지역의 회교도의 반란을 다루고 있다. 또한 권말에는 부록으로 이리 문제에 관한 러시아와 청국간의 각종 조약문이 실려 있다. 이러한 점에서도 니시의 저술 의도를 읽어낼 수 있으며, 이 책이 당시 일본 참모본부의 국제정세 인식에 미친 영향을 가늠해 볼 수 있다.

인용 문건을 보건데, 그는 러시아어와 러시아 사정에는 능통하여, 당시의 최신 러시아 문건을 충분히 이용하고 있으나, 영어 및 독어 불어 등의 언어에는 자신이 없었던지 중앙아시아 연구에 불가결한 몇 가지 중요한 문건을 이용한 흔적이 보이지 않는다. 그 대신 그는 한적(漢籍)을 연구했다. 따라서 유럽인과는 다른 시각에서 이 지역

---

10) 植村淸二(1940), pp. 95-97.

의 현실을 바라보고 있었다. 인용 문건목록은 다음과 같다.[11]

코스첸코, 『터키스탄지방: 군무통계 시업』, 1880.

코스첸코, 『중아시아: 러시아의 위덕을 중아시아에 널리 퍼뜨리다』, 1871.

마에프, 『연대기: 터기스탄 지방 통계재료』, 1873.

세베르츠오크, 『터키스탄 기행』, 1873.

베뉴코프, 『중아시아 경계: 군무일람』, 1873.

베료진, 『러시아 字彙: 節用集』, 1878.

피앙코프, 『터키스탄曆』, 1879.

왐베리, 『중아시아 기행』, 1865.

로마노프스키, 『중아시아론 개략』, 1868.

테렌체프, 『러시아와 영국: 시장 경쟁』, 1876.

마르텐스, 『중아시아의 러시아와 중국』, 1879.

마르텐스, 『러시아와 청국의 쟁론』, 1880.

릿텔, 『동터키스탄 地誌』, 1869.

그리고리예프, 『동터키스탄 誌補』, 1873.

크로파트킨, 『카지가리아誌』, 1879.

梅園, 『西域見聞錄』, 乾隆42.

大庵和英, 『三州輯略』, 嘉慶10.

祁韻士, 『西陲要略』, 嘉慶12.

魏源, 『西武記』, 道光22.

니시의 저서는 이후 일본의 중앙아시아 연구의 기초가 되었으며, 참모본부를 비롯한 정책 담당자들의 대외인식에 큰 영향을 미친 서적 가운데 하나였을 것으로 생각된다. 예컨대, 1935년에 외무성

---

11) 『中亞細亞紀事』, 하권, pp. 269-270.

조사부가 편찬한『중앙아세아 사정(中央亞細亞事情)』조차도 대체로 당시의 소비에트 정부의 간행물을 참고로 작성한 것으로 생각되는데, 전체적으로 니시의 저서보다 더 나은 특별한 내용을 담고 있지 못한 것으로 평가되고 있다.[12]

한편, 니시의『중아세아 기사』는 후에 이탈리아어로 번역되어 유럽에 소개되기도 했다.[13] 역자인 로드비코 노첸티니(L. Nocentini)는 피렌체인으로, 주일 이탈리아 공사관에 근무했던 경력을 지니고 있다. 니시는 1887년에는 주러공사로 임명되어 뻬쩨르부르크에 부임하게 되는데, 이 때 편승했던 선박이 좌초당하여 우여곡절 끝에 이탈리아에 상륙하게 되었다. 이 때 좌초당했던 선박에 우연히 동승하게 된 니시와 노첸티니는 동고동락하는 가운데 친교를 맺게 되었으며, 그 기념으로 니시가 자신의 저서를 노첸티니에게 선물로 주었고 이를 노첸티니가 번역 출판하기에 이른 것이다.[14] 번역서 권두에는 다음과 같은 내용의 이탈리아 지리학협회 총재의 헌정사가 실려 있다.

저자는 일본의 외무대신이며 러시아 주재 외교관이었다. 이 점은 그가 인식을 깊게 하는 데 도움이 되었는데, 그의 정신은 순수히 아시아적이며, 일본적인 특색을 조금도 잃지 않고 있다. 가장 위대한 것 가운데 위대한 것으로 알려진 그 문명의 특색이 이 서적에 나타나 있으며, 동양적 시야에서 본 중앙아시아를 우리에게 보여주고 있다.[15]

---

12) 植村淸二(1940), p. 99.
13) Nisci Tocugiro, L'asia Centrale: Note di Viaggio e Studi di un Dipromatco Giapponese, Traduzione di L. Nocentini, sotto gli auspice della Societa Geografica Italiana, Torino, Unione Tipografico−Editorice Torinese, Milano−Roma−Napoli, 1911.
14) 植村淸二(1941), pp. 180−181.
15) 植村淸二(1941), p. 183.

이 글은, 번역서를 공간하는 의의를 강조하기 위한 것이었다고는 하나, 동양에서 새로이 부상하던 근대국가 일본에 대해 이탈리아인 일반이 일본에 대해 어느 정도 높은 관심을 나타내 보이고 있었다는 사실을 보여주는 문장이라고 할 수 있다. 또한 이 글 속에서는 뒤늦게 제국주의적 식민지 쟁탈전에 나서려는 후발 국가 이탈리아의 지식인으로서 지니고 있던 일종의 연민의 정과도 같은 감정을 엿볼 수 있다. 어쨌거나, 이로써 니시는 자신의 직접 경험에 기반하고 비서구적 동양적 시야로 정리한 답사 보고서를 유럽에 소개한 최초의 일본인이 되었던 것이다. 또한 니시의 중앙아시아 여행과 그의 보고서는 후세의 탐험가 의욕을 자극하였다. 그 가운데 하나가 후쿠시마 안세이(福島安正)였다.

Ⅳ. 후쿠시마 안세이(福島安正)의 중앙아시아 탐험

후쿠시마 안세이는 1852년 9월 19일, 시나노(信濃, 현재의 나가노현[長野縣])에서 마츠모토번의 관리의 장남으로 태어났다.[16] 13살이 되던 해인 1865년에는 에도의 한 병사조련 조직에서 무술을 배우기 시작하여, 메이지 유신을 전후한 동란기에는 시나노에 귀향하여 관군의 일원으로 전투를 경험하기도 했다. 메이지 신 정부가 출범하자, 1869년(메이지 2년)에는 다시 도쿄에 진출하여, 개성교(開成校)에 다니며 영어를 배웠다. 그 뒤 와세다의 북문사(北門社)라는 사설강습소의 숙생(塾生)이 되었다가, 이 학교의 숙장으로 부임해 왔던 세실이라는 독일인이 새로 난주학사(蘭疇學社)라는 사설학원을 개설하자 이곳에서 교수가 되었다. 이 독일인과의 만남을 통해 습득했던 독일

---

16) 이하, 후쿠시마의 간략한 일대기는 金子民雄(1992)를 참조. 특히, pp. 438-443.

어가 훗날 후쿠시마의 중앙아시아 여행에서 도움이 되었다.

　세실이 난주학사를 그만두고 육군 군의료(軍醫寮)로 자리를 옮기게 되자, 후쿠시마는 세실의 소개로 사법성에서 직책을 얻게 되었다. 이로 인해 비로소 후쿠시마는 메이지 국가 관료로서의 인생을 걷게 되었다. 1873년, 22살의 나이로 사법성 13등 출사(出仕)로 채용되어 번역일을 하던 후쿠시마는 이듬해에 육군성 11등 출사로 진급, 처음으로 육군성으로 이적하여 참모국에 근무하게 되었으며, 1878년에는 임시 사관임용시험에 합격, 중위로 임관되어 본격적인 직업군인의 길을 걷게 되었다. 1882년에는 조선과 청에 출장, 정력적인 정보 수집활동을 전개하였으며, 1883년, 베이징 공사관 무관으로 임명되고 나서 2년 동안에 걸쳐서는 중국 각지를 시찰한 뒤 방대한 보고서를 작성하여 참모본부에 헌납하는 능력을 발휘했다.

　35살이 되던 해인 1886년에는 인도 전역을 반년 동안에 걸쳐 답사한 뒤, 『印度紀行』(陸軍文庫, 1887)을 출간했다. 이듬해인 1888년부터는 독일공사관 무관으로 5년 동안 베를린에서 근무한 뒤, 1892년 2월부터 러시아를 경유, 우랄산맥을 넘어 시베리아를 횡단하여 귀국했다. 이때의 러시아공사가 니시였으며, 후쿠시마는 이 여행을 통해 니시의 중앙아시아 여행에 관심을 갖게 된 것으로 생각된다.

　한편 후쿠시마는 1894년부터 주한공사관 무관으로 근무하며 대청 강경정책을 주장하여 청일전쟁을 유발하는 데에 큰 영향을 미친 것으로 알려져 있다. 청일전쟁에서는 대좌(대령)로 종군하여 평양 전투를 지휘했으며, 청일전쟁의 결과 일본이 대만을 병합하자, 대만에 파견되어 민정처리 업무를 담당하기도 했다. 그리고 1895년 8월, 44살의 나이에 다시 해외답사길에 올라, 태국, 버마, 인도, 아프가니스탄, 페르시아, 코카서스, 러시아, 중앙아시아, 터키, 아라비아, 이집트 등을 여행한 뒤 1897년 3월 귀국했다.

　니시 도쿠지로의 여행이 미지의 세계를 답사하여 소개하는 소박한 내용의 것이었다고 한다면, 후쿠시마의 중앙아시아 기행은 명백히 군사정보의 수집이라는 목표 아래 이루어진 것이었다. 그 때문에, 후쿠시마의 여행 보고서는 참모본부의 기밀문서로 분류되어 공표되지 않았으며, 구술 필기록이 간간이 공개되고 있을 뿐이다.

그는 참모본부 제2부장으로 재임시에는 가장 강경한 러일개전론자였으며, 러일전쟁 발발 후에는 만주에서 토착 마적을 중심으로 한 만주의군(滿洲義軍)을 편성, 러시아군의 후방 교란 작전을 지휘하기도 했다. 그 과정에서는 그가 구축한 첩보망과 공작원들이 총동원되었다고 한다. 이후 후쿠시마는 참모본부 차장, 중장, 대장으로 진급한 뒤, 1919년 2월 18일, 도쿄의 자택에서 68세의 나이로 병사했다. 3.1 독립만세 운동이 일어나기 열흘 전이었다.

후쿠시마의 중앙아시아 여행에 대해서는, 오타 아산(太田阿山)이 후쿠시마의 구술에 의거하여 여행 경로와 약간의 감상을 기록한 문건이 두 건 전해지고 있을 뿐이다.[17] 가네 다미오(金子民雄)의 『중앙아시아에 들어간 일본인(中央アジアに入った日本人)』의 '제2부, 후쿠시마 안세이' 편은 이 두 문건에 기초한 것이다. 이하에서는, 가네코 다미오의 저서에 의거하여, 후쿠시마의 중앙아시아 여행을 재구성해 보고, 그 의미에 대해 생각해 보도록 하겠다.[18]

1896년 5월, 후쿠시마는 페르시아만에 연한 부시르항에 상륙했다. 1895년 10월에 도쿄를 출발한 뒤 배편으로 인도를 경유하여 홍해에 들어가, 카이로, 알렉산드리아를 여행한 뒤, 터키로 건너가서는 버마(현재의 미얀마), 샴(현재의 태국), 인도를 역방하고, 다시 페르시아로 돌아오는 길이었다. 후쿠시마는 부시르에서 시라즈를 거쳐 페르시

---

17) 太田阿山(編), 『福島將軍遺績』, 東亞協會, 昭和 16年 (1941年) ; 太田阿山(編), 『中央亞細亞より亞拉比亞へ(福島將軍遺績, 續)』, 東亞協會, 昭和 18年(1943年).

18) 金子民雄(1992) 참조.

아의 수도 테헤란에 도착, 중앙아시아 여행의 기점으로 삼았다.

그의 임무가 가상적국 러시아에 대한 정보수집이었다는 점을 고려하면, 중앙아시아 여행의 기점으로 테헤란을 선택한 데에는 그만한 이유가 있었다는 것을 알 수 있다. 그는 페르시아군의 병제를 시찰하고자 했던 것이다. 당시 페르시아 육군에는 러시아인 군사고문의 지도 하에 페르시아인 코삭크 여대가 편성되어 있었다. 그는 특히 이와 관련하여, 페르시아의 사관학교, 무기고, 병영 상태, 운영 및 훈련 등의 견학을 원했던 것으로 보인다. 그러나 그의 견학 희망은, 그가 테헤란을 방문했을 당시 병사들이 휴가 중이었다는 이유로 군 당국이 그의 요청을 거절함으로서 좌절되었다.[19] 그는 결국 테헤란 방문의 또 다른 목적, 즉 테헤란주재 러시아 공사로부터 코카서스 및 터키스탄으로의 여행을 허가받는 데에 만족해야 했다.

후쿠시마는 1896년 8월 2일 테헤란을 출발, 카스피해의 페르시아 측 연안의 도시 라시트(Rasht)를 경유하여 바쿠에 도착, 코카서스 지방을 여행한 뒤, 다시 바쿠를 출발하여 카스피해를 횡단, 8월 18일에는 카스피해 서안의 우즌 아다에 도착했다. 후쿠시마가 이곳에 도착하기 바로 한 해 전인 1895년, 중앙아시아 철도(트란스카스피안 철도)의 기점이었던 우즌 아다는 지진으로 인해 큰 피해를 입은 상태였다. 후쿠시마는 도착한 바로 그날 열차 편으로 이곳을 출발한 것으로 기록되어 있는데, 그로부터 두 달이 지난 그 해 10월, 크라스노보스크가 이 철도의 새로운 기점으로 결정되어 현재에 이르고 있다.

중앙아시아 철도는 당시 우즌 아다를 기점으로 하여, 키질 아르바트(Kizyl Arvat), 아시하바드(Ashkhabad), 메르브(Merv), 부하라 등을 경유, 사마르칸트를 잇고 있었다. 후쿠시마는 우즌 아다를 출발한 뒤 2박 3일의 철도여행 끝에 8월 21일 아침, 사마르칸트에 도착했다.

---

19) 金子民雄(1992), pp. 198-200.

사마르칸트에서 타시켄트까지는 마차여행이었다. 24일 아침 사마르칸트를 출발, 타시켄트에 도착한 것은 26일 낮이었다. 그간에 그는 사마르칸트에서 지자크(Dzhizak)에 이르는 철로연장 공사를 관찰할 수 있었고, 타시켄트까지의 전 노선이 2년 후에는 완공될 것으로 예상된다고 기록했다.[20]

타시켄트에서 후쿠시마는 타시켄트 군정지사(軍政知事) 카라레코프 소장을 방문하여 러시아의 중앙아시아 경영에 대한 정보 획득을 계획했으나 카라레코프 소장이 지방 순회시찰을 떠나 부재중이어서 만남은 이루어지지 않았다. 대신 후쿠시마는 타시켄트 마을을 돌아보았는데, 그 도중에 그는, 1865년 타시켄트의 정복으로 시작하여 1885년 쿠시카(Kushka)의 정복에 이르기까지 러시아의 터키스탄 정복의 역사를 기록한 기념비를 발견하고는 다음과 같은 감상을 일기에 적어 놓았다.

아, 러시아의 타시켄트 공략은 불과 30년 전의 일이었다. 이래 러시아는 신진의 승세를 타고 남진, 드디어 쿠시카를 점령하여, 경계를 아프가니스탄과 접하게 되었고, 헤라트를 근거리에 두기에 이르렀다. 메이지 18년(1885년), 이토(伊藤博文) 전권대사가 천진에서 일청한 삼국간 교섭을 하고 있을 때, 러시아와 영국 사이에는 전운이 감돌고 있었던 바, 이는 바로 (러시아의) 쿠시카 점령 때문이었다. 한편, 메이지 19년(1886년), 중앙아시아의 군용철도는 불과 우즌 아다로부터 448 러시아리(魯里) 떨어진 아쉬하바드에 도달해 있을 뿐이었으나, 세월이 흐르기를 불과 10년, 철로는 이미 사마르칸트에 도달하였으며, 바야흐로 2, 3년 이내에 타시켄트로까지 연장되어, 나아가 오를렌부르크의 철로와 연결될 기세이다. 또 다른

20) 金子民雄(1992), p. 235.

선로, 즉 코칸드와 세미빨라친스크를 경유하여 시베리아의 대철도
에 연결하는 선로 공사를 일으킬 것 또한 예상하여 기다릴 만한
일일 것이다.[21]

후쿠시마의 머리 속에서, 동아시아의 정치 연표가 중앙아시아를
매개로 하여 영러 대결의 세계적 정치 연표와 겹치는 순간이었다.
후쿠시마는 타시켄트 도착 3일째인 28일, 터키스탄 총독 폰 브레
우스키 남작을 방문한 것으로 기록되어 있으나, 회견 내용을 알 수
있는 글은 남아 있지 않다. 다만, 이 자리에서도 후쿠시마는 페르가
나 계곡의 코칸드 방문을 허락받는 소기의 성과는 얻을 수 있었다.
8월 29일 타시켄트를 출발한 후쿠시마는 31일에 코칸드에 도착했
다. 여기까지 오는 동안에 후쿠시마가 얻은 결론 가운데 하나가,
러시아의 철도 연결공사가 대단한 속도로 진행되고 있다는 사실의
확인이었다. 뒤에 후쿠시마는 참모본부 내에서도 가장 강경한 대러
주전론자로 활약하며, 일본 정부의 대러전쟁 개전방침을 이끌어 내
는 데 큰 역할을 하게 되는데, 이러한 그의 행동은 분명히, 중앙아시
아에서 확인한 러시아의 철도 확장 공사의 인상에 영향받은 결과였
다. 후쿠시마가 보기에 무엇보다도 중요했던 것은, 중앙아시아와
시베리아에 러시아의 철로가 거미줄처럼 깔리기 전에 러시아에 타
격을 가해야 한다는 것이었으며, 그것은 긴급을 요하는 것으로 생각
되었던 것이다.
코칸드를 돌아본 후쿠시마는 다시 사마르칸트로 돌아와 중앙아
시아 철도를 타고 귀로에 올랐다. 후쿠시마는 처음 우즈 아다를 떠
나 사마르칸트로 올 때 방문할 기회가 없었던 부하라를 돌아 본
뒤, 10월 2일에는 테헤란을 떠남으로써 러시아령 터키스탄 지방에

---

21) 金子民雄(1992), p. 239.

대한 군사시찰을 마쳤으며, 바그다드 바스라 등 현재의 이라크 지방과 이집트 등을 방문한 뒤, 귀로에 올랐다.

V. 일본에서의 중앙아시아 연구의 맹아

일본인의 중앙아시아사 연구 업적에 대한 소개 및 해제로서, 가장 이른 것으로는 다음의 두 가지를 들 수 있다. 가장 최초의 연구사 소개는 1932년, 이시다 간노스케(石田幹之助)에 의해 이루어졌다.[22) 다음으로 다롄(大連)의 만철 도서관 관보『書香』이 1939년에 서지의 형태로 관련 연구를 정리 소개했다.[23)

또한 전후에 들어서는 다음의 서지 및 목록집 등이 발간되면서, 위의 연구사 정리가 보완되었다. 먼저 위의 이시다 간노스케가 주간하고 전년도에 간행된 논저의 간단한 논지를 소개하는 형식으로『일본 동양학서지』가 일불회관(日佛會館)에서 몇 차례 간행되었다. 그 제3부문이 중앙아시아였다.[24)

이어서 일본서역문화연구회와 일본오리엔트학회 등을 중심으로 다음과 같은 자료집 및 목록집 등이 간행되어 연구성과가 정리 소개되었다.

西域文化硏究會編, 『敦煌吐魯番社會經濟資料(上)』, 西域文化硏究第二, 京都, 1959年 3月.

磯田和子, 福島小夜子編, 『イスラーム關係文獻目錄(日本語の

---

22) 石田幹之助, 「西域史」,『歷史敎育(明治以後に於ける歷史學の發達)』, 第7卷 第9號, 昭和 7年.
23) 滿鐵圖書館, 「新疆文獻綜覽」,『書香』, 昭和14年.
24) 日佛會館,『日本東洋學書誌(Bibliographie de l'orientalisme japonais, 1955, premier semester, et 1955, suite, ~1956)』, Tokyo/Paris, 1958 et 1962.

部)—1958年 7月 現在』, 日本オリエント學會, 1959年 7月.

神田喜一郎, 小笠原宣秀, 大庭修編, 『中央アジア研究文獻目錄
―和文編―明治 29年(1896)より 昭和 32年(1957)まで』.

袁同禮, 渡辺宏編,『新疆文獻目錄, 1886-1962, 日本文』, 新疆研究
叢刊第二種, 東京, 1962年.

한편 도쿄대학 문학부 동양사학연구실 개설 60주년을 기념하여 발간된 일본의 동양사 연구논문 목록집(4권)이 메이지이래 1962년까지 발표된 동양사 관계 논문을 1,885종의 정기간행물에서 추출하여 정리 소개하고 있다. 이 가운데 중앙아시아 관련 논문도 다수 포함되어 있으나, 배열이 잡지별로 되어있어 제4권의 저자명 색인을 참고로 검색해야 하는 어려움이 있다.

그 뒤로 발간된 것으로서, 메이지 시기의 연구까지 망라한 중앙아시아 연구 논문 목록집으로는 우메무라 히로시의 편집에 의해 1979년에 발간된 동서교섭사 문헌목록 제1권을 들 수 있다. 이 목록집은 편자가『월간 실크로드(月刊シルクロード)』에 연재했던「東西交涉史文獻目錄」의 제4편에서 제12편까지를 합본하여 발간한 것으로 중앙아시아사와 북아시아사의 일부 및 동서 내륙교통, 문화교류에 관하여 메이지 시기부터 1977년까지에 발간 발표된 단행본 저작 및 논문을 망라하고 있다.[25]

가장 최근의 연구사 정리로는『내륙아시아사 연구(內陸アジア史研究)』제10권에 발표된 모리야스 다카오(森安孝夫)의 논문이 있다. 간결하면서도 일본에서의 중앙아시아 연구의 큰 흐름을 파악할 수 있다.[26]

---

25) 梅村坦編, 『東西交涉史文獻目錄 1, 中央アジア』, シルクロード社, 1979年.
26) 森安孝夫,「日本における內陸アジア史並びに東西交涉史研究の步み―
　　イスラム化以前を中心に」,『內陸アジア史研究』, 第10卷, 1995年.

한편, 도쿄의 분쿄구 홍고마고메에 위치한 도요분코 도서관(東洋文庫, 東京都文京區本駒, 2-28-21, http://www.toyo-bunko.or.jp/)에는, 일본의 중앙아시아 연구의 맹아기에 기록된 강의 노트가 소장되어 있다. 그 가운데 하나가 츠보이 구메조(坪井九馬三)[27]의 『중앙아세아지(中央亞細亞誌)』로, 츠보이가 1898년도에 도쿄대학에서 행한 중앙아시아 강의를 나카야마 큐시로(中山久四郎)[28]가 필기한 노트가 원본 그대로 보관되어 있다.[29] 그 첫머리는 중앙아시아의 지리적 규정에 대한 것으로, 다음과 같은 문장으로 시작된다.

중앙아세아라는 곳은 역사적 지리적으로 분명하지 않으며, 시대에 따라 다소의 변동이 있는 고로 그 이른바 중아라는 지명의 강역역시 일정하지 않아, 이를 요컨대, 동양설과 서양설의 두 개 설에 귀한다고 할 수 있다. (中央亞細亞ノ地ハ歷史地理共ニ明ナラズ時代ニヨリテモ多少ノ變動アリ故ニ其ノ所謂中亞ナル地名ノ疆域サヘ一定セズ之ヲ要スルニ東洋說ト西洋說トノ二說ニ歸スル事ヲ得)

위의 내용으로 보아, 츠보이의 중앙아시아론은 중앙아시아에 대해 역사적 명칭으로서나 지리적 명칭으로서나 분명한 경계로 규정

---

27) 츠보이 구메조(坪井九馬三, 1858~1936), 메이지-다이쇼기의 역사학자. 1874년 도쿄외국어학원에 입학한 뒤 도쿄대학으로 편입. 문학부 政治理財科 졸업. 졸업과 동시에 이학부에 재입학. 이학부 재학중에 문학부에서 사학을 강의. 87년부터 91년까지 독일 스위스 오스트리아에 유학. 귀국후 문학박사. 도쿄대학 교수. 역사연구방법론, 역사지리, 동서교섭사, 고조선사 등. 三省堂編修所 編 『コンサイス日本人名辭典』 改訂版, 1990年, p. 825('坪井九馬三' 항).

28) 나카야마 큐시로(中山久四郎, 1874~1961), 다이쇼-쇼와기의 동양사학자. 도쿄대학 강사, 도쿄고등사범학교 교수를 거쳐 도쿄대학 문리대 교수. 동서교섭사, 동양문화사 등. 三省堂編修所編(1990), p. 923('中山久四郎' 항).

29) 坪井九馬三(講)·中山久四郎(筆), 『中央亞細亞誌』, 明治31年(1898年).

할 수 없다는 데에서 출발하고 있다. 그런 가운데, 중앙아시아를 동양으로 보는 설과 서양으로 보는 설이 경합하고 있다고 보고, 우선 '중앙아시아=동양'설에 대해 다음과 같이 정리하고 있다.

동양설; 지나(중국) 본부와 막북의 서쪽에 해당하는 지역을 총칭하여 서역이라 하는 것은 동양설의 대강이나, 서역의 개념(begriff) 또한 고금 동일이라고 할 수 없으며, 한과 원, 혹은 송과 청 등 지나 본부의 세력이 소장하는 데 따라 그 구역이 일정하지 않았다. 다만, 막연히 지나 본부와 교통하여 조공했던 국가들을 들어 서역이라 칭했으며, 이로부터 (파악하건데) 상고 시대에 소위 서역이라는 구역은 오늘날의 간쑤(甘肅)와 칭하이(靑海) 등의 두 개 지방을 포함하는 데 지나지 않으며, 파미르 고원(葱嶺)을 넘어 한 때 후린(拂菻) 즉 동로마령까지 미치기도 했다는 것은 후세의 일이다. (支那本部ト漠北トヨリ西ニ当ル地ハ之ヲ総称シテ西域ト称スルハ东洋说ノ大体ナレトモ此西域ノbegriffモ古今同一トイフニハアラズ汉ト元或ハ宋ト清支那本部ノ勢力ノ消长ニヨリテ其区域一定セズ只漠然ト支那本部ト交通シテ入朝セル诸国ヲ挙ケテ西域ト称スルヲ以テ上古ニ在リテハ所谓西域ノ区域ハ今日ノ甘肃ト青海トノ二地方ヲ含ムニ过キズ其葱岭ヲ超エテ一时ハ拂菻即チ东罗马领ニマテモ及ヒタルコトアリシハ後世ノ事ナリ)[30]

즉, 츠보이가 파악한 '중앙아시아=동양'설이라는 것은 중국의 서역을 오늘날의 중앙아시아로 간주하는 경향을 두고 범주화한 것임을 알 수 있다. 이와 동시에, 중국사를 중심에 놓고 중앙아시아를

---

30) 漠北(ばくほく, 고비사막 북방지역), 葱嶺(そうれい, 파미르 고원의 중국명), 甘肅(かんしゅく, 중국 북서부의 성), 青海(せいかい, 중국 서부의 청장고원 [靑藏高原] 동북부에 위치하는 성), 拂菻(ふつりん, 동로마제국 또는 그 수도 콘스탄티노플에 대한 당대의 명칭).

파악하는 일부의 의견 가운데, 중국의 영향력이 파미르 고원 넘어 서터키스탄을 지나 현재의 터키령인 콘스탄티노플, 즉 이스탄불에 미쳤다고 주장하며 이를 서역으로 보는 견해는 잘못된 것이라고 지적하고 있다. 즉, 츠보이는 '중앙아시아=동양'설을 매개로 하여, 서역을 중앙아시아로부터 분리시키고, 이 지역이 중국의 영향력과는 무관한 역사를 지녔다는 견해를 암묵적으로 전개하고 있다. 다음으로 '중앙아시아=서양'설에 대해서는 다음과 같이 정리하고 있다.

서양설; 서양인이 생각하는 바에 따르면, 파미르 고원(葱嶺) 이동 지역을 중앙아시아로 지칭하지는 않으며, 모두 그들이 (말하는) 히말라야산을 두고 경계로 간주한다. 고대 서양인은 파미르 고원을 몰랐으며, 더구나 히말라야를 히마우스(Himaus)라고 잘못 발음했다. 따라서 서양인은 히말라야 산맥, 즉 히말라야, 카라코람, 쿤룬(난산[南山]일대)을 가지고 서역과의 동쪽 경계로 간주하였다. 아라비아인과 같은 경우에도 그들의 아시아 지리에 대한 지식은 자하르테스(Jaxartes)강을 넘어 미친 적이 없다. 결국, 서양인은 옛날, 파미르 고원 이서 지역을 아시아(Asia)로 간주하여, (이 지역을) 아시아(Asia)라고도 하고, 중앙아시아(Central Asia)라고도 칭하였으며, 파미르 고원 이동 지역은 이를 테라 잉카(Terra Inka)라 지칭했던 것이다. 다음으로 중앙아시아의 해안(경계)에 대해서는, 서양인은 옛날 인도양을 지중해와 같은 내해로 보기도 하고, 또는 일대 호수로 생각하기도 하여, 홍해(Red Sea)와 인도양이 서로 서로 접해있는 것처럼 생각하기도 했다. 따라서 아라비아 이동의 연해 일대를 총칭하여 인도라 간주했던 것이다.(西洋人ノ考フル所ニ於テハ葱嶺以东ヲ中亜トハイハズ皆彼ノ「ヒマラヤ」山ヲ以テ极境トナシ古代ノ西洋人ハ葱嶺ヲ知ラズ且ツ「ヒマラヤ」ヲHimausト訛レリ、故ニ西洋人ハヒマラヤ山汇即チ「ヒマラヤ」、「カラコルム」、昆岺（南山一带）ヲ以テ西域ノ东境トナシタリ、彼

ノArabia人ノ如キモ其ノ亜細亜地理ニ於ケル智識ハJaxartes河ヲ越エタル
事ナシ要スルニ西人ハ其昔ニ在リテハ葱嶺以西ヲAsiaトナシテAsiaトモイヒ
Central Asiaトモ称シ葱嶺以東ハ之ヲTerra Inkaト称シタリ、次ニ中亜ノ海
岸ニ就テハ西人ハ昔印度洋ヲ地中海ノ如キ内海トモ思ヒ又ハ一大湖水トモ
考ヘテRed Seaト印度洋トハ相接セル者ノ如ク思考セリ故ニArabia以東ノ沿
海一帯ノ地ヲ総称シテ印度トナセリ)

즉, 츠보이는 서양인의 지리적 인식의 한계를 파미르 고원으로
보고, 이보다 동쪽으로는 서양인의 인식이 미친 적이 없다고 주장하
고 있다. 결국, 서양인이 말하는 중앙아시아는 파미르 고원보다도
동쪽에 위치한 것으로, 텐산산맥, 쿤룬산맥, 카라코람산맥 등을 타고
중국쪽으로 뻗어나가는 내륙지방은 서양인이 말하는 중앙아시아
개념에 포함되지 않았다고 보았다. 결국, 츠보이의 결론은 다음과
같은 것이었다.

오늘날 보통의 의미에서는 파미르 고원 이서로 남북으로 이어지
는 사막 지방을 총칭하여 (1) 중앙아시아(中亞)라고 하며, (2) 러시아
령 중앙아시아(Russian Central Asia), 또는 (3) 러시아령 아시아(Russian
Asia), 또는 (4) 러시아령 터키스탄(Russian Turkestan)이라고도 부른
다. 본 강의에서는 동쪽으로는 파미르 고원, 서쪽으로는 카스피해,
남쪽으로는 인도, 북쪽으로는 자하르테스강 사이에 있는 지역을
두고 중앙아시아로 간주한다.(以上両説ハ兎モアル今日普通ノ意味ニ於
テハ葱嶺以西南北ニ連亘セル砂漠地方ヲ総称シテ(1) 中亜トイヒ(2) Russian
Central Asia或ハ(3) Russian Asia又ハ(4) Russian Turkestanトモイフ本
讲义ニ於テハ东ハ葱嶺、西ハカスピ海、南ハ印度、北ハJaxartes川ノ间ニ
在ル地ヲ以テ中亜トナサシ)

결국, 츠보이는 동양설이나, 서양설 모두가 중앙아시아 전체를 포괄하지 못한다고 보고, 이 두 가지 설이 놓치고 있는 광범한 지역을 모두 취합하여 넓은 개념으로서의 중앙아시아를 설정해 놓고 있다. 위에 소개한 서술 가운데 첫 문장과 두 번째 문장의 행간의 뜻을 추려내면, 그러한 개념화에 나타난 츠보이의 의도를 읽을 수 있다. 보통의 의미에서 지칭되는 중앙아시아 개념이 러시아령 중앙아시아 개념과 중복되고 있다는 것을 전제로, 이보다 더 넓은 지역을 중앙아시아로 개념화하여, 러시아령 중앙아시아와는 다른 세계로서의 중앙아시아를 드러내 보이고 있는 것이다. 이로부터, 일본의 중앙아시아 연구가 그 맹아기에 중앙아시아를 개념화하는 데에서부터 이미 러시아에 대한 예민한 대결의식 속에서 이루어지고 있었다는 사실을 알 수 있다.

츠보이가 시도했던 바, 중앙아시아를 러시아로 대표되는 유럽의 역사공간에서 분리하여 동양사의 독자적 영역으로 재구축하려는 노력은 다카쿠와 고마키치(高桑駒吉)의 와세다대학 강의에도 이어졌다.[31] 다음은 그 서설의 모두 부분이다.

중앙아시아의 역사는 이를 인생 일생의 경력에 비하면 마치 요람속에 있는 유아의 전설과도 같다. 따라서 막연하여 통일성 없음이 성운과도 같은 전설 속에서 정사를 찾고자 하는 자는 각종 국체와 잡다한 종교를 접촉해야 하며, 이와 동시에 이란 즉 페르시아와 인도, 그리이스, 스키타이, 지나(중국), 터키, 러시아 등 각 국민의 역사에도 정통해야 하는 고로, 그 곤란이 실로 이루 다할 수 없다고 할 수 있지만, 이 지방의 역사는 동양사 위에 고금을 통하여 크게 관계를 지니고 있으며, 이에 더해 매우 흥미롭다는 점에서 보아

---

31) 高桑駒吉(述), 『中央亞細亞史』, 1906年講義錄.

아무리 큰 곤란이라 해도 이를 헤쳐 그저 막연히 터키스탄이라고 불리는 지역에 대해, 북으로는 시르 다리아, 동으로는 힌두쿠시, 서로는 카스피해를 경계로 한정되는 중앙아시아의 역사를 기술하고, 이에 더불어 지나 터키스탄(중국령 터키스탄) 및 시베리아의 역사를 서술하고자 한다.(中央亞細亞の歷史はこれを人生一生の経歷に比すれば恰も搖籃中にある幼兒の傳說のごとし、されば漠然として統一なきこと星云のごとき傳說中より正史を覓めんと欲するものは種々の國體と雜多なる宗敎とに接觸すると共に、イラン即ちペルシア、インド、ギリシア、スキタイ、支那、トルコ、ロシア等諸國民の歷史に通ぜざるべからざるが故に、その困難實に名狀すべからずと雖も、この地方の歷史は東洋史の上に古今を通じて大關係を有し、加ふるに頗る興味に富めるを以て百難を排してこれより彼の漠然とトルキスタン(Turkestan)と呼ばれたる地にして、北はシル|ダリア(Sir Darya)、東はヒンヅ|クシ(Hindu Kush)、西はカスピ(Caspi)海を以て限れる中央アジアの歷史を記述し、傍ら支那土耳其斯坦及びシベリア(Siberia)の歷史を說かんとす。강조는 필자)

이 문장을 통해, 이미 1900년대 중반에 이르러서는 일본의 역사학 강단에서 중앙아시아사를 분명히 동양사로 간주하고 있음을 알 수 있다. 때는 러일전쟁을 전후한 시기였다. 아시아를 유럽으로부터 분리하여 그 위에 일본이 맹주로서 군림하는 이미지, 즉 대아시아주의의 맹아가 중앙아시아 연구를 통해 돋아나고 있었던 것이다.

VI. 일본의 중앙아시아 연구가 지니는 실천적 의미

한편, 19세기 말의 일본에게 중앙아시아는 역사학, 특히 동양사학의 연구 대상이라는 학문적 대상에 한정된 주제가 아니었다. 한반도와 중국 동북부에 쏠린 러시아의 의도에 대해 의구심과 경계심이 날로 커지고 있던 일본에게 중앙아시아에서의 영러 대립은 실천적 연구 대상으로서의 의미를 동시에 지니고 있었다.

그러한 관심이 나타난 연구로 『外交時報』의 제2호와 제3호에 연이어 실린 두 개의 논문을 들 수 있다.[32] 이하에서는 이들의 연구를 소개하고 그 의미를 파악해 보는 것으로써 본고의 결론으로 삼고자 한다.

먼저, 아리가 나가오(有賀長雄)는 '중앙아시아에서의 영러 대립의 근황(中央亞細亞に於ける英露對立の近情)'이라는 논문에서, '중앙아시아에서의 영러관계가 일본에 아무 연고도 없는 것 같지만, 기실 이 관계를 상지하지 않으면 동아외교의 진상을 알기 어렵다'고 하여, 중앙아시아에서 전개되는 러시아의 공세와 영국의 세력 축소가 일본에게 의미하는 바에 주목해야 한다고 하여 주의를 환기하고 있다. 본문내용은 5절 구성으로 되어 있다.

각각의 내용을 간략히 살펴보면, 제1절 '러시아의 남진' 편에서는 발칸반도를 통한 지중해로의 진출 정책이 러터전쟁에서의 영국의 간섭으로 실패한 이래 러시아가 중앙아시아로 방향을 바꿔 적극적인 진출책을 펼치려 하고 있다는 사실을 소개하고 있다. 이에 앞서 러시아는 1847년 이래 30년 동안 5번에 걸쳐 이 지역에 출병하여, 북은 시베리아, 서쪽의 아랄해부터 동쪽으로 중국의 톈산 각로에 도달, 남쪽으로는 파미르 고원에 이르는 광대한 토지를 정복하여 타시켄트, 사마르칸트 등의 주요 도시를 병합, 새로 터키스탄성을 설치하게 된 경위를 논하고, 터키스탄성이 중국으로의 진출을 위해서는 편리한 위치에 있다고 할 수 있지만, 인도로 가는 길을 제공해 주지는 못하는 것으로 판단한 러시아가 이 지역에서 더욱 적극적인

---

32) 有賀長雄,「中央亞細亞に於ける英露對立の近情」,『外交時報』, 第2號; 長瀨鳳輔,「中央亞細亞に於ける英魯衝突の起原」,『外交時報』, 第3號.

정복행위에 나서게 된 결과, 카스피해로부터 바미까지의 철도 완성을 계기로 제오크테페 요새 진격을 시도하여, 1881년 완강히 저항하며 농성하던 3만여 명의 병사 및 주민을 '도살(屠殺)'한 사건을 소개하고 있다.

제2절 '러시아의 중앙아시아 철도' 편에서는 러시아의 적극적인 중앙아시아 진출 및 세력권 확대 정책의 결과 1884년 2월 러시아가 메르브를 점령하게 된 이래 러시아와 영국의 관계에 주목하고 있다. 메르브를 이 지역에서 가장 중요한 거점으로 삼고 있던 영국은 메르브에 대한 점령을 개전의 원인으로 간주한다는 방침을 세워 놓고 있었으나, 때마침 전개되고 있던 수단 원정으로 인하여 적절한 대응을 하지 못하고 헤라트로의 파병을 통해 러시아의 남진을 막아보려했으나, 당시 헤라트는 영국령 인도정부 병력보다 수적으로 우세한 아프간군이 장악하고 있는 상황에서 영국은 러시아 정부와의 교섭을 시도했다. 1884년에는 국경획정 위원이 구성되었으나, 위원회에서 회의가 열리는 동안 러시아는 이 지역의 실질적 지배에 나서 1885년 6월부터 1년에 걸쳐 바미로부터 메르브에 이르는 564킬로미터의 철도를 완공했다. 러시아의 정력적인 철도 부설은 그 뒤로도 계속되어, 부하라에서 사마르칸트에 이르는 전 노선이 1888년 5월 27일, 알렉산드르 3세의 탄생일에 맞춰 개통되었다. 아리가는 이러한 러시아의 남하정책에 대한 영국 측의 관찰을 정리한 두 권의 저서를, 동방문제(아시아 문제)에 관심이 있는 자는 반드시 읽어봐야 할 것이라며 소개하고 있다. 하나는 영국 외무차관 커슨(Curson)의 "Russia in Central Asia and the Anglo-Russian Question"이며, 또 다른 하나는, 런던 타임즈의 러시아주재 통신원 돕슨(Dobson)의 "Russia's Railway Advance into Central Asia"이다. 이들 저자들이 강조하고 있는 점은, 러시아의 철도 부설에 따라 이 지역에서 전개되고 있던 영러간의 경쟁에서 영국이 절대적으로 불리한 입장에 처하게 되었다는

사실이었다.

제3절 '러시아의 중앙아시아 태수' 편에서는 러시아가 조만간 터키스탄성, 세미빨라친스크, 세미레쉔스크 및 트란스카스피안성을 합쳐 군정상 행정상 하나의 총독 휘하에 두고자 하는 계획을 추진 중이라는 정보를 소개하고, 이러한 조치가 중앙아시아 및 남아시아로의 러시아의 점진적인 세력 확대정책을 반영한 것이라고 분석했다.

제4절 '영국의 아프간 국경수비' 편에서는 1880년 이후, 아프간 정복을 포기한 영국이 아프간왕국의 독립을 인정하고 영국이 그 보호자를 자처하여 실질적인 지배를 계속하고 있지만, 아프간의 불안한 상황을 고려한 영국정부가 만일의 사태에 대비하여 영국령 인도와 아프간 사이의 국경 지대에서 병력을 확충하고 경계를 강화하고 있다는 소식을 소개하고 있다. 영국은 이 지역 산악 부족들의 거주지를 평정할 계획 아래 1850년 이래 25회에 걸쳐 병력을 동원하여 정복 작전을 펼쳤으나, 험준한 산세에 익숙한 부족들의 완강한 저항에 부딪혀 실패로 돌아간 이래, 이들 부족에 대해 회유정책을 취하고 있었다.

제5절 '서북 국경에서의 영국의 불찰' 편에서는 아프간 국경지대에서의 무력 진압에 실패한 뒤, 병력 부족으로 인하여 인근 산악 부족들의 반란에 적절히 대응하지 못한 결과 국경 산지 일대에서 더욱 곤란한 입장에 처하게 된 경위를 소개하고, 독일의 군사 잡지에 의거하여, 이 일대의 병력 배치 상황을 개관하고 있다.

전체적인 논지는 중앙아시아 일대에서의 러시아의 적극정책이 더욱 공세를 취하고 있는 현실과, 이에 마주대한 인도 주둔 영국군의 혼란과 부적절한 대응을 대조적으로 소개하고, 이러한 현실이 일본에 주는 의미를 간접적으로 시사하고 있다.

육군대학 교수 나가세 호스케(長瀨鳳輔)는 『外交時報』 제3호에 게

재한 '중앙아시아에서의 영러 충돌의 기원(中央亞細亞に於ける英魯衝突の起原)'이라는 논문을 통해, 영러간에 벌어지고 있는 각축의 경위를 보다 상세히 전하고 있다. 그의 논문은 다음과 같은 문건에 의거하여, 집필된 것이었다.

Correspondence relating to Persia (1839~40), Presented to the both houses of Parliament by command of Her Majesty, Foreign office, London, 1839~1841.

Correspondence relating to Afganistan (1837~39), Indan board, 1839.

Porto folio By D. Urquhart, London, 1835~1839.

Allgemeine Zeitung Augsburg, 1838~1839.

Mohan Lal., Life of the Amir Dost Mohammed. London, 1848.

Burnes A., Kaboul, London, 1842.

Kaye. Z. W., History of the War in Afghanistan, London, 1857

Kaye. Z. W., The life and correspondence of Sir John Malcolm, London, 1856.

Zimmermann, C., Der Kriegsschauplatz im Innern Asien, Berlin, 1842.

나가세 논문의 결론은 다음과 같은 것이었다. 즉, 중앙아시아에서의 영러충돌 이래, 러시아의 인도 방면으로의 진출이 오히려 더욱 적극화했으며, 그에 따른 영국의 대러 경계감이 고조됨으로써 결국 크리미아 전쟁을 유발했는데, 베를린회의 이래 중앙아시아에서의 러시아의 행동은 그칠 줄 모르고 적극화되면서 대대적인 충돌을 불사할 기세로 나오고 있는 데 반해, 영국은 무능·지둔·우유부단한 정책으로 인해 인도에서마저도 러시아에게 허점을 보이며 과거에 비할 수 없는 위급한 사태를 맞게 되기에 이르렀다는 것이었다.

위에 소개한 두 논문의 필자들이 논문 집필을 통해 무엇을 암시하고 있는지 생각해 볼 필요가 있다. 결국 이들은, 중앙아시아를 놓고 벌어지고 있는 러시아와 영국간의 세계적 패권 경쟁의 양상을 독자들에게 소개하고, 나아가 일본에서의 대러 경각심을 고취시키고자 했던 것이다.

VII. 결론

이상에서 일본의 중앙아시아 학습이 근대 일본의 세계 권력정치 이해의 한 수단으로 전개되어 왔다는 점을, 니시와 후쿠시마의 중앙아시아 답사 여행 및 여행 보고문, 일본 역사학계의 중앙아시아 인식 방법론과 중앙아시아사의 동양사로의 편입, 19세기 말 일본의 군사 사가들의 중앙아시아에 대한 관심과 이해 등을 통해 확인해 볼 수 있었다. 그리고 그것은 러시아에 대한 첨예한 대립의식을 특징으로 하고 있었다.

그러나 20세기에 들어 일본의 중앙아시아에 대한 관심이 직접적인 행동으로 표면화되고 그것이 러일 간의 각축으로 발전된 적은 없었다. 이는 한편으로는, 영일동맹 이후 이 지역에 대한 영국의 이권에 대한 배려가 작용한 결과였으며, 다른 한편으로는 20세기 초에 진행된 중앙아시아에서의 사회주의 혁명과 소연방으로의 편입에 따른 관심의 철회였다고 할 수 있다. 그러나 소련의 붕괴 이후, 일본의 중앙아시아에 대한 관심은 서서히 부활하고 있다. 그것은 시베리아에 대한 관심과 결합하여, 1990년대 중반 하시모토 정권하에서 유러시아 외교가 주창된 데에서도 확인할 수 있다.

한편, 일본의 중앙아시아에 대한 관심의 부활은 중국의 중앙아시아에서의 활발한 행보와 맞물리면서 중일관계에도 미묘한 영향을 미치려 하고 있다. 나아가 아프간 전쟁과 이라크 전쟁은, 전쟁의 향방에 관계없이 냉전 후 유일 초강대국으로 부상한 미국이 이 지역에 직접 발을 들여 놓게 된 계기로서 대단히 크고 장기적인 역사적 파장을 예고하고 있으며, 이미 여러 방식으로 중앙아시아 신생국들의 국가건설 과정과 각국의 정치적 리더십에 영향을 미치고 있다.

중앙아시아를 둘러싼 이러한 사태전개가 21세기의 세계정치 지형에 어떠한 영향을 미칠 것이며, 나아가 새로이 만들어질 세계정치 지형이 중앙아시아의 모습을 어떠한 모습으로 바꾸어 놓게 될 지에 대해서는 아직은 예단을 할 수 없다. 다만 소련 붕괴 이후, 1990년대에 일본이 중앙아시아를 무대로 전개한 외교 행태와 그 기반이 된 중앙아시아에 대한 새로운 인식의 전개에 대한 연구는 그 대답을 위한 하나의 시사점을 제공해 줄 수 있을 것이다. 본고의 후속 작업은 이를 둘러싼 연구가 될 것이다.

제 12 장
미국의 대 중앙아시아 정책분석*

이 호 령

I. 문제제기

중앙아시아 5개국이 10여 년 전 구소련으로부터 독립했음에도 불구하고, 최근 몇 년 전까지만 해도 러시아의 그늘에 가려져 있었다. 그러나 9월 11일 세계무역센터와 펜타곤이 공격받은 뒤 중앙아시아 5개국은 테러리즘에 대항하는 미국 캠페인의 통합 참여자가 되었다.[1] 이들 국가들은 아프가니스탄에 기지를 두고 있는 테러집단에 대항하는 세력으로 부상하게 된 것이다.

사실, 탈냉전이후 미국외교정책의 주요 어려운 사항들이 중국과 같은 강대국보다는 보스니아, 아이티 같은 약소국에서 나온 점을 고려해볼 때, 9.11테러로 미국은 외교정책의 초점을 재조정할 필요가 역력해졌다. 우연히도 모슬렘국가들은 약소국가들로 테러리스

---

* 이 글은 『평화연구』 제11권 2호(2003년)에 게재되었음.
1) Svante E. Cornell and Regine A. Spector, "Central Asia: More than Islamic Extremists," *The Washington Quarterly*, Winter 2002, p. 193.

트들의 주요 피난처이자 테러리즘이 쉽게 정착될 수 있는 환경으로 판단됨에 따라, 미국이 중앙아시아에 개입해서 자원을 제공해야 하는가에 대한 논란에도 불구하고, 이 지역의 중요성에 대해서는 아무도 의심하지 않고 있는 상황이다.

따라서 본 소고에서는 중앙아시아에 대한 미국개입정책의 배경 및 정책들의 분석을 통해 중앙아시아국가들의 현 문제점을 파악하는데 그 목적을 두고자 한다.

II. 중앙아시아에 대한 미국정책

9.11테러 이전까지만 해도 중앙아시아에 대한 미국의 관심은 저조했다. 그러나 9.11테러 이후부터 최근까지의 주요 신문 및 잡지에는 우즈베키스탄 및 키르기스의 미군 기사들이 실리는 등 이 지역에 대한 미군 주둔 및 개입정책에 관한 기사들이 많이 언급되고 있다.

9.11테러가 있기 전까지만 해도, 사실 중앙아시아에 대한 워싱턴의 관심은 카스피 에너지 정책에만 관심이 실렸다고 해도 과언이 아니다. 이 지역에 대한 적극적 개입정책보다는 중앙아시아 국가들의 전체주의적 정치체제 및 정부부패, 중앙아시아 주변 강국들의 적대성에 대한 우려를 표명해 왔을 뿐이다.

그러나 9.11테러이후 미국의 태도는 변화했다. 미국은 아프가니스탄 군사 활동의 수행 및 지원을 위해 중앙아시아 국가들에게 경제지원뿐만 아니라, 특히 군사지원을 증대시켜오고 있는 실정이다.

그러나 미국이 중앙아시아 국가들에게 적극적 개입정책을 취하기에는 다음과 같은 문제점들을 떠안고 있다.[2]

---

2) Charles Fairbanks "Being there," *The National Interest*, No. 68(Summer 2002), pp. 39-53

첫째, 5개 중앙아시아 국가 중 어느 한 국가도 민주주의국가가 아니다. 그리고 대부분이 경제대공황에 비견할 만한 경제위기에 빠져있다. 이러한 경제력 약화는 각 공화국의 정권의 합법성 위협으로 이어질 가능성이 농후하다. 따라서 이들 공화국은 정치, 경제 개혁 관련 압력을 완화하기 위해 미국이 그들 영토에 들어오도록 이용하고 있다. 그러나 문제는 이들 국가들이 서로서로 미국과의 관계설정을 지렛대로 활용하고자 하면서, 원조로 제공되는 돈을 독재주의 정권을 더욱 부패시키는 방향으로 나가게 할 수 있다는 점이다.

둘째, 중앙아시아 주둔 장기화로 이익도 얻을 수 있지만, 군사적 비용도 든다. 미군들은 이슬람 게릴라 공격에 직접 노출될 뿐만 아니라, 냉전종식이후 펜타곤은 서비스 축소 및 방위비 절감으로 현 군사력 및 군사현대화 마저 의문인 상태 하에서 군사력의 산만한 확산은 미국의 국방정책과 대외정책간의 충돌현상을 빚을 수 있는 빌미를 제공할 수 있는 문제점이 있다.

셋째, 미군주둔의 장기화에 따른 주요 강대국, 특히 러시아, 중국, 이란과의 관계에 미칠 잠재적 영향력이다. '테러리즘 근절' 명분으로 미국이 중아아시아 시설을 일시적으로 사용하는 것에 대해 러시아 지지를 이용함으로써 이 지역에 대한 러시아의 영향력을 쇠퇴시키며, 영구적인 지정학적 불이익을 부과시킬 수 있다는 긍정적 결과를 도출할 수도 있지만, 중국의 경우, 미군주둔의 장기화는 일종의 봉쇄정책에 해당되기 때문에 미-중간의 잠재적 갈등관계를 증폭시킬 수 있는 위험을 떠안고 있다.

마지막으로는 이 지역에 대한 무지를 들 수 있다. 이 지역에 대한 미국의 지식은 19세기 유럽이 갖고 있는 수준에 불과하다. 이 지역에 대한 불분명한 이해가 오히려 잘못된 방향으로 이 지역을 끌고 나갈 수 있는 문제점이 있다. 따라서 미국은 외교정책 및 국방정책의 범위뿐만 아니라, 세계와의 전반적인 접촉에 대한 범위도 재검토해볼 필요성이 있다.

Ⅲ. 미국개입정책의 필요성

미국이 중앙아시아에 주둔해야 할 필요성으로는, 첫째, 국제테러리즘의 성향 및 범위에 기초에 근거하고 있다. 약소국일수록 테러리즘을 조장한다는 속성에 기초한다. 둘째, 미국은 모슬렘 사회 및 국가들의 안정과 온건화 달성으로 장기적으로 상당한 이익을 얻을 수 있다고 파악한다. 즉, 중앙아시아의 온건한 이슬람을 친서방화함으로써 반미주의를 해소하고자 한다. 셋째, 아프가니스탄을 안정화시키기 위해서도 중앙아시아 주둔이 필요하다고 인식하고 있다. 탈레반 분쇄 및 인도주의적 지원 그리고 아프가니스탄의 지정학적 상황 즉, 이란, 파키스탄, 우즈베키스탄, 투르크메니스탄, 타지키스탄 그리고 중국과 국경을 접하고 있기 때문에 중앙아시아에 미군주둔이 필요하다고 간주한다.

마지막으로, 파키스탄 기지제공에 대해서는 장기적으로 볼 때 회의적이다. 아프간 전쟁 후 평화정착 단계에서 수행해야 하는 미국정책들을 생각해 볼 때, 이슬람 극단주의의 전통이 깊고, 사회문제가 심각한 파키스탄보다는 만약의 사태에 대비한 보험책으로써 중앙아시아에 미군주둔의 장기화가 더 바람직하다는 인식 때문이다.

이러한 인식은 초기에는 장기적으로 테러를 근절한다는 차원에서 아프가니스탄 주변 국가들에게 미군기지를 만들 필요성을 인식해오던 것이, 1999년 이후에는 중앙아시아들이 이슬람 급진주의 물결에 휩싸이게 되면서 더욱 이 방향으로 나갔다. 특히, 1999년과 2000년 여름동안의 우즈베키스탄 이슬람 운동(IMU)이 중앙아시아 공화국에게 폭동을 일으키도록 조장하고, 일본 및 미국시민들을 납치하게 되

자, 2000년 9월 국무성은 IMU를 테러리스트 조직 명단에 올렸다.[3]

그러나 현실은 좀 더 복잡하다. 이들 그룹은 비교적 소규모다. IMU의 추종자는 오직 몇 천 명밖에 안되며, 타지키스탄의 합법적인 이슬람당은 2000년 의회선거에서의 지지율이 5%에도 미치지 않았다. 따라서 중앙아시아의 불안정의 원인은 이슬람의 극단주의자로부터 오기보다는 다른 요소들과 복합적으로 작용했다고 볼 수 있다. 다시 말해서, 이슬람 종교에다가, 빈곤, 마약거래, 아프가니스탄 전쟁의 이념적 확산효과 등이 복합적으로 작용했다고 볼 수 있다.

중앙아시아의 미군주둔 문제는 이러한 필요성과 더불어 과거 미국이 한국, 일본, 독일, 유럽 지역에 주둔시킨 병력이 장기적 속성을 가지고 있다는 점을 고려해 볼 때, 중앙아시아의 미군주둔이 장기화될 경우 미국우방 및 중앙아시아 주변국들이 미국의 이러한 조치에 대해 '개입주의'의 확대로 간주할 가능성이 농후하다.

IV. 중앙아시아 국가들의 문제점

1. 급진적 이슬람주의의 확산

1991년 초, 중앙아시아 5개국이 독립하면서 기득권 세력들이 가장

---

3) IMU는 탈레반정권이 통제하고 있는 북 아프가니스탄 지역에 기지를 두고 있으며, 오사마 빈 라덴과 네트워크를 유지하고 있는 것으로 폭넓게 인식되고 있지만, IMU는 단지 아프가니스탄과만 연계되어 있는 것이 아니다. 사실 페르가나 계곡으로의 침투를 통해서 우즈베키스탄과 키르기스를 공격하게 된 진원지는 아프가니스탄이 아니라 타지키스탄이다. 또한 IMU는 다양한 조직들과 연대하며, 때에 따라서는 탈레반과 북부동맹 조직과 반대되는 그룹과도 연계한다. Svante E. Cornell and Regine A. Spector, "Central Asia: More than Islamic Extremists, *The Washington Quarterly* (Winter 2002), p. 196.

두려워했던 것 중의 하나가 공산주의 이념 대체로 급진적 이슬람주의가 이 지역에 확산되는 것이었다.4) 그러나 중앙아시아 지역의 이슬람 종교 부활은 자연스러운 현상일 수밖에 없었다. 초기에 중앙아시아 정부들은 종교를 부활시키기 위해서 회교사원을 건립하도록 촉구하는 한편, 종교 활동에 관해서는 감시하는 정책을 취했다. 이러한 종교 활동 감시정책은 특히 중앙아시아 남쪽 지역, 우즈베키스탄, 타지키스탄, 키르기스의 페르가나 계곡 지역에 해당으로, 이 지역들은 카자흐스탄보다 이슬람 뿌리가 훨씬 깊은 지역이다. 이 지역과 국경을 접하고 있는 이란과 아프가니스탄은 세계에서 가장 급진적인 이슬람 운동을 하고 있는 나라다. 이들 두 나라는 1990년대 급진적 회교운동의 중심지가 되었고, 이 운동은 주변 국가들에게 영향을 미치게 되었다. 독립 이후, 타지키스탄을 비롯한 중앙아시아 5개국은 내전을 치르게 되었다. 통치엘리트들은 이슬람 신념을 도덕적 공백을 메워주는 도구로 활용하기로 하고, 중앙아시아 5개국 대부분의 대통령들은 이슬람 성지순례를 수행하도록 했다. 5개국들은 신비적이며 덜 정치적인 전통적인 '수피주의(Sufism)'를 포용하고 있으며, 중앙아시아 국가들의 대부분 국민들이 이 파에 해당된다. 즉 전통적이며, 관용적이며, 온건한 이슬람 신념을 고수한다.

한편, 100년도 안 된 사우디아라비아에서 출현된 이슬람 종교의 형태를 띤 와하비(Wahabbi)추종자들도 중앙아시아 내에 있지만 그 규모는 작다. 통치엘리트들은 이 추종자들이 정치세력을 형성해 통치권에 도전해오자 이 세력의 증식을 반대하기 시작했다. 그 좋은 예가 1990년대 중반, 아프가니스탄이 이 세력들에 의해 점령됨으로써 탈레반 정권이 들어선 것이다. 급진세력들은 정치적 권력을 추구

---

4) Ahmed Rashid, *The Resurgence of Central Asia: Islam or Nationalism* (London: Zed, 1994); Dilip Hiro, Between Marx and Muhammad (London: Harper Collins, 1994).

하고자 하기에 자신들이 이단으로 간주하는 정권을 전복하려고 한다.[5] 급진적 이슬람 그룹들이 중앙아시아 국가들 중에 비교적 약한 정권들을 위협하고 있는 실정이다.

2. 마약문제

이 지역의 마약문제는 이슬람 극단주의의 문제와 더불어 주요 문제로 부각되고 있다. 최근까지, 아프가니스탄이 대규모 아편 경작을 통해 전 세계의 헤로인 생산량 중 75~80%를 차지하고 있다. 아프가니스탄의 국경초소 부족 및 중앙아시아와의 국경지대의 험난함으로 인해서 중앙아시아 전역을 통해 마약밀매가 활성화되고 있다. 보고서에 따르면, 아프가니스탄의 마약수출의 1/2이상이 투르크메니스탄과 타지키스탄을 통해서 밀매되고 있다.[6] 지역적으로 마약거래자들이 보조를 맞추고 있을 뿐만 아니라, IMU의 경우 아프가니스탄에서 중앙아시아를 통해 유럽으로 마약거래를 하는데 깊숙이 개입되고 있다.

마약거래경제는 중앙아시아에게 많은 영향을 주었다. 타지키스탄을 통한 아편원료의 거래는 중앙아시아 지역의 헤로인 제조 연구소의 활성화 및 증대를 초래했다. 특히 미국과 탈레반과의 전쟁으로 인해 탈레반 정권은 전쟁자금조달 때문에 아편금지법안을 취소하거나 강제할 수 없는 처지가 되었고,[7] 아프가니스탄의 아편생산의

---

5) Olivier Roy, *The Failure of Political Islam* (London: Tauris, 1994); John L. Esposito, *Political Islam: Revolution, Radicalism, or Reform?* (Boulder, Colo.: Lynne Reinner Publishers, 1997).

6) Jean-Christophe Peuch, "Central Asia: Charges Link Russian Military to Drug Trade," *RFE/RL*, June 8, 2001; Martha Brill Olcott and Natalia Udalova, "Drug Trafficking on the Great Silk Road: The Security Environment in Central Asia," *Carnegie Endowment for International Peace Working Paper*, no. 11, March 2000.

감소는 타지키스탄을 포함해, 중앙아시아 국경지대로 옮겨가고 있으며, 이 지역의 재배지가 증대하고 있는 실정이다.

3. 경제문제

이 지역의 최악의 경제상황은 사회불안, 더 나아가 지역불안정의 주요 원인이 되고 있다. 중앙아시아 5개국 모두 지난 몇 년 동안 국내총생산의 최저성장에도 불구하고, 전반적인 생활수준과 생산량은 1991년 이전 수준보다 훨씬 못 미치고 있다. 카자흐스탄만 경제적으로 조금 낫다.[8] 소련에 의한 중앙집중 경제체제의 붕괴 및 정부·경제 개혁의 결핍이 경제상황을 더욱 악화시켰고, 그 결과 국민의 상당부분이 최저생활수준 이하로 살고 있으며 불법적인 경제활동 및 국경지대의 무역거래(shuttle-trading)를 통해서 생계를 유지하고 있다.[9] 설상가상으로 1999년 이후, 이 지역의 가뭄은 이미 열악한 경제상황을 더욱 악화시켰다. 중앙아시아 국민들 대부분이 도시에서 농촌으로 이주해서 농업으로 생존하고 있는 특이한 현상을 고려해 볼 때 가뭄의 피해가 중앙아시아 국가들에게 미친 그 결과는 짐작해 볼 만하다.[10]

---

7) Ken Guggenheim, "Afghan Opium Production May Rise," Associated Press, September 26, 2001; Michael R. Gordon and Eric Schmitt, "Afghanistan Remains a Major Drug Trader Despite Taliban Ban," *New York Times*, September 26, 2001, p. 4.

8) 중앙아시아 5개국의 급격한 경제하락은 과거 소련의 공급·배분체제에 의해 유지되었던 산업들의 붕괴결과 때문이다. Nancy Lubin, Keith Martin, and R. Rubin, *Calming the Ferghana Valley* (New York: Century Foundation Press, 1999), p. 61.

9) Gulzina Karim Kyzy, "Kyrgyz Shuttle Trade in Crisis," *Central Asia-Caucasus Analyst* (August 1, 2001).

10) Cynthia Buckley, "Rural/Urban Differentials in Demographic Processes: The Central Asian States," *Population Research and Policy Review* 17, no. 1

미국은 이 지역의 불안정 요소를 해소하기 위한 방법으로 독립 후 경제 원조정책, 그리고 인도주의적 지원정책을 취해 왔었다. 그런데 이러한 경제원조가 이 지역의 경제를 회생시키기 보다는 오히려 역행하는 방향으로 나갔다고 평가할 수 있다. 지난 반세기 동안 미국의 경제원조와 비교해 볼 때 중앙아시아에 대한 경제원조는 별 성과를 거두지 못한 것 같다. 미국경제원조 1단계는 2차 세계대전 후 마셜플랜을 통한 유럽 경제부흥 및 일본 경제회생 노력으로 성공적 결과를 얻었다. 둘째, 미국은 타 국가들과 60, 70년대 과거 유럽식민지 국가들에게 경제 원조를 해 주었는데, 그 결과는 성공과 실패의 사례가 중첩되어 있었다. 세 번째 원조단계는 소련 붕괴 후, 과거 소련 위성국에게 부여한 원조다. 폴란드, 에스토니아, 슬로베니아를 제외한 코카서스 및 중앙아시아 국가들에게 제공한 원조는 오히려 경제를 후퇴시키는 방향으로 나가는 결과를 초래했다. 이런 점을 볼 때, 선진국이 후진국에게 제공하는 해외원조 및 투자가 경제성장이나 민주주의 국가로의 이행에 필요 · 충분조건이라고 볼 수 없다.

중앙아시아 5개국 중 하나인 키르기스를 예로 들어 왜 미국의 경제원조에도 불구하고 경제상황이 더 악화됐는지를 설명하면 다음과 같다.[11]

키르기스를 포함한 중앙아시아 국가들에 대한 원조환경은 40년대 말과 50년대와 닮지 않고, 오히려 아프리카 유럽식민지국가들에 대한 원조환경과 유사하다. 여러 면에서 법 규칙이 적용되지 않고 (특히 제한된 정부, 제한된 사적재산권 보호 등) '통치 소수 인종 그룹(ruling ethnic group)에 의한', '그 그룹을 위한' 임의의 규칙이 적용

(February 1998), pp. 71-89.
11) Richard A. Slaughter, "Poor Kyrgystan," *The National Interest* (Summer 2002), pp. 55-65.

되며, 유혈폭력과 빈곤을 양산하면서 저성장에 그치는 환경이 유사하다.

이러한 문제를 해결하기 위해서 국제사회의 원조는 4가지 형태, 즉, 민영화(privatization), 차관(loans), 직접보조(direct grant), 기술원조(technical assistance)의 방법을 통해 지원해 주고 있다. 그러나 지난 10년간 키르기스에게 적용한 이 4가지 방법은 60년대 제3세계 국가들에게 적용했던 것보다 그 효과를 보지 못했다. 사유화를 통해 기업의 획일적 성향을 탈피하고자 했지만, 비양심적인 관리인들에게 회사의 자산 약탈을 허용하는 결과를 초래했다. 개발목적을 위해 제공된 차관은 부처나 관료들에게 주는 '공돈(free money)'으로 인식됐으며, 또한 타깃보조(targeted grant), 예를 들면, 미국국제개발기구(USAID), 유럽재건발전은행(EBRD), 미국재무성, 아시아발전은행(ADB) 등이 제공하는 시골빈곤에 초점을 둔 원조방식, 즉 빈곤한 농촌사회를 겨냥한 농업원조, 학교 및 병원 자격 재부과 및 건축, 보조금 수정 등은 단기적으로는 보통 성공적 결과를 얻었지만, 책임 있는 습성을 길러주거나 장기적인 안정적 성공을 고무시키는데 필요한 제도 구축에는 거의 효과를 볼 수 없었다.

키르기스는 점점 더 해외원조에 의존하는 방향으로 모험을 걸었다. 학교혁신에 관한 한 시장의 말을 인용해 보면, "쇄신은 20년간 지속될 것이다. 누군가 우리를 위해 이를 보상(원조)해 줄 것이다." 해외에 의존하는 습성을 그대로 반영하는 일례로 간주할 수 있다.

원조 이외에 경제문제를 해결할 수 있는 또 하나의 조치는 해외유치를 통한 지하자원개발이다. 세금특혜, 자유기업지대(free enterprise zones(FEZs)), 공동개발을 위한 특별조건 등의 제시로 경제를 활성화시키는 것이다. 그러나 키르기스에서의 이러한 노력은 종종 투자유치가 보조금 제공에 비해 지역 기업 활동, 국내저축, 잠재적 경제이윤에 어떠한 효과를 초래할 지에 대한 고려 없이 착수됐다. 다시 말해 지나친 세금혜택부여로 인해 세수 감소, 이는 국내기업(세금부과)과 해외투자기업간의 시장 내의 불공평한 게임을 가져오는 결과를 초래했다.

키르기스의 빈곤은 특히 지방으로 갈수록 심하다. 국제개발기관(IDA) 지수에 따르면, 시골인구의 2/3는 빈곤하며, 도시거주자의 1/4도 이들과 비슷한 수준이라고 한다. 흥미로운 점은 농업지원금을 받기 위해서 인구가 도시에서 시골로 이주해 가고 있다는 점이다. 국가수준에서 볼 때, 정상적인 수입은 급격하게 줄어들지만, 시골인구, 가내생산, 물물교환이 증대되고 있는 실정이다. GDP는 1990년 이후, 구소련과의 무역패턴의 붕괴로 인해 60% 이상 쇠퇴했다. 그 원인은 첫째 키르기스의 빈곤은 근본적으로 시골에서 초래된 것이 아니라 도시에서 발생된 것이며, 경제적이라기보다는 정치적이다. 둘째, 고정된 토지의 농업생산량 증대는 농업임금을 증대시켰다기보다는 오히려 감소시켰다. 부가가치할 음식처리방법이 없을 뿐만 아니라, 우즈베키스탄의 선적방해로 인해 외부시장으로의 반출이 되지 않는 실정이다. 따라서 생산의 증대는 시장가격의 하락으로 이어질 수밖에 없다.

한편, 대규모 지원금에 기초한 하부구조의 투자방식은 법적, 재정적 제도가 구축되지 않은 상황 하에서 키르기스에게 10년도 되지 않은 기간 동안 0% 채무에서 GDP의 150% 이상의 채무국으로 전락하게 만들었다.

키르기스의 경우, 인프라를 위해서는 해외원조에 전적으로 의존했고, 산업발전을 위해서는 대부분 지원금형식의 해외투자방법에 기초하고 있다. 따라서 키르기스 시민에 의한 직접투자가 없는 실정이다.

한편, 근로자들의 경우 고용인 및 고용자들에게 부과하는 연금세(pension tax: 수입의 38%, 개인 혹은 비즈니스 수입에 부과하는 세보다 훨씬 높음)를 낮추기 위해 세무사와 조작을 통해서 세금을 회피함으로써 국고의 부가 감소하고 있는데다, 설상가상으로 키르기스의 WTO 가입에 대한 보복으로 우즈베키스탄과 카자흐스탄의 무역제한조치로 인해, 세금구조와 행정체계가 경제를 더욱 악화시켰다.

에너지 정책 역시 보조금 정책으로 인해 대규모 낭비로 이어졌고, 에너지 발전을 위한 현대화 조치 혹은 절약 방법에 대한 동기부여가 없다. 키르기스의 에너지 소비량은 GDP당 미국인들의 에너지 소비량의 3배에서 5배에 이른다. 수입비율이 1/200인 점을 비교해볼 때, 에너지 낭비가 심하다.

재정정책 또한 거시경제측면에서 볼 때 그 기능이 잘못된 방향으로 진행되고 있다. 대부분의 정책이 정실주의, 연고주의, 후원 등의 보상을 통한 정치적 조건에 따라 나오고 있으며, 부패가 만연해있다. 이러한 부패로 인해서 2000년 공식적 GDP가 1인당 242달러이고, 이중 25%는 음성적인 것으로 평가되며, 35%는 정부가 세금으로 거둔 것으로 평가된다. 그런데 소비자구매력(purchasing power parity)에 기초한 GDP평가는 1인당 1,800달러에서 2,500달러로 평가된다. 이러한 차이점은 실제경제활동 수준이 세금으로 걷히는 보고된 수준에 비해 10배 이상 높다는 것을 의미하므로 키르기스는 가난하지 않다.

따라서 다음과 같은 3가지 결론을 내릴 수 있다. 첫째, 발전원조금을 평등 및 빈곤감소 아젠다로 부각시켜서는 안 된다. 그러한 목적은 오히려 이러한 두 목적과 상반되는 방향으로 나가게 하며, 발전에 필요한 기본제도에 해를 미치는 경향이 있다. 따라서 경제성장을 위해서는 향후 얻을 수 있는 효과보다는 성장엔진에 초점을 둬야한다.

둘째, 제도개혁이 이뤄지지 않은 상황 하에서의 세금혜택과 같은 혜택부여는 오히려 자신에게 덫을 놓는 효과를 가져온다. 인프라

구축에 지불한 비용에 비해 인프라 구축에도 불구하고 충분한 성장을 이룩할 수 없기 때문이다.

마지막으로, 가장 중요한 교훈은 정부제도는 사업수행의 비용을 줄이는 방향으로 디자인돼야 한다. 규제는 투명성을 제공하고 관리들이 지대추구를 불가능하게 할 것이다. 계약은 그 효력이 발휘되어야 하고, 세금은 예측되어질 수 있어야 하며, 지속적으로 적용되어야 한다. 이러한 조건들이 충족된다면, 많은 다른 문제들이 쉽게 해소될 것이다.

V. 중앙아시아에 대한 미국정책의 향후 방향

현재 미국정책의 대부분은 임시방편적이며, 중앙아시아 5개국에 대한 철저한 이해가 부족하며, 그들 문제의 복잡성에 대해서도 이해가 부족하다.[12] 1990년대 중반 이 지역에 대한 미국의 개입은 쌍무적 차원에서의 경제개발원조 법안제정,[13] 카자흐스탄을 포함한 신생독립국의 핵무기 제거, 카스피 에너지매장 개발에 초점이 맞춰져 있었다.

그러나 1999년 IMU의 첫 번째 공격이 있은 후, 미국의 관심은 중앙아시아 공화국들의 국경방어 능력향상으로 옮겨갔다. 9.11테러가 있기 전까지만 해도 아프가니스탄의 빈 라덴과 그의 조직이 IMU와 연계되어 있었기 때문에 중앙아시아 지역에 대한 우려가 증대되

---

12) 지난 10년간 이 지역에 대한 미국정책의 분석에 대해서는, Fiona Hill, "A Not-So-Grand Strategy: United States Policy in the Caucasus and Central Asia since 1991," *Political Entrangere* 1 (January-March 2001) 영어로 번역된 논문은 http://www.brook.edu/comm/policybriefs/pb080/pb080.html.
13) 1992년의 '자유지지법안(the Freedom Support Act)'에 기초해서 경제개발 지원금 제공.

고 있었다. 이러한 우려의 직접적 결과로, 미국은 1990년대 후반 특히, 우즈베키스탄의 군사적 개입을 증대시켰고, 지역안보와 국경강화를 위해서 카자흐스탄과 키르기스에도 군사적 개입을 하게 됐다.

이러한 미국의 정책은 9.11테러이후, 이 지역에 보다 깊게 외교적으로, 정치적으로, 군사적으로 관여하게 되었다. 우즈베키스탄은 미국의 테러리즘 전쟁의 주요 동맹국이 되었고, 미군을 주둔시키게 된 첫 번째 국가가 되었다. 미국은 전례없이, 10월 6일에 전투부대원 1,000명을 파병했다. 비록 미국의 정책이 빈 라덴 및 그의 조직 알카에다 구성원 사냥으로 옮겨갔지만, 미국은 중앙아시아 공화국 자체 내에서 발생할 수 있는 문제점들에 대해서도 관심을 지속적으로 가져야 한다.

미국은 장기적으로 이 지역에 대한 개입정책이 군사·안보 차원 이외 방면으로 확산될 것으로 전망된다.

왜냐하면, 첫째, 이 지역의 특성, 즉 복잡성(complexity)에 기인한다. 안보, 경제, 사회, 종교적 요소들 간의 복잡한 상호관계에 주목해야 한다. 이슬람 혁명세력의 침공은 정부가 사회조직 및 경제에게 부정적 영향을 미치는 강경한 안보정책을 선택하게 하고, 다시 가난과 경제침체는 다시 사회 불만을 불러일으키고, 이슬람 지하세력의 동조를 가져오는 악순환이 일어날 것이기 때문이다. 또 하나 주의해야 할 점은 아프가니스탄에서의 미국의 군사적 조치의 가장 즉각적 결과 중 하나는 이미 비참한 상태인 난민 위기를 더욱 악화시킬 수 있다는 것이다. 과거 20년 동안, 수백 만 명의 아프간 난민들이 파키스탄과 이란으로 흩어져서 보호되고 있지만, 이미 포화상태다. 난민들이 차선으로 선택할 수 있는 곳은 중앙아시아 지역이 될 것이다. 이에 대한 정책적 고민과 분석이 필요할 것이다.

둘째, 미국은 이 지역에는 다양한 이슬람 그룹이 존재함을 인식해야 하고, 모든 이슬람 운동들이 미국이익에 배치되지 않는다는 것을 이해해야 한다. 사실, 중앙아시아의 이슬람파는 가장 온건하며 관용적이다. 경제개선조치와 더불어 온건한 반대파를 포용하는 방향으로 나가야만, HuT(Hizb-ut-Tahrir)[14]같은 잠재적 폭력 비밀조직을 방지할 수 있을 것이다.

이런 측면에서 미국은 이 지역, 특히 타지키스탄과 키르기스에 대한 원조정책을 재평가해야 하며, 이 지역에 대한 인도주의적 원조와 개발원조금을 어떠한 분야에 어떠한 조건으로 지급해야 할 것인지에 대한 방향정립이 필요할 것이다.

마지막으로 미국은 이 지역을 친서방화하기 위해서는 교환프로그램을 증대시켜야 할 것이다. 정치적 수준에서 2001년 가을부터 시행하고 있는 '의회 실크로드 간부회의(Congressional Silk Road Caucus)'의 확대를 통해 이 역과 미국 간의 경제, 정치, 문화적 관계를 결합시키는 방향으로 나가야 할 것이다. 그럴 경우, 향후 미군주둔이 장기화됨에 따라 발생할 수 있는 제반 문제점 해소 및 중앙아시아 내부의 제반 문제들 해소에 필요한 제도개혁 등을 앞당길 수 있는 토대가 될 것이다.

---

14) HuT는 1952년 중앙아시아에서 태생해서 IMU에서 제시하고 있는 목적을 공유하고 있다. 즉 중앙아시아 전역의 이슬람화를 달성하는 것이다. 그러나 IMU와 달리, 그들은 이 목적을 달성하기 위해서 전단지 등을 통해서 풀뿌리 수준에서 그들의 신념을 확산시키고 있으며 그 속도가 매우 빠르다. 페르가나 지역에서는 상당정도의 지지를 받고 있다. 이와 관련된 사례들에 관해서는 http://www.ummah.org나 http://www.hizb-ut-tahrir.org 참조.

제 13 장

일본의 대 중앙아시아 정책:
'강대국 실용주의' 전략*

남 기 정

I. 서론

1. 문제제기

대부분의 국제정치 교과서에서 2001년 9월 11일 미국에서 발생한 동시다발테러 사건은 국제정치의 양상을 근본적으로 바꾼 결정적 사건으로 기록되고 있다. 이글의 주제와 관련해서 9.11은 다음과 같은 의미를 지닌다. 첫째, 중앙아시아가 강대국 국제정치의 중앙무대로 재등장했다는 사실이다. 둘째, 일본 자위대의 전시 해외파견에 물꼬가 트였다는 사실이다. 그러나 중앙아시아 연구자도 일본외교 연구자도 이 두 가지 사실이 일정한 관련 속에 있다는 사실을 발견하기는 쉽지 않았다. 기껏해야, 미일동맹 신자인 고이즈미 수상이 많은 일본 국민들의 우려에도 불구하고 중앙아시아에 본격적으로

---

* 이 글은 『신아세아』 제13권 제1호(2006년)에 게재된 것임.

관심을 표명하기 시작한 미국에 이끌려 일본 외교에 있어 미지의 땅에 발을 들여 놓았다는 정도의 인식이 있었을 뿐이다. 이러한 인식에는 다시 두 가지의 오해 또는 편견이 자리 잡고 있다. 첫째, 중앙아시아의 시점이 결여되어 이 지역을 세계정치의 객체로서만 다루고 있다는 점이다. 둘째, 일본 외교의 수동성 또는 피동성에 대한 무비판적 수용이다. 결국 미국을 개재시키지 않고서는 일본과 중앙아시아의 접점을 찾을 수 없으며, 설령 접점이 있다고 해도 그것은 큰 의미를 지닐 수 없을 것이라는 예상답안이 이미 제출되어 있었던 것이다. 이런 분위기에서 2002년 9/10월호 『포린 어페어즈 (Foreign Affairs)』에 실린 헤진보탐과 사무엘스의 논문 "일본의 이중게임"은 다소 생뚱맞게 느껴지는 것이었다.

헤진보탐과 사무엘스는 위 논문에서, 자위대의 전시 해외파견으로 대변되는 일본 외교안보정책의 결정적 전환이 미일동맹을 유지하기 위한 고육지책으로서 강요받은 것이 아니라 일본의 주체적 손익계산에서 나온 것이며 더구나 그 손익계산이라는 것이 군사안보적인 국익이라기보다는 경제적 이익을 추구하는 과정에서 나온 것이라는 점을 상기시켰다.[1] 필자들은 다자중심적인 경제외교 또는 자원외교가 안보외교의 중심이었던 일본의 전통을 잊고 미일동맹에만 눈이 팔려서는 일본 외교의 본질을 놓치기 쉽다는 경고를 통해 미일중심주의에 사로잡혀 있는 것은 일본 당국자가 아니라 일본 연구자들이라는 점을 드러내 주었다.

한편, 중앙아시아는 이 지역에 대한 국제정치연구자 또는 지역연구자들에게 '객체의 객체', 즉 '이중의 객체'에 불과하다는 안타까운 현실이 있다. 고고학 역사학 등의 인문학 분야에서도 이러한 현실은 마찬가지여서 '실크로드사' 연구 등이 그러한 경향을 농축적으로 보여준

---

1) Heginbotham, Eric and Richard J. Samuels, "Japan's Dual Hedge," *Foreign Affairs*, September/October, 2002, p. 12.

다.2) '실크로드'라는 말 자체가 드러내듯, 이들 연구에서 중앙아시아는 동서 교역의 '길'로서의 의미를 지닐 뿐, 따라서 그 '길'을 오가는 외부로부터의 '행인'들이 보일 뿐, 그 '자리'에 뿌리박고 사는 '주인'들은 여간해서 분명한 모습을 보이지 않는다. 근대에 들어서 지정학의 모태가 되었던 것은 바로 중앙아시아였던 바, 이는 바로 실크로드사 연구의 정치학적 표현에 다름 아니었다. 중앙아시아의 국제관계 연구, 특히 외교정책 연구는 이러한 지정학의 영향을 짙게 받고 있는데, 그러한 연구들에서 예컨대 다음과 같은 경향과 특징을 짚어 낼 수 있다. 미, 러, 중 등 각국의 대 중앙아시아 정책에 대한 연구들은 각각 다른 상대국에 대한 언급이 예비적 고찰로서는 물론이고, 심지어는 본문 그 자체를 차지할 정도로 큰 비중을 차지한다. 결국, 이러한 현실을 반영하여, 역외 국가의 '대 중앙아시아 정책' 연구는 '또 다른 역외 국가의 대 중앙아시아 정책에 대한 정책' 연구가 되고 만다. 중앙아시아의 '이중의 객체'로서의 위상은 바로 이 점에서도 확인된다.

본 장에서는 이러한 두 가지 현실에 대한 이해와 비판 위에서, 일본의 대 중앙아시아 정책을 다루고자 한다. 즉, 일본의 대외정책을 미일 중심주의에서 '해방'시키고, 그리고 중앙아시아와 일본의 관계를, 또 다른 역외 국가를 매개로 하지 말고 '직접' 다룸으로서, 중앙아시아를 무대로 나타나는 일본 외교의 또 다른 모습과 그것이 가져올 중앙아시아 국제관계의 변화를 전망하고자 한다.

2. 선행연구들

본 장에서 다루고자 하는 내용이 일본의 대 중앙아시아 정책 연구

---

2) 이와 관련하여 1970년대 말부터 80년대에 걸쳐 일본의 중앙아시아사 연구자들 사이에서 전개된 '실크로드논쟁'이 참고할 만하다. 宇山智彦, 『中央アジアの歴史と現在』, 東洋書店, 2000, pp. 6–12.

라는 점에서, 이는 일본 외교정책 연구의 한 '외연'이자 동시에 중앙 아시아 국제정치의 '내포'이기도 하다. 이하에서는 이 '외연' 및 '내 포'와 관련해 한국과 일본에서의 연구 현황을 검토함으로서, 본고가 다루고자 하는 내용의 위상을 점검해 보고자 한다.

'일본의 중앙아시아 외교'는 한국에서나 일본에서나 학문적으로 아직 '미지의 영역'에 속해 있다. 다만, 한국의 경우, 다음의 세 연구 를 참고할 수 있다. 서동만(1999)이 일본의 유라시아 외교를 검토하 면서 중앙아시아 외교를 간접적으로 다루고 있어 참고로 할 만하다. 또한 남기정(2003)은 19세기 말 이른바 '거대 게임'이 펼쳐지던 시기 일본의 중앙아시아 인식을 다루고 있어 탈냉전기 '신 거대 게임'에서 의 일본과 비교 검토하는 데 유용하다. 마지막으로, 중국, 일본, 한국 등 동북아 3국의 대 중앙아시아 외교를 비교 연구한 성동기(2004)의 연구가 본고의 주제와 관련하여 가장 참고할 만하다. 그는 일본의 중앙아시아 진출을 위한 전략(적 메커니즘)이, 정치적 교류가 경제 적 교류를 우선한다는 점과 바로 그러한 고려로 인해 카스피해 유전 에 대해 중국보다는 느긋한 입장에 있다는 점을 두 개의 큰 특징으 로 하고 있다고 지적했다.[3] 그러나 이와 같은 성동기의 주장은 실증 적 분석에 의해 보완되어야 할 것으로 보인다.

'중앙아시아'의 국제정치와 관련해서는 장병옥(2001)의 연구가 있 으며, 중앙아시아 5개국이 처한 국제정치적 환경과 외교정책을 고루 다루고 있어, 교과서로 삼을 만하다. 한편, 문명식(1996)은 독립 직후 의 중앙아시아 국가들의 역내 현황과 지역통합 문제, 그리고 러시아 중국 등의 주변 국가들과의 관계에 대해 분석했다. 그는 해당지역 국가들의 높은 대러 의존성으로 인해 지역통합이라는 과제는 당분간 실현되기 어려우며, 이들 국가들의 경제적 자립도가 높아질 때 오히

---

3) 성동기, "중앙아시아와 동북아 3국의 관계 비교연구: 전략적 메커니즘을 중심으로", 『동북아 문화연구』, 7집, 2004, pp. 145-172.

려 지역통합의 움직임은 다시 구체화될 것이라는 전망을 내세웠다.

미국, 러시아, 중국 등 강대국의 중앙아시아 정책에 관한 연구로는, 우선 미국과 관련하여, 이호령(2003)의 연구가 참고할 만하며, 프레데릭 스타(2005)의『포린 어페어즈(Foreign Affairs)』기고 논문이『NEXT』2005년 9월호에 번역 소개되어, 이를 둘러싼 미국 국내 논쟁을 엿볼 수 있다. 러시아의 중앙아시아 정책에 대해서는 양적으로 가장 많은 가운데 이문영(2003; 2005), 고재남(2005)의 연구가 충실하며, 중국의 중앙아시아 정책에 대해서는 드문 와중에도 박상남(2005)의 연구가 있어 출발점으로 삼을 만하다.4)

한편, 이 분야에 관한 일본 국내 연구로는 미야타 오사무(宮田律, 1999), 기무라 히로시와 이시이 아키라(木村汎 · 石井明, 2003), 이시고오카 겐(石鄕岡建, 2004)의 연구가 있으나,5) 정작 일본의 이 지역에 대한 인식과 정책에 대해서는 본격적인 분석이 결여되어 있다. 이렇듯 일본의 대 중앙아시아 정책 연구가 부진한 현실은 다음과 같은 이유에 의한 것으로 볼 수 있다. 첫째, 일본의 중앙아시아에 대한 독자적 외교방침이 나온 것 자체가 최근의 일(2004)로 종래 이 문제

---

4) 고재남, "트랜스 코카서스 · 중앙아시아의 '신 거대 게임'과 러시아의 대응"(외교안보연구원, 정책연구 시리즈 2004-4), 2005; 남기정, "19세기 말 일본의 중앙아시아 학습과 세계권력정치의 이해",『평화연구』, 12권 2호, 2004; 박상남, "중국의 서부전략과 중앙아시아",『국제지역연구』, 8권 4호, 2005; 서동만, "일본의 '유라시아 외교'"(외교안보연구원, 정책연구 시리즈 98-13), 1999; 이문영, "러시아의 대 중앙아시아 관계의 역사와 전망",『평화연구』, 11권 2호, 2003; 이문영, "포스트 소비에트 시기 러시아와 중앙아시아의 관계",『국제지역연구』, 9권 3호, 2005; 이호령, "미국의 대 중앙아시아 정책 분석",『평화연구』, 11권 2호, 2003; 장병옥,『중앙아시아 국제정치의 이해』, 한국외국어대학교 출판부, 2001.

5) 木村汎 · 石井明,『中央アジアの行方』, 勉誠出版, 2003; 石鄕岡建,『ユーラシアの地政学』, 岩波書店, 2004; 石鄕岡建 · 山崎亜也 · 孫崎享, "鼎談, ユーラシアの地殻変動に日本はどう対応するか",『外交フォーラム』, 2004. 12; 宮田律,『中央アジア資源戦略—石油 · 天然ガスをめぐる「地経学」』, 時事通信社, 1999.

는 러시아 또는 유라시아 외교의 일부분에 지나지 않았기 때문이다. 둘째, 일본의 대외정책 연구가 미국, 러시아, 중국 등 강대국과 한반도 등 근린 아시아 외교에 집중되어 있는 현실 때문이다. 셋째, 일본에서 중앙아시아에 대한 연구가 오랫동안 지역연구자(그것도 소련 러시아 연구자)들에 의해 이루어진 상태에서 국제정치적 분석을 가할 수 있는 연구자가 아직 성장하지 못한 한계가 있다는 점을 들 수 있다. 이러한 이유로 중앙아시아에 관한 한 지역연구는 활발한 편이나 국제관계 연구는 아직 부진한 현실이다.[6]

그런데, 중앙아시아 5개국의 입장에서 보면, ODA 제공국 일본은 독립 이후 가장 일찍부터, 가장 오래, 가장 많은 원조를 제공하고 있는 국가이며, 정치적으로 가장 부담 없는 대상이자 경제적으로 가장 성공한 개발모델로서, 중앙아시아 국가들은 일본에 대한 기대감을 숨기지 않는다. 또한 일본은 최초의 관여 이래 뜨뜻미지근하고도 어정쩡한 거리를 유지해 오다가, 2004년 가와구치 외상이 대 중앙아시아 신 외교방침을 내 놓으면서 독자적이고도 명확한 외교 구상을 갖고 이 지역에 접근하고 있다. 따라서 일본과 중앙아시아 국가들과의 관계 강화는 의외로 빠른 템포로 진행될 가능성이 있다. 한편, 일본과 중국, 한국, 북한 등 '근린 아시아' 국가들의 역사 마찰이 구조화되고 '아시아에서의 일본의 고립'이 두드러지게 되면서, 일본에서는 인도, 파키스탄 등 '원린 아시아'를 통로로 하여 일본이 고립 상태에서 벗어나고 '근린 아시아'를 견제할 수 있다는 주장이 제기되고 있다.[7] 중앙아시아 5개국에 대한 관계 강화 방침은 그 연장선

---

6) 일본의 국제관계연구 또는 지역연구 분야의 중앙아시아 연구현황 전반에 대해서는 2004년에 일본 국제정치학회가 발간한 『국제정치(国際政治)』 138호, 「중앙아시아 카프카즈 특집」에 하카마다 시게키(袴田茂樹)가 기고한 서문을 참고할 수 있다. 袴田茂樹, "中央アジア·カフカス特集号の発刊に際して", 『中央アジア·カフカス』, (国際政治138号), 2004, pp. 1-8, 188.

위에 있는 것이다. 이에 관한 분석적 연구가 절실히 필요한 이유가 바로 여기에 있다.

이하, 본문 제2장에서는, 일본의 대 중앙아시아 정책 '구상'을 하시모토(橋本) 수상의 '유라시아 외교' 구상(1997년)과 가와구치(川口) 외상의 '중앙아시아＋일본 대화' 구상(2004년)을 중심으로 검토하고자 한다. 제3장에서는, 일본의 대 중앙아시아 정책의 '현실'을 요인왕래 외교와 ODA의 내용을 통해서 점검해 보고자 한다. 제4장에서는 일본의 대 중앙아시아 정책을 둘러싼 '논쟁'을 정치적 의미를 중시하는 입장과 경제적 의미를 중시하는 입장 간의 차이를 드러내며 정리해 보고자 한다.

Ⅱ. 두 가지 구상: '양자주의'와 '다자주의'

1. '유라시아 외교'와 중앙아시아

1997년 7월 24일, 하시모토 수상은 일본 경제동우회에서 행한 연설에서 '유라시아 외교' 구상을 표명했다. '신뢰', '상호이익', '장기적 시점' 등 3개의 원칙을 기본으로 대러 외교를 전개하며, 아울러 중앙아시아, 코카서스 지역에 대해서는 다음과 같은 세 가지 축을 중심으로 새로운 외교를 전개할 뜻을 밝혔다.

첫째, '대화와 신뢰의 강화'로, 정상회담, 의원교류, 학자 및 연구자 교류, 자매도시 결연 등 중앙아시아 5개국과 다양한 수준의 양자

---

7) 2005년 이래, 일본의 중역 정치인들의 인도 방문이 줄을 잇고 있다. 2005년 4월에는 아베 신조(安倍晋三) 당시 자민당 간사장 대리와 고이즈미(小泉) 수상이, 2006년 1월 벽두에는 아소 다로(麻生太郎) 외상이 인도를 방문하여 관계 강화를 과시했다.

간 교류를 확대할 것을 천명했다. 둘째, '번영을 위한 협력'으로, 구체적으로는 운수 통신 및 에너지 공급 시스템의 구축을 도모한다는 내용이었으며, 양국 간 ODA의 제공이 그 수단이었다. 셋째, '평화를 위한 협력'으로, 이를 위해 구체적으로 일본정부는 1998년 4월, 유엔 타지키스탄 감시단(UNMOT)의 일본정부 파견 정무관으로 아키노 유타카(秋野豊) 츠쿠바대학 교수를 임명, 파견한 바 있다.[8] 이른바 양자주의에 입각한 '신 실크로드 외교'의 출발이었다.

일본 외무성이 발간하는 외교청서 1998년판에 따르면, '유라시아 외교' 구상은, "유럽의 EU, NATO 등 경제 및 안보 면에서의 신질서 모색 움직임 속에 '대서양에서 바라본 유라시아 외교'라는 특징이 드러나는 가운데, 같은 유라시아 대륙의 동쪽 끝에 위치한 일본으로서 '태평양에서 바라본 유라시아 외교'라는 시점을 도입하여, 외교의 지평을 크게 전진시켜야 한다는 문제의식에 기초한" 것이었다.[9] '태평양에서 바라본 유라시아 외교'의 추구란 '태평양에서 바라본 태평양 외교'의 졸업을 의미하는 것이었다. 이로서 일본은 제국주의시대 이래 처음으로 '대륙외교'에 다시 나섰고, 90년대 이래 추구해 온 '대국외교'에 탄력이 붙게 되었다. 또한 '유라시아 외교'는 '대러 관계개선'의 기회 및 '대중 카드'의 확보를 추구하는 것이기도 했으며, '대미 의존에서의 탈피와 일본 외교의 독자적 공간 확보'라는 의미를 지니는 것이었다.[10]

한편, 경제 자원외교의 측면에서 당시 새로 독립한 중앙아시아가 새로운 자원공급지 또는 시장으로 주목을 받고 있었다는 점을 상기할 때, '유라시아 외교' 표명은 경제 자원외교의 의미를 동시에 지니

---

8) 아키노 씨는 98년 7월, 반정부세력 지역 내에서 활동 중, 총격전에 휘말려 사망.

9) 日本外務省, 『外交青書』, 1998年版 http://www.mofa.go.jp/mofaj/gaiko/bluebook (검색일: 2005. 11. 11.)

10) 서동만, "일본의 '유라시아 외교'" (외교안보연구원 정책연구 시리즈 98-13), 1999.

는 것이었다. 당시 유라시아 대륙에서는 중앙아시아에서 중국을 지나 일본까지 천연가스를 운반하는 장대한 '실크로드 파이프라인' 구상이 추진되고 있었다. 이 프로젝트는 1995년 8월 일본 미츠비시 상사와 국제석유자본 엑슨, 중국 천연가스총공사(CNPC) 등 3개 회사가 공동조사 계약에 조인하고 사업화를 위한 첫발을 내딛었다. 이는 2005년에서 2010년 사이에 사업화를 목표로 하고 있으며, 예상 총사업비가 약 1조 엔, 투르크메니스탄의 가스전에서, 우즈베키스탄, 카자흐스탄, 중국, 한국을 거쳐 일본에 도달하는 거대 프로젝트이다. 또한 1997년 10월에는 일본의 이토츄 상사와 일본 인도네시아 석유회사 등이 투르크메니스탄에서 아프가니스탄을 경유하여 파키스탄으로 통하는 천연가스 파이프라인의 건설에 합의했다.[11] '유라시아 외교' 구상은 이러한 자원 외교의 구체적 현실화를 위한 포석의 의미를 지니는 것이었으며, 그 일환으로 일본이 중앙아시아에 관여하게 되었다는 것은 본격적으로 움직이기 시작한 국제 석유자본을 방패로 삼은 미국, 유럽의 주요국, 러시아, 중국 등이 전개하고 있는 파워게임에 일본이 관여하기 시작했다는 것을 의미했다.[12] 즉, 이 시기 일본의 중앙아시아 외교에서, 일본이 전통적으로 대륙진출을 통해 추구해 왔던 대국화 전략과 자원의 효과적 획득이라는 실용적 전략이 동시에 추구되는 최초의 원형을 발견할 수 있다.

하시모토에 의해 주창된 '유라시아 외교'는 자민당 내 하시모토와는 계파를 달리하는 고이즈미(小泉) 정권에 와서도 그 기조가 유지되는 듯 했다. 이는 대 러시아, 대 중앙아시아 외교 전반에 대한 책임자로 하시모토 파벌의 대표적 '외교족(外交族)'인 스즈키 무네오(鈴木宗男)를 등용한 데에서 알 수 있다.

---

11) 「絹の道」から「石油・ガスの道」へ」, 『This is 読売』, 1998. 2. pp. 222-223.
12) 鈴木美勝, "冷戦後のパワーゲームの舞台・ユーラシア", 『世界週報』, 1997. 10. 7, pp. 6-11.

스즈키 무네오(鈴木宗男) 일본 중의원 의원(전 자민당 소속, 현 신당대지 소속)은 고이즈미 수상의 특사 자격으로 타지키스탄 방문을 마치고 돌아와 자민당 본부에서 강연을 갖고, '포스트 냉전 후(post-post-Cold-War)'의 유라시아 외교로 네 가지 수단을 통한 대러관계 강화방침을 표명했다. 네 가지 수단이란 첫째, 중앙아시아에 관한 러일 간 전략협의, 둘째, 타지키스탄 지원을 위한 러일 협력, 셋째, 핵 생물 화학무기 해체분야의 협력, 넷째, 우랄 이동(以東) 지역에서의 경제협력 연구 등이었다. 대러 외교의 강화를 위해 중앙아시아에서 양국의 협력관계 구축이 무엇보다도 필요하며, 이를 통해 양국 간 신뢰구축과 '4개 도서' 문제에서의 진전을 의도한 것이었다.[13] 이는 9.11이후 변화된 중앙아시아 정세에 맞추어 '유라시아 외교'를 부분적으로 변형함으로써 대응하고자 한 것으로 볼 수 있다. 9.11이후 가장 큰 변화는 이 지역에서 미러 간에 적극적인 협조가 모색되었다는 데 있었다. 따라서 중앙아시아를 지렛대로 한 대러 접근을 역회전시켜, 대러 협력을 통한 중앙아시아로의 진출을 모색함으로써, '대러 외교'와 '중앙아시아 외교'를 연계하고자 했던 '유라시아 외교'의 기조를 살리려 했던 것이다.

고이즈미 수상의 중앙아시아에 대한 적극적인 자세는 2002년 4월의 보아오 아시아포럼 연설에서도 확인된다. 고이즈미 수상은 연설에서 중앙아시아를 포함하여 널리 아시아의 협력을 요청하면서, 특히, 아시아 경제의 순조로운 발전을 위해 에너지의 안정적 공급 필요성을 역설하고, 중앙아시아와의 에너지 협력 추진 의지를 강조했다. 7월에는 카자흐스탄, 우즈베키스탄, 투르크메니스탄 및 코카서스 지역의 아제르바이잔 등에 에너지 사절단을 파견했다. 그러나 이러한 돌출된 '에너지 외교'가 노골적인 '강대국 외교'로의 회귀로 받아

---

13) 鈴木宗男, "ロシアと中央アジア―ユーラシア外交の再構築", 『月刊自民党』, 2002. 1.

들여지면서 국내외적으로 비판적인 의견이 제기되고, 더구나 2002년 6월 19일, 스즈키 의원이 알선수뢰 혐의로 구속되어 정계에서 퇴출당하면서, '유라시아 외교'는 실종되고 말았다.[14]

2. '중앙아시아＋일본 대화' 외교

'유라시아 외교'의 실패는 양자주의의 실패이기도 했다. 특히, 카자흐스탄과 우즈베키스탄의 경쟁관계는 일본의 개별 국가에 대한 양자관계에서 운신의 폭을 제한하는 것이었다. 또한 많은 어려움에도 불구하고, 중앙아시아 역내 지역협력기구 창설 노력 또한 다원적으로 전개되고 있어, 일본은 이에 조응하는 새로운 외교 구상을 모색하고 있었다. 중앙아시아 국가들의 지역통합을 위한 주체적 노력들은 다음 〈그림〉에서 보는 바와 같이 다양한 수준에서 다원적으로 전개되어 왔다.[15]

대체로 이러한 과정에서는 우즈베키스탄이 지역통합의 리더 역할을 자청하고 나섰으나 러시아는 물론, 카자흐스탄 등 역내 견제 세력의 움직임이 이에 장애 요인이 되고 있었으며, 그 외, '모순의 해결구조마저 장악한 구조화된 모순'이라 할 정도의 대러 의존성, 이 지역 국가들의 경제 지리적 유사성 또는 보편성으로 인한 보완관

---

14) 스즈키 무네오는 대표적인 외교족이며, 홋카이도 출신으로 '4개 도서(북방영토 또는 남쿠릴제도)' 문제 해결에 적극적이었다. 그 해결에 대해서는 2단계 반환론자로서 일괄 반환론자인 다나카 마키코(田中真紀子)가 외상이 되면서 둘 간의 갈등이 표면화되었고, 외무성 부패 스캔들에 연루되어 구속되면서 정계에서 퇴출되고 말았다. 다나카 외상과 스즈키 의원 간의 갈등과 그 일단의 결말에 대해서는 사토 스구루(佐藤優) 전 외무성 국제정보국 분석관의 수기에 흥미진진한 에피소드가 소개되어 있으나, 사토 자신이 사건의 당사자라는 점에서 비판적 책읽기가 요구된다. 佐藤優, 『国家の罠—外務省のラスプーチンと呼ばれて』, 新潮社, 2005.

15) 상세한 과정에 대해서는 宇山智彦, 『中央アジアを知るための60章』, 明石書店, 2003, pp. 288-291를 참조.

<그림> 중앙아시아를 둘러싼 역내 다자간 협의 틀(2004년 1월 현재)

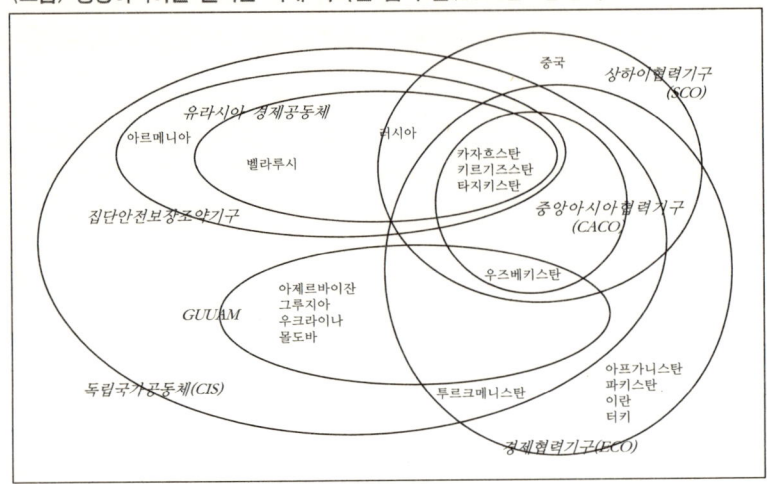

출처: 岩崎一郎·宇山智彦·小松久男(2004), p.140.

계 성립의 어려움 등이 극복해야 할 과제로 제기되고 있었다.[16] 따라서 지역통합의 성공을 위해서는 역외국가의 리더십이 필요한 실정이었다고 할 수 있다.

이러한 중앙아시아의 역내 지역통합 노력과 그 어려움의 극복과제에 대응하는 형태로 중앙아시아에 대한 관여정책을 지속하고자 하는 노력이 바로 2004년 8월 가와구치 외상의 중앙아시아 4개국 역방에서 표명된 '중앙아시아+일본 대화' 구상이었다. 가와구치 외상은 첫 방문국인 우즈베키스탄 타시켄트의 세계경제외교대학을 방문, 이 자리에서 정책연설을 통해 5개의 중심축으로 구성된 새로운 대 중앙아시아 정책을 표명했다.[17]

---

16) 이문영, "포스트 소비에트 시기 러시아와 중앙아시아의 관계", 『국제지역연구』, 9권 3호, 2005, pp. 753-755.
17) 「日本の新たな対中央アジア政策に関するスピーチ『新たな次元へ：中央アジア＋日本』, [Adding a New Dimension: Central Asia plus Japan]」(2004. 8. 26, 우즈베키스탄, 타시켄트시, 세계경제외교대학), 일본외무성

그것은, 첫째, 양축 외교의 새로운 방향성을 모색하는 것으로, 종래의 중앙아시아 각국과의 양국 간 관계 증진에 더해, 중앙아시아 지역 전체와의 대화를 새로이 시작한다는 것이었다. 둘째, 새로운 차원으로의 발전을 추구하기 위해, 중앙아시아를 둘러싼 협력의 틀로서 '중앙아시아+일본 대화'라는 새로운 선택지를 제공한다는 것이었다. 셋째, 대화의 3대 기본원칙으로, '다양성의 존중', '경쟁과 협조', '열린 협력'을 추구한다는 것이었다. 넷째, 민주화, 시장경제화, 제도개혁의 필요성에 대해 명시적으로 언급하고 있었다. 다섯째, 이후 3년간 1,000명 이상의 연수원 받아들일 것을 표명했다.

이어서, 8월 28일에는 카자흐스탄의 아스타나에서 일본의 가와구치 외상에 더해, 카자흐스탄, 우즈베키스탄, 키르기스, 타지키스탄 등 중앙아시아 4개국 외상이 모여, '중앙아시아+일본 대화'를 위한 외상회의가 개최되었고, 공동성명이 발표되었다. 영세중립을 선언한 투르크메니스탄은 현지대사가 대리 출석했다.

외상회의에서는, 가와구치 외상이 회의 제안의 취지를 설명했다. 즉, 일본이 지역내 협력을 지원하고, 중앙아시아와 일본 간 관계에 새로운 차원을 개척하고자 한다는 의지를 표명했다. 따라서 먼저 중앙아시아 국가들이 하나가 되어 협력하고, 지역적 과제 해결을 위해 노력하며, 함께 안정과 번영을 위해 노력한다면, 일본은 이를 지지하고 지원할 것을 약속했다. 이에 대해 각국은 전면적 지지와 환영을 보냈다고 한다. 그러나 각국의 요망은 다종다양했으며, 아프가니스탄 부흥협력, 마약, 테러, 환경, 에너지, 물, 수송, 무역 및 투자 등에 대해 문제제기가 있었다. 가와구치 외상은 이후 구체적 협력문제에 대해서는 SOM(사무레벨 회의)에서 대처할 것이라고 설명, 지속적인 관여 정책을 약속했다. 또한 이 자리에서는 유엔개혁과 인간

홈페이지 참조.

안전보장 등 국제협력 문제에 대한 일본의 공헌에 대해 가와구치 외무장관의 설명이 있었고, 각국은 일본의 공헌을 높이 평가, 일본의 유엔 안보리상임이사국 진출에 대해 4개국은 만장일치로 지지를 표명했다. 일본 측 기록은 이를 '역사적'이라는 표현을 써서 평가했다. 또한 일본은 적극적 중립을 표방하며 다국간 틀 참가에 적극적이지 않은 투르크메니스탄의 관여를 소극적인 형식이나마 확보했다는 데 일정한 성과가 있었다고 자체평가하고 있다.[18]

역내 협력을 위한 자조노력을 일본이 지원한다는 형식의 외교노력은 일본은 이미 오래 전부터 아세안 지역에서 그리고 90년대 이후에는 서부 발칸지역(보스니아 헤르체고비나, 크로아티아, 마케도니아, 세르비아 몬테네그로 등 구 유고 구성국 4개국 및 알바니아)에서 이들 지역에서의 지원 협력사업을 통해 이미 경험한 바로, 일본 당국자는 이러한 지적 자산을 살릴 수 있을 것으로 기대하고 있다.[19]

한편, 이러한 일본의 움직임은 9.11이후 미국의 새로운 대 중앙아시아 정책과 비교하여 독자적인 것이었음을 알 수 있다. 루옹과 웨인탈은, 미국의 중앙아시아 정책이 중앙아시아 경제공동체의 창설 운영에서 나타난 것과 같은 다자주의적 접근에서 벗어나 우즈베키스탄을 지역적 패권국가(헤게몬)로 추대하여 이를 통해 지역의 안정을 꾀해야 한다는 보다 현실주의적인 접근으로 그 중심이 이동하고 있는 현실에 문제를 제기하고 있다. 필자들은 논문에서, 후자의 정책은 이 지역의 안정을 가져오기 보다는 오히려 독재정권을 지원함으로써 국내의 반발을 키우고 이것이 이슬람 과격세력의 온상이 될 수 있다는 점에서 오히려 위험한 정책이라며, 클린턴 정권이 선호

---

18) 「川口外相の中央アジア歷訪(槪要と評価), [가와구치 외무장관의 중앙아시아 역방]」, 2004년 8월 25~31일. 일본외무성 홈페이지 참조.
19) 小松一郎, "『中央アジア＋日本』対中央アジア政策の新展開", 『外交フォーラム』, 2004. 12, pp. 24-26.

했던 전자로의 회귀를 촉구하고 있다.[20] 그럼에도 불구하고 미국의 정책은 이들의 권고에 반하는 것이었다.

미국 존스홉킨스대학 중앙아시아 코카서스연구소 소장인 프레데릭 스타는 미국의 대 중앙아시아 정책으로서 장기적 적극 관여정책을 옹호하고, '대 중앙아시아 협력 및 개발을 위한 파트너십(Greater Central Asia Partnership for Cooperation and Development, GCAP)'을 통한 적극 지원의 실시를 권고하고 있다. 스타의 이 지역에 대한 인식은, 이 지역에서 미국을 배제시킨 모든 다자간 협의의 틀이 대부분 기능하고 있지 않다는 것이었다(예컨대 CIS, 중앙아시아 공동시장, 유라시아 경제공동체 등). 설혹 기능하고 있는 것이 있다고 해도 결점을 가지고 있는 것이어서(예컨대, 중앙아시아 협력기구, 일본이 주도하는 '5 플러스 1' 등은 아프가니스탄의 참여를 배제), 미국의 관여가 이 지역의 안정을 위해 꼭 필요한 것이라고 역설하고 있다. 특히 일본의 다자간 협의의 틀 창출노력에 대해 비판적인 입장을 피력하고 있는 점은 특기할 만하다. 그런데 스타의 주장은 오히려 일본의 대 중앙아시아 진출 시도에 미국이 긴장해야 한다는 충고처럼 들린다. 결국 일본의 실용주의적 다자주의적 접근은 중앙아시아 국가들의 지지를 이끌어 내고, 이 지역에서 미국을 대등하게 상대하는 정치적 효과를 보고 있다고 할 수 있다.

Ⅲ. 두 가지 현실: '집중'과 '소외'

1. 요인 왕래

중앙아시아 개별 국가들과 일본의 요인 왕래 외교는 '유라시아

---

20) Luong, Pauline Jones and Erika Weinthal, "New Friends, New Fears in Central Asia," *Foreign Affairs*, March/April, 2002, pp. 61-62.

외교' 천명 이전부터 착실히 전개되고 있었다. 91년 8~12월 중앙아시아 각국이 차례로 독립을 선언하고 일본 정부가 이를 승인한 뒤, 이듬 해 봄, ODA 대상국으로서의 가능성을 검토하기 시작하자, 미지의 시장 중앙아시아에 대한 일본 관가와 민간의 기대가 높아졌으며, 사절단 파견 붐이 일었다. 이와 동시에 일본은 다수의 중앙아시아 국가 시찰단을 받아들였다. 기업들의 대형 프로젝트 참가 표명도 잇달았으며, 주재원 사무소가 개설되었다. 93년부터 중앙아시아 각국이 ODA 대상국이 되자, 엔 차관, 기술협력, 인도적 원조가 새로 책정, 개시되어 경제관계의 긴밀도가 높아졌다.[21]

그러나 애초부터 중앙아시아 각국에 대한 일본의 관심에는 국가별로 농도의 차이가 있었다. 예컨대, 민간차원에서는, 천연가스와 금, 면화 등의 자원이 풍부한 우즈베키스탄 그리고 석유, 철강, 금, 은 등의 천연자원이 풍부한 카자흐스탄에 대한 관심이 가장 돌출되고. 이에 이어 투르크메니스탄이 주목을 받은 반면, 그 외의 국가에 대한 관심은 그리 높지 않았다. 한편 관가에서는 ODA 대상국으로서 키르기스가 중시되었는데, 중앙아시아 국가에 대한 최초의 차관 65억엔이 키르기스에 지불되었다. 이는 키르기스의 아카예프 대통령이 추진하는 적극적인 민주화와 경제개혁에 대한 지지의 의미를 지니는 것이었으며, 그런 의미에서 정치적 의미를 지닌 차관이었다.

정부 요인 왕래 수를 각국별로 비교해 보면, 그 교류의 농담차이를 알 수 있다. 우선 우즈베키스탄과의 왕래는 우즈베키스탄으로의 일본요인 방문이 20건, 일본으로의 우즈베키스탄 요인 방문이 16건으로 가장 많다. 우즈베키스탄의 비민주적 정치에 대한 비난이 있는 가운데, 카리모프 대통령의 방일도 1994년과 2002년 등 두 번 있었다. 카자흐스탄과의 왕래는 카자흐스탄으로의 일본 요인 방문이 13건,

---

21) 武藤幸治, "今すべき日本の経済的役割", 『外交フォーラム』, 1995. 8, p. 55.

일본으로의 카자흐스탄 요인 방문이 15건이었다. 이 가운데 나자르바예프 대통령의 방일은 1994년과 1999년 등 두 번 있었다. 키르기스와의 왕래는, 각각 10건, 16건이었다. 아카예프 대통령의 방일은 1993년, 1998년, 2004년 등 세 번 있었다. 타지키스탄과의 왕래는 각각 8건, 9건이었다. 이 가운데 라프모노프 대통령의 방일은 2001년, 2003년 등 두 번 있었다. 투르크메니스탄과의 왕래외교는 가장 드물어서, 각각 3건, 7건의 수준에 머물렀고, 아타예비치 대통령의 방일은 없었다.[22] 일본 요인의 상대국 방문 수가 상대국 요인의 방일 수를 초과한 것은 우즈베키스탄의 경우가 유일하며, 나머지는 모두 상대국 요인의 방일 수가 많다. 요인 왕래에서 보면, 일본의 우즈베키스탄 '집중'과 투르크메니스탄 '소외' 현상이 뚜렷이 드러나 있다고 할 수 있다. 이러한 경향으로 볼 때 일본의 요인 왕래 외교는, 경제적 가치를 지니는 국가(우즈베키스탄)에 대해서는 탈정치적 실용주의적 접근을 시도하고, 경제적 교류에서 큰 이익을 바라 볼 수 없는 국가(키르기스)에 대해서는 정치적 영향력의 행사를 구사하는 반면, 거꾸로 정치적으로 미묘한 입장의 국가(투르크메니스탄)에 대해서는 경제적 고려에도 불구하고 정치적으로 소원한 관계를 유지하기도 하는 등 양면을 지니고 있었다고 할 수 있다.

2. ODA의 현실

일본은 1993년 실적으로 2백 57만 달러(일본의 ODA 전체 구성비는 0.0%)에 불과하던 중앙아시아 지역 국가들에 대한 ODA를 1994년에 약 5천만 달러 규모로 증액한 이래 98년에 약 2억 2천 8백만 달러에 이르기까지 꾸준히 그 액수를 늘려왔다.

---

22) 日本外務省, 『各国地域情勢』, http://www.mofa.go.jp/mofaj/area (검색일: 2005. 11. 11.) 참조.

〈표 1〉 중앙아시아 지역에 대한 일본의 ODA 추이(단위, 100만 달러)

93년	94년	95년	96년	97년	98년	99년	00년	01년	02년	03년	04년
2.57	49.07	67.07	79.55	145.38	228.15	214.82	216.44	119.04	116.74	242.28	265.99
0.0	0.5	0.6	0.9	2.2	2.7	2.0	2.2	1.6	1.7	4.0	4.5

출처: 『ODA白書』(1997~2005)를 참조하여 작성.

이후 1999년과 2000년은 2억 1천 달러 대를 유지하고 있었으나, 01년과 02년은 1억 1천만 달러 대로 격감했다. 액수로 보면 거의 절반 수준으로 감소한 것이었다. 그러나 이는 같은 해 ODA 예산 전체가 줄어든 만큼의 영향을 받은 것이며, 이를 일본의 ODA 전체에서 차지하는 구성비로 보면, 01년과 02년 실적은 1.6%, 1.7%로, 전년도 4년간의 평균치인 2.3%에서 크게 줄어든 것은 아니었다.23)

오히려 주목해야 할 점은 97년, 98년 및 03년의 급격한 증가현상이다. 97년은 하시모토 수상의 '유라시아외교' 천명이 있었던 해이며, 03년의 실적을 배경으로 04년 가와우치 외상의 '[중앙아시아+일본] 대화 외상회의' 제안이 나오게 되었던 것을 여기에서 알 수 있다.

〈도표 1 및 2〉 일본의 중앙아시아 지역 ODA 배분 추이 및 구성비(단위, 100만원; %)

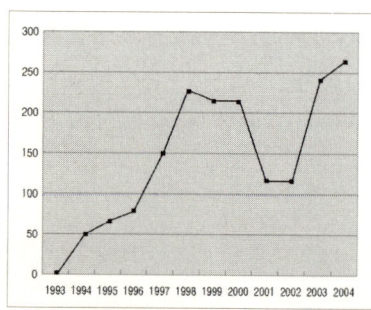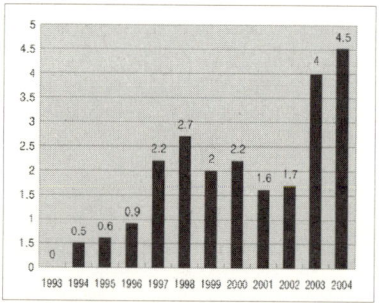

출처: 『ODA白書』(1997~2005)를 참조하여 작성.

---

23) 2000년, 2001년, 2002년도 일본의 ODA 사업예산은 각각 15,115억 엔, 14,500억 엔, 12,773억 엔이었다. 日本外務省, 『政府開発援助(ODA)白書』, 1997年版~2005年版, http://www.mofa.go.jp/mofaj/gaiko/oda/shiryo/hakusyo.html (검색일: 2005. 11. 11).

특히 03년과 04년은 ODA 전체에서 차지하는 구성비도 각각 4%, 4.5%에 이르러, 비로소 중앙아시아가 지역단위로 의미를 지니게 되었다고 할 수 있다.(〈표 1〉, 〈도표 1 및 2〉, 참조)

한편, 1997년부터 2004년까지의 국가별 ODA 배분 추이를 분석해 보면 다음과 같은 특징이 드러난다. 첫째, 1997년도에는 카자흐스탄(43.08백만 달러)에 비해 우즈베키스탄(83.16백만 달러)이 약 두 배 가까운 액수를 배분받았으나, 2003년도에는 거꾸로 우즈베키스탄(136.27백만 달러)에 대한 ODA 합계가 카자흐스탄(63.22백만 달러)을 약 두 배 가량 앞지르게 되었고, 2004년도에는 우즈베키스탄에 대한 ODA가 증가하긴 했으나, 카자흐스탄을 앞지르지는 못했다.

1997년과 2004년을 비교했을 때, 전체적으로 우즈베키스탄에 대한 ODA가 비교적 소폭의 증감을 보이며 약간의 증액에 머무른 데 비해, 카자흐스탄에 대한 ODA는 증감의 폭이 심했으며 결과적으로는 약 3배에 달하는 증액 폭을 나타냈다. 이는 일본이 카자흐스탄을 전략적 파트너로서 중시하기 시작했음을 보여주는 결과이다. 또한 2002년도에는 타지키스탄에 대한 지원의 증가가 눈에 띈다. 위상에 대한 고려가 작용했던 것으로 보인다.(〈도표 3〉 참조)

〈도표 3 및 4〉 일본의 대 중앙아시아 국가별 및 항목별 ODA 배분(단위. 100만 달러)

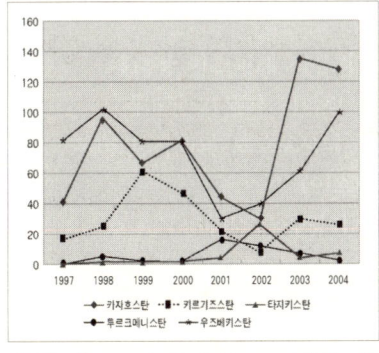 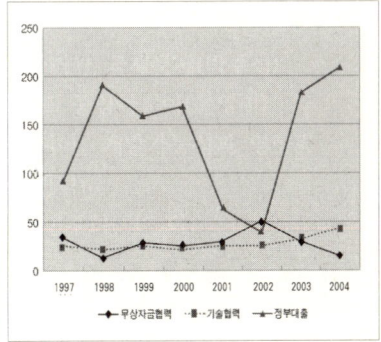

출처: 『ODA白書』(1997~2005)를 참조하여 작성.

이 결과를 다시 항목별 추이와 함께 놓고 보면, 액수의 증감을 결정했던 것은 정부대출이었다는 사실이 드러난다. 무상자금협력과 기술협력의 액수 책정이 관료적 일상적인 정책결정과정의 결과라고 한다면, 정부대출은 정책적 고려가 다분히 작용한 결과이다. ODA 항목 가운데 정부대출의 증감추이와 카자흐스탄에 대한 ODA 총액의 증감추이는 거의 일치하는데, 이 점에서도 일본정부의 카자흐스탄 중시 정책은 확인된다.(〈도표 4〉 참조)

한편, 5개 중앙아시아 국가의 개별 항목별 배분 추이를 분석해 보면, 카자흐스탄, 키르기스, 우즈베키스탄 등 세 국가가 액수의 다

〈도표 5〉 중앙아시아 5개국에 대한 일본의 ODA 개별 항목별 배분

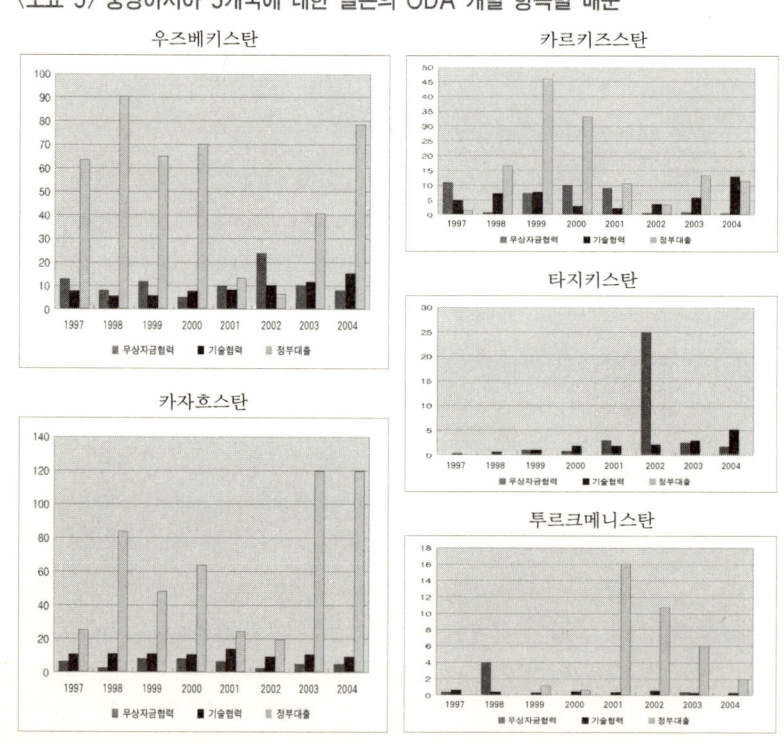

출처: 『ODA白書』(1997~2005)를 참조하여 작성.

과와는 관계없이 비슷한 내용을 보이는 반면, 타지키스탄과 투르크메니스탄의 예외성이 드러난다. 우선 타지키스탄에 대해서는 정부대출이 전무하다는 사실이다. 그 대신, 2002년에는 무상자금협력이 돌출된 현상을 보였다. 투르크메니스탄 역시 97년에서 00년까지 정부대출은 전무하거나 그다지 의미가 없는 액수였으나, 01년과 02년에는 각각 16.42백만 달러, 10.77백만 달러가 배분되어 돌출되어 보인다. 더구나, 이는 카자흐스탄, 키르기스, 우즈베키스탄 등 3개국에 대한 정부대출이 격감한 01~02년간의 일이어서 그 돌출함이 더욱 특이해 보인다.(〈도표 5〉 참조) 이는 01년 이래 투르크메니스탄의 존재가 일본 정부 안에서 중시되기 시작했음을 드러내 보여주고 있다. 결국, 이들 수치는 일본의 중앙아시아에 대한 ODA 정책이 일상적 경제적 고려와 상황대응적 정치적 고려가 동시에 작용된 결과였다는 점을 반영하고 있다.

Ⅳ. 두 가지 입장: '지정학파'와 '지경학파'

1. '지정학파'와 대국외교

일본의 대 중앙아시아 정책에 영향을 미치는 식자층 가운데, 강대국의 '거대 게임'적 요소와 현실주의적 권력정치적 요소를 강조하는 그룹을 본고에서는 편의적으로 '지정학파(地政學派)'로 부르기로 한다. 전 주 카자흐스탄 대사였던 마츠이 아키라(松井啓)와 키르기스 등 중앙아시아 3개국 경제고문인 다나카 데츠지(田中哲二), 연구자로서는 와지마 요시키(輪島美樹)가 대표적인 인물들이다.

마츠이는 '거대 게임'의 시대와 현재를 평행선상에 놓고 일본의 적극적인 관여정책을 권고하고 있다. 즉, '거대 게임'의 시대에는 러시아의 남하정책을 계기로 영러 간 세계분할 경쟁의 중심이 되었으나, 현재는 카자흐스탄의 풍부한 천연자원과 소련이 남기고 간 경제 인프라, 높은 교육수준이 주목받고 있으며, 구미의 석유 재벌이 자원획득을 노리고 적극적으로 진출하고 있다는 것이다. 특히 미국의 진출이 두드러지고 있어, 과거 영국이 했던 역할을 대신하며 게임의 주도권을 쥐고 있다고 보고, 이러한 미국의 자원획득 노력을 '서부개척사 제2부'의 개막으로 간주하고 있다. 그는 미국의 진출 이외에 독일과 한국의 진출이 두드러지고 있다면서, 이에 비해서도 못 미치는 일본의 느린 행보에 대해 안타까워하며, 이들의 진출에 대해 경계하고 대비할 것을 요구하고 있다.24)

와지마는 카스피해 연안국의 석유 및 천연가스 매장량과 생산량

〈표 3〉 카스피해 연안국의 석유 및 천연가스 매장량과 생산량(2003년)

		확인매장량 (10억 톤)	점유비율(%)	생산량 (100만 톤)	[ ]안은 생산량 상위 20위 이내 순위 점유비율(%)	신장률(%)
석유	카자흐스탄	1.2	0.8	52.2 [19]	1.4	8.4
	우즈베키스탄	0.1	0.1	7.1 [−]	0.2	−0.9
	투르크메니스탄	0.1	0.1	10.4 [−]	0.3	15.6
	러시아	9.5	6.0	421.4 [2]	11.4	11.0
	카스피해 4개국	2.4	1.6	85.2 [−]	2.3	6.8
	사우디아라비아	36.1	22.9	476.8 [1]	12.8	13.8
	이란	18.0	11.4	190.1 [4]	5.1	12.6
천연가스	투르크메니스탄	2.90	1.6	55.1 [11]	2.1	10.4
	카자흐스탄	1.90	1.1	12.9 [−]	0.5	22.7
	우즈베키스탄	1.85	1.1	53.6 [12]	2.0	−0.3
	러시아	47.00	26.7	578.6 [1]	22.1	4.2
	카스피해 4개국	8.02	4.6	126.4 [−]	4.8	6.1
	이란	26.69	15.2	79.0 [6]	3.0	5.3
	카타르	25.77	14.7	30.8 [19]	1.2	4.4

출처: 輪島美樹, "カスピ海石油·天然ガス資源開発をめぐる地政学", 『外交フォーラム』, 2004. 12., p. 39의 표를 참고하여 재구성.

---

24) 松井啓, "新シルクロードをユーラシアの表街道へ", 『外交フォーラム』, 1998. 4.

에 대한 정밀한 조사와 그에 대한 분석을 통해, 중앙아시아의 경제적 의미가 의외로 작으며, 오히려 국제정치적 영향력 경쟁이 중요한 의미를 지니고 있다고 주장했다.

앞의 〈표 3〉에서 확인되듯, 카스피해 자원이라고 하는 것은 매장량이나 생산량 모두 애초에 기대되었던 만큼의 양적 규모에는 미치지 못하는 것으로, 오히려 해당 지역의 중요성은 지정학적 측면에서 찾아진다는 것이 와지마의 주장이다.[25] 즉 자원 획득을 위한 경쟁이라는 측면 보다는, 파이프라인 부설을 둘러싼 미국과 러시아, 중국, 이란 등 주변국의 이해관계 조율 문제가 이 지역의 정치 경제적 안정에 긴요한 문제인 것이다.

마지막으로 다나카의 주장은 가장 '지정학'적이다. 그는, 자원 경제 외교의 면에서 보아도 직접적인 이해관계를 찾기 어려운 중앙아시아에 대한 지원을 왜 주장하는가라고 자문하고, 이에 대해 다음과 같이 자답하고 있다. 첫째, 거시역사적 시각에서 과거 문화전파의 은혜를 입은 데 대한 보답으로 일본이 동아시아에서 발전한 산업문화의 전파자 역할을 담당해야 할 것. 둘째, 유엔외교를 전개하는 데 5표(몽골과 터키를 포함한 광역 중앙아시아의 경우 10표)를 잃느냐 얻느냐의 차이는 매우 크다는 점. 셋째, 가장 중요한 결론으로서, 장래 유라시아 대륙을 무대로 중러 대립 갈등이 일어날 경우, 일본의 운신의 폭은 매우 좁아질 것이라는 점을 고려해야 한다는 것이다. 특히 셋째 사항과 관련해서는 중앙아시아에 대한 일본의 지원을 지렛대로 이 지역에서의 정치 경제적 공백을 메움으로써, 중러의 일방적 개입과 그로 인한 갈등을 미연에 방지하고 중러간의 완충지를 정치적으로 안정시키는 것이 일본의 안보에 도움이 된다는 점을 강조하고 있다. 또한 중러 간의 갈등을 방지하는 것은 한반도의 안

25) 輪島美樹, "カスピ海石油・天然ガス資源開発をめぐる地政学", 『外交
フォーラム』, 2004. 12, p. 38.

정에도 기여할 것이며, 결국 유라시아 내륙의 평화와 안정의 혜택은 일본에 직접 미칠 것이라고 주장하고 있다.[26]

2. '지경학파'와 실리외교

다른 한편, '유라시아 외교' 이래 일본의 외교 노력을 평가하는 식자들은 일본의 대 중앙아시아 외교를 실리적 차원에서 '지경학(地經學)적'으로 풀어갈 것을 권고하고 있다. 그 대표적인 인물이 전주 우즈베키스탄 대사 마고사키 우케루(孫崎享)이다. 그는 대 중앙아시아 외교의 요람기에 우즈베키스탄에서 겪은 일들을 토대로, 해당 지역에 대한 일본의 외교정책이 탈이념적 실용주의를 기조로 삼아야 한다고 주장하며, '공학부적 외교론'을 제안했다. '공학부적 외교론'은 와타나베 코지(渡辺幸治, 95년 당시 러시아대사)와의 사적인 대화에서 받은 교시를 마고사키가 나름대로 이론화하고자 한 것으로, 이론(이념) 중시의 '이학부적 외교론'에 대한 비판으로 나온 것이었다. 즉 현장을 중시하고, 따라서 현장에서 움직이는 사람을 중심으로 외교를 펼쳐야 한다는 것이었다. 즉, 지식인 중심의 논단 외교론은 시시각각 변화하는 외교현장의 구체적 현실과 괴리될 위험히 상존하며, 때때로 논단에서 전개되는 지식인들의 구상은 '누구에 의해' '어떻게 이용될 것인가'에 대한 구체적 배려를 결여한 지적 유희에 불과할 때가 있다는 것이다. 마고사키는 현장 외교관으로서의 경험에 비추어 일본-우즈베키스탄 양국관계의 현실과 전망을 분석하고 있다.

독립 이후 우즈베키스탄의 최대과제는, 국내경제에 대한 소련붕괴의 영향을 최소화하고, 경제의 안정적 발전 기조를 확립하는 일이

---

26) 田中哲二, "日本はなぜ中央アジアにコミットするのか", 『外交フォーラム』, 2004. 12, p. 51.

었다. 독립 직후 우즈베키스탄에 대한 서방진영의 대응은 대단히 냉정한 것이었다. 다른 국가에 비해 우즈베키스탄은 국내외 사정을 이유로 정치적 민주화와 경제적 시장자유화의 속도를 조절하고 있었다. 정치적 민주화의 지체에 대해서는 영국과 미국이, 경제적 자유화의 속도조절에 대해서는 IMF가 비판적인 입장을 견지하고 있었고, 급기야 1994년 6월, IMF는 시장자유화 움직임이 더디다는 이유로 융자교섭을 중단하기에 이르렀다. 이러한 난국을 타개하는 데 출구가 되었던 것이 일본이었다. 특히 일본의 대장성 관계자 가운데 경제원조에 대해 IMF와 다른 시각에서 접근하는 자들이 있었다. 그들은 첫째, 자기 고유의 경제정책을 가진 국가만이 결국 발전을 이룩한다. 외국의 지원을 받기 위해 IMF 등 외부의 지시를 무비판적으로 받아들이는 국가에서 경제발전을 이룬 예는 없다. 둘째, IMF는 단기 금융지표를 중시하기 때문에 장기적 공업육성책은 경시되기 마련이다. 셋째, IMF 모델은 결국 미국 모델이며, 이는 여러 시장경제 가운데 한 형태에 불과한 것이라는 신념을 가지고 있었다. 또한 정치면에서도 일본정부는 우즈베키스탄 지도부에 관대했다. 나가토미 유이치로(長富祐一郎, 전 재정금융연구소장)는 카리모프 대통령에게 다음과 같이 조언했다. 즉, "민주주의의 정착을 위해 서구와 미국은 200년, 일본은 100년 걸렸다. 우즈베키스탄에서 수 년 만에 민주주의의 확립을 기대하는 것은 무리다. 서서히 전진하면 된다"는 것이다.[27]

이러한 인식을 배경으로 일본정부는 94년의 IMF 융자철회결정 직후, 우즈베키스탄이 가장 중시하는 석유 가스 개발 프로젝트에 대한 융자를 결정했다. 이후로도 일본정부는 석유정유소 건설 등에 대한 수출입은행 융자, 엔차관 등을 결정, 실시했다. 95년 현재, 일본

---

27) 孫崎享, "外交力強化のためにはまず日本の関係者との協力関係を—人間関係は工学部的発想で", 『外交フォーラム』, 1995. 8.

은 우즈베키스탄의 최대 융자국이었다. 이러한 일본의 적극 지원책의 영향을 받고 IMF는 융자중지 정책을 철회, 95년 봄에는 전무이사를 파견, 융자를 실시하는 쪽으로 정책을 전환시켰다. 마고사키는 일본의 외교가 종래의 IMF 추종에서 벗어나, 거꾸로 IMF의 정책을 전환시키고 새로운 시대적 흐름을 만들어낸 예로 기록했다. 나아가 이러한 일본외교의 적극성이야말로 센노 다다오(千野忠男, 전 재무관) 등 대장성 관계자를 비롯한 '현장의 사람들'이 일구어낸 업적으로 평가하고 이를 '공학부적 외교'의 논거로 제시하고 있다. 이러한 일본정부의 적극적인 태도에 대해 우즈베키스탄은 95년 5월, 우즈베키스탄 대통령의 방일 1주년 기념사 가운데, '일본은 가장 신뢰할 만한 나라'라는 최고의 찬사로 감사받기에 이르렀다.[28]

또 하나 일본에게 유리했던 점은, 탈정치적 입장에서의 지원이 주조를 이루고 있었다는 점이었다. 특히, 미국의 중앙아시아 정책 입안자 그룹이 한편에서는 안보상의 고려에서 접근하려는 사람들과, 다른 한편에서는 인권과 민주화의 시각에서 접근하려는 사람들이 양분되어 종종 미국의 정책 자체가 혼란에 빠지곤 했고, 중앙아시아의 당사국은 이러한 미국의 정책에 휘둘리게 되었으나, 일본의 '색깔 없는 지원'은 이러한 혼란으로 인한 공백을 메워주었다고 높이 평가받고 있다.[29] '색깔 없는 지원'이란 종래 군사적 보통국가론자들이 ODA를 중심으로 한 종합안보정책을 비난할 때 동원하는 상투어 가운데 하나였다. 그러나 마고사키에게는 '색깔 없는 지원'이야말로 가장 확실한 지원으로 보였던 것이다.

한편, 시즈오카 현립대학 교수인 미야타 오사무(宮田律, 1999)는 지

---

28) 日本外務省,『各国地域情勢』, http://www.mofa.go.jp/mofaj/area(검색일: 2005. 11. 11.) 참조.
29) 石郷岡建・山崎亜也・孫崎享, "鼎談, ユーラシアの地殻変動に日本はどう対応するか",『外交フォーラム』, 2004. 12, p. 34.

경학의 입장에서 바라보는 만큼, 걸프지역의 석유에 대체할 새로운 자원 공급지로서의 중앙아시아의 역할에 주목하고 있다. 그러나 안정적인 자원 공급로의 확보를 위해서라도 지정학적 안보적 고려가 필요하며, 그런 의미에서 중앙아시아가 대러, 대중 정책의 지렛대로서의 역할을 할 수 있을 것으로 기대하고 있다. 마지막으로, 러시아를 배제하거나 고립시키는 형태의 중앙아시아 접근은 피할 것을 요구하고 있다. 이러한 점에서 미야타는 지경학파와 지정학파의 입장 차이를 조율하고 상호 보완적인 관계로 이끌어 가는 매개 역할을 하고 있었다.

V. 결론

일본은 소련 해체로 인해 새로이 국제정치의 무대로 등장한 중앙아시아에 대해 요인 왕복과 ODA를 지렛대로 양자간 협력관계를 유지해 가면서, 97년에는 하시모토 수상의 리더십 하에 '유라시아 외교' 구상을 내 놓고, 중앙아시아 국가들에 대한 양자 간 협력관계를 강화시켰다. 이는 전전의 전통적 대국외교의 부활이라는 측면과 전후의 전통적 실용적 외교정책의 일상적 전개라는 측면을 동시에 지니고 있었다. 한편, 9.11이후 국제정세가 급격히 변화하고 외무성 스캔들로 국내적 추진력을 잃어가는 가운데 일본은 '유라시아 외교'의 기조를 수정하지 않을 수 없었으며, 그러한 조정 작업의 결과 '중앙아시아+일본 대화'라는 다자간 협력의 틀을 마련해 내 놓았다.

한편, 중앙아시아 5개국에 대한 일본의 접근과 지원은 균등 배분 방식이 아니라 '집중'과 '소외'를 특징으로 하는 경사 배분방식을 채택하고 있었다. 이는 경제적 이익과 정치적 위상 평가가 동시에 고려된 결과였으며, 양자주의의 영향이 짙게 그림자를 드리우고 있는 현실로 이해할 수 있으나, 다자주의를 채택한 가와우치 외상의 '중앙아시아+일본 대화' 구상이 성공하기 위해서는 이러한 경사 배분방식의 극복이 관건이 될 것으로 전망된다.

　중앙아시아 외교와 관련해서 일본의 여론에는, 마치 위와 같은 현실을 반영하듯, 지정학적 고려를 중시하여 대국외교를 펼칠 것을 요구하는 그룹과, 전통적인 경제 자원외교의 적용을 통해 실리외교를 추구해야 한다는 그룹이 존재해 왔다. 그런데, 이들은 서로 대립적이라기보다는 보완적인 관계에 있는 것으로 보인다. 그 결과, 일본 외교에 새로운 흐름이 창출되었던 바, 이를 필자는 '강대국 실용주의(Great-power utilitarianism)'로 부르고자 한다.

　한편, 일본의 외교영역 속에 중앙아시아가 새로이 독자적인 자리를 차지하게 되었다는 것은, 일본의 대 아시아 외교에 분할선이 그어졌다는 것을 의미한다. 즉 중앙아시아 외교가 성공적으로 전개된다면 일본은 '근린 아시아' 외교로부터의 이탈하여 '원린 아시아' 외교로 도피해 버릴 가능성이 있다. 더구나, 일본이 지향하는 바에 따른다면 중앙아시아에서 다자간 협력의 틀이 짜여지고, 일본이 그 리더십을 장악할 가능성도 있다. 일본의 '근린 아시아'인 '동북아시아'에 다자간 협의체와 중층적 신뢰 구축이 절실히 필요한 또 다른 이유가 여기에 있다.

제 5 부

'자원'과 중앙아시아의 미래

제 14 장
카스피해 석유자원을 둘러싼 국제문제

박 주 식

I. 총설

카스피해 지역은 역사적으로 이란과 오토만 터키 그리고 러시아 세력의 각축장이었으며, 20세기 들어서 볼셰비키 혁명 이후 소련의 압박을 받던 이란은 두 차례 소련과 타협을 보아 자원의 공유에 합의하였다. 구소련 체제에서는 카스피해 연안국은 소련과 이란뿐이었으나 소연방 해체 이후 연안국은 모두 5개국으로 늘어났다. 북쪽으로 러시아, 남쪽으로 이란, 동부 방향으로 카자흐스탄과 투르크메니스탄 그리고 서쪽으로 아제르바이젠이 카스피해를 둘러싸고 있다.

볼셰비키 혁명 이후 소연방으로 출범한 코카서스 3국(아제르바이잔, 그루지아, 아르메니아)은 소연방의 해체 이후 러시아의 통제에서 벗어나 코카서스와 카스피 지역은 국제정치, 경제에서 매우 중요한 위치를 차지하고 있다. 카스피해의 중요성은 지정학적 위치로 인한 전략적 가치와 전세계 석유매장량의 20%로 추정되는 석유 자원과 10%가 넘는 가스자원의 개발과 수송로 건설을 둘러싼 관련국의 경쟁으로 요약된다.

카스피해의 영유권과 관할영역을 둘러싸고 연안국 사이에 구획 설정과 해양자원 귀속 문제가 어려움을 겪고 있다. 관할 경계구역과 함께 제기되는 문제는 카스피해를 바다로 볼 것인가 아니면 호수로 취급할 것인가 하는 문제이다. 이는 카스피해 연안국 근해에 산재해 있는 오프 쇼어(Offshore) 유전지대의 지리적 분포에 따라 각국은 이해관계가 달라 서로 다른 주장을 하고 있다. 만약 호수라면 카스피 석유는 5개 연안국의 공유자원이 되며, 바다라면 국제 해양법에 따르는 자원귀속과 관할권 배분이 법적으로 가능해 진다. 따라서 근해에 많은 유전이 인접해 있는 국가는 해양론을 주장하고 그렇지 못한 이란은 호수론의 입장을 고수하고 있다.

카스피해 석유를 둘러싼 국제문제 중 가장 큰 관심을 끄는 것은 미국의 카스피해 전략 구상과 러시아의 입장이다. 러시아는 역사적으로 오래 동안 카스피 지역을 관할해왔고 실제로 카스피해 연안 5국 중 4국은 구 소연방에 소속된 국가들이었으며 연방해체 이후 미국은 힘의 공백을 틈타 세력 진출을 도모하고 있다. 카스피해 유전 개발과 송유관 건설을 둘러싸고 벌이는 미국과 러시아의 경쟁과 타협은 이 지역 질서의 기본 향방을 결정지을 것이다. 이와 더불어 중요한 이슈는 개별 연안국의 입장과 당면 문제와 연안국 사이의 현안이다.

카스피 지역문제는, 하나는 오랜 역사적 배경을 가진 정치적 대립과 인종갈등과 다른 하나는 소연방 해체 이후 1990년대 새로이 제기되는 문제와 갈등으로 대별된다. 예를 들면 아르메니아와 아제르바이잔 간의 나고르노 카라바흐(Nagorno Karabakh)[1] 문제나 터키와 아

---

[1] 나고르노 카라바흐는 주민의 80% 이상이 아르메니아인으로 1921년 아르메니아에 귀속되었으나 1923년 스탈린에 의해 아제르바이잔에 편입되어

르메니아 간의 인종적 반목이 있는가 하면 투르크메니스탄과 아제르바이잔 간의 카스피해 경계선 획정 분쟁 등이 카스피 지역 현안으로 남아있다. 또한, 이들 지역분쟁을 배경으로 강대국이나 국제 석유 메이저들이 벌이는 경쟁은 중앙아시아와 카스피 지역의 상황을 더욱 복잡하게 만들고 있으며 주요 강대국들의 갈등이 지역 내 국가나 인종들 사이의 전쟁으로 전개될 위험도 있다.

카스피해 환경보호와 해수면 상승 문제 또한 이 지역 현안으로 매우 중대한 이슈로 부각되고 있다. 특히 카스피해 영역 귀속이 확정되지 않은 상태로 인하여 각국은 환경문제를 소홀히 하면서 자원탐사를 경쟁적으로 하여 환경오염은 가속화되어가고 있다. 이를 논의하는 지역관련국 회의가 몇 차례 개최되었으나 구체적인 성과가 아직 나타나지 않고 있다. 이에 유엔 등 국제기구가 적극 나서고 생물 다양성(biodiversity)의 보호가 중요 과제로 부각되고 있으며 이와 연계하여 파이프라인 건설 반대 캠페인이 NGO 주도로 활발히 전개되고 있다.

II. 카스피해의 역사와 법적 지위

1. 역사

카스피해의 역사는 바쿠 유전 지역에 관련하여 이미 2,500년 전부터 이야기가 전해지고 있으며 10세기부터 석유채굴의 기록이 남아

양국은 오랜 동안 반목 대립해 왔다. 이 지역은 1992년 1월 독립선언으로 양국이 무력 개입하여 3만 명 이상의 사망자와 100만 명의 난민이 발생하였으며 1994년 5월 휴전이 성립되었으나 통치권을 상실한 아제르바이잔의 무력행사로 유혈충돌이 계속되고 있다. 미국은 송유관의 안정을 위해 이 지역의 평화적 해결을 위해 애쓰고 있다.

있다. 카스피해 남부와 서부는 오랜 동안 페르시아가 장악하고 있었으나 7세기에 들어 아랍 세력이 지배하였으며 중세에는 점차로 터키 유목민족이 이주하여 언어와 문화적으로 터키 영향이 남아있다. 이 지역은 16세기 초부터 오토만 터키와 페르시아가 각축을 벌였고 17세기 이후 처음에는 페르시아가 통치하다가 피터 대제 시 일시적으로 러시아 수중에 들어가기도(1723) 하였으나 1813년까지는 페르시아가 안정적으로 관할하였다.[2]

그러나 19세기에 들어 러시아는 카스피해의 서부와 동부로 진출하고 남부지역에 주권을 행사하던 이란을 압박하면서 코카서스와 카스피 지역에서 우위를 누리기 시작하였다. 19세기 전반기에 러시아는 바쿠와 카스피해 지역에서 석유 탐사와 채굴을 본격적으로 시작하였다. 1859년 러시아는 '트랜스카스피 회사'를 설립하였으며 산업혁명의 진행과 더불어 러시아 짜르는 이 지역의 중요성을 인식하여 1901년에 바쿠와 흑해를 연결하는 송유관을 완공하였다. 러시아의 활발한 진출과 더불어 서방국가도 그 뒤를 이었다.[3]

스웨덴인 노벨 형제를 필두로 하고 뒤이어 로스차일드가가 1892년부터 카스피 지역의 석유사업에 착수하였으며 1905년에 송유관을 건설하였으며 영국도 1893년 이후 시추와 석유 생산에 진력하였으며 러시아 석유회사에 영국자본이 조달되기도 하였다. 1917년 볼셰비키 혁명 당시 러시아는 28개의 석유, 가스 유전을 보유하고 있었는데 카스피와 코카서스 지역이 중심이 되었다.

그런데 백군에 의한 러시아 내전기에 카스피 지역 국가와 주변국의 보여준 행보는 현시점에서도 많은 시사를 던져주고 있다. 러시아

---

2) Swietochowski, T., "Oil and Environment Security in the Black and Caspian Seas." http://www.sipa.columbia.edu/RESOURCES/CASPIAN/env_p11.html.
3) 제정 러시아시대 바쿠 유전의 석유 생산은 전세계의 절반을 차지한 것으로 알려져 있다. 홍성원, "까프까즈 지역의 석유와 외국인 투자", 『국제지역문제연구』 17권 1호(1999), p. 159.

내전을 틈타 1918년 4월 코카서스 3국인 아제르바이잔, 그루지야, 아르메니아는 독립을 선언하였으며 이어 9월에는 터키가 바쿠 지역을 점령하였으나, 두 달도 못 가 1차대전의 패전국이 된 터키를 대신하여 영국이 바쿠를 장악하였다. 곧 이어 영국과 서방은 바쿠 지역을 영유하는 아제르바이잔의 독립을 추진하였으며 스탠더드 오일(Standard Oil of New Jersey)은 아제르바이잔 정부와 석유관련 계약을 체결하였다. 그러나 이러한 일련의 움직임은 1920년 4월 볼셰비키가 아제르바이잔 신정부를 전복하고 공산정권을 세움으로써 종료되었다.

레닌정권 초기 신경제정책(NEP)기에는 소련은 서방 석유회사에 유화책을 실시하기도 하고 양보도 하였으나 스탈린 집권 이후[4] 선회하여 코카서스 석유개발에 박차를 가하였으며 2차대전 기간에 이르러는 소련 원유 생산의 80%를 이 지역이 점하였다.[5] 이에 따라 코카서스와 카스피 지역은 상업적, 경제적 중요성 뿐 아니라 전략적 요충지로 부각되었다. 2차대전 종료 이후 이 지역은 소연방의 배타적 관할 지역이 되어 중요하나 접근할 수 없는 하트랜드(Heartland)였다. 그러나 소연방 해체로 1990년대 이후 새로운 질서가 형성되고 있으며 지역국과 새로이 진출하는 미국을 위시한 참여국의 경쟁과 조정이 활발히 진행되고 있다.

---

4) Gokay, B., "History of Oil Development in the Caspian Basin," in M. P. Croissant, et. al. eds., *Oil and Geopolitics in the Caspian Sea Region* (London: Praeger, 1999), pp. 11-12.

5) 이는 2개월 내에 종결 목표로 시작한 독소전(1941, 6월)이 1년 경과한 시점에서 히틀러가 군 지휘부의 반대를 무릅쓰고 1942년 여름, 전선을 남방으로 확대하여 코카서스와 스탈린그라드의 장악을 시도케 하는 가장 큰 원인이었다. 바쿠 유전의 장악은 독일의 석유 확보와 동시에 소련의 석유 상실이라는 결정적 효과를 가져올 수 있었다. 또한 무기대여법에 의해 미국 물자가 카스피해를 통해 소련에 제공되는 보급로를 차단하는 목적도 있었다.

2. 법적 지위와 경계영역

카스피해는 육지에 둘러싸여 있어 호수임은 명백하나 그 면적이 엄청나 바다의 성격 또한 강해 내해로 불리기도 하며 원래 지중해에 잠기어 있었으나 지각변동에 따라 분리되었기 때문에 염분도 해수의 절반 수준에 달하고 있다. 면적은 37만 평방킬로미터로 한반도의 1.7배에 육박하고 일본이나, 캘리포니아주 또는 알래스카주와 비슷한 규모로 막대한 양의 석유와 가스가 매장되어 있다. 카스피해 지역 석유 매장량은 대략 500억에서 1,100억 배럴로 추정되는데 미국 에너지부는 2천억 배럴까지 가능할 것으로 평가하고 있다.

이 규모는 걸프지역(6,750억 배럴)에는 훨씬 못 미치나 전 세계 매장량의 5분의 1이 되며 천연가스 매장량도 665조 입방 피트로 전 세계 매장량의 8분의 1을 차지한다. 또한 최근 2000년 여름에 카스피해 인근에서 세계 5위 규모의 새로운 유전이 발견되어 주요 석유 메이저들은 카스피 유전개발에 경쟁적으로 참여하고 있다. 소련 해체 이후 이 지역 진출 경쟁은 더한층 치열해졌으며 미국을 위시한 참여국과 카스피 지역국 간에 대립과 제휴 양상을 보이고 있다. 우선 제기되는 논란은 카스피해의 법적 지위와 연안국 사이의 경계영역의 획정문제이다.

카스피해의 성격규정과 영유권 및 관할영역 문제는 연안국 사이에 아직 미결 상태로 남아 있는 중대한 법적 문제로 갈등과 분쟁의 위험을 안고 있다. 만약 바다로 간주한다면 해양법이 적용되어 등거리 원칙(equidistant division: median line principle)에 따라 경계가 결정되며 경계지역에 따라 해저자원은 연안국에 귀속된다. 아제르바이잔은 시종일관 해양론을 표방하는 대표적인 연안국으로서 1982년도 유엔 해양법규가 그대로 카스피해에 적용되어야 한다는 입장이다. 따라서 12해리 수역은 배타적인 영해로 그리고 200해리까지는 우선적

권한을 포괄적으로 연안국이 행사해야 한다는 것이며 카자흐스탄과 투르크메니스탄도 해양론에 동조하고 있다.

그러나 만약 바다가 아니라 호수로 규정되면 해양법 원칙은 배제되고 카스피 자원은 5연안국에 의해 공동 개발되고 균등하게 배분되어야 한다는 콘도미니엄 접근법(condominium approach)이 적용된다. 이런 접근법은 이란이 변함없이 주장해온 원칙이며 과거 소련과 1921년, 1940년 맺은 조약에서도 호수로 합의하였고 이란은 지금도 이들 조약들이 유효하다는 입장이다. 이에 대해 러시아는 1994년 까지만 해도 호수론의 입장을 취했으나 자국의 영해에서 석유가 발견되고 이미 해양론국들이 중앙선 원칙에 따라 경계를 설정하여 개발을 착수하여 기정사실화 하자 1996년 이후부터 해양론으로 기우는 유연한 자세를 취하고 있다.[6] 소련과 이란은 1921년과 1940년 조약에서 카스피해를 호수로 규정하고 자원 공유에 합의했으나 해저 경계선과 석유 및 가스탐사에 관한 구체적 합의는 도출하지 않았다.

경계선 설정 방식을 둘러싸고 해양론에 함께 찬동하는 투르크메니스탄과[7] 아제르바이잔이 서로 대립하고 있다. 양 국가가 대립하는 쟁점은 해양법에서 일반적으로 인정되고 있는 중간선 원칙이 카스피해 전역에 일괄적으로 적용될 수 있는가 이다. 다음의 지도에서 볼 수 있듯이 투르크메니스탄 영토는 카스피해 일부를 호수처럼 둘러싸있어 호수 안 또 하나의 호수를 품고 있는 형상이다. 따라서 투르크메니스탄 입장에서 보면 자국 내륙 깊숙이 들어온 해안선을 기준선으로 카스피해 경계선을 설정하는 것은 맞은 편 아제르바이잔에게 너무 일방적으로 유리한 방식이라는 것이다. 그러나 실제로,

---

6) Croissant, M. P. and Croissant, C. M. "The Legal Status of the Caspian Sea" in Croissant(1999). pp. 34-36.

7) 투르크메니스탄은 애초에는 러시아와 이란처럼 호수론 입장이었으나 1997년 이후부터는 카자흐스탄과 아제르바이잔의 해양론에 동조하는 입자의 변화를 보였다. Croissant(1999). p. 32.

카자흐스탄은 아제르바이잔과 1997년 중간선 원칙에 따라 양국 간 경계를 설정하는 합의를 보았으며 또한 투르크메니스탄과 함께 중간선 원칙에 따라 구획 획정의 커뮤니케를 발표하였다. 단, 카자흐-투르크 합의는 그 효력을 카스피 법적 지위에 관한 다자간 합의가 도출될 때까지 기한으로 한정하였다(EIA, 2002).

카스피해의 법적 성격과 경계구획에 관한 회의는 1998년 12월 회의 이후 교착 상태에 놓여 있고, 2002년 4월 연안 5국 정상회의가 개최되었으나 여기서도 다자간 합의가 도출되지 못한 상태이다. 그럼에도 불구하고 개별 국가 간 또는 석유회사와의 쌍무적 합의가 이루어져 개발을 서둘러 다른 연안국의 반발을 사고 있다. 2001년 7월 이란 군함은 Azeri 탐사선의 탐사지점이 아직 법적 지위가 결정되지 않은 분쟁지역이라는 이유로 현장 철수를 요구하는 군사적 시위를 벌여 카스피 지역에 긴장이 고조되었다.

Ⅲ. 미국의 카스피 진출 배경

미국은 1990년대 이전에는 카스피 지역을 소련의 영향권으로 간주하였기 때문에 이 지역에 특별한 군사전략적 비중을 두지 않았고 석유자원도 소련의 관할에 놓여 있어 미국의 관심이나 간섭밖에 놓여 있었다. 그러나 소련 해체 이후 미국은 군사안보와 에너지 자원 양 측면에서 이 지역의 중요성을 점차로 높게 인식하여 새로운 세계전략과 에너지 수급 정책을 모색하였다. 이에 따라 미국은 1990년대 중반부터 대중앙아시아, 카스피 정책을 적극 진출과 관여로 전환하게 되었으며 카스피에서의 러시아의 특별한 지위를 부인하기 시작하였다.

구체적으로, 미국의 중앙아 정책 전문가들은 1995년 NATO 회의에서 기존의 중동 걸프 지역의 방어선을 카스피 지역까지 확대하기로 논의하였으며[8] 1997년 4월 미 국무부는 의회보고서에서 카스피해 에너지 자원의 조속한 개발을 추진할 것이라고 밝혔다. 또한, 체니 부통령도 카스피해 지역만큼 전략적 중요성을 지닌 곳은 없다고 언급하였다. 카스피해는 지리적으로 유라시아와 중동지역의 교차 지점이며 코카서스를 지나 흑해와 지중해로 연결되는 중요한 전략적 거점이 되며 코카서스는 동유럽과 중앙아시아를 연결하는 유라시아 통로의 중추이다.

따라서 미국 입장에서 보면 카스피해 통제력 강화를 통한 석유자원의 안정적 공급과 NATO의 방어전략 지역을 카스피 지역까지 확대하는 세계전략이 과제로 등장하고 있다. 또한 중동지역에 대한 에너지 의존도를 줄이기 위해 에너지 공급원을 다변화하려는 미국의 전략은 카스피 정책의 핵심이 되는데 1999년 10월 미 국방성은 중앙아시아에 있는 미군에 대한 상급지휘권을 태평양사령부에서

---

8) S. J. Blank, "The United States : Washington's New Frontier in the Transcaspian," in Croissan(1999), p. 251.

중앙사령부로 바꾸었다. 중앙아시아는 한때 주변지역으로 간주되었으나 최근에는 병력 이동을 결정하는 등 카스피 지역을 더 한층 중요시하고 있다.[9]

미국의 카스피, 중앙아시아 정책에서 석유가 차지하는 비중은 1998년 하반기 이후 미국이 탈레반과 벌인 협상과정에서도 잘 나타나 있다. 1998년 탄자니아와 케냐주재 미대사관이 탈레반의 비호를 받고 있는 오사마 빈 라덴이 관련된 테러를 받아 아프가니스탄 경유 송유관 협상이 일시 중단되었으나 2001년 부시 취임 이후 협상은 재개되었다. 그러나 탈레반이 미국의 유노칼(Unocal) 석유회사의 아프가니스탄 송유관 건설에 협조를 않자 미국은 9.11테러 발생 한 달 전에 아프가니스탄에 군사개입을 하기로 결정하였으며 마침 9.11테러가 발생하여 테러와의 전쟁을 명분으로 중앙아시아와 카스피의 군사 진출을 도모하고 있다.

9.11이후 대 테러전과 아프가니스탄 내전이 종결되고 테러 근거지와 지원 세력이 약화된 이후에도 미국은 칸다하르에 파견했던 1,000명의 해병대를 101공수사단 병력으로 대체하고 중앙아시아에 계속 군사주둔을 의도하고 있다. 과거 소련이 아프가니스탄전에서 사용하던 카불 외곽의 바그람(Bagram) 공군기지도 인수하는 등 구소련 영역을 잠식해 들어가고 있다. 9.11이전 1997년 아제르바이잔 대통령의 방미 시 미국은 양국의 석유 분야 협력 확대와 군사협력 강화 그리고 나고르노 문제의 미국 주도 해결에 합의하였다. 또한 1998년

---

9) 최근 보도에 의하면(『한국경제신문』, 2003년 6월 12일자) 미국은 카스피해 지역과 아프리카의 유전보호를 위해 미군을 전진 배치할 것이라고 『아시안 월스트리트저널』(AWSJ)이 11일 보도했다. AWSJ는 미 국방부 관리들의 말을 인용, 현재 7만 명인 유럽 주둔 미군의 상당부분을 빼내 카스피해 지역과 아프리카로 이동 배치하는 계획을 수개월 내 확정 지을 예정이며, 실제 병력이동은 1년 내 시작될 것이라고 전했다. 국방부 관리들이 밝힌 계획에 의하면 카스피해 지역에는 최대 1만5천명을 배치, 새로운 유전지대로 떠오른 이 지역의 유전 경비에 주력할 것이다.

그루지야 국방장관의 방미 시 미국은 군사원조를 약속하였으며 특히 원유수송의 안전을 확보하기 위한 해군력 증강을 발표하였다.

미국은 그루지야, 몰도바 등으로 하여금 양국 국경지대의 러시아 군을 2001년 7월 1일까지 그루지야에서 그리고 2002년 7월 1일까지 는 몰도바에서 완전 철수토록 러시아에 요구하게 했다.[10] 또 2005년 나토 가입을 공언하고 있는 그루지야처럼 코카서스 지역의 신흥독 립국가들이 나토에 가입하게 되면 코카서스, 카스피 지역에서 러시 아의 영향력은 위축될 것이며 이라크전 승리 이후 미국이 보다 공세 적 정책을 전개하면 러시아의 대응이 주목된다.

그러나 미국의 정책이 지나치게 러시아를 고립시켜서는 안 될 것이라는 주장도 제기되고 있으며[11] 일부 러시아와 협력하는 양상 도 나타나고 있다. 2002년 5월 부시 미 대통령이 러시아를 방문하여 푸틴 러시아 대통령과 석유위기가 발생하면 러시아가 미국 등 서구 에 부족한 석유를 공급해 주는 대신 미국이 러시아 내 석유자원 개발을 위해 지원한다는 내용의 '에너지안보협정'을 체결하였다. 이 는 카스피해 자원개발을 둘러싸고 경쟁을 보였던 러시아와 미국의 협력을 의미하는 것이다.

Ⅳ. 러시아의 입장과 대응

러시아는 코카서스, 카스피 지역이 소비에트연방이었음을 내세 우며 이 지역에서의 기득권과 우선권을 내세우고 나섰다. 더구나

---

10) 러시아는 독립국가연합(CIS)의 공동방위를 명분으로 이 지역에 주둔해
    왔으나 결국 요구를 받아들이고 말았다.
11) B. Shaffer, "The Caucasus and Caspian Region: Understanding United States
    Policy," House Committee on International Relations, 2001, p. 7.

9.11 테러 이후 미국에 협조한 대가로 미국의 양보나 호의적 태도를 기대하며[12] 파이프라인이 코카서스산맥 이북의 러시아 영토를 통과하도록 분위기를 띄웠다. 러시아는 테러와의 전쟁을 이용, 체첸과 그루지야에 대한 통제를 강화했다. 러시아는 2002년 8월 카스피해에서 카자흐스탄 공군과 아제르바이잔 해군이 참여한 군사훈련을 주도하였다. 1만여 명의 병력과 60여 척의 군함, 30여 기의 전투기들이 동원되어 15일 간 계속된 이 군사훈련은 테러 위협에 대비하기 위한 것이라 러시아 국방장관은 강조하였으나[13] 미국의 중앙아시아 군사진출에 대한 견제 신호의 의미가 크다 하겠다.

러시아는 카프카스에 대한 영향력 약화는 곧 러시아의 국가이익에 대한 위험한 훼손으로 간주하고 이를 막기 위해 체첸전쟁을 강행하여 바쿠에서 노보로시스크로 향하는 송유관의 안정성을 보장하는 한편 이란과의 유대강화와 아제르바이잔, 그루지야, 아르메니아 등의 민족분규 개입, 지원을 통해 터키의 지역에서 영향력 확대를 저지하려고 있다.

구소련 시절 에너지부분의 인프라는 계획통제경제의 틀 안에서 중앙아시아에서 생산된 상당 부분의 석유는 다른 지역과 격리되어 러시아로만 운반되어 정유되거나 연료로 사용되었다. 즉, 이 지역의 원유를 운반하고 정제할 수 있는 송유관과 정유시설들을 러시아만이 보유하고 있어 구소련 체제에서 중앙정부는 이 지역 공화국들을 경제적으로도 통제할 수 있었다.

---

12) 9.11테러 이후 미국이 러시아의 협력을 필요로 하던 2001년 10월 중순 콘돌리자 라이스 미 대통령 안보담당보좌관은 미국은 러시아의 기존 파이프라인을 존중하며 앞으로 러시아가 새로이 송유관을 확장하여 중앙아시아 지역에서 영향력을 증대하더라도 방해하지 않을 것이라 약속하였다. Ben Aris and Rashid, "Control of Central Asia's oil is the real goal," http://www.old.smh.com.au/news/0110/25/world/world9.html 2001.

13) 김재두·심경욱, 『미국의 對 이라크 확전: 카스피해와 에너지 안보』(서울: 한국국방연구원, 2002), p. 75.

따라서 아직도 카스피해 연안국들의 러시아 의존성은 높으며 러시아의 영향력은 여전하다. 러시아는 1995년 9월 다른 CIS국가들에 대한 러시아의 전략적 노선을 통해 러시아 주도의 CIS체제를 분명히 하고 있으며 아제르바이잔과 카자흐스탄에서 생산되는 원유의 수송로 역시 자국을 통과하여 흑해를 통한 수출을 구상하고 있다. 뿐만 아니라 2001년 3월 푸틴 대통령은 러시아를 방문한 이란의 하타미 대통령과의 협상을 통해 '카스피해 자원분쟁에 대한 외세불간섭 원칙'을 합의함으로써 이 지역에 대한 미국의 간섭을 견제하며 자국의 영향력 강화를 꾀하였다.

그러나 러시아의 코카서스, 카스피 정책은 대략 3기로 나누어 초기(1990년대 초)의 무관심, 방임에서 중기의 적극적 개입과 간섭(1992~95) 그리고 그 이후의 현실 인정과 대미 타협으로 변화하는 양상을 볼 수 있다[14]. 우선 종전의 카스피해 호수론을 버리고 해양론으로 선회하였으며 서방 석유 메이저들과 타협 공생하려는 움직임을 보이고 있다. 특히 최근 러시아 국경 카스피 지역에서 석유유전의 발견으로 이 지역에 서방과 공동 참여하는 방향으로 움직이고 특히 푸틴 대통령은 옐친 전 대통령과 달리 이 지역에 대한 서방의 영향력을 대세로 받아들이는 성향을 보이고 있다. 따라서 러시아도 최근 미국과 협조하는 모습을 보이며 최근 들어 미국과 파이프라인 건설계획을 둘러싸고 모종의 타협이 이루어질 가능성도 거론되고 있다.

반면, 러시아가 이 지역에서 미국과의 협력은 한계가 있을 것이라고 인식하고 있다는 평가가 일반적이다. 사실, 러시아 내에는 미국과의 협조는 미국이 코카서스, 중앙아 지역에서의 러시아의 역사적 특수 지위와 권익을 진정 인정해야만 가능하다는 입장을 고수하는 전통론자들이 상당수인데[15] 반해 미국이 90년대 이후 이 지역에서 보인 행보

---

14) O. Stolyar, "Geopolitics in the Caspian: Can Russia Keep Control in Its Own Backyard?" 1998. http://www.wws.Princeton.edu/~wws401c/1998/oleg.html.

는 오히려 이들 사고와는 정반대인 점으로 미루어 러시아와 미국은 제한적 협력을 보이더라도 기본은 경쟁관계일 것으로 관측하고 있다.

러시아는 미국과의 경쟁에서 지리적 이점을 최대한 활용할 것이라 전망되고 있는데 한 예가 카스피해 석유를 극동지역까지 철도로 수송하는 계획을 구상하는 데서 나타나고 있다. 러시아는 원유 수송관을 시베리아 철도까지 연장하여 철로로 일본까지 수송하여 석유를 판매하는 프로젝트를 추진하는데 중국보다 경쟁력이 있다고 평가하는 것 같다.

V. 참여국가 및 기업과 지역국가

미국을 위시한 서구의 석유메이저들은 소연방이 해체되는 과정에서 코카서스와 카스피 진출을 위한 계약들을 서두르고 있다. 1994년 브리티시 페트롤리움(BP)은 아제르바이잔 지역의 석유채굴권을 100년간 확보하였으며, 이 지역의 석유채굴을 독점하기 위해 300억 달러를 아제르바이잔 정부에 제공하였고 앞으로 2015년까지 1천억 달러를 투자할 예정이다. 참여 석유기업들은 지역국의 정부 또는 회사들과 함께 컨소시엄을 구성하여 개발에 참여하고 있으며 일례로 BP가 주도하고 미국의 아마코 등 7개국 12개 석유회사로 공동 참여하는 방식이 있다. 또한 셰브론, 모빌, 아마코, 유노칼 등 미국기업들의 주도 아래 영국의 BP, 람코, BG, 프랑스의 토탈, 엘프 등이 카스피해 유전개발에 진출하고 있다. 이밖에 러시아, 터키, 이탈리아, 독일, 노르웨이, 벨기에, 네덜란드 등이 가세하고 있다. 키신저, 브레진스키 등 전직 고위 인사들을 동원하여 카스피해 석유개발과

---

15) A. Shoumikhin, "Russia : Developing Cooperation on the Caspian," in Croissant (1999), p. 137.

파이프라인 건설 경쟁을 위한 로비활동과 외교전을 벌이고 있는 서방국가들과 석유 메이저들은 다량의 원유가 매장된 아제르바이잔과 카자흐스탄 진출에 주력하고 있다.

1980년대에 카스피해 아제르바이잔 연안지역에서 유전이 발견되었는데 아제리(Azeri), 시라그(Chirag), 구네쉴리(Guneshli) 등이 대표적이다. 1991년 미국과 영국 주도로 이 지역의 유전개발을 위한 협상을 아제르바이잔과 시작하였다. 그러나 1993년 6월 계약 직전 친 터키 성향의 엘치베이 정부가 쿠데타로 전복되어 유전개발은 러시아의 영향 하에 놓이게 되었으며 1993년 11월 러시아와 아제르바이잔 간에 체결된 협정은 카스피해 원유개발에 러시아의 참여와 협력을 명시하였다.

한편, 아제르바이잔의 바쿠 유전을 개발하기 위해 미국, 영국, 터키, 러시아 등의 11개의 석유회사가 1994년 9월 국제 컨소시엄 아제르바이잔 국제운영회사(AIOC: Azerbaijan International Operating Company)을 구성했다. AIOC는 또한 아제르바이잔 정부와 3대 유전을 30년간 개발하는 계약을 체결하였는데, 이 사업에 80억 달러 이상을 투자하게 되며 약 40억 배럴의 석유를 생산할 것으로 추정되고 있다.

1994년 말 이후 카자흐스탄 등에 투자된 외국 자본은 1998년 현재 6백억 달러가 넘으며 20여 석유 메이저를 포함하여 25개국 60여 석유기업들은 광구 확보를 위한 투자를 계속하고 있다. 중국도 1997년 6월 카자흐스탄과 신장지역을 잇는 3천km 길이의 송유관 건설계약을 체결했으나 40억 달러 규모의 이 계약은 아직 착수가 안 된 상태이다. 한국도 한때 대우 등에서 석유개발 사업진출을 구상하였으나 97년 외환위기 이후 중단되었고 삼성물산이 카자흐스탄에 2개의 동제련소와 동광산, 석탄광산, 발전소 등을 포함한 현지법인 '카작무스'를 설립하였으나 석유개발 목적으로 진출한 기업은 현재 없다.

동북아 3국 중에선 일본이 카스피해 개발에 가장 적극적이다. 일본의 이토추(伊藤忠) 상사는 AIOC에 동북아 기업으로는 유일하게 참가하고 있다. 이토추는 1995년 말 카스피 석유 매장량이 추가로 확인되자 미국의 펜조일사에 지분대금 2억8천만 달러와 그 몇 배에 이르는 프리미엄을 주고 3.92%의 지분을 매입, 카스피해 석유개발에 참여하였다. 또한 1997년말엔 일본석유공단(JNOC) 등 일본 기업을 중심으로 40달러 규모의 컨소시엄을 구성하여 바쿠 남쪽해안에서 탐사작업을 벌이고 있다. 일본 기업들은 막대한 수송비를 감안, 이곳에서 생산되는 자신들의 몫은 다른 메이저에 넘기고 대신 이들 메이저로부터 인도네시아, 사할린 등 수송이 편한 지역의 원유를 넘겨받는 교환 방식을 계획하고 있다.

1. 아제르바이잔

아제르바이잔은 1991년 미국과 영국을 중심으로 한 다수의 외국 회사들과 유전개발 문제에 대한 협상을 벌여왔으며 1992년 1월 외국인 투자유치를 촉진하기 위해 '외국인 투자보호법'을 제정하였다. 당시 친 터키, 반러시아 성향의 엘치베이(Elchibey) 대통령은 1993년 6월 이들 외국 회사들과 계약을 체결할 예정이었으나 쿠데타로 인하여 친러시아 성향의 알리예프(Aliev)가 신임 대통령이 됨으로써 아제르바이잔 유전개발은 러시아의 영향을 더 많이 받게 되었다. 1994년 9월, 80억불 규모로 아제르바이잔의 3대 유전 지역인 아제리(Azeri), 시라그(Chirag), 구네쉴리(Guneshli) 지역을 향후 30년간 개발하는 유전개발 컨소시엄 프로젝트가 체결되었다.16) 당시 러시아는

---

16) 흔히 카스피의 ACG로 약칭되기도 하는 3지역 유전개발을 위해 전술한 국제 컨소시엄 AIOC는 아제르바이잔 국영회사 SOCAR과 1994년 9월 프로젝트 계약을 체결하였다. 이 계약은 러시아가 아제르바이잔이 독자적으로 석유를 개발하고 판매할 수 있도록 배려하는 대가로 BP가 주도하는 컨소시엄에 러시아 지분을 인정하였다.

카스피해를 호수로 간주하고 카스피해의 해양 자원을 연안 국가들의 공동소유로 하는 콘도미니엄 방식을 주장하였으나 미국, 영국 회사들은 부정적인 반응을 보였다. 여기서 특히 송유관 경로가 쟁점이 되었는데 송유관이 통과하는 국가는 수송비 수입과 동시에 수송로 통제라는 압력 수단을 아제르바이잔 컨소시엄에 가입한 외국의 회사들에 행사할 수 있게 된다.

송유관 결정에서 3통로 모두 장단점이 있었으나 결국 1995년 10월 아제르바이잔 컨소시엄은 일단 북방 통로와 서방 통로를 이용하기로 결정을 했다. 이는 아제르바이잔은 자국을 통과해 터키에 이르는 송유관 건설에 대하여 미국이 채산성에 회의적인 시각을 보이자 다시 러시아와 관계 강화를 시도한 것으로 보인다.

그러나 카스피해 유전개발에 대한 러시아의 영향력 강화를 우려했던 카스피 3국인 투르크메니스탄, 아제르바이잔, 카자흐스탄은 미국의 진출을 활용하여 러시아의 영향력을 줄이려 노력하고 있다. 이에 호응하여 미국은 9.11사태 이후 아제르바이잔의 카스피해 연안의 안보를 강화키로 결정하였는데 이로 인해 아제르바이잔은 2001년 7월 카스피 연안 석유 탐사선에 전투기와 군함을 동원하여 무력 위협을 가한 이란을[17] 견제하여 보다 적극적으로 원유개발에 나설 수 있게 되었다.

2. 카자흐스탄

카자흐스탄은 러시아 의존도가 높은데 텐기즈(Tengiz) 유전개발에

---

17) 아제르바이잔과 BP 탐사선이 탐사작업을 하였으나 이란이 자국 영해라고 주장하여 분쟁이 발생한 지역은 아제르바이잔은 알로브(Alov)라 부르는 반면 이란은 달리 부르고 있다. 당시 아제르바이잔은 이란의 무력 시위에 대하여 무력충돌도 불사하겠다고 대응하여 긴장이 고조되었다.

협상은 미국의 셰브론(Chevron)사와 구소련 간에 1988년부터 시작되었고 독립한 카자흐스탄이 셰브론사의 파트너가 되었다. 카자흐스탄 원유는 고온과 고압상태에서 매우 깊은 곳에 매장되어 있어서 생산비가 많이 드는 단점이 있으나 셰브론은 200억불을 투자하여 1994년 4월 합작기업 Tengizchvroils를 설립하여 향후 40년간 60~90억 배럴을 개발할 것으로 알려지고 있다. 다만 셰브론은 수송로 문제로 인해 투자속도를 늦추고 있었다.

현재 카자흐스탄의 유일한 송유관은 러시아를 지나간다. 1996년 4월말 옐친 러시아 대통령은 카자흐스탄의 나자르바예프 대통령과 카스피해 송유관 컨소시엄에 관한 새로운 협정을 체결했다. 이에 따라 카자흐스탄에서 러시아를 경유 흑해에 이르는 15억불 상당의 원유가스 수출용 송유관이 건설될 예정이다. 그러나 송유관을 통제해서 중앙아시아에서의 주도권을 장악하려는 러시아의 의도를 알고 있는 카자흐스탄은 러시아 의존도를 줄이기 위해 다른 수송로를 모색하고 있다. 실제로 카자흐스탄은 1995년 8월 터키 수상의 알마아타 방문시 그루지야, 터키를 경유 지중해로 가는 송유관 건설을 위한 협정에 서명하였다.

그러나 9.11이후 미국과 러시아의 공동보조와 협조 분위기가 고조되어 카스피해 국제정세에도 변화의 움직임이 나타났으며 이에 따라 카자흐스탄은 2002년 5월 남서부 텐기즈 유전과 러시아의 흑해 항구 도시 노보로시스크를 연결하는 1,580km 길이의 원유 송유관을 개통하였다. 이 송유관은 카스피해 파이프라인 컨소시엄(CPC: Caspian Pipeline Consortium)이 주도하여 건설하였으며 카자흐스탄은 러시아와 미국의 협력으로 인해 과거의 러시아 의존도를 줄일 수 있는 환경을 맞게 되었다.

3. 투르크메니스탄

투르크메니스탄은 '카스피해의 쿠웨이트'로 불릴 만큼 에너지 자원이 풍부한 곳으로 카스피해 지역에서 미국과 러시아가 경쟁하는 무대이다. 가스매장량은 20억 입방미터로 알려져 있는데 이는 세계 4위 규모이며 석유매장량은 정확히 밝혀지지 않았지만 상당한 양이 될 것으로 추정되고 있다. 1990년대 중반 투르크메니스탄은 카스피해를 관통하는 파이프라인을 건설해 건너편의 아제르바이잔으로 수송하는 프로젝트를 추진하였는데 이를 맡은 영국과 네덜란드 합작사인 셸은 경제성이 높다는 판단을 내렸으며 미국도 적극 지지하였다. 그러나 러시아는 강력한 압력을 행사하며 이 프로젝트를 중단시켰으며 투르크메니스탄에서 생산된 가스는 오래 전에 건설된 파이프라인을 통해 러시아로 수송되고 있어 러시아의 에너지 업체인 가스프롬이 절대적 영향력을 행사하고 있다.

그러나 전술하였듯이 1995년 미국의 석유회사 유노칼(Unocal)이 투르크메니스탄에서 아프간을 거쳐 파키스탄의 아라비아해 쪽 항구에 이르는 석유 및 가스관 공사 건설 협상을 시작했다. 투르크메니스탄 정부는 오래 전부터 탈레반과 북부동맹 양자 모두와 파이프라인 건설에 대해 협상을 해왔다. 또한, 2002년 봄 투르크메니스탄을 방문한 하미드 카르자이 아프가니스탄 정부수반은 아프가니스탄으로 연결되는 파이프라인에 깊은 관심을 표하였으며 동년 5월 파키스탄에서 관련 3국 정상은 파이프라인 건설에 합의했다[18]. 또한 니야조프 대통령은 2001년 10월 아프간 난민 지원 요청을 위해 방문한

18) 미국은 9.11이후 아프가니스탄 대테러 전쟁을 마치고 2001년 12월 유노칼의 컨설턴트 경력을 지닌 친미인물 하미드 카르자이를 정부수반으로 과도정부를 구성하였다. 3국 회담에서 니야조프 투르크메니스탄 대통령은 아프가니스탄은 파이프라인이 통과대가로 3억 달러를 받을 것이라 언급하였다.

오시만 겐조 유엔 사무차장에게 아프간 전후 파이프라인 프로젝트를
유엔이 적극 주도해 줄 것을 요청했다. 이 공사는 투르크메니스탄-
아프가니스탄-파키스탄에 이르는 1,470km의 가스관 건설로 1998년
에 이미 실무 작업이 끝났으나 아프가니스탄 전쟁으로 일시 중단되
었던 사업이었다.

4. 이란

카스피해의 법적 성격과 석유자원의 배분문제에 있어서 이란은
러시아와 함께 해양론에 입각하여 석유의 균등한 분할을 주장하고
있다. 이는 이란 연해에 유전이 없기 때문인데 구소련과 두 차례
체결한 조약에 의하면 카스피해 면적의 50%는 이란 소유였다. 이란
은 외세의 영향을 배제한 카스피해 지역협력을 강조하고 자국 영토
를 지나는 남방 송유관 건설을 강조하고 있다. 남방 노선은 실제로
쿠르드 문제나 나고르노 분쟁에서 자유로운 노선이고 거리도 짧아
안정성, 경제성, 효율성 측면에서 경쟁력이 가장 높음에도 불구하고
이란 영토를 통과하는 송유관을 반대하는 미국의 경제제재로 말미
암아 실현되지 않고 있다.

하타미 이란 대통령은 2001년 3월 이란 국가원수로는 40년 만에
모스크바를 방문하여 푸틴 러시아 대통령과 카스피해 지위에 관한
협정과 양국간 경제협력에 관한 협정 등을 체결하고 러시아로부터
군사 및 원자력 지원을 받기로 합의했다. 양국은 미국을 겨냥하여
'외세 불간섭 원칙'을 천명하고 카스피해 영유권 협상에서 제3국의
간섭을 배제키로 합의하는 한편 카스피해 파이프라인 건설에도 공
동보조를 약속하였다. 한편, 러시아는 연간 수억 달러에 이르는 파
이프라인 통과세를 확보하기 위해 카스피해 우회 루트를 모색해
왔는데 이란이 러시아의 구상을 적극 지지할 경우 미국 주도로 건설

중인 기존 송유관 사업이 영향 받을 수 있다.

더욱이 러시아는 수십억 달러 상당의 첨단 무기를 이란에 판매키로 합의하여 이 지역에서 양국의 군사적 공조의 가능성을 열어 놓았다. 이란이 구매할 무기에는 최첨단 전투기인 미그-29와 미사일 방어시스템까지 포함될 것으로 보인다. 모스크바 주재 이란대사는 "수년간 70억 달러의 러시아제 무기를 수입할 것"이라 공언하였다. 이는 그 동안 이란과 러시아를 배제한 채 카스피해에 개입해 온 미국을 견제하기 위한 공동보조라 볼 수 있다. 사실, 미국은 카스피 지역에서 러시아와 이란이 역사적으로 누려오던 영향력을 무력화하는 정책과 전략을 구사하였다. 이에 맞서 러시아는 푸틴 대통령이 2001년 1월 아제르바이잔을 방문하는 등 영향력 회복에 나섰으며 이란과의 공조를 지속할 가능성은 크다.

Ⅵ. 파이프라인 건설과 카스피해 환경 문제

카스피 석유를 수송하는 주요 파이프라인으로 러시아가 주장하는 북방 통로와 터키의 지중해항 세이한(Ceyhan)을 목적지로 하는 남방 루트, 그리고 바쿠, 그루지야를 경유 터키에 이르는 서방통로가 논의되었다. 북방 라인은 추가로 설비비용이 1억 불만 소요되는 장점이 있으나 체첸 지역을 통과하는 위험을 안고 있다. 남방 라인 역시 쿠르드족 문제가 있으며 서방 라인도 막대한 건설비용과 아르메니아 카라바흐 분쟁지역에 근접하여 문제가 있다.

카자흐스탄 원유의 유일한 송유관은 러시아 영토를 지나간다. 따라서 러시아는 카자흐스탄과 셰브론에 압력을 행사하기 위한 수단으로 이 송유관을 이용할 가능성이 있다. 1992년 7월에 카자흐스탄, 오만, 러시아 간에 카스피해 송유관 합작 개발에 관한 계약이 체결되었다. 이 개발 계획은 텐기즈 유전에서 티호레츠크, 노보로시스크를 경유하여 러시아의 흑해 연안 쪽으로 향하는 수송로를 건설하는 구상이다. 러시아의 카스피해에 대한 관심사는 채굴된 원유가 러시아 영토가 아닌 터키의 지중해 항구로 수출된다는 점이었다.

반면, 카스피해 연안 국가들이 러시아에 대한 의존도를 줄이길 원하고 있다. 이에 편승하여 미국은 기존 러시아를 통과하는 송유관에 대한 의존을 낮추고, 안정적인 공급을 보장받기 위해 이미 1999년 카스피해-아제르바이잔-그루지야-터키-지중해를 통과하는 송유관 건설에 합의했다. 미국은 또 카스피해-투르크메니스탄-아프가니스탄-파키스탄-인도양이란 새로운 송유관 건설을 염두에 두고 있다.

카스피해 평균 수위는 해수면보다 15m 낮다. 카스피해는 1978~95 동안 해수면이 2.5m 상승하였고 2020년에는 그만큼 더 상승할 것으로 예측되고 있다. 이는 카스피해 유전의 개발, 보전과 직결되는 문제이며 미 석유회사 셰브론도 필요한 수리 시설을 설치하고 있다. 아랄해와 카스피해 문제에 대한 대응은 중앙아 지역내외 경제협력 이슈 중 중요한 과제로 남아 있다.

환경보호를 구실로 해양론과 호수론의 정당성을 옹호하는 주장들이 있으며,[19] 카스피해 환경보호와 관련하여 카스피해 상승이 논의의 핵심문제가 되고 있는데 이의 해결은 1차적으로 관련 지역 국가들에 달려 있으나 미국을 위시한 서방측과의 협력 지원이 필수적이며 또한 서방측도 안전한 석유개발을 위해 소홀히 취급할 수 없는 상황에 처해 있다.

---

19) Croissant(1999), pp. 27-32.

제 15 장

탈냉전기 카스피해 유전을 둘러싼
국제 갈등체제의 쟁점*

윤 영 미

I. 서론

냉전시기 카스피해(Caspian Sea)[1] 지역은 소련과 이란이 체결한 조약(1921년과 1940년)에 의해서 공동관리 되었다. 카스피해를 호수로 인정하는 국제협약으로 카스피해의 항해와 어업, 환경오염 등의 문제를 규제하였다. 카스피해의 대륙붕 석유개발에 대한 협약은 체결하지 않았지만 카스피해 해안을 따라 10마일의 국가영해를 제외하고 나머지 부분은 소련과 이란 양국이 공동소유권(joint sovereignty)을 행사하였다. 카스피해는 1952년 볼가강에서 돈강을 연결하는 운하의 완성으로 흑해, 지중해, 발트해, 백해와 연결되면서 소련 경제 동맥의 일부로 편입되었다. 이 지역의 석유와 가스 자원은 1992년까

* 이 글은 『사회과학연구』 제13권 2호(2005년)에 게재된 것을 수정 보완한 것임.
1) 카스피해의 면적은 약 40만㎢, 물 용량 7만 6,000㎢, 최심점 980km, 남북 길이 약 1,204km, 호안선 길이 약 7,000km로 캐비어(철갑상어알젓, caviar)의 산지로 유명하며 전 세계 캐비어 생산량의 약 90퍼센트가 동지역에서 생산되었다.

지 이란의 소유분을 제외하고는 소련이 독점하였다.[2] 1991년 소련 해체 후 연안국은 모두 5개국으로 늘어났는데, 카스피해는 북쪽으로 러시아, 동쪽으로 카자흐스탄과 투르크메니스탄, 서쪽으로 아제르바이잔, 남쪽으로 이란으로 둘러싸인 세계 최대의 내해이다(〈그림 1〉 참조).

카스피해 연안의 신생독립국가인 아제르바이잔과 카자흐스탄은 유럽으로의 원유 공급을 확대하고 있다.[3] 이 지역은 유럽 최대의 유전지역인 북해 지역의 석유 매장량을 능가하는 막대한 양의 석유와 천연가스를 매장한 것으로 알려져 있다. 석유 매장량은 2천7백억 배럴로 세계 매장량(약 1조2천억 배럴)의 약 1/5에 해당하는 22%로 추정되며, 이는 세계 3위 매장량이다. 매장량의 3/5 이상이 카자흐스탄과 아제르바이잔이 점유하고 있다. 따라서 아제르바이잔, 카자흐스탄, 투르크메니스탄은 연간 3,500만~4,000만t의 원유를 생산하여 유전 강국 대열에 합류하게 되었다. 2010년 하루 380만 배럴의 원유(북해 생산량의 60%에 해당) 생산이 가능하다는 전망이다.[4] 세계적인 석유메이저 회사들인 셰브론, 엑슨모빌, BP(British Petroleum), 로열더치셸, 루코일(Luke Oil), 중국국영석유회사 등의 투자로 석유수출을 통한 외화수입 확대에 주력하고 있다.[5]

카자흐스탄의 텐기즈(Tengiz)와 아제르바이잔의 ACG-아제리(Azeri), 쉬라그(Chirag), 심해저 구나쉬리(Gunashli)의 프로젝트에 의해 원유생산은 약 70% 증가하였다. 이와 같이 막대한 석유와 천연가스가 매장

---

2) 김상원, "카스피해 석유자원과 러시아", 『카프카스저널』 제89호, 2004. 9, p. 7.
3) 이와 관련한 자세한 논의는 다음 논문을 참조, 이준범·장지호, "국제석유정책의 패러다임적 변화 고찰: 정통론과 신정치경제론적 시각의 대비", 『대한정치학회보』12집, 2호, 2004, pp. 339-359.
4) 『에너지경제신문』, 2004. 1. 1.
5) Marshall I. Goldman, "Russian Energy: A Blessing and a Curse," *Journal of International Affairs*, vol. 53, no. 1, 1999, pp. 43-44.

되어 있는 카자흐스탄과 아제르바이잔은 현재 원유개발을 둘러싸고 국제 송유관 프로젝트가 진행 중에 있다. 텐기즈 프로젝트는 카자흐스탄의 카스피해 연안 북동부에 위치한 유전지대 개발 사업이다.[6] 카스피해의 석유매장량의 70% 이상은 카자흐스탄에 매장되어 있지만 유전개발에 대한 서방의 투자 특징은 아제르바이잔에 집중되기 시작했는데, 아제르바이잔은 여타 중앙아시아 국가들에 비해 지정학적으로 매우 중요한 지역에 위치해 있기 때문이다. 현재 여타의 카스피해 연안 국가들이 자국에서 개발한 유전과 가스를 송유관을 통해서 가장 소비가 높은 시장인 유럽에 수출하기 위해서는 어떠한 경우에라도 아제르바이잔의 석유수출 루트를 기반으로 해야 한다.[7]

〈그림 1〉 카스피해 지역

6) 텐기즈 유전의 최대 매장량은 90억 배럴로 추정되며 1993년 4월 석유채굴은 미국의 세브론사와 카자흐스탄의 무나이가스사에 의해서 50:50 출자 비율로 '텐기즈 세브론 오일' 합작기업을 설립되었다. 텐기즈 유전개발은 향후 40년간 추정 투자액 2백억 달러의 대규모 프로젝트로서 2010년까지 생산고를 하루 70만 배럴까지 끌어 올리는 것을 목표로 하고 있다. 장병옥, 『중앙아시아 국제정치의 이해』(서울: 한국외대, 2001), p. 59.
7) 이철원, 『서방의 중앙아시아 석유 가스부분의 진출현황』(서울: 대외경제정책연구소, 1977), p. 29.

카스피해지역은 지리적으로 유라시아와 중동지역의 교차거점이며 카프카스를 지난 흑해와 지중해로 연결되는 중요한 전략적 거점지이다. 또한 동유럽과 중앙아시아를 연결하는 유라시아 통로의 중추지역으로 최근 매장되어 있는 막대한 석유자원의 개발문제가 쟁점이 되고 있어 강대국들의 지정학적 및 경제적 관심이 모아지고 있다.[8] 아울러 1990년대 중반부터 미국은 대 중앙아시아의 카스피해에 대한 적극 진출 정책과 개입으로 전환하게 되었으며 동지역에서의 러시아의 영향력을 부인하기 시작했다.[9] 2001년 9.11테러 이후 대테러전 대응과 에너지 안보 차원에서 미군과 러시아군 주둔이 감행되면서 군사적 전략 요충지로도 부각되고 있다. 즈비그뉴 브레진스키(Zbigniew Brzezinski)는 지정학적 관점에서 중앙아시아 지역이 주변 강대국들에 의해 경제적, 정치적 및 군사적 개입과 간섭이 확대는 세계의 하트랜드로 논한 바 있다.

이와 같은 배경 하에 본 장에서는 21세기 카스피해를 중심으로 논의되고 있는 지정학적 중요성을 유전개발을 둘러싼 미국과 러시아 및 이해 당사국들 간의 협력과 갈등에 기초하여 심층적으로 고찰해 보고자 한다. 이하의 논문의 구성은 다음과 같다. II절에서는 연구의 이론적 배경으로 카스피해의 지정학적 중요성을 헤럴드 맥킨더(Harold Mackinder)와 브레진스키의 지정학적 하트랜드 개념에 기초하여 분석해 볼 것이다. III절에서는 논문의 주요 분석대상인 카스피해 유전의 소유권 분쟁, 송유관 건설 경쟁, 미국과 러시아를 주축으로 에너지 안보를 둘러싼 군사력 증강 실태에 대해서 살펴볼 것이다. IV절에서는 연구의 종합으로 향후 카스피해지역의 국제 갈등체

---

8) 문수언, "러시아와 카스피해의 "석유정치": 러시아의 선택과 "강대국 외교"의 허실," 『국제정치논총』 39집, 1호, 1999, p. 301.
9) 박주식, "카프카스, 카스피해 지역문제와 미국과 러시아의 대응," 고려대학교 기초학문지원 2년차 연구 제2차 학술워크숍 발표논문, 2003. 12. 30, p. 5.

제에 주력할 것이다.

Ⅱ. 이론적 배경: 카스피해지역의 지정학적 중요성

19세기 초 맥킨더는 중앙아시아를 세계의 심장이라는 뜻의 '하트
랜드(heartland, 지정학적 축)'로 확대 사용되는 '추축(pivot area, 중심)'지역
개념으로 정의했으며,[10] 1943년 추축지역은 유라시아 지역 내의 북
부 및 내부의 광활한 공간이라고 규정되고 있다. 즉 세계의 중심지
역으로서의 지정학적 추축은 지리적 위치에 의해 결정되는데, 지리
적으로 '해상교통로로부터 완전히 차단된 지역으로 대륙의 내륙지
방'으로 영토나 자원이라는 관점에서 추축지역은 중앙집권적 통치
형태가 강한 지역을 의미한다. 또한 브레진스키는 『거대한 체스판』
(The Grand Chessboard)에서 탈냉전기 소연방의 해체 이후 '추축'지역은
미국과 러시아를 중심으로 강대국의 헤게모니 쟁탈이 예상되는 곳
으로 강대국의 영향력 확장 정책이 충돌될 수 있는 공간이라고 지적
했다. 지정학적 추축지역이 갖는 공통된 특징을 무엇인가? 첫째,
동일 공간 내에서 강력한 힘을 가진 국가가 존재하지 않으며, 오히려
주변의 더 강력한 국가들에 의해서 영향을 받는다. 둘째, 국경을
접하는 다수의 국가들이 결집되어 분포되어 있다. 이로 인해서 다양
한 민족 및 문화가 공존하므로 인접국가에게 중대한 정치적 · 문화
적 영향을 미치기도 한다. 셋째, 현재와 미래에 필요로 하는 자원이
풍부하며 지리적으로 주변공간으로 연결하는 교량적 역할을 한다.
이러한 지리적 위치 때문에 주변지역으로의 접근을 통제하거나 자
원공급을 차단할 수도 있다. 추축지역은 특정 국가의 힘과 팽창동기

---

10) 이원복 편역, 『러시아의 지정학적 미래』(서울: 육군사관학교 화랑대연
   구소, 2000), p. 176.

에 의해 도출되기보다는 특정 국가가 위치하고 있는 주변 강대국들의 영향력에 따라 형성되기도 한다.[11]

1990년대 초 소련 붕괴 이후, 러시아의 우랄 및 시베리아 공간의 하단부에서 전개되고 있는 중앙아시아의 카스피해 연안 5개국(카자흐스탄, 타지키스탄, 우즈베키스탄, 투르크메니스탄, 키르기스)을 비롯하여, 코카서스 3개국(아르메니아, 아제르바이잔, 그루지야)이 지정학적 추축지역으로 중요성이 부각되고 있다.[12] 탈냉전기 소련 연방에서 독립한 후 줄곧 석유자원 개발과 소유권, 송유관 건설, 미국과 러시아의 군사기지 건설과 구축 및 9.11테러 이후 안보를 중심으로 국제체제의 경쟁과 협력의 이해 각축장으로 부상하고 있다. 카자흐스탄과 아제르바이잔은 탈냉전기 중앙아시아의 핵심적인 지정학적 추축지역으로 등장했으며 미국의 대외정책의 중요한 관심사로 대두했다.

아울러 탈냉전기 북대서양조약기구인 나토(NATO)의 카스피해지역에 대한 팽창 움직임이 추축지역에 중요한 대외적 변수로 대두하였다. 미국은 1995년 NATO회의에서 기존의 중동 걸프지역의 방어선을 카스피해 지역까지 확대하기로 논의하였다. 1997년 4월 미국무부는 의회보고서에서 카스피해 지역의 석유 및 천연가스 자원의 조속한 개발을 추진할 것이라고 밝혔다.[13] 1999년 4월 워싱턴에서 개최된 '나토수립 50주년 기념식'에서 19개 회원국 정상들은 나토의 위상과 역할 확대 및 강화를 위해서 새로운 '동맹국의 전략개념' 도입에 합의했다. 이러한 나토의 신전략적 접근은 나토 영역권 밖의

---

11) 김명섭 역, 『거대한 체스판: 21세기 미국의 세계전략과 유라시아』(서울: 삼인, 2000), p. 63.

12) 김명섭 역(2000), pp. 170-171.

13) S. J. Blank, "The United States: Washington's New Frontier in the Transcapian," in Crosissant, M. P. and Aras, B., *Oil and Geopolitics in the Caspian Sea Region* (London: Praeger, 1999), p. 251.

국제분쟁이나 갈등에 군사적 개입이 가능하도록 한 것이다. 따라서 러시아와 국경을 접하고 있는 독립국가연합(CIS)과 국내적으로 분쟁을 겪고 있는 카프카스 국가들의 분쟁에 나토의 무력개입 가능성을 시사해 주고 있다.[14] 나토의 팽창이 중·동부 유럽에 제한하지 않고 중앙아시아의 카스피해 지역으로 확대되는 것은 이 지역의 막대한 '에너지 자원'을 확보하려는 전략이다. 이런 맥락에서 러시아는 자국의 안보위협과 경제적 이익에 영향력을 미칠 수 있는 상황에 대비하며 나토의 팽창을 경계하고 있다.[15]

Ⅲ. 카스피해 유전개발을 둘러싼 국제 갈등체제

1. 카스피해 원유 소유권 분할 경쟁

카스피해 유전개발과 관련된 주요 쟁점은 '소유권'을 둘러싼 열강과 이해당사국들(카자흐스탄, 아제르바이잔, 투르크메니스탄)간의 분쟁이다. 1991년 소련 붕괴로 독립한 카자흐스탄, 투르크메니스탄, 아제르바이잔이 새로운 국경선 획정을 요구하면서 카스피해의 소유권 분쟁은 국제적 쟁점이 되었다.[16] 국가별 점유율에 따라 소유권 '국가분할관리'와 연안 주변 5개국의 '국가공동관리(joint sovereignty)'에 초점이 모아졌다. 이 지역을 호수로 간주한 러시아와 이란은 '소유권 분할관리(national division)'에 반대하였다. 러시아와 이란이 소유권 분할관리를 반대한 이유는 무엇인가? 첫째, 카스피해가 중앙선

---

14) 강봉구, "21세기 러시아의 신 안보전략", 『국제정치논총』 제40집, 2호, 2000, p. 152.
15) 박선섭, "중국이 보는 미래의 세계 안보환경", 『주간 국방논단』 제807호, 2000, p. 6.
16) 위성락, "카스피해 원유를 둘러싼 국제정치", 『북한』 제283호, 1995, p. 139.

을 따라 나누어지면 아제르바이잔과 카자흐스탄이 동지역을 오랫동안 관리해온 러시아와 이란보다 더 많은 석유를 소유하게 되기 때문이다. 이로써 소유권 국가분할관리는 대립으로 치닫는 첨예한 양상이었다. 아제르바이잔은 국가분할을 주장했고 석유 메이저들과 석유개발 계약을 맺었다. 이러한 아제르바이잔에 대해서 러시아는 불법적인 행위라며 비난과 경고를 하였다. 러시아와 아제르바이잔의 갈등은 카스피해를 둘러싼 소유권 분쟁을 더욱 가중시켰다. 둘째, 러시아는 이 지역의 석유가 분할 관리된다면 석유개발에 대한 메이저 석유회사들의 진출이 활발해지고 궁극적으로 이들 국가들의 정치적 영향력 확대를 경계하였다. 또한 이란은 이 지역에서 미국의 영향력 확대 저지를 위해서 강력하게 카스피해 석유 '소유권 분할관리'를 반대 하고 있다.[17]

따라서 카스피해 원유 소유권 분할은 국가별 이해관계에 러시아와 이란을 한 축으로 아제르바이잔과 카자흐스탄을 다른 축으로 동맹이 형성되었다. 아제르바이잔과 카자흐스탄은 세계의 메이저 석유회사들의 참여에 의존한 유전개발 추진에 박차를 가하였고, 반면에 러시아와 이란은 카스피해 지역에서의 아제르바이잔과 카자흐스탄의 유전개발을 봉쇄하면서 이 지역 석유에 대한 '공동소유관리'를 주장했다. 1994년 4월 러시아는 아제르바이잔과 석유 메이저들과의 석유개발 협상에 반대하였다. 러시아는 카스피해 유전개발보다 연안 5개국의 소유권분쟁 해결 시도가 급선무라는 입장이었다. 러시아는 영국과 아제르바이잔 간에 진행 중이었던 석유개발 협상에 대해 중단을 요청했다. 또한 러시아는 강압적인 방법을 동원해 아제르바이잔의 유전개발에 필수적인 카스피해와 흑해를 잇는 볼가-돈(Volga-Don)운하 봉쇄를 시도하였다. 그러나 러시아의 반

---

17) Douglas W. Blum, "Domestic Politics and Russia's Caspian Policy," *Post-Soviet Affairs*, vol. 14, no. 2, 1998, pp. 137-164.

대에도 불구하고 미국을 위시한 유럽의 메이저 석유회사들에 의해서 아제르바이잔과 카자흐스탄은 카스피해 지역 유전개발에 큰 성과를 거두었다.[18] 예를 들면, 1997년 카자흐스탄은 카스피해 탐사를 성공적으로 마친 후 미국의 석유 메이저들과 300억불 상당의 계약을 체결했고 또한 1998년 아제르바이잔은 카스피해 유전개발에 300억불에 상당하는 투자를 이끌어 냈다.[19]

1990년대 초부터 1990년대 말까지 10여 년 동안 카스피해 연안 5개국 간에 카스피해 소유권 분할을 둘러싼 갈등과 반목이 거듭되었다. 더불어 원유와 가스를 선점하려는 미국과 영국 등 메이저 석유회사들의 투자가 유입되면서 이 지역 이권을 둘러싼 국제적 경쟁이 치열해지자 러시아는 '국가공동관리'에서 '분할관리'로 전환하였다. 분할관리의 핵심은 카스피해를 '호수'로 간주하느냐 아니면 '바다'로 간주하느냐가 핵심이다. 카스피해 지역에서 석유가 생산되는 곳이 고르지 않은 데다 각국이 주장하는 소유권 기준도 크게 다르기 때문이다. 유전을 가진 카자흐스탄과 아제르바이잔은 "바다인 카스피해의 영해, 경제수역, 대륙붕에 대한 독점적 권리는 자신들에게 있다"고 주장해 왔다. 러시아는 카자흐스탄에서 '텐기즈 유전'이 발견되면서 바다론 입장으로 전환하였고 오히려 이란을 설득하고 있다.[20] 1994년부터 '바다론'을 주장하는 국가들이 중앙선 원칙에 따라 경계를 설정하여 개발에 착수하자 1996년부터 카스피해를 호수로

---

18) 『The New York Times』, 1997. 8. 6.: A-19.
19) 『제11회 연세 지역학 학술강연회 발표 자료』, 2004. 11. 18. p. 2.
20) 러시아와 카자흐스탄, 아제르바이잔은 내해(실제 염도가 14%이상)로 규정하고 소연방 해체 당시의 국경선을 적용한 뒤 각국의 '해안선 길이'에 따라 카스피해를 분할하고자 하였다. 소유 점유율은 카자흐스탄 29%, 아제바이잔 22%, 러시아 19%, 투르크메니스탄 18%이다. 따라서 이란은 해안접경 비율에 해당하는 13%를 할당받는다(www.i114.com/news/NewsView6.asp?queNumber=6149달러quePastDatequePastDate=2003-08-1, 검색일: 2004. 12. 14).

간주하였던 러시아도 바다론을 수용하는 유연한 자세로 전환했다.[21] 1998년 7월 러시아는 카자흐스탄과 카스피해 해저를 중앙선에 따라 국가별로 분할하고 해수면을 공동 소유한다는 협약을 체결했다. 이러한 소유권 분할관리 접근은 2000년 3월 푸틴 대통령이 집권한 이후에도 카스피해 지역에서의 자국의 영향력 확대 방침하에 추진되었다. 반면에, 이란과 투르크메니스탄은 카스피해가 바다와 연결되어 있지 않아 호수로 주장한다. 이들 국가들은 호수로 인정하는 국제협약에 의거, "연안국은 호수인 카스피해에 대해 균등한 권리를 갖는다"며 카스피해 공유 연안 5개국이 각각 20%씩 천연자원을 분할해야 한다고 주장하고 있다.[22]

2002년 3월 말 카스피해 연안 5개국 정상들은 투르크메니스탄에서 카스피해 국경획정 문제와 자원배분 문제 해결을 위해서 정상회담을 개최했다. 각국 정상들은 카스피해 원전 및 가스 자원분배를 위한 국경선 및 해저 분할, 석유 송유관 건설 방안 등을 집중적으로 논의했지만 이견 차이를 좁히지 못했다. 2003년 5월에 잠정적으로 러시아, 아제르바이잔, 카자흐스탄 3국은 카스피해 북쪽의 64%를 중앙선 원칙에 기초하여 카자흐스탄 27%, 러시아 19%, 아제르바이잔 18%로 배분하고 동지역 해수면 경계 및 통합행정에 관하여 합의하였다.[23] 2004년 9월 말 푸틴 러시아 대통령과 게이다르 알리예프 아제르바이잔 대통령은 카스피해 지역을 공평하게 나누는 국경협정에 서명했다.[24] 카스피해 유전 소유권 분쟁은 갈등에서 협력으로 국가분할관리로 해결되어 가고 있지만 이란과 투르크메니스탄은

21) M. P. Croissant and C. M.. Croissant, *Oil and Geopolitics in the Caspian Sea Region*, London: Praeger, 1999), pp. 34–36.
22) 『수은해외경제』 2003. 9., "카스피해 영유권 분쟁에 대한 이란의 입장", 2003, p. 74.
23) 『알마티연합뉴스』, 2003. 5. 5.
24) 김상원(2004), p. 8.

분할관리에 동의하지 않았다. 투르크메니스탄이 러시아, 카자흐스탄, 아제르바이잔의 입장을 수용하는 방향으로 전환하고 있어 이란 입장이 다소 불리해지고 있다.[25] 카스피해의 유전 소유권 분쟁은 이해당사국간의 정치적 갈등으로 의견 합의에 시간이 걸릴 것으로 간주된다. 연안의 5개국은 상호 입장 조율을 해결하기 위한 실무 그룹 창설과 협상이 지속될 필요가 있다. 분할관리 협상이 마무리된다면 카스피해 원유개발에 대한 외국 기업들의 투자와 개발이 가속화될 것이다.

2. 송유관 건설 현황과 경쟁

카스피해 유전을 둘러싼 두 번째 핵심 쟁점은 송유관 건설 경쟁이다. 이 지역의 소유권 분할관리 문제가 갈등에서 협력으로 전환되고 있지만 완전한 해결책이 모색되지 않은 상황에서 송유관 건설 경쟁은 이해당사국의 입장을 동요시키고 있다. 송유관이 통과하는 나라는 수송료 부과에 따른 경제적 수익과 더불어 송유관 통제라는 지정학적 영향력 행사라는 중요한 의미를 내포하기 때문이다.[26] 아제르바이잔과 카자흐스탄에서 석유를 수출하기 위해서 송유관이 필수적이다. 앞서 살펴 본대로 카스피해는 내해이면서 자체가 육지로 둘러싸여 있어 유럽과 아시아로 원유를 공급하려면 주변국들의 철도나 파이프라인 수송을 해야 한다. 파이프라인 건설비용에 대한 엄청난 자본의 투자에도 불구하고 러시아와 미국, 유럽, 터키를 포함한 중국도 최근에 지대한 관심을 보이면서 석유수출을 위한 송유관

---

25) 『한국일보』, 2003. 7. 2.
26) Michael McFaul, "A Precarious Peace: Domestic Politics in the Making of Russian Foreign Policy," *International Security*, vol. 22, no. 3 (Winter), 1997. 8, pp. 3-7.

은 점점 더 국제적인 주목을 받고 있다.[27] 냉전시기 러시아는 카스피해 송유관 건설에는 어느 정도 우위를 점하고 있었다. 아제르바이잔의 수도 바쿠(Baku)에서 러시아의 흑해에 위치한 노보로시스크(Novorossiisk)를 잇는 송유관이 이미 건설돼 있으며. 러시아는 기존의 영향력을 고수를 위해 카스피해 에너지 자원 개발사업에 적극 개입하면서 자국을 통과하는 기존 루트의 개보수 사업을 추진했다.[28] 반면에 아제르바이잔, 미국, 터키는 러시아를 통과하지 않는 송유관 건설을 적극적으로 추진하고 있다. 미국은 또한 카스피해 유전에 대한 이란의 영향력 확대를 저지하기 위해 송유관이 이란으로 연결되거나 건설되는 것에 반대한다.

카스피해 연안의 주요 송유관 노선을 살펴보겠다. 첫째, 아제르바이잔-러시아-유럽을 연결하는 노선이다. 즉 바쿠(Baku, 아제르자이잔)-러시아의 흑해 연안 도시 노보로시스크으로 연결되는 노선으로 러시아는 아제르바이잔 생산 원유의 수송로와 관련해 자국 내의 기존 송유관 시설을 이용한 흑해, 발틱해 또는 육상 수송관에 의한 유럽지역으로 직접 공급이 타당함을 강조해왔다. 1997년 국제 컨소시엄 아제르바이잔 국제관리회사(Azerbaijani International Operating Company, AIOC)'[29]가 5,000만 달러를 투자하여 바쿠-노보로시스크항까지 송유관을 건설하였다. 동 송유관은 1일 10만 배럴의 원유를

27) Kiren Chaudhry, "The Price of Wealth: Business and States in Labor Remittance and Oil Economics," *International Organization*, vol. 43. Winter 1989, pp. 101–102.
28) 이철원(1977), p. 54.
29) AIOC는 1994년 아제르바이잔의 바쿠 유전을 개발하기 위해서 세계굴지의 석유메이저를 포함한 12개 석유회사들과 아제르바이잔 정부가 참여하여 구성되었다. 미국의 Amoco(17%), Unocal(10%), Exxon(8%), Pennzoil(5%); 영국의 BP(17%), Ramco Energy(2%); 러시아의 Lukoil(10%); 노르웨이의 Statoil(9%); 터키의 APAO(7%); 일본의 Itochun(4%); 사우디아라비아의 Delta-Nimar(2%); 아제르바이잔의 SOCAR(State Oil Compnay of the Azerbaijan Republic)이다.

수송하고 있다.[30] 한편, 바쿠와 흑해 연안 도시 숲사(Supsa, 그루지야)를 연결하는 '바쿠-숲사'노선은 1906년에 건설되어 소련 붕괴 이후 거의 가동불능 상태였다.[31] 하지만 1990년대 중반에 들어와 재건설이 추진되었고, 1999년 이후 재가동 되었다. '숲사'에서 유조선을 통해서 터키의 흑해연안의 '삼선(Samun)'으로 수송된다. 삼선에서 새 송유관을 건설하여 앙카라로 수송한 후 앙카라에서 현재 연계된 지중해의 BTC 연결항인 세이한(Ceyhan)까지 이동된다. 동 송유관으로 수송할 수 있는 석유량이 많지 않기 때문에 러시아와 주변 및 미국과의 경쟁이 치열하지 않다.

둘째, '카자흐스탄-러시아-유럽'을 연결하는 CPC 송유관이다 (〈그림 2〉 참조). 이 노선은 2001년 완공된 카자흐스탄의 텐기즈-노보로시스크를 연결하는 1,510km 노선이다. 러시아는 기존 송유관 루트의 강화를 주장하면서 1992년에 카자흐스탄, 오만 등과 함께 카스피해 북부해안-흑해연안 노보로시스크를 연결하는 파이프라인을 건설한 것이다. 이 노선을 위해 '카스피해 파이프라인 컨소시엄(The Caspian Pipeline Consotium, CPC)'[32]을 결성했다. 러시아가 주장해 온 러시아 남부를 통과해서 흑해에 있는 노보로시스크 항구에 이르는 기존의 송유관과 나란히 뻗는 노선이다. 기존 파이프라인을 사용하면서 카스피해 북부 연안으로부터 흑해 연안의 노보로시스크와 연결되는 노선 일부가 채택되었다.[33] 러시아는 1,510km의 CPC 송유

---

30) 차범석, "카스피해 유전 개발 관련 주요 쟁점", 『수은조사월보』 제18권, 5호, 1999, p. 55.
31) 홍성원, "까프까즈 지역의 석유와 외국인 투자", 『국제지역문제연구』 제17권, 1호, 1999, p. 159.
32) CPC는 카자흐스탄과 오만 정부를 포함한 11개 회사로 구성되어 있다. 미국의 Chevron(15%); 러시아와 미국의 Lukarco(12.5%); 러시아, 네덜란드, 영국의 Rosneft-Shell(7.5%); 미국의 Mobil(7.5%); British Gas(2%); 이탈리아의 Agip(2%); 미국의 Oryx(1.75%); Kazak Munaigaz(1.75%)이다.
33) 장병옥(2001), p. 61.

관을 통해서 미국보다 앞서서 카스피해 지역에서 정치적 영향력을 행사하고 있다. 또한 내륙 국가인 카자흐스탄은 풍부한 유전을 소유하고 있음에도 불구하고 생산된 원유를 대량으로 수출하기 위해서는 러시아의 영향을 받고 있는 것이다.[34]

셋째, '카스피해-이란-페르시아'를 연결하는 노선이다. 미국의 견제로 이란 노선은 불투명하다. 아제르바이잔이 이란에게 AIOC 지분 5%를 할당하고자 할 때 미국의 반대로 이란 대신 미국과 터키 기업이 지분을 할당받았다. 미국이나 유럽 국가들은 안전하고 원활한 석유시장 확보와 공급을 위해서 카스피해 석유가 이란 영토를 통과하는 것에 반대를 하고 있다. 이란은 기존의 송유관을 개보수하면 추가비용이 3억 달러 정도 소요된다는 경제적 장점을 주장하고 있다. 그러나 미국은 유럽기업들이 이란에 2천만 달러 이상 투자를 할 수 없도록 하는 경제제재를 가했다. 미국과 이란과의 외교관계를 고려해 볼 때 이란-페르시만 송유관 건설은 단시일 내에 실현되기 힘들 것이다.[35] 반면에 미국이 국제석유자본의 이해에 따라 '경제성 중시-정치성 배제'를 선택한다면 이란으로 이어지는 송유관 건설 가능성도 배제할 수는 없다.

넷째, '카자흐스탄-중국'에 이르는 아시아 노선이다. 높은 경제성장을 보이고 있는 중국은 에너지 소비대국으로서 '신장-위구르 자치구'와 카자흐스탄의 텐기즈 유전을 연결하는 송유관 공사에 박차를 가하고 있다. 중국은 1997년 9월 카자흐스탄과 신장지역을 잇는 3,000km 길이의 송유관 건설 계약을 체결했다. 총 비용은 약 35억 달러로 추정된다.[36] 2005년 완공 예정으로 카자흐스탄에서 중국으로 연간 1,000만 톤이 수출될 전망이다. 총 1,000km로 카자흐스탄

34) 『수은해외경제』(2003), p. 75.
35) 위성락(1995), p. 143.
36) 차범석(1999), p. 56.

서부에서 중국 서부를 잇는 중요한 구간으로 신장지역이 '중국의
석유저장고'가 될 것이다.[37]

　다섯째, '바쿠(Baku, 아제르바이잔) – 트빌리시(Tbilisi,그루지야) – 세이
한(Ceyhan, 터키)'으로 연결되는 일명 지중해(BTC)라인이다(〈그림 2〉
참조). BTC 송유관은 아제르바이잔, 미국, 터키가 주축이 되었고
아제르바이잔의 AIOC 유전이 지중해로 연결되는 것이다. BTC 송유
관 건설을 위해 1998년 10월 말 터키의 앙카라에서 빌 클린턴 전
미국 대통령은 아제르바이잔, 카자흐스탄, 그루지야, 터키의 지도자
들과 함께 정상회담을 개최했고, 1999년 11월 말 OSCE(Organization
for Security and Cooperation in Europe)회담에서 동 송유관 건설에 관한
정치적 합의에 서명을 했다.[38] 2002년 9월에 착공해 2005년 가동을
목표로 BTC 송유관 건설을 재확인하는 공동선언을 발표했다. 미국

〈그림 2〉 카스피해의 CPC와 BTC 송유관

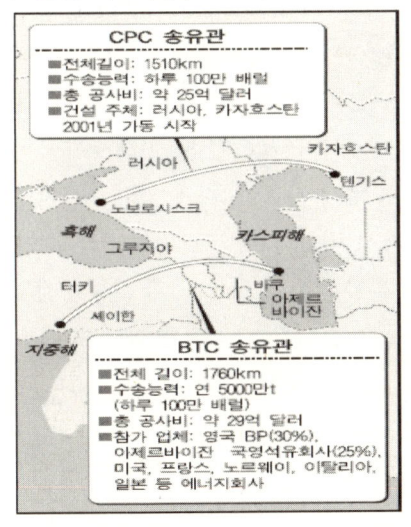

출처: 『중앙일보』, 2005. 5. 27.

---

37) 김상원(2004), p. 9.
38) 『연합뉴스』, 2002. 9. 18.

은 기존의 송유관인 바쿠(아제르바이잔) – 그로즈니(러시아의 체첸) – 노보로시스크 라인이 러시아 – 체첸전쟁과 혼란으로 파괴되는 등 불안하게 유지되자 러시아 세력 축소와 당시 러시아는 체첸을 통과해 흑해로 가는 노선을 제의했었지만 미국으로서는 풍부한 카스피해의 석유를 안정적으로 끌어오는 것이 중요한 과제였다.[39] 카스피해 연안 국가들이 러시아에 대한 의존도를 줄이고 러시아 영토를 거치지 않고 정치적으로 불안정한 중동을 대체할 새로운 원유공급지인 카스피해 원유은 미국과 유럽의 기업들의 참여 하에 유럽으로 직접 수송되는 지중해 노선을 개발한 것이다. 이는 새로운 '송유관 건설 경쟁'에서 러시아의 패배이자 카스피해 지역에서 러시아의 영향력이 상실되고 있음을 의미한다.

영국의 메이저 석유기업인 BP가 BTC 송유관 운영 컨소시엄의 지분 30%를 확보했고(송유관 총 길이는 1,760km), 배럴당 3.2달러의 비용으로 하루 100만 배럴 원유 생산을 목표로 가스관도 병행 추진하면서 카자흐스탄과 투르크메니스탄도 참여하기로 결정했다. 이 송유관은 카스피해 원유의 주요 노선이 '러시아의 흑해에서 터키해협을 통해 지중해'로 변경되는 것을 의미한다. 주요 이해당사국인 카자흐스탄 역시 BTC 송유관을 통해서 자국에서 생산되는 원유의 상당량을 세계 주요 시장에 판매하게 되었다.[40] 그렇다면, BTC 송유관 건설이 내포하고 있는 카스피해 유전을 둘러싼 국제 갈등체제의 변화는 무엇인가? 첫째, BTC 송유관 건설은 카스피해 에너지 개발

---

39) 미국이 추진했던 또 다른 송유관 건설은 투르크메니스탄의 가스를 아프가니스탄을 통해 파키스탄, 인도까지 공급하는 라인이었다. 미국은 1990년대에 투르크메니스탄-아프가니스탄-파키스탄-아라비아해로 연결되는 1,470km 수송로도 추진했으나 1998년 파키스탄의 핵실험 강행과 미군의 아프간 미사일 공격 등을 계기로 무산되었다. 『한겨레신문』, 2002. 3. 31.

40) 『문화일보』, 2003. 11. 25.

의 법적 기초를 마련하는 것이다. 즉 미국 및 이해 당사국들은 에너지 자원의 국제시장을 향한 송유관 경로 문제와 관련하여 러시아와 이란과의 경쟁을 극복할 수 있게 되었다. 둘째, 주재국 관통 노선 관철은 중요한 외교적 성과로 방대한 규모의 카스피해 에너지 자원의 유통로가 됨으로써 자국의 에너지 수요를 충족할 수 있게 된다. 셋째, 이 지역이 21세기 세계적인 에너지 중심지로 부각된 것이다. 이는 유럽, 중동, 아시아를 연결하는 주재국의 전략적 중요성 강화로 간주된다. 넷째, 카스피해 연안 국가들은 자국에서 생산한 원유 및 천연가스를 세계시장에 직접 공급할 수 있는 방안을 확정함으로써 향후 에너지 자원 개발에 따른 외화 획득을 통해 자국의 경제발전을 도모할 수 있다. 다섯째, 카스피해 석유자원에 대해 러시아의 영향력을 줄일 수 있으며 러시아 일변도의 경제관계에서 탈피할 수 있다. 동시에 미국과 유럽 및 아시아 국가들과의 새로운 경제협력 관계를 증진할 수 있는 환경조성과 가능성을 확보하게 되었음을 의미한다.

3. 미-러의 군사력 증강

탈냉전기 카스피해 유전을 둘러싼 국제 갈등체제의 세 번째 핵심 쟁점은 미국과 러시아를 중심으로 전개되고 있는 반테러 대응과 에너지 안보 확보 경쟁이다. 미국은 군사안보와 에너지 자원의 개발과 수송 측면에서 카스피해의 중요성을 높게 인식하여 군사적 협력 관계를 확대하고 있다. 2001년 9.11테러 이후 미국은 중앙아시아 지역에 대테러 대응을 명분으로 카스피해 지역을 중심으로 군대를 주둔시키고 경제지원을 내세워 역내 국가들의 탈러시아를 조성하고 있다. 미국은 중앙아시아 지역을 해외주둔 미군 재배치계획(GPR, Global Posture Review)의 전진작전기지(FOB, Forward Operating Bases)로 설정했고 미군의 장기주둔은 전쟁 목적보다는 지정학적 중요성에 의미를 두고 있다. 테러집단과 잠재적인 적의 위협에 효과적으로 대응하기 위해 특정지역에 대규모 영구 주둔하는 '지역 방어군' 대신 선제공격 능력을 갖춘 '기동군'의 필요성이 커지기 때문이다. 이에 따라 2001년 아프가니스탄 전쟁과 2004년 이라크 전쟁을 거치면서 미국은 동지역을 전략적 요충지로 선정하고 '신 미−러 대결'이라는 용어가 대두될 정도로 미군 주둔 병력을 증강하였다.[41] 미국은 아프가니스탄 전쟁 기간 '테러와의 전쟁' 명분 하에 미군기지로 이용했던 키르기스스탄, 타지키스탄, 우즈베키스탄, 그루지야 등지에 3,000여 명을 주둔하고 있으며 향후 12,000명까지 증원할 예정이다. 탈러시아화 경향을 보이고 있는 우즈베키스탄을 비롯하여 키르기스에 미군을 장기 주둔시킴으로써 중앙아시아 지역으로 진출할 수 있는 교두보를 마련하게 된 것이다. 아울러 아제르바이잔과 카자흐스탄에는 해군력 건설을 제안했다.

미국이 카스피해지역에 군사적 진출을 강화하는 또 다른 이유는 세계 3대 유전지대인 카스피해에 매장된 석유와 천연가스 확보 때문이다. 2001년 5월 미국의 '국가에너지정책개발그룹' 위원장인 딕 체니 부통령은 부시 대통령에게 건의한 '미 에너지정책'이라는 보고서에서 전략적으로 중요한 3대 지역으로 중동, 카스피해, 서남아프리카가 거론되었다. 체니 부통령은 카스피해 지역만큼 전략적으로 중요성을 지닌 곳은 없다고 강조하였다. 탈냉전기 미국은 에너지 안보를 국가안보의 최우선과제이자 명백하게 존재하는 위기로 규정했다. 따라서 미국은 카스피해 지역을 중동의 페르시아만 지역의 혼란에 대비한 에너지 자원 공급지로 간주하고 있다. 석유 소비량의 2/3을 해외에 의존하는 미국으로서는 추가적인 에너지 공급원인

---

41) 최한우, 『중앙아시아 연구(상)』(서울: 펴내기, 2004), p. 82.

카스피해의 유전을 확보해야 하는 것이다.[42] 이러한 요인으로 미국은 중앙아시아 에너지 회사들에 투자기금을 지원하고 각종 기반시설, 송유관 등을 건설하고 있으며, 중동지역에서 문제가 일어날 경우 동지역이 대체공급원으로서의 가치가 높기 때문에 상당한 군사력도 배치하고 있다.

미국이 2001년 12월 키르기스의 수도 비슈케크의 마나스 공군기지 건설을 착수한 것은 카스피해에서 생산한 석유를 운반하는 송유관 보호 목적이었다. 같은 이유로 러시아, 이란, 터키와 경계를 이루고 있는 카프카스(코카서스) 3국(그루지야, 아제르바이잔, 아르메니아)중에서 역사적으로 탈러시아 경향이 강했던 그루지야와 아제르바이잔에도 미군이 주둔해 있다. 이것은 한편으로 미국이 카스피해의 최대 유전지대인 아제르바이잔의 바쿠 유전에서 시작해 친러시아 경향이 강한 아르메니아를 우회해 그루지야를 경유한 나토 2위 군사력을 가진 터키를 연결하는 세이한 항구로 잇는 BTC 송유관 건설이 계획된 배경이다. 세계 최대 규모의 천연가스와 3위의 석유 매장량을 자랑하는 '자원의 보고' 카스피해에서 나온 석유와 가스를 유럽으로 운송하는 길목에 그루지야가 위치해 있다. 이런 배경 하에 미국은 그루지야에 2002년 '대테러 작전' 교육지원을 명목으로 군사고문단과 특수부대요원 200명을 주둔시켰다. 그루지야의 지정학적 중요성 때문인데 미국은 '자원 안보' 차원에서 확실한 에너지 공급지 확보를 위해서 러시아와 치열한 외교전을 펼치고 있는 것으로 간주된다. 따라서 중앙아시아 지역 및 아프가니스탄에서의 미군의 장기 주둔 계획은 러시아에 대한 군사적 및 외교적 견제뿐만 아니라 막대한 에너지 자원의 개발 및 판매 이권과도 밀접한 에너지 안보전략에 근거한다.

---

42) U.S. Department of Energy and The White House, "*National Energy Report,*" May 17, 2001.

소련 붕괴 이후 재정난 때문에 해외 주둔 군 기지를 잇달아 폐쇄해 왔던 러시아도 카스피해 연안 국가들에 대한 미국의 영향력 확대 대응책으로 전략적으로 군대를 주둔시키고 있다. 이 지역은 소련 체제 하에서 소련을 중심으로 하나의 통합적인 경제를 형성하였던 곳으로 여전히 러시아에 대한 상호의존성이 높으며, 러시아는 카스피해 석유개발 주도권을 포함해 미국의 군사적 영향력 확대에 대응하고 있다.[43] 러시아는 테러와의 전쟁을 이용해 체첸과 그루지야에 대한 통제를 강화했고 2002년 8월 카스피해에서 카자흐스탄 공군과 아제르바이잔 해군이 참여하는 군사훈련을 주도하였다. 1만여 명의 병력과 60척의 군함, 30여기의 전투기가 동원되어 15일 간 계속된 군사훈련은 테러 위협에 대비하기 위한 것임을 러시아는 강조했지만 미국의 중앙아시아 군사진출에 대한 견제의 의미가 더 컸다.[44]

2003년 러시아는 미군병력 주둔에 대응해 키르기스 비슈케크에 미군이 주둔해 있는 마나스 공군기지에서 불과 동북쪽으로 약 30㎞ 떨어진 곳에 칸트 공군기지를 건설하였다. 러시아는 키르기스의 칸트 공군기지를 중심으로 카자흐스탄, 키르기스, 타지키스탄과 합동으로 테러 및 마약 소탕 작전을 시작했다. 장기적으로 전투기 20여 대와 6,000여명의 병력을 주둔시킨다는 계획 하에 러시아-키르기스 양국 동맹공조를 더욱 강화하는 계기가 되었다. 또한 러시아는 타지키스탄의 수도 두샨베 외곽에 중무장 혼성 사단인 제201기계화 사단을 배치할 새 기지를 건설 중이다. 이는 미국으로부터의 경제원조로 인해서 미국에 우호적인 우즈베키스탄 내 카르시 미군 공군 기지를 견제하기 위한 방편으로 간주된다.[45] 2003년 8월 초 푸틴대통령은 친미적 경향을 보이고 있는 우즈베키스탄의 타시켄트를 방문하기

---

43) 문수언(1999), p. 302.
44) 김재두 · 심경욱(2002), p. 75.
45) 『중앙일보』, 2004. 10. 17.

도 하였다. 러시아가 선택한 가장 중요한 전략적 접근은 "저비용으로 외부 공간으로의 진출을 용이하게 추진할 수 있는 방법"으로 카자흐스탄을 비롯한 중앙아시아 국가들과의 에너지 협력과 전략적 안보 측면에 기초한 전통적인 동맹공조 관계 복원에 주력하고 있는 것이다.[46]

또한 러시아는 흑해 연안의 소치와 그루지야 수도 트빌리시, 아르메니아의 수도 예레반을 잇는 철도 복구 작업도 착수하였다. 이는 코카서스 3국(그루지야, 아제르바이잔, 아르메니아)중 유일하게 러시아의 우방으로 남은 아르메니아만은 포기할 수 없다는 판단에 의한 행보로 분석이다. 러시아는 부채 탕감 조건으로 아르메니아의 가스 시설과 발전소 등을 점령하였다. 2004년 6월 러시아는 타지키즈스탄과 영구 군사기지 건설에도 합의했다. 푸틴 러시아 대통령은 동년 10월 중순 타지키즈스탄에 러시아 군기지 창설을 공식 선언하는 기념식에 참석했다. 푸틴은 "러시아는 중앙아시아 안보를 중시하고 있으며, 2005년부터 타지키스탄 군대에 대한 훈련도 할 것"이라고 밝혔다. 타지키스탄에 건설된 러시아 기지는 구소련으로부터 주둔해온 제201기계화 보병사단을 주축으로 건설된다는 것이다. 약 5,000명 규모의 보병 병력과 공군 비행단 등으로 구성될 것으로 알려졌다. 이로써 러시아는 키르기스의 칸트 공군기지 구축 후 또 다른 군사 교두보를 타지키스탄에 마련하게 된 셈이다. 아울러 중앙아시아에서 미국의 군사적 영향력 확대를 견제하기 위한 전략적으로 러시아는 주변국과 연대 강화 구축을 전개하고 있다. 1996년 러시아, 중국, 카자흐스탄, 키르기스, 타지키스탄과 '상하이 5국회의'를 결성했다. 2001년 우즈베키스탄이 가입해서 경제협력, 대테러 협력, 군사

---

46) 이영형, "러시아의 우랄·시베리아 공간이 갖는 지정학적 의미", 한국외국어대 러시아지역연구사업단 국제학술회의 발표논문, 2004. 4, pp. 12-14.

협력을 목적으로 결성된 상하이협력기구(SCO)로 출범했다. 러시아
는 2004년 8월 말 카자흐스탄, 키르기스, 타지키스탄, 우즈베키스탄
중심의 4개국 모임인 중앙아시아협력기구(CACO)에 가입하여 영향
력을 확대를 시도하고 있다.[47]

VI. 맺음말

　지금까지 살펴본 대로 카스피해 지역에 대한 주요 국가들의 영향
력이나 패권경쟁은 냉전시기와 다르게 전개되고 있다. 냉전시기 '제
로 섬 게임'으로 소연방이 동지역을 통제하고 독점하였다면,[48] 탈냉
전기 동지역은 새롭게 부각하고 있는 주요 국가들과 CIS 국가들간
에 국익을 최대화하기 위해서 협력과 경쟁의 국제 갈등체제가 형성
되고 있다. 21세기 이 지역의 경제적, 전략적 중요성에도 불구하고
여전히 소련에서 독립한 후 정치적으로 장기독재와 만성적인 경제
악화와 빈곤, 부패 등이 만연한 곳이다. 최근 이러한 문제점들이
발단이 되어 2003년 이후 그루지야의 벨벳혁명(무혈혁명)을 시작으
로 주변 국가들의 민주주의 확산운동이 전개되고 있으며, 이 지역에
대한 영향력도 러시아의 영향력은 감소하는 반면 미국의 그것은
확대될 전망이다.[49] 미국과 유럽 국가들은 CIS 국가들은 러시아 의
존도를 줄이기 위해서 민주주의 체제로의 이행 및 자유 수호, 자본주
의 시장경제의 전환에 적극적인 지원을 하고 있다. 2005년 5월 25일

---

47) 『동아일보』, 2004. 8. 31.
48) 이호령, "강대국의 이익: 냉전과 탈냉전기-중앙아시아 지역을 중심으로-",
　　고려대학교 평화연구소 기초학문지원연구 정례학술세미나, 1-10, 2004.
　　5. 21, p. 9.
49) Matthew Edward, "The New Great Game and the New Great Gamers: Disciples
　　of Kipling and Mackinder," *Central Asian Survey*, March 2003, pp. 83-86.

아제르바이잔 수도 바쿠에서 러시아의 참여를 배제한 미국이 주도한 세계 최장의 BTC 송유관이 개통되었다. BTC 송유관 개통의 최대 수혜국인 아제르바이잔과 카자흐스탄에도 민주주의 확산 될 것인지의 여부에 관심이 집중되고 있다.

탈냉전기 중앙아시아의 카스피해지역이 지정학적으로 주목을 받고 있는 주요 요인은 무엇인가? 유럽과 아시아를 잇는 교량지대로 러시아와 미국을 비롯한 중국 및 유럽 국가들의 세력권 진출이 활발하게 시도되고 있는 곳이다. 주요현안 이슈인 카스피해 연안 5국간에 카스피해 자원분배 문제는 '소유권 분쟁'과 미국과 러시아간에 주도권 경쟁인 '송유관 건설'과 '군사력 증강'으로 표출되고 있다. 카스피해 북부 연안 3국인 러시아, 아제르바이잔, 카자흐스탄은 해안선 길이에 따라 동지역 분할에 동의했다. 즉 카스피해 유전 소유권 분할인 바다론에 입각하여 '해안선 비례 분할' 원칙에 합의했지만 이란과 투르크메니스탄은 호수론에 입각한 5개국의 균등분할 요구로 갈등을 초래했다. 미국, 터키, 유럽 국가들은 러시아를 통과하지 않는 새로운 파이프라인 건설 역시 중요한 현안과제이다. 카스피해에서 지중해로 연결되는 새로운 BTC 송유관 건설은 러시아의 반대에도 불구하고 러시아의 영토를 거치지 않고 지중해를 통해서 카스피해 원유를 유럽 국가들이 공급 받을 수 있게 되었다. 미국, 터키 및 유럽 국가들의 적극적인 지원 하에 진행된 BTC 송유관은 중동석유 의존도를 줄이고 동지역에 대한 미국의 영향력 확대라는 점에서 전략적 중요성이 부각되고 있다. 미국은 카스피해 석유에 대한 러시아의 영향력 견제와 안정적인 공급 차원에서 이란보다는 정치적으로 안정되어 있는 터키를 관통하는 지중해 노선을 선택했다. 이런 관점에서 러시아는 카자흐스탄과 아제르바이잔을 연결하는 해저 송유관인 BCT 송유관을 추진한 미국을 더 이상 '에너지 협력국'으로 신뢰하지 않는다.[50] 러시아는 기존의 자국의 영향력을 고수하기 위해 중앙아시아의 에너지자원 개발 관련 사업에 적극적으로 관여하고 자국을 통과하는 기존 루트의 개보수 사업을 추진하고 있다.

　마지막으로 21세기 중동을 능가하게 될 에너지 공급기지인 카스피해의 자원개발을 위한 주도권 경쟁은 러시아, 미국, 이란, 터키 4개국의 경제적 이해관계로 표출된다. 특히, 냉전시기 종주국으로서의 영향력 회복을 추구하려는 러시아와 이를 배제하려는 미국간에 협력과 경쟁의 이해 각축장이 지속될 것이다. 2001년 9.11테러이후 카스피해 중심의 반테러 대응과 에너지 수급을 연계한 안보전략은 미-러간 군사력 증강, 나토의 팽창, 중-러의 상하이협력기구(SCO) 연합으로 확대되고 있다. 최근 아제르바이잔과 그루지야 등 카스피해 연안 국가들이 나토 가입을 공언하고 있어 러시아와 이란을 긴장시키고 있다. 석유-군사 연계전략 추진을 목표로 자국의 안보에 위협이 될 수 있는 분쟁을 최소화 내지 예방하기 위해 미-러 양국을 중심으로 카스피해 연안에 대한 간섭과 개입은 확대될 것이다.

50) *Prime-Tass news agency*, 2002. 12. 18.

제 16 장

자원의 보고로서의 중앙아시아:
개발가능성과 영향력

이호령, 현진덕

I. 서론

역사적으로 중앙아시아는 '동서문명의 십자로(十字路)'의 역할을 해 오면서 여러 민족의 파괴와 재통합의 역사를 겪어왔다. 실크로드 가 관통하는 지역에서 중앙아시아가 갖는 특별한 의미는 유라시아 대륙에서 유럽과 아시아를 잇는 안보 전략적 요충지로서의 지정학 적 입지조건을 갖추고 있을 뿐만 아니라, 이란을 통해서는 페르시아 만으로, 아프가니스탄과 파키스탄을 통해서는 인도양으로, 중국을 통해서는 아시아 태평양 지역으로 진출할 수 있기 때문에 중앙아시 아는 광대한 유라시아 대륙을 연결하는 교통의 중심지 기능을 수행 할 잠재력을 갖고 있다는 점에 있다.[1] 또한 세계적인 고유가 시대가

---

1) 아시아의 초원지역(스텝)으로부터 정주지역으로 이르는 길로는 첫째, 카스피해와 우랄강 사이의 평원으로 이 지역은 흑해와 다뉴브강으로 가는 길을 여는 역할을 했고, 둘째, 중국의 만리장성에 의해 보호되어 있거나 고비사막을 통해서 접근하는 지역이 있으며, 셋째, Upper Oxus 계곡인데 이 계곡은 힌두쿠시 산맥을 통해 인도로 이어지거나 페르시아

도래하면서 에너지 자원 확보의 중요성이 점점 강조되자 전 세계는 에너지 자원의 대안으로 카스피해를 중심으로 하는 중앙아시아 지역의 가치를 높이 평가하고 있다.

특히 9.11사태 이후 카스피해 지역은 중동지역을 대체할 수 있는 에너지 자원의 보고로 그 중요성이 높아졌다. 미국은 불안정한 중동지역 에너지에 대한 의존도를 낮출 수 있다는 점에서, 중국과 극동지역 국가들은 원유 및 가스에 대한 소비량이 급등하는 국가라는 점에서, 또한 유럽은 이 지역 에너지자원 개발에 따른 경제적 이득을 노린다는 점에서 세계의 많은 나라들이 직간접적으로 중앙아시아 지역에 대한 이해관계를 높여왔다. 따라서 러시아, 미국, 중국, 이란, 터키, EU 등은 에너지 자원의 개발권과 그 수송로에 대한 통제권을 장악하고자 치열한 경쟁을 벌이고 있다.

19세기 러시아와 영국이 중앙아시아의 지역을 장악하기 위해 각축을 벌였던 '그레이트 게임(Great Game)'이 지금은 강대국, 중진국 할 것 없이 중앙아시아 지역의 이권을 얻기 위해 새로운 지도를 그려 나가고 있는 셈이다. 그것은 이 지역의 국가와 석유생산 회사의 관계자들 사이에 인식되고 있는 '허브와 스포크(hub and spoke)'로, 즉 카스피해인 허브를 중심으로 뻗어나 있는 다양한 파이프라인인 스포크로 주요 국가들은 파이프라인 건설에 적극적이다. 주요 강대국들은 이 지역이 갖는 지정학적 위치뿐만 아니라 그 아래 매장되어 있는 가스자원에 많은 관심이 있기 때문에[2] 자원개발과 자원을 안

사막의 좁은 주변부를 따라 서쪽으로 메소포타미아나 지중해로 이어지며, 여기에 한 가지 길을 덧붙인다면 사막과 산들로 둘러싸여져 있는 타림분지로서 이 지역은 유목민들이 자주 침입했던 지역이었다. Evert Barger, "Some Problems of Central Asian Exploration," The Geographical Journal, Vol., No.1/2 (Jan.–Feb., 1944), p. 3.

2) Bay Fang, "The Great Energy Game; As demand soars, Central Asia's oil and gas reserves are a magnet pulling in the world's power's," U. S. News & World Report (September 11, 2006), Vol. 141, Issue 9, pp. 60–62.

정적으로 이동시키며 정치경제적 영향력을 발휘할 수 있는 파이프라인의 건설과 파이프라인 방향에 촉각을 곤두세우고 있는 것이다.

한편, 중앙아시아의 카스피해 연안 국가들도 파이프라인 건설에 적극적이다. 제정러시아 말기 바쿠를 중심으로 카스피해 서안지역의 석유자원 개발이 본격화되면서 세계 석유 공급의 중심지대로 부각된 아제르바이잔이나, 제정러시아 시기부터 석유자원이 개발되었지만 본격적인 탐사와 개발을 소련체제 말기에 시작해 소련체제 붕괴 이후 석유개발을 본격화하고 있는 카자흐스탄 등은[3] 에너지자원 수출을 통해 경제적 도약을 기대하기 때문에 자국에 유리한 파이프라인 건설을 위해 분주한 실정이다.

중앙아시아 지역을 둘러싸고 주요 강대국, 주변 국가들, 그리고 중앙아시아 국가들까지도 중앙아시아 지역의 자원개발과 그에 따른 영향력을 얻고 행사하기 위해 노력 중이다. 이러한 현상에 대해 본 논문에서는 중앙아시아 지역의 천연자원이 실제 정치경제적 영향력을 발휘할 수 있는 만큼 매장되어 있는지를 분석해 보고, 신실크로드라고 할 수 있는 파이프라인이 이 지역발전 및 국제정세에 미치는 영향력에 대해 살펴보고자 한다. 그리고 주요 강대국을 비롯해 주변국들이 왜 중앙아시아 지역에 대한 이해가 점증하는지에 대한 분석도 할 것이다. 또한, 알타이 문화권이며 역사적 관계가 있는 중앙아시아 지역이 최근 고유가 시대를 극복하기 위해 대체 유전지로서의 가능성과 신 실크로드 재건 등 대륙 물류수송망 구축에 대한 활발한 논의로 한국의 주요 관심지역으로 격상되고, 한국 외교의 지평을 넓힐 수 있는 개척지로 평가되고 있기 때문에[4] 결론 부분에서는 한국에 미치는 함의도 제시하고자 한다.

---

3) 김상철, "중앙아시아 카스피해 연안 주요 산유국의 에너지 자원 개발역사와 문제점", 『슬라브 연구』 제20권 1호(2004), pp. 229-230.
4) 박상남, "중앙아시아가 한국을 부른다", 『중앙일보』, 2005. 12. 26.

II. 중앙아시아 지역의 천연자원과 개발가능성

중앙아시아 국가들 대부분이 천연자원이 풍부하고 석유, 천연가스, 석탄 등의 풍부한 에너지 자원들을 갖고 있었지만 이 지역의 낙후된 기술과 과다한 수송비라는 약점 때문에 구소련시절에는 지하자원 개발이 제대로 이뤄지지 않았다. 그러나 소련체제 말기, 기존 러시아 중심 에너지 자원 개발의 대체지역으로 이 지역에 대한 본격적인 탐사가 시작되면서 그 매장량의 규모가 알려지고 아프가니스탄 전쟁 이후 오일 가격의 가파른 상승으로 중앙아시아 지역의 가치는 더욱 높아졌다.

중앙아시아 지역은 중동에 이은 석유·가스 부존지역으로 전 세계 대비 석유는 약 4%, 가스는 5.1% 규모로 세계 에너지 자원의 대안지역으로 부각되기 시작한 것이다. 카스피해 연안의 중앙아시아 국가들의 원유매장량과 천연가스 매장량을 보면 〈표 1〉과 같다.

〈표 1〉 카스피해 지역 국가들의 에너지자원 매장량(검증치)

국가	원유일일생산량 (단위: 백만bbl)	원유매장량 (단위:백만bbl)	천연가스생산량 (단위:10억cu.m)	천연가스매장량 (단위:10억cu.m)
아제르바이잔	0.477	589	5.13	849.5
카자흐스탄	1.3	26,000	18.5	3,000
투르크메니스탄	0.2034	273	54.6	2,010
우즈베키스탄	0.15	600	49.3	1,875
총계	2.1324	27,462	127.53	7,734.5

※ CIA, The World Factbook 2006, http//www.cia.gov/cia/publications/factbook/ index.html/ 참고해서 작성.

2005년 현재 이 지역의 확인된 원유매장량만 274억 6천2백만 배럴이며 천연가스는 7조 7345억 입방미터이며, 석유매장 추정치는 약 2,700억 배럴이나 된다. 2005년 현재 하루 213만 배럴 이상을 생산하고 있는 카스피해 지역 원유는 2010년경까지는 일일석유생산량을 370만 배럴, 2020년에는 650만 배럴로 평가되고 있지만, 이 지역에서 필요로 하는 일일석유소비량은 667,400배럴로 100만 배럴에도 미치지 못하고 있는 실정이다. 또한 현재의 송유관이 처리할 수 있는 용량도 40만 배럴에 불과하기 때문에 송유관의 증설이 생산국과 수입국 모두에게 매우 긴박히 요청되고 있는 실정이다.

1. 석유

① 카자흐스탄

이러한 부존 에너지 자원 가운데 특히 석유를 중심으로 전 세계 에너지 시장의 새로운 대안으로 떠오르고 있는 국가가 카자흐스탄과 아제르바이잔이다. 특히 카자흐스탄은 석유와 가스를 중심으로 한 자연자원이 중앙아시아 국가들 중에서도 가장 풍부해 다른 에너지 기업을 끌어들이는 자석의 역할을 하고 있으며 그 풍부한 자원은 '중앙아시아의 보석'이라고까지 불리고 있다.[5]

카자흐스탄의 석유자원은 대부분 서부 카자흐스탄과 카스피해 연안에 매장되어 있다. 카자흐스탄에서 석유는 제정러시아 말기인 1899년 서부 카자흐스탄 카라춘굴 지역에서 최초로 발견되었지만, 유전 지역과 소비자 간의 거리가 멀리 떨어져 본격적인 개발은 이루어지지 않았다. 상업적인 개발과 생산은 1911년 아틔라우 인근의 도소르, 1915년 엠바에서 석유가 발견되면서부터 본격화되었다. 이 유전들이 최고 생산량을 기록한 것은 1940년대로 당시 도소르 유전에만 500개 정도의 유정이 있었으며, 연간 생산량은 25~30만 톤 수준이었다.[6] 그러나 소련시절 카자흐스탄에서 생산된 석유는 수송문제로

---

5) Rashid Ahmed, "The next frontier: Kazakhstan is a magnet for energy firms", *Far Eastern Economic Review*, Feb. 4, 1993, pp. 48~50.

인해 대부분 내수용으로 사용되었고, 소련체제 붕괴 이후에는 경제 침체와 관련시설 노후로 생산량의 감소가 불가피했다. 이런 상황을 타파하기 위해 카자흐스탄은 소련체제 말기에 매장량이 확인된 텐기즈를 중심으로 석유개발과 생산을 적극 추진했다. 1992년 5월 카자흐스탄 정부와 셰브론사 간에 텐기즈 유전지대 개발협정이 체결되면서 본격화된 카자흐스탄의 석유개발은 이후 석유메이저인 엑슨, BP, 텍사코 등의 참여로 석유개발과 생산이 보다 활기를 띠기 시작했다.

카자흐스탄에서 상업적인 생산이 가능할 정도의 석유매장량이 확인되어 개발이 진행되고 있는 곳은 6개 지대로, 이 가운데 아틔라우, 악토베, 서카자흐스탄 지역, 망기스타우 지역은 카자흐스탄 전체 추정 매장량의 94%를 차지하고 있고, 이외에도 카라간다와 크즐오르다 지역에서 소량의 석유가 발견되어 생산되고 있다. 이 가운데 대표적인 대규모 유전지대는 텐기즈, 카르차가나크, 우젠, 즈난졸, 칼락카스 등으로 이들 지역은 카자흐스탄령 카스피해 북부도시인 아틔라우와 남부지역인 망기스타우 지역 사이에 위치하고 있다.[7] 또한 천연가스 매장량도 83조 입방미터에 달하는 것으로 확인되고, 이의 대부분이 카라차가나크 유전지대에 매장되어 있는 것으로 밝혀졌으며, 이외에도 텐기즈, 즈난졸, 우리타우 유전지대에서도 가스가 생산되고 있다.[8] 1999년 이후 산유량의 급격한 증가로 1995년에 하루 생산량이 41만 4,000배럴에 불과했던 것이 2000년에는 하루 70만 7,000배럴로 증가했고, 2004년에는 하루 118

---

6) Bulat Khusainov & Kulaysh Turkeeva, "Kazakhstan's Energy Potential Today and Tomorrow," *Central Asia and the Caucasus,* Vol.4, No.4 (2003), p. 100.

7) 텐기즈, 카샤간, 카라차가나크 등 주요 유전은 미국과 유럽 업체들이 장악하고 있다. 셰브론, 엑슨모빌, 코노코필립스, 셸, ENI, 토탈, BG 등이 카자흐스탄 국영 석유가스회사인 KMG와 더불어 주요 유전의 지분 대부분을 소유하고 있다.

8) Nozar Alaolmolki, *Life After the Soviet Union: The Newly Independent Republics of the Transcaucasus and Central Asia* (Albany: State University of New York, 2001), p. 71.

만 배럴로 늘어났다. 매년 약 15% 생산량의 증가를 보이고 있는 셈이다. 이런 추세에 기초해 카자흐스탄 정부는 2010년까지 하루생산량을 300만 배럴 이상으로 늘릴 것이라고 장담하고 있으며, 2020년에는 500만 배럴로 생산량의 정점에 이를 것으로 예상되고 있다.[9]

적극적인 에너지 자원에 관련한 외국인투자정책과 이라크 전쟁 이후 국제유가의 지속적 상승, 그리고 경제개혁정책 덕분에 카자흐스탄은 중앙아시아 5개국 중 가장 높은 경제 성장세를 보이고 있다. 특히 카스피해 석유개발을 둘러싸고 서방자본의 적극적 투자 등 카자흐스탄 정부가 시장경제제도 정착에 주력하면서 균형재정, 환율안정, 인플레 억제 등 거시경제의 안정화와 함께 IMF 등 국제금융기구 권고에 따라 금융개혁을 추진한 것이[10] 다른 중앙아시아 국가들과 달리 빠르게 성장할 수 있는 주요 요인이라고 볼 수 있다. 2005년 카자흐스탄의 WTO 가입에 따른 시장개발 확대, 카자흐스탄에 대한 투자증가에 따른 교역증가, 아스타나 신도시 건설 및 카스피해 종합개발 등 발전 동력이 점증하는 추세이다. 그러나 중장기적으로 석유, 가스 산업 발전을 통한 경제구조 다변화, 민영화, 균형적인 투자구조 및 개혁이 부진할 경우 향후 국제유가 하락 등 대외환경의 변화가 경제안정에 직접적으로 타격을 줄 수 있다.

② 아제르바이잔

최초로 상업유전을 개발했던 아제르바이잔은 20세기 초만 해도 전 세계 석유생산량의 50%를 차지했다. 1900년 연간 8,000만 배럴에 달했던 아제르바이잔의 석유생산량은 1918년에는 연간 2,500만 배럴로 떨어졌고, 구소련 시절 아제르바이잔의 바쿠 석유는 사회주의 체제를 위해

---

9) 이장규, 이석호, 『카스피해 에너지 전쟁』(서울: 올림, 2006), pp. 87-93.
10) 김중관, "카자흐스탄의 에너지 산업과 경제정책", 『중동연구』 2006년 제25권 1호, pp. 195-196.

제16장 자원의 보고로서의 중앙아시아: 개발가능성과 영향력 399

사용되었다. 그러나 1991년 구소련 해체로 아제르바이잔이 독립국가가 되면서 유전개발을 위해 서방의 석유회사들에게 개방정책을 적극 폈다.

개발 가능한 석유매장량은 공식적으로 75억 배럴, 천연가스는 5,000억 세제곱미터에 달하며 현재 탐사가 계속되고 있는 점을 감안해 볼 때, 더 많은 양이 묻혀 있을 것으로 보인다. 아제르바이잔은 전체 수출에서 석유 관련 상품이 차지하는 비중이 86%(2003년 기준), 국가예산의 50%, 정부수입의 65%가 석유수출에서 나온다(2005년 기준).[11] 현재 아제르바이잔의 하루 생산량은 38만 배럴로 1994년 19만 배럴에 비해 2배 정도 늘어난 상태이며 수출량도 21만 배럴로 당시 4,000배럴과는 비교할 수 없을 정도로 증가했다. 또한 BTC 라인 가동으로 2008~2009년 이후 유가가 배럴당 50달러 선을 유지만 해줘도 매년 오일 관련 수입으로 200억 달러를 넘게 벌 것이라고 평가하고 있다.[12]

2. 천연가스

중앙아시아 지역 국가 중 천연가스 자원 매장량이 비교적 높은 국가는 투르크메니스탄과 우즈베키스탄, 카자흐스탄으로 각각 검증된 규모는 투르크메니스탄은 중앙아시아 전 지역의 40% 이상, 우즈베키스탄과 카자흐스탄은 각각 27%로 이 3국가에 매장된 천연가스 보유량은 중앙아시아 전 지역의 95%이상을 차지한다.[13]

① 투르크메니스탄
투르크메니스탄은 전 세계의 10%를 차지하는 천연가스 보유 국

---

11) 이장규, 이석호(2006), p. 127.
12) 이장규, 이석호(2006), pp. 129-130.
13) Kang Wu, Feredun Fesharaki, "Central Asia's potential as Asia-Pacific oil supplier limited for years to come," *Oil & Gas Journal* (Aug.5, 2002), p. 19.

가로 2000년 이후 생산량이 25% 이상 증가하고 있다.[14] 그러나 중앙
아시아의 타 국가들처럼 수송의 문제가 발생하고 있다. 주로 러시아
의 가스 배관망을 이용해 수출을 해오고 있기 때문에 천연가스 생산
을 대폭 늘리는 데는 한계가 있는 것이다. 러시아가 투르크메니스탄
의 가스 파이프라인 배출구를 독점하며 가격을 통제해 왔기 때문
에,[15] 투르크메니스탄은 가스 수출을 통해 경제성장을 하기에는 중
장기적으로 어려움이 발생하는 것이다. 생산량을 증대시켜도 수송
의 문제와 러시아의 가격통제가 문제가 되기 때문이다. 시장의 다양
화 구축이 필요한 것이다. 이를 위해서는 수송문제의 해결, 즉 파이
프라인의 배출구를 어디로 낼 것인가가 주요 과제가 되는 셈이다.
그 결과 투르크메니스탄은 카스피해를 가로지르는 파이프라인(TCGP)
건설에 역점을 둔 것이다. 카스피해 해저를 통해 아제르바이잔과
그루지야를 경유해 터키로 이어지는 파이프라인으로 러시아를 거
치지 않고 유럽에 직접 공급하겠다는 계획이다. 이 외에도 인도양과
인도, 중국 등으로 이어지는 파이프라인 건설도 계획 중이다. 이미
알려진 투르크메니스탄-아프가니스탄-파키스탄(TAP 프로젝트)을
비롯해 이란의 코드쿠이와 투르크메니스탄의 굼다그를 연결하는
파이프라인의 확장과 우즈베키스탄을 통과하여 중국에 300억 세제
곱미터의 천연가스를 공급하는 가스전 개발 및 파이프라인 건설계
획도 갖고 있다.[16]

또한 석유 매장량도 880억 배럴로 카스피해에서 2001년부터 유전
을 개발하기 시작해 2004년에는 4개 유전을, 2005년에는 9개 유전을
시추하는 등 유전개발에도 박차를 가하고 있다.

---

14) James P. Dorian, "Central Asia: A major emerging player in the 21st century,"
    Energy Policy, Vol. 34. (2006), p. 546.

15) Robert M. Cutler, "The Caspian Energy Conundrum," *Journal of International
    Affairs* (Spring 2003), p. 93.

16) 이장규, 이석호(2006), p. 162.

② 우즈베키스탄

우즈베키스탄은 전 국토의 60%가 석유와 가스 매장예상지대로 에너지 대국이라 할 수 있다. 천연가스 생산량이 연간 약 500억㎥로 구소련 국가 중에서 러시아, 투르크메니스탄에 이어 3위를 차지하고 있으며 매장량은 3조㎥로 세계 10위권에 든다. 석유도 30억 배럴로 유전지대를 1/3를 탐사한 결과인 점을 감안해 볼 때, 석유 매장량도 풍부하다고 볼 수 있다. 그 외 비철금속자원 등도 풍부하다.

그렇지만 우즈베키스탄은 중앙아시아의 타 국가들과 달리 천연자원 개발을 본격적으로 하고 있지 않으며 국내수요를 충족시킬 만큼만 생산하고 있다. 석유 생산은 1996년 한 해를 충족시키는데 필요한 175,000배럴로 현재까지 최상의 기록을 남기며, 이후 2003년 현재 166,000배럴로 그 생산량을 안정적으로 관리하며 수출을 하고 있지 않다.[17] 또한 천연가스 생산량도 약 500억㎥로 국내소비가 대부분을 차지하며 수출은 연간 1,200만㎥에 불과하다. 비록 최근 카자흐스탄의 경제성장에 자극 받아 외국 업체들과 컨소시엄을 구성해 유전개발에 나서고는 있지만 폐쇄정책 등으로 경제 환경이 매우 열악해 외국투자자들을 끌어들이기에는 역부족이다.

한편, 우즈베키스탄은 중앙아시아의 주변 국가들에게 에너지를 제공해 주는 지리적 이점을 갖고 있다. 러시아에 보내는 가스는 투르크메니스탄과 카자흐스탄이 사용하는 동일한 파이프라인 시스템을 사용하고 있으며, 타지키스탄과 키르기스에게도 가스 공급을 해 줄 수 있는 파이프라인을 갖고 있다. 이러한 이점은 때로 체납의 문제를 이유로 가스를 중단시키는 무기가 될 수 있어 주변국과의 외교적 마찰을 일으킬 수도 있다.[18]

---

17) Dorian(2006), p. 548.
18) Cutler(2003), p. 94.

③ 카자흐스탄

카자흐스탄의 천연가스는 83개의 저장소에서 생산되는데 그 중 17개가 순 천연가스를 생산하고 나머지는 석유와 천연가스를 동시에 생산하고 있다. 천연가스는 전국에 불균등하게 분포되어 있다. 카자흐스탄의 천연가스의 40% 이상이 광대한 북서 카라차가나크 (Karachagank)지역에 위치하고 있다. 세계 최대 천연가스전으로 평가되는 카라차가나크 가스전은 1조 3,500억㎥에 이르는 추정매장량을 갖고 있을 뿐만 아니라 20억 배럴의 석유도 갖고 있다. 이 지역은 소련 붕괴 후의 에너지 경제의 민감성을 나타내 주고 있다. 즉 이 지역이 원래는 소비에트 시대에 개발되었지만, 카라차가나크 가스가 오렌부르크(Orenburg)에 있는 러시아 국경을 따라 매장되어 있어 1991년 이후 러시아 시장을 위해 러시아 가스와 함께 경쟁하게 되었다. 그 결과 오렌부르크는 카라차가나크로부터 받아들이는 양을 대폭 줄이게 되었다. 따라서 카자흐스탄은 석유와 가스의 응축액을 가공하기 위해 현장에서 새로운 공장 건설 계획을 세우고 있다.[19]

카자흐스탄에는 두 가지의 천연가스 유통네트워크가 있는데 그 중 한 가지는 서부에 있고 또 하나는 남부에 있다. 천연가스 생산량은 2000년 이후 꾸준히 늘어서 현재는 129억㎥이다. 카자흐스탄 에너지관련 관청의 15년 전략에 의하면 2010년에는 가스 생산을 453억㎥으로 그리고 2015년에는 521억㎥으로 증산시키려고 노력하고 있다.[20] 향후 중앙아시아 경제전망은 전적으로 석유·가스 부문에 대한 전망을 바탕으로 이뤄지고 있다는 점에 주목해야 한다. 카자흐스탄, 아제르바이잔, 투르크메니스탄의 국가 주요 수입원이 원유와 가스 수출에서 얻어지는 점을 고려해 볼 때, 중앙아시아 국가들의 장래는 현재 추진 중인 석유·가스자원 개발이 어느 정도 성공적으

---

19) Cutler(2003), p. 91.
20) Dorian(2006), p. 546.

로 추진되는가에 달려 있다. 앞으로 중앙아시아 장래를 판가름할 수 있는 것은 바로 에너지 자원의 수출루트 개발문제이다.

그러나 풍부한 지하자원이 초기 경제발전을 끄는데 주요 동력이 될 수는 있지만, 경제발전을 지속가능하게 하는 동력이 될 수는 없다는 점을 간과해서는 안 된다. 국가의 자원이 풍부할수록 제조업 수출이 방해받는 경향이 있기 때문이다. 즉, 이러한 경향은 'Dutch Disease'라는 별명[21])으로 더 잘 알려져 있는데 자원수출이 활발할수록 실질환율이 평가 절상되어 자원을 바탕으로 한 수출 제조업보다 순수한 수출 제조업(non-primary manufactured export)의 수익성이 떨어지고 따라서 수출이 줄고 수입이 늘 수 있다는 것이다.

따라서 중앙아시아의 성장과 발전은 풍부한 지하자원의 개발과 수출을 통해 벌어들인 경화로 지속가능한 성장의 엔진이 될 수 있는 산업을 육성해나갈 때, 비로소 중앙아시아의 경제성장이 담보될 수 있다.

Ⅲ. 신 실크로드 등장

1. 실크로드의 의의

실크로드란 태고 이후로 중국의 주요한 교역품이던 비단과 연관된 동서교통로를 총칭한 말이다. 이 길을 통해 중국의 비단, 종이, 도기 등이 서방으로, 서방의 보석, 유리, 융단 등이 중국으로 옮겨졌다. 그러나 실크로드는 단순히 동서교역로만은 아니었다. 실크로드

---

21) 'Dutch Disease'란 네덜란드의 북해에서 가스가 발견된 후, 국가경제가 탈산업화되어 간 과정으로 인해 부쳐진 이름인데, 카자흐스탄에서도 'Dutch Disease'에 대한 경고가 나오고 있으며 키르기스의 경우도 금 수출이 수출 상품의 40%를 차지할 정도로 지하자원을 토대로 타 산업이 육성되지 않고 있음을 보여주고 있다.

는 동서교역로 이외에 여러 의미를 갖고 있다.[22] 첫째, 실크로드는 세계사 전개의 중추적 역할을 했다는 점이다. 중앙아시아의 역사가 아시아와 유럽 두 지역과 항상 밀접한 연관을 가지며 각각의 시대구분에 중요한 영향을 미쳐왔다. 둘째, 실크로드는 세계 주요 문명의 산파역을 담당했다는 것이다. 특히 이 루트가 중세문화에 미친 영향은 절대적이었다. 기원 1세기부터 오늘날에 이르기까지 동아시아 전역의 정치, 경제, 문화 등 모든 면에 걸쳐 심대한 영향을 남긴 불교를 비롯하여 유럽, 아프리카, 그리고 중근동 등에 커다란 영향을 주고 있는 기독교와 이슬람교 모두 실크로드의 주변에서 생겨난 종교이다. 셋째, 실크로드는 명실상부한 동서교류의 가교적 역할을 하였다는 점이다. 이른바 동서 교류의 간선도로로서 아시아문화와 유럽문화의 가교이며 세계 문명교류의 매체와 수단이었다. 즉 실크로드는 동서양 세계문화의 온상이고 변용의 장이며 동서간의 가교였다.

내륙 아시아를 통합한 티무르제국 때, 몽골과 중국, 오스만 투르크, 킵차크한국과 우즈벡, 인도 등 세계의 여러 나라 캐러밴이 사마르칸트에 모여들어 '바자르'를 번성시켰지만, 티무르 왕이 죽자 비단길도 쇠퇴하고 바자르도 15세기 후반이 되면서 점차 약화되어갔다. 바스코 다 가마가 인도항로를 발견한 이후 인도양을 둘러싸고 해상교역로가 발전하고 있었기 때문에 중앙아시아를 가로지르는 실크로드는 점차 존재가 희미하게 되어버렸다. 그러나 20세기말 비단길의 가치는 다시 부각되었다. 중앙아시아를 가로지르며 동서간의 물품이 오갔던 그 길이 지금은 기름과 가스의 천연자원이 파이프라인을 통해 오가는 시기가 도래했기 때문이다.

---

22) 이승영, "실크로드와 그것이 한국에 미친 영향",『경영사학』제20집 제1호 (통권 36호) 2005. 6, pp. 31-32.

2. 신 실크로드

유럽과 아시아의 석유 및 가스 수요 증대와 더불어 오일가격 상승 등으로 중앙아시아 지역의 오일과 천연가스의 생산량 증대가 요구되고 있으며, 이에 따라 과거 비단을 운반하는 동서통상로의 역할을 해왔던 중앙아시아는 21세기에 들어와서 원유와 천연가스를 생산, 운반하는 '신 실크로드'로 주목받고 있다.

그런데 중앙아시아 카스피해 연안지역에서의 석유생산 확대와 관련해 가장 중요한 문제는 석유의 수송루트 확보다. 현재 중앙아시아 카스피해 연안에서 생산되는 석유들은 대부분 송유관, 유조선, 유조열차 등으로 구성된 복합운송방식에 의해 코카서스 지역을 관통하여 흑해의 석유 수출항구인 그루지야의 수프사, 러시아의 노보로시스크로 집결되어, 최종적으로 석유수송선인 탱커들이 보스포러스 해협을 통과하고 있다. 보스포러스 해협의 연간수송 한계는 5,000만 톤으로 대형유조선으로는 5,400대에 해당되는 양이다. 그런데 보스포러스 해협에서의 유조선 사고로 해상오염을 수차례 경험한 바 있는 터키는 유조선의 보스포러스 해협 안전 통과를 위해 수칙을 강화하고 있다.[23] 이러한 환경은 중앙아시아의 석유 생산량을 획기적으로 증대시킬 수 없다. 러시아 경유 수송루트의 대부분이 보스포러스 해협을 통과하는 유조선에 의존하고 있기 때문에 수송량의 확대가 어려운 상황이며, 이란 경유 수송루트의 경우에도 카자흐스탄에서 생산된 석유를 유조선으로 이란 쪽으로 수송해야 하므로 수송량의 획기적인 증대가 어려운 것이다.

---

23) 지난 50년간 보스포러스 해협에서는 500여건의 선박사고가 발생했고, 이 가운데 40 여건은 심각한 해상오염을 초래했다. David Preiger, Irina Maliarchuk, Taisia Grinkevih, "Pipelines for Caspian Oil," *Central Asia and the Caucasus*, Vol. 4. No. 4. pp. 82~83.

<그림 1> 파이프라인 루트

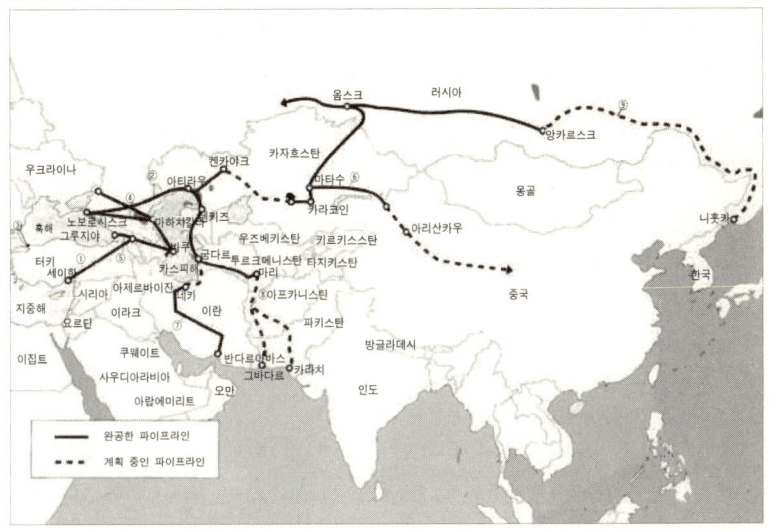

※ 이장규 · 이석호(2006), pp. 50~51. ① BTC 라인, ② CPC 라인, ③ 보스포
러스 해협, ④ 북부 루트, ⑤ 서부 루트, ⑥ 카자흐스탄-중국 루트, ⑦
투르크메니스탄-이란 루트, ⑧ 파키스탄 루트, TAP 루트, ⑨ 동시베리아
파이프라인

　따라서 최대 석유소비시장인 유럽이나 신흥 소비시장으로 부상
하고 있는 아시아 지역으로 수송할 수 있는 대안 수송 루트가 확보
되지 않는다면, 중앙아시아 석유 생산의 획기적인 증가는 불가능하
다고 볼 수 있다.[24] 카스피해 연안의 중앙아시아 주요 산유국들은
석유 수출로의 확대측면에서, 터키는 보스포러스 해협의 유조선 과
다통과로 인한 환경재앙 발생 가능성 방지 측면에서 석유 수송의
대안 루트 건설에 적극적일 수밖에 없다.
　카스피해 지역에서 유럽, 아시아 지역으로의 파이프라인 건설은
해당 국가들뿐만 아니라, 러시아, 미국, 이란, 터키 등에게 상당한

---

24) 김상철, "중앙아시아 카스피해 연안 주요 산유국의 에너지 자원 개발역
　　사와 문제점", 『슬라브연구』 제20권 1호, p. 250.

이득을 주는 주요 현안이다. 파이프라인 게임의 승자는 카스피해 및 중앙아시아 지역에서 전략적 이득을 축적하고 패자는 주변세력으로 전락할 수 있는 지정학적 성격이 매우 강하기 때문이다.

석유 수출 확대를 위한 송유관 건설은 크게 유럽방향과 아시아 방향으로 나눠볼 수 있고, 이를 다시 5개 루트로 분류할 수 있다. 유럽방향의 송유관으로는 소련 시기 카자흐스탄의 주요 석유수출 송유관이었던 아틔라우, 사마라, 2001년부터 카자흐스탄의 텡기즈 유전에서 러시아의 노보로시스크로 이어지는 1,580km의 CPC(Caspian Pipeline Consortium)라인, 2005년부터 가동된 BTC(Baku-Tbilisi-Ceyhan)라인이 있다. 그리고 아제르바이잔의 바쿠를 시작으로 다게스탄의 마하치칼라를 거쳐 노보로시스크와 로스토프나도누로 연결되는 기존 노선을 확충한 북부루트와 바쿠와 트빌리시를 거쳐 그루지야의 수프사항으로 연결되는 서부루트도 유럽방향의 송유관에 속한다.

그런데 유럽방향의 경우 BTC라인을 제외하고는 현재로서는 모든 수송루트가 보스포루스 해협을 지나야 하는 문제점을 안고 있다. 따라서 카자흐스탄 역시 카스피해 남부에 위치한 현재의 원유 수출 항구인 악타우와 BTC라인을 직접 연결하는 카스피해 해상송유관의 건설을 고려하고 있다. 중앙아시아 석유에 대한 러시아 및 이란의

〈표 2〉 파이프라인별 특징

라 인	선 호 국 가	특 징
북방라인; ② CPC, ④	러시아, 카자흐스탄, 아제르바이잔	체첸을 경유해야 하는 문제점
서부라인; ① BTC, ⑤	미국, 터키, 아제르바이잔, 그루지야	러시아와 이란을 경유하지 않음
남부라인; ⑦	이란 및 다국적 석유회사들	가장 경제적임(10억불 이하)
동부라인; ⑥	중국	너무 많은 경비 소요 (35~50억불)
남동부라인; ⑧	파키스탄, 아프가니스탄	아프가니스탄의 불안정

이홍섭, "카스피해(중앙아시아) 에너지자원 개발", 「월간 아태지역동향」 (2003. 8.) p. 12; 이장규·이석호, (2006), pp. 48~53 참조.

영향력을 감소시키는 측면에서 미국과 유럽 역시 BTC라인을 카자흐스탄과 직결시키는 악타우-바쿠간의 해상송유관 건설에 적극적인 관심을 표명하고 있다. BTC라인은 러시아와 이란을 경유하지 않고 카스피해 석유를 흑해와 지중해로 끌어낼 수 있기 때문이다.

아시아 방향 수송루트는 카자흐스탄을 중심으로 이란이나 중국을 경유하는 노선이 부각되고 있다. 이란을 경유하는 남부라인은 이미 활성화되고 있는 카자흐스탄-이란-페르시아만 루트이다. 카자흐스탄과 이란 간에 체결된 석유스왑협정에 따라 카자흐스탄은 2002년 1월부터 악타우에서 유조선으로 이란항구인 아미르바드로 수송하고 있으며, 이란은 카자흐스탄으로 받은 양만큼 이란에서 생산된 석유로 대신 수출하고 있다. 중국을 잇는 동부라인은 카자흐스탄의 아티라우-켄키야크-아타수-드루즈바를 거쳐 중국의 아라산커우로 연결되어 신장 · 위구르자치주를 지나 중국 본토로 연결되는 노선인데, 중국은 이 노선에 사활을 걸고 뛰어들어 2005년 11월에 완공했다. 그런데 아시아 방향으로 루트 개발에는 많은 난관이 있다. 첫째, 파이프라인이 건설되는 국가들, 즉 카자흐스탄, 우즈베키스탄, 투르크메니스탄, 타지키스탄 등이 자체적으로 충당할 수 있는 재원이 부족하며, 둘째, 동아시아 방향으로 루트를 개발하는 것이 러시아의 영향력을 피하거나 도전하려는 것이 아님을 이해시키며 러시아의 양해와 협조를 구해야 하는 어려움이 있으며, 셋째, 천연가스를 동아시아로 수출할 경우에는 카자흐스탄, 우즈베키스탄, 키르기스 등 3개국이 천연가스의 생산 · 공급에 긴밀한 협조체제를 구축해야 하는 과제가 남아 있기 때문이다.

카자흐스탄-투르크메니스탄-이란을 연결하는 수송루트도 부각되고 있다. 이 루트는 카자흐스탄의 우젠 유전지대가 시발점으로 투르크메니스탄 및 이란을 경유하여 페르시아만의 이란 항구로 연결되는 루트와 이란 북부의 네카와 투르크메니스탄의 굼다그를 거쳐 이란의 반다르아바스항으로 연결되는 걸프만 진출 노선이 이에 해당된다. 이 루트는 새로운 에너지 소비처로 부각되고 있는 아시아 국가들로의 석유 수출에 장점을 갖고 있다. 러시아를 경유하지 않고 중앙아시아산 에너지자원 수출루트를 적극적으로 모색하고 있는 서방입장에서는 이란 루트가 가장 경제적이고 현실적인 루트임에도 불구하고 이란 핵문제로 미국과 이란 간 대립관계로 적극적 추진이 어려운 실정이다. 다만, 지역차원에서 투르크메니스탄의 코루페제와 이란의 쿠루토쿠이, 이란과 터키간의 파이프라인 건설이 추진되고 있다.

카자흐스탄과 향후 세계최대의 석유소비 국가로 부상할 가능성이 높은 중국을 직접 연결하는 송유관 역시 카자흐스탄의 아시아 쪽 석유수출 루트이지만, 소비시장 자체가 중국으로 한정되는 단점을 갖고 있기 때문에, 중국을 제외한 동아시아 시장에 중앙아시아산 석유를 공급할 수 있는 루트로는 이란을 경유하여 유조선을 수송하는 방법이 유일하다고 볼 수 있다.

한편, 투르크메니스탄의 마리를 기점으로 아프가니스탄을 관통하여 파키스탄의 그바다르와 카라치항으로 각각 연결되는 1,400㎞의 파이프라인(TAP)이 있다. 2002년 12월 투르크메니스탄, 아프가니스탄, 파키스탄 3개국이 정식으로 합의하고 25억 달러의 공사비를 들여 인도양으로 진출하는 파이프라인을 설치하기로 했다. 투르크메니스탄의 가스를 아프가니스탄을 통해 파키스탄까지 공급하는 남동부라인은 비교적 거리가 짧고 지형이 비교적 평탄해 파이프라인 건설에 있어 별다른 기술적 문제가 없어 경제성이 가장 높다. 이 라인은 아프가니스탄 불안정으로 주춤했다가 아프가니스탄 전쟁 후 친미정권이 세워지면서 다시 구체화됐다. 이 라인이 건설되면 미국입장에서 볼 때, 이란과 러시아를 배제한 노선이 카스피해에 또 하나 만들어지는 셈이다. 그리고 이 루트는 석유 파이프라인과 천연가스 파이프라인 병설로 파키스탄의 항만을 통해 중앙아시아산 석유를 전 세계에 수출할 수 있다는 점에서 경제적으로 매우 중요한 의미를 지닌다.[25]

향후 10~15년간의 유럽지역의 원유소비량이 하루 백만 배럴 정도 성장할 것으로 예측되고 아시아 지역의 소비량도 천만 배럴로 증대될 것으로 예측되고 있는 현 상황에서 카스피해 지역의 에너지 자원을 경제적으로 운송해 올 수 있는 파이프라인 건설은 매우 필요하다. 그러나 파이프라인의 방향과 건설이 경제성보다는 미국, 중국, 러시아 등을 비롯해 주변 국가들의 지정학적 전략에 기초하고 있다는 점에서 앞으로 많은 난관이 예상된다.

Ⅳ. 강대국들의 개입과 투쟁

에너지 수요 증가와 중동지역 불안정에 따른 유가상승은 중동지역에 이어 세계에서 두 번째로 에너지 자원이 많은 카스피해와 그에 접해 있는 중앙아시아 지역의 에너지 탐사와 개발에 각 국가들이 활기를 띠고 있다. 천연자원이 부족한 터키나 파키스탄은 물론 미국, 러시아, 유럽, 중국, 한국, 일본 등도 중앙아시아의 천연자원에 안정적으로 접근하기 위해 경쟁하고 있다. 중앙아시아 에너지 자원의 개발권과 수송로의 통제권을 어떻게 장악하느냐에 따라 중앙아시아를 실질적으로 지배할 수 있기 때문이다. 한편, 중앙아시아 국가들도 주요 재정 수입원이 에너지 자원의 수출에서 얻어지기 때문에 원유수출에 필요한 송유관은 내륙국가인 이들에게 생명선과도 같다.

---

25) 이철원, "중앙아시아의 에너지자원 개발과 수출루트의 선정", 『지역경제』, 1997년 2월호, p. 90.

따라서 강대국, 주변 국가, 중앙아시아 국가 모두 다 예외 없이 에너지 자원의 수송로에 대한 지배력 확보를 위해 치열하게 경쟁하고 있는 것이다. 러시아는 이 지역에 대한 영향력을 유지하기 위해, 미국은 영향력을 확대하기 위해, 중국은 빠른 속도로 증대되는 에너지 수요 충족과 중앙아시아에 대한 영향력을 구축하기 위해, 터키와 이란은 에너지 수송에서 유리한 고지를 점하기 위해, 카스피해와 중앙아시아 지역의 에너지자원 개발에 뛰어들고 있는 것이다. 그 결과 이 지역의 에너지 자원 개발은 매우 복잡한 국제문제가 되고 있다.

1. 러시아

카스피해 연안지역과 중앙아시아 지역의 에너지 개발 및 탐사는 구소련 시기에 행해졌기에, 인프라 구축은 러시아 중심으로 이뤄졌다. 따라서 러시아는 이것을 기반으로 CIS 국가들에 대한 영향력을 지속시키고자 했다. 그러나 카스피해 개발이 본격화되면서 러시아의 영향력은 현저하게 약화되기 시작했다. 1999년에 시작된 체첸 사태는 파이프라인에 대한 러시아의 통제력을 흔들어 놓았고, 9.11 테러로 미국이 테러와의 전쟁을 부르짖으며 아프가니스탄을 침공하기 위해 우즈베키스탄과 키르기스, 타지키스탄에 미군기지를 설치하고 그루지야와 아제르바이잔의 영공통과를 허용 받고, 나토의 이름으로 투르크메니스탄의 기지 사용권도 얻자 러시아는 에너지 자원과 파이프라인에 대한 독점적 영향력과 이 지역에 대한 정치군사적 영향력에 엄청난 도전을 받게 된 것이다.

러시아 정부의 에너지 대외정책에서[26] 알 수 있듯이, 러시아는

26) 러시아정부는 「러시아연방 에너지전략 2020」에서 대외 에너지 정책목표로 ① 세계 에너지 시장에서 러시아 위상 강화와 러시아 기업들의

에너지 시장에서 위상강화를 주요목표로 하고 있다. 즉, 에너지 시장에서의 영향력을 회복하고 강화해 나가겠다는 것이다. 러시아의 에너지 장관인 샤프라닉이 "구소련 시기 카스피해 연안 지역 원유개발은 러시아가 했기 때문에 카스피해 국가들은 러시아에게 빚을 지고 있다"며 카스피해 지역 원유개발 사업에서 러시아의 기득권을 주장[27]한 것도 바로 이러한 맥락에서 한 것이라고 볼 수 있다. 러시아가 OPEC 이외의 세계 최대 원유 생산국임에도 불구하고 이러한 태도를 보이는 것은 우크라이나를 비롯해 중앙아시아 지역 국가들 대부분이 친미성향을 보임에 따라 지역 내 영향력을 확보하는데 민감해졌기 때문이다.

따라서 러시아는 접경지역인 카자흐스탄 서부 아티라우 주에 위치한 키르만가지(Kyrmangazy) 유전[28]에 대해 카자흐스탄과 공동으로 140억 달러 규모의 유전개발을 추진하기로 결정하고, 2005년 말 카자흐스탄 정부와 협의를 통해 카자흐스탄 석유가스국영기업인 KazMunaiGas사와 키르만가지 유전 공동개발에 관한 협약을 체결하였다.[29] 또한 구소련시절 최대의 유전이었던 카스피해 동북부 지역에 위치하고 있는 카자흐스탄의 텐기즈 유전에 대해 러시아는 구소련 당시 러시아 기술진에 의해 이 지역이 발견되었다는 명목으로 수송 및 개발에 대한 지분을 요구해 왔다. 러시아 회사들은 생산단

진출확대, ② 국내 에너지 산업의 수출경쟁력 향상, ③ 에너지 수출 상품 구조 다양화, ④ 에너지 수출시장 다변화, ⑤ 외국기업들의 러시아 국내 유치 확대 등을 제시하고 있다. 이성규, "최근 에너지부문에서 러·중 관계변화,『한국시베리아연구』제8집 (2005), p. 18.
27) 홍성원, "코카서스 및 중앙아시아지역 원유의 정치경제",『러시아지역연구』, 한국외국어대학교 외국학종합연구센터 러시아연구소, 1997, p. 175.
28) 키르만가지 유전의 추정 매장량은 10억 톤, 연평균 채굴량은 6,000만 톤에 달할 것으로 평가되고 있다. 이 유전의 탐사부터 석유 생산까지는 최소 9~10년이 걸릴 것으로 예상되고 있다.
29) 김중관(2006), pp. 188-189.

가가 비교적 적게 드는 카자흐스탄, 투르크메니스탄, 아제르바이잔에서의 석유 및 가스 생산에 대한 통제권 강화를 통해 유럽시장의 점유율과 적정한 가격을 유지하고자 한다.

러시아는 지속적으로 카스피해 유전 개발사업에 대한 지분과 석유 파이프라인에 대한 기득권 확보를 통해 경제적 실익을 획득하는 한편, 카스피해를 둘러싼 지역이 정치·군사적 전략요충지라는 점에서 에너지를 무기로 CIS 국가들에 대한 영향력 확대를 지속적으로 꾀하고자 할 것이다.

2. 미국

소련이 붕괴되기 전까지만 해도 중앙아시아 지역은 미국의 주요 관심 대상 지역 밖에 위치했었다. 그러나 이 지역 국가들이 소련 해체로 독립국가가 되면서 미국은 이 지역 국가들에 대한 전략적 관심을 갖게 되었다.[30] 미국이 중앙아시아에서 추구하고 있는 전략적 이익은 다음의 3가지 정도로 요약해 볼 수 있다.[31] 첫째, 안전보장이다. 특히 9.11사태 이후 미국은 테러와의 싸움에 대한 지지를 얻기 위해 노력하고 있는데, 중앙아시아 5개국 중 3개국이 아프가니스탄과 국경을 접하고 있다는 점이다. 미국의 원조 프로그램 덕분에 중앙아시아 5개국 모두는 미국의 '영속적인 자유 작전(Operation Enduring Freedom)'을 지지하고 있다. 또한 미국은 중앙아시아 5개국들을 모두 '핵확산방지 전략'의 프로그램에 넣기 위해 노력하고 있다.

둘째, 에너지와 경제협력이다. 지역적 경제발전은 미국이 중앙아

---

30) Gawdat Bahgat,"Oil and Terrorism: Central Asia and the Caucasus," *The Journal of Social, Political, and Economic Studies*, Vol. 30, No.3 (Fall 2005), p. 278.

31) Daniel Fried, "A Strategy for Central Asia," *The DISAM Journal of International Security Assistance Management*, Vol. 28, No.2 (Winter 2006), pp. 99-105.

시아에서 갖고 있는 전략의 우선순위 가운데 가장 높은 부문이다. 미국은 카자흐스탄의 에너지 부문을 포함하여 이 지역의 풍부한 자연자원을 중심으로 지역 내 에너지 교역, 투자 그리고 기술지원 등을 포함한 정책을 전개하고 있는데, 특히, 동맹의 전략적 경제적 이익을 고려해 카자흐스탄에 대한 투자를 가장 많이 하고 있다.[32] 현재 개발단계를 거쳐 본격적인 생산이 이뤄지고 있는 텐기즈 유전 지역만 보더라도, 텐기즈 유전지대 개발회사인 텐기즈 셰브론사의 지분이 카자흐스탄 국영 석유가스 20%, 셰브론 텍사코 50%, 엑슨모빌 25%, 크루아르코(러시아-미국합작법인) 5%로 전체 지분의 80%가 미국계 회사이다. 미국의 이러한 전략적 투자는 미국이 석유를 본격적으로 수입하기 시작한 1960년대 석유 자급률이 76%였지만, 1987년대 50%대, 1993년 40%대, 1999년 30%대로 계속 하락하고 있고, 2020년이 되면 미국의 석유생산량은 하루 510만 배럴, 소비는 2580만 배럴, 자급률은 20% 대로 전망되고 있기 때문에,[33] 미국은 중동지역의 오일 공급에 대한 의존도를 줄이고 에너지 공급 및 에너지원의 다변화를 추구하는 데[34] 있어 중앙아시아 지역이 그 대안이 되는 것이다.

셋째, 개혁을 통한 자유의 달성이다. 미국은 이 지역 국가들의 경제적 번영은 물론 자유와 민주주의의 달성 그리고 인권과 종교적 자유 등 체제의 안정을 지원하고 있다. 중앙아시아에 민주제도를

---

32) David Thaisrivongs, "Asia Pacific: A New Silk Road," *Harvard International Review*, Vol. 26, No.1 (Spring 2004), pp. 6-7.

33) National Energy Policy Development Group, *National Energy Policy*, (May 2001) www.whitehouse.gov/energy 참조.

34) 미국에 대해 적대적인 중동국가나 테러집단들은 유조선 파괴, 오일가격 상승 등으로 미국 경제에 치명적 영향을 줄 수 있으므로, 이러한 국가나 집단이 속해 있는 중동지역에 대한 의존은 이들의 위협에 미국을 더욱 취약하게 만든다. President Bush Delivers State of the Union Address, January 23, 2007. www.whitehouse.gov/news/release/2007/01.

정착시키고 이 지역의 자원개발을 돕는 것은 상호간에 이득이 되는 윈윈전략이 될 수 있기 때문이다.[35]

미국이 카스피해에서 벌어지고 있는 러시아와 주변국 간의 역학관계를 이용해 1995년 이후 카스피해 에너지 확보 전략의 일환으로 카자흐스탄 유전에 대한 공격적인 투자와 더불어 BTC 송유관 건설을 병행한 결과 지금은 카스피해와 중앙아시아 에너지에 대한 독점력이 강화되고 있다. BTC 파이프라인의 개통은 카스피해 원유가 러시아 영토를 통과하지 않고 해외로 수출되는 역사적 의미를 갖게 해줬을 뿐만 아니라, 미국의 석유와 가스 수입선 다변화에 기여해줬고 이 지역에 대한 미국의 영향력을 강화시켜주고 있다.

3. 중국

소련의 붕괴로 중국은 새로운 중앙아시아 정책을 수립하게 되었는데, 이 정책의 목적은 새로운 위협을 제한하는 한편, 새로운 기회를 이용하는 것이었다. 중국이 직면한 새로운 두 가지 위협이란,[36] 중국이 접경하고 있는 중앙아시아 국가들과의 안정성 문제와 그 지역에서의 이슬람세력의 불안정성이다. 중국은 이러한 위협에 대처하기 위해 중앙아시아 국가들과의 양자협정보다는 다자협정의 방법을 선호해 왔는데, 그 대표적인 기구가 상하이협력기구이다. 즉, 상하이협력기구를 통해서 중앙아시아국가들과 러시아와의 국경문제, 테러 및 군사협력 등 외교안보 관계뿐만 아니라 이들 지역으

---

35) U.S. Fed News Service, Including US State News, "State Dept.: Energy, Security, Democracy Linked in Central Asia, Say Officials," Washington, D.C.:(July 26, 2006), pg. n/a

36) Philip Andrews-Speed, Sergei Vinogrdov, "China's Involvement in Asian Petroleum: Convergent or Divergent Interests," *Asian Survey*, No. 2(Mar.-Apr., 2000), pp. 380-381.

로부터 안정적인 에너지 자원 확보와 시장구축을 위해 경제적 관계를 강화해오고 있다. 중앙아시아 국가들과의 우호 · 협력관계 강화는 중국에게 통상의 확대, 국경 지역의 안정증진, 신장 · 위구르 지역의 분리주의 운동 저지를 가져다 줄 수 있기 때문이다. 비록 트랜스 코카서스 국가들이 러시아에 뒤이은 2번째 교역 국가이나 아직은 매우 낮은 수준의 통상 협력 관계에 있어서, 중국은 이를 타개하기 위하여 TRACEA(중국-중앙아시아-트랜스 코카서스-유럽을 연결하는 현대판 실크로드 건설 프로젝트)의 조기 현실화 등 철도, 도로, 수송관 등과 같은 인프라의 조기 건설에 많은 관심을 기울이고 있다. 또한 중국은 이 지역의 경제적 이익을 극대화하기 위해 이 지역에 많은 지역적 이익을 갖고 있는 러시아와 이란과의 관계를 고려하지 않을 수 없다. 〈그림 2〉에서 알 수 있듯이, 중국의 지경학적 공간 안에 중앙아시아, 러시아, 이란이 상호 연계되어 있기 때문이다.

〈그림 2〉 중국의 지경학 공간

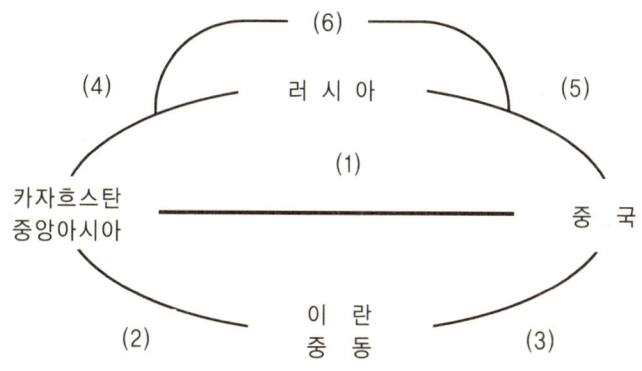

(1) 중앙아시아 파이프라인* (2) 카자흐스탄-이란 파이프라인 (3) 중동-중국 항로 (4)/카자흐스탄-러시아 파이프라인 (5) 러시아-중국 파이프라인 (6) 러시아와 중국 간의 오일 · 스와프

* Xiaojie Xu, "The oil and gas link between Central Asia and China: a geographical perspective," OPEC Review, Vol. 23, Issue 1 (Mar. 1999), p. 48.

중앙아시아 국가들 중 중국이 가장 중요하게 여기는 국가는 역시 카자흐스탄이다. 카자흐스탄은 유럽으로 연결되는 전략적으로 매우 중요한 지역일 뿐만 아니라, 광대한 면적, 접경하고 있는 넓은 국경선, 그리고 카자흐스탄 내에 살고 있는 많은 위구르인 등으로 중국은 카자흐스탄과 효율적 관계를 맺지 않을 수 없다. 중국은 카자흐스탄 서부지역, 카스피해 연안지역에서 생산되는 석유를 송유관을 통하여 중국으로 운반하는 1,000km의 파이프라인을 카라간다에서 신장까지 구축했다. 또한 중국은 여타 중앙아시아 및 카스피해 지역의 석유개발에 대한 관심을 유지하고 있으며, 현지기업 및 서방세계의 석유메이저들과 공동으로 석유 및 천연가스 개발사업을 추진해 왔다. 중국은 악토베 인근의 켄키악과 자나졸 유전, 아티라우 근처 장아탈랍 유전을 운영하고 있으며 2005년 8월 중국석유천연가스(CNPC)가 카자흐스탄의 개발권익을 가진 캐나다 석유기업 페트로카자흐스탄을 인수했다. 그리고 동년 12월에는 카자흐스탄-중국 간 석유파이프라인이 개통돼 중국용으로 본격 수출이 시작되었다.

중국의 이러한 노력은 지속적인 고도 경제성장에 따른 석유수요의 증가와 이러한 추세가 21세기에도 지속될 것이라는 판단아래 에너지의 안정적인 공급을 대외정책의 주요 과제로 삼고[37) 이를 위한 외교를 강화시켜 오고 있지만, 이는 미국, 러시아와 같이 중국도 에너지 문제를 앞세운 중국의 영향력 확대 차원에서 외교적 노력을 진행시키고 있음에 주목해야 한다.

---

37) 2000년에 발표된 제10차 5개년 계획(2001~2005년)에서 에너지 정책목표는 에너지 공급 안보강화, 에너지 수급 구조 고도화, 에너지 절약 추진, 서부지역 에너지자원 개발 추진, 환경대책 강화 등이었다. 이성규(2005), pp. 20-21.

4. 일본

일본은 카샤간 유전에 투자자 자격으로 참여하고 있으며 카스피해 남쪽에 위치한 이란과도 협력관계를 유지하고 있다. 또한 중앙아시아에 가장 많은 정부개발원조(ODA)를 제공하고 있으며 동시베리아 파이프라인 건설을 놓고 중국과도 경쟁하고 있다. 일본은 1990년대 중앙아시아국가들에 대해 ODA 제공을 통한 조용한 외교에서 21세기에는 보다 공세적 외교전을 펼쳐나가고 있다.

2006년 6월 5일 도쿄에서 열린 '일본+중앙아시아' 외교장관 회담에 이어 8월에 일본 고이즈미 총리의 카자흐스탄과 우즈베키스탄 방문을 통한 정상회담 등 일본은 중앙아시아 외교를 보다 적극적으로 추진하고 있는 것이다. 이 지역에서 영향력이 점증하고 있는 중국과 러시아의 영향력을 견제하고 미국의 '대중앙아시아'계획에 보조를 맞추며 상하이협력기구에 대항하기 위한 것이라는 정치적 목적 외에도 에너지 자급률이 17%에 못 미치고 있는 에너지 자원 부족이라는 경제적 이유도 크기 때문이다.

국제유가가 상승하고 중·러와 중앙아시아의 에너지협력이 강화되면서 일본은 조급해진 것이다. 2006년 초 발표된 일본의 '신 국가에너지 전략'은 중앙아시아를 포함한 국제에너지개발을 두드러지게 강조하고 있다. '일본+중앙아시아' 외교장관회담에서 일본 외상 아소다로도 "중앙아시아의 자원은 풍부하지만 석유수송통로가 부족하다"며 "육상교통로만 확보되면 석유생산량은 배가 될 것이다"고 지적했으며 아소다로 외상은 "아프간을 통과하면 해상교통로와 연결될 수 있다"고 덧붙였다.[38]

2006년 8월 28일 고이즈미 총리는 나자르바예프 대통령과의 정상

---

38) "고이즈미, 중앙아시아 방문… 중국·러시아 견제 목적", 2006. 8. 29, www.china.naeil.com/news

회담 후 중앙아시아 지역과의 에너지 및 경제협력 강화와 관련한 〈공동보도문〉을 발표하고 카자흐스탄 내 우라늄광산 개발 관련 비망록에 서명했다. 일본이 이미 국제석유개발 帝石홀딩스의 자회사가 카스피해안에 있는 카자흐스탄의 유전 개발권익을 취득하고 있는데다 향후 일본이 에너지 안정공급을 위해 카자흐스탄과 우즈베키스탄에서 새로운 개발권익을 확보할 경우 유럽메이저 등과 연계해 타 지역 산유시설에서의 원유와 교환하는 방법을 활용하게 될 것이며,[39] 이는 향후 이 지역에 대한 영향력을 확보하고 확산해 나가는데 긍정적 기능을 하게 될 것이다.

5. 이란

이란은 에너지 공급자로서의 중앙아시아의 미래를 결정하는 데 있어서 특별한 역할을 했다. 1991년 이전에 이란은 소련을 제외하고는 카스피해와 접하고 있는 유일한 국가였다. 이란은 중앙아시아의 신생국 투르크메니스탄과 카스피해 지역의 아제르바이잔과 아르메니아와 접하고 있다. 그리고 이란은 중앙아시아와 접하고 있는 유일한 중동 석유 수출국가이자 주요한 OPEC 가맹국이다. 페르시아만 그리고 종국적으로는 아시아-태평양에 접근하기 위해 중앙아시아 국가들은 파이프라인들을 이란을 통과해 건설해야만 하는 실정이다.[40]

그러나 이러한 지리적 이점에도 불구하고 이란 핵문제가 국제이슈로 크게 부각되자, 이란은 카스피해 연안국가들과의 원유교환거

---

39) "중·일·러 중앙아시아 자원권익 격돌", 『한국가스신문』, 2006. 9. 5.
40) Kang Wu, Fereidun Fesharaki, "Central Asia's potential as Asia-Pacific oil supplier limited for years to come," *Oil & Gas Journal*, Vol. 100, No. 31 (Aug. 5, 2002), pp. 20-21.

래(Swap)⁴¹)를 통해 보는 이익에 차질이 발생하기 시작했다. 이란은 카스피해 연안의 러시아와 카자흐스탄, 투르크메니스탄 3국과 1일 12만 배럴의 원유교환거래를 통해 연간 9,000만 달러의 수익을 계획했지만, 2006년도 경질유 가격이 급상승하면서 카자흐스탄이 이란을 통한 교환거래를 중단하고 지중해를 통해 유럽 각국에 직수출하는 방식을 택했다. 표면적으로는 경질유 가격이 초강세이므로 카스피해 연안국이 합의를 외면하고 아제르바이잔을 경유해 지중해로 이르는 노선을 활용함으로써 이란의 원유교환 거래 계획에 차질이 발생하게 된 것이지만, 이면적으로는 미국이 이란을 테러지원 국가로서 경제제재 대상국으로 지명하고 있기 때문에 스왑계약을 통해 이란이 경제적 이익을 얻는 것을 인정하지 않을 뿐만 아니라 미국은 이란의 카스피해의 석유·가스 개발을 중동원유의 대체공급원으로서 중시하고 있어, 페르시아만에서의 수출이 결과적으로 중동원유 의존도를 증가시키는 효과로 인식하는데 따른 작용으로 볼 수 있다.

특히, 이란은 지리적 이점에도 불구하고 현재 핵문제 및 테러문제 등으로 미국과 정치·외교적으로 대립하고 있기 때문에 이 지역에서의 에너지 및 수송루트 관련 개발과 발전에서 소외될 가능성이 높다.

6. 터키

소련의 붕괴 이후 중앙아시아 지역의 자원을 둘러싼 '파이프라인 정치(pipeline politics)'는 새로운 차원을 맞이하게 되었다. 전통적으로

---

41) 원유교환(Swap)거래란, 카스피해 연안국들이 경질유와 중질유가 혼용된 원유를 파이프라인을 통해 이란의 테헤란 및 타브리즈 정유공장으로 운송하고, 이란은 이에 상응하는 석유를 걸프만을 통해 카스피해 연안국의 고객에게 수출을 대행하는 방식을 의미한다.

이 지역은 러시아와 영국 간 세력의 각축장이었으나 지금은 많은 새로운 국가들이 이 정치적 영향력 싸움에 가담하게 되었다. 그 중 한 국가가 터키이다. 러시아와 터키는 파이프라인의 계획을 둘러싸고 터키와 중대한 이익이 걸려 있는 경쟁을 하고 있는데 어느 쪽도 상대적 이익을 주장할 수 없는 입장에 있다. 서로가 지역 내의 불안한 지형학을 협상해야만 하기 때문이다.[42]

그러나 소련의 붕괴 이후 많은 서방의 기업들이 트랜스코카서스 지역의 석유와 가스를 개발하기 위해 이 지역에 모여들기 시작하면서, 친서방적인 전략적 벨트가 생겼고 터키는 이 벨트의 중심에 놓이게 되면서 상황은 달라졌다. 터키는 에너지 면에서 유럽과 아시아 그리고 중동을 잇는 다리의 역학을 할 수 있을 뿐만 아니라, 카스피해 연안 국가들의 지하자원을 가져오는데 러시아의 영향력에서 벗어날 수 있기 때문이다. 특히, 소련의 붕괴와 걸프전 종식 후 터키의 이러한 역할은 더욱 증대되었다.

한편, 터키의 에너지 소비를 보면 전체 에너지의 소비의 42%가 석유로 충족된다. 천연가스 때문에 이 비율은 다소 하락하기는 시작했지만 터키의 석유 공급의 90%는 수입에 의존하고 있다. 수입선은 주로 사우디아라비아, 이란, 이라크, 시리아 그리고 러시아 등의 국가들이다. 2000년에 터키정부는 5,200억 입방피트(Bcf)의 천연가스를 소비했다. 이 대부분은 수입된 것으로서 이 천연가스가 터키의 에너지 소비의 17% 정도를 차지한다. 터키정부는 천연가스를 발전소의 동력장치의 연료로 선정했는데, 그 이유는 첫째, 가스가 석탄이나 석유보다는 친환경적이고 둘째, 터키는 가스 매장량이 많은 중동과 중앙아시아와 인접하고 있으며, 셋째, 경제적 이유로서 터키는 이러한 에너지의 수입의 부담을 석유와 가스의 수송에 대한 통과세를

---

42) Peter Pavilionis, Richard Giragosian, "The Great Game: Pipeline Politics in Central Asia," *Harvard International Review*, Vol. 19, No.1 (Winter 1996/1997), p. 24.

받음으로써 균형을 맞출 수 있으며, 넷째, 정치적인 이유로는 터키는 카스피해와 중앙아시아 국가들과 강한 유대를 맺고 싶어 하는데 그 국가들 중 일부가 가스를 수출하는 국가들이기 때문이다.[43)]

터키가 파이프라인을 통해 카스피해와 중앙아시아 국가들의 에너지를 통과시킬 때, 터키는 석유 및 가스 통과에 따른 통과료와 관세 수입 등으로 경제적 이익을 얻을 뿐만 아니라 산유국의 유통로를 통제할 수 있다는 점에서 정치적 영향력도 행사할 수 있는 전략적 이점을 누릴 수 있다. 예를 들면, 바쿠에서 출발해 트빌리시를 거쳐 터키의 에르주름까지 연결되는 사우스 카프카스 파이프라인(SCP)은 북쪽이나 서쪽의 항구를 통해 동유럽과 그리스, 이탈리아 등으로 가스를 공급시킬 수 있다. 또한 이 가스 파이프라인이 최초로 러시아 가스가 아닌 카스피해에서 생산된 가스를 서방으로 보낸다는 점에서 전략적 의미가 있을 뿐만 아니라 유럽으로서는 가스공급원의 다변화와 함께 BTC라인처럼 러시아의 통제를 벗어나는 가스공급이 된다는 점에서 터키의 정치적 영향력을 확대시켜 줄 수 있다. 러시아와 이란은 터키의 이러한 태도와 영향력 확대에 강력하게 반발하며 서로 협조를 하고 있다.

Ⅴ. 결론

국제정치에서 강자가 되기 위해서는 막강한 군사력과 탄탄한 경제력, 그리고 이에 기초한 영향력을 통해 자기가 원하는 것을 얻을 수 있을 때, 비로소 강자라고 불릴 수 있다. 그러나 강자가 이러한

---

43) Fatma Canka Kilic, Durmuş Kaya, "Energy production, consumption, policies, and recent developments in Turkey," *Renewable and Sustainable Energy Reviews*, Vol. 11 (2007), pp. 1312-1316.

능력을 갖추기 위해서는 무엇보다도 군사와 경제를 운영할 수 있는 동력, 즉 에너지가 필요하다. 석유가격과 천연자원의 공급이 안정적으로 유지됐던 시기에 '에너지'는 국제정세에 영향을 미치는 핵심적인 독립변수라기보다는 매개변수의 역할을 수행했다. 그러나 9.11 테러 이후 중동지역 불안정에 따른 석유 가격의 가파른 상승과 러시아의 우크라이나 가스 공급 차단 등의 상황변화는 '에너지 안보'라는 용어가 사용될 만큼 '에너지'는 국제정세를 좌우하는 핵심적인 독립변수가 되었다.

석유가격 상승과 천연가스 수요 증대 그리고 중동지역의 정세 불안정 등은 미국을 비롯해 세계의 이목을 카스피해 연안 국가들과 중앙아시아 국가들에게 집중시켰다. 중앙아시아 국가들이 갖고 있는 풍부한 천연자원을 파이프라인을 통해 전 세계로 공급해 줄 수 있기 때문이다. 이는 과거 러시아 가스 중심의, 그리고 중동 원유 중심의 의존도에서 벗어나 공급의 다양화를 구축할 수 있을 뿐만 아니라, 특정 국가의 독점력에 따른 원가와 수송의 고비용에서 벗어날 수 있는 구도를 가져다 준 것이다. 또한 파이프라인 건설과 방향에 따라 관련 국가들의 영향력 확대도 가져다 줄 수 있기 때문에, 21세기 중앙아시아 지역을 둘러싼 에너지 개발 및 에너지 확보 문제는 관련 국가들에게 정치경제적 영향력의 확보를 가져다주는 1석 2조의 효과가 있는 셈이다.

따라서 중앙아시아 국가들과 에너지자원 수출 면에서 경쟁관계에 있는 러시아는 과거 이 지역에 대한 기존의 영향력을 고수하기 위해 강력한 개입을 통해 주요 사업을 지연시켜 왔던 전략에서 벗어나, 1990년대 후반부터는 사업추진에 협조한다는 조건으로 주요 사업의 일부 지분을 양도받으면서 이 지역 유전개발을 하며 영향력을 확대하는 전략으로 전환하고 있으며, 미국 역시 이란이 중앙아시아 자원개발에 참여하는 것을 전면 배제해 왔던 기존의 입장에서 다소

융통성을 발휘해 투르크메니스탄과 이란간의 파이프라인 건설을 용인했다. EU 또한 에너지 수요 확대로 카스피해 연안 지역의 국가들과의 경제적 유대관계가 필요해짐에 따라 EU-러시아 에너지대화(EU-Russia Energy Dialogue)와 유사한 'INOGATE(Interstate Oil and Gas Transport to Europe)협정(Umbrella Agreement)'을 2001년 2월에 공식적으로 발효[44]시키는 등 중앙아시아의 석유 가스 개발에 참여하고 있는 모든 이해관계자들은 자신들의 이해관계에 정면으로 대치되지 않는 한, 중앙아시아의 에너지 자원 개발 사업이 순조로이 진행되고 발전되기를 희망하고 있다.

그런데 이러한 바람은 중앙아시아 지역의 인근 국가에 그치고 있지 않다. 원유와 천연가스가 전체 에너지원의 2/3를 차지하고, 전량 수입에 의존하고 있는 한국은 일시적인 원유공급의 차질에 따른 취약성이 매우 높고, 또한 원유 수입량의 77%가 중동으로부터 수입되고 가스 도입량의 66%가 인도네시아에서 오기 때문에, 중동과 인도네시아의 불안정한 정세와 급격한 국제유가 상승에 따른 에너지 위기는 곧바로 국가위기로 직결될 수 있는 문제를 안고 있다. 따라서 안정적인 에너지원 확보를 위해서는 공급의 다변화가 필요하다. 중앙아시아 지역이 바로 특정 지역의 에너지 공급 의존도를 탈피할 수 있는 대안이 될 수 있다. 지난 2006년 11월 7일 국무회의에 보고한 '중앙아시아 진출 종합대책'은 이러한 측면을 고려한 노력의 일환이라고 볼 수 있다. 적극적 에너지·자원 개발 추진과 경제협력 확대, 건설부문 진출 확대 및 인적 네트워크 확충 및 개발경험 공유 등을 통해 체계적인 진출 및 협력강화를 해 나가겠다는

---

44) 이 협정에는 국가 간 오일과 가스 수송을 촉진하고 그 건설과 운용에 필요한 투자를 유치하기 위한 제도적·법적 시스템이 상세히 설명되어 있다. Gawdat Bahgat, "Oil and Terrorism: Central Asia and the Caucasus," The Journal of Social, Political, and Economic Studies, Vol. 30, No.3 (Fall 2005), pp. 274-275.

것이다. 중동지역과 남미 지역의 천연자원들이 주요 강대국들의 자원 메이저 회사들에 의해 선점되어 진입장벽이 높아지게 된다면, 중앙아시아 지역은 비교적 진입장벽이 높지 않다. 에너지 확보 차원뿐만 아니라 정치경제적 영향력 확보 차원에서도 중앙아시아 지역을 적극 개척해 나갈 필요가 있다.

제 17장
중앙아시아의 민주화

현 진 덕

I. 서론

중앙아시아의 국가들이 최근 정치적으로 큰 변동을 경험하고 있다. 구소련에서 독립한 중앙아시아 5개국 중 키르기스의 독재정권이 2005년 3월 시민혁명으로 전복됐고, 석 달도 안 돼 우즈베키스탄에서 반정부 소요로 유혈사태가 발생했다. 이 장에서는 구소련에서 독립한 중앙아시아 5개국의 정치변동을 민주화라는 관점에서 분석한다.

우선 구체적인 분석과제로서는 중앙아시아의 정치변동에 영향을 준 혁명의 도화선 역할을 했던 2003년의 그루지야의 장미혁명과 2004년 우크라이나의 오렌지혁명을 살펴보기로 한다. 그리고 키르기스의 레몬혁명을 시작으로 나머지 중앙아시아 국가들의 정치적 민주화 움직임에 대해서 살펴보고자 한다.

중앙아시아 국가 혹은 CIS 국가들에 대한 체제이행의 연구는 상당히 많은 연구가 이미 이루어져 있다. 중앙아시아를 포함한 CIS

및 발트 3국의 체제 이행 및 그 평가에 관한 연구,[1] 그리고 이미
체제이행이론에 대한 논쟁[2]도 다수 이루어졌다. 거시적인 이행이
론에서는 역시 쇼크요법이냐 개별적인 처방이냐 하는 수준의 논의
가 일반적이다. 그러나 미시적인 사례비교 연구도 다수 축적되어
있다. 예를 들면 키르기스의 민주화와 우즈베키스탄의 신권위주의
그리고 타지키스탄의 정치적 붕괴의 사례를 비교한 연구,[3] 3가지의
색깔혁명에 대한 사례연구,[4] 세르비아, 그루지야, 우크라이나, 몰도
바, 키르기스의 5개의 혁명의 비교연구,[5] 중앙아시아 국가의 권위주
의정치체제에 관한 비교연구,[6] 그리고 중앙아시아 4개국을 대상으
로 한 정치체제만족도 실증여론조사 연구[7] 등 다수의 연구가 다각
적인 시각에서 연구가 이루어져 있다.

이런 연구를 바탕으로 해서 이 장에서는 다음과 같은 과정을 통해
서 중앙아시아 5개국의 민주화과정을 분석해 보고자 한다. 우선 첫
째로, 중앙아시아 국가의 민주화에 영향을 준 일련의 민주혁명을

---

1) 고재남, "CIS 및 발트 3국의 체제 이행 평가 및 전망", 외교안보연구원
   정책연구시리즈, 2002.
2) 일반적인 논쟁을 광범위하게 소개하고 있는 리뷰 논문으로서 다음을
   참고. Marie Lavigne, "Ten years of transition: a review article," *Communist
   and Post-Communist Studies*, vol.33 (2000), pp. 475-483.
3) Kathleen, Collins, *Clans, Pacts and Politics: Understanding Regime Transition
   in Central Asia*. Ph. D. Dissertation, Stanford University, 2000.
4) Henry E. Hale, "Democracy or autocracy on the march? The colored revolutions
   as normal dynamics of patronal presidentialism," *Communist and Post-Communist
   Studies*, vol. 39 (2006), pp. 305-329.
5) Menno Fenger, "The Diffusion of Revolutions: Comparing Recent Regime
   Turnovers in Five Post-Communist Countries," *Demokratizatsiya*, vol.15, Is.1
   (Winter 2007), pp. 5-27.
6) 박창규, "중앙아시아의 정치변동과 권위주의체제", 『평화연구』, 제14권
   2호 (2006년 가을), pp. 79-110.
7) Juliana Geran Pilon, "Democratic Transition in Central Asia: An Assessment,"
   SAIS Review, vol.18, no.2 (Summer_Fall 1998), pp. 89-103.

분석하는 부분이다. 이 부분은 그루지야의 장미혁명, 우크라이나의 오렌지혁명이 중심이 될 것인데 이 혁명들은 그 이후 일어난 중앙아시아의 민주화의 도화선 역할을 했다는 점에서 중요했다. 둘째, 키르기스의 레몬혁명을 시발점으로 한 중앙아시아 국가들의 민주화 상황을 알아보는 부분이다. 이들 국가의 민주화 이행의 공통점과 차이점은 무엇인가 하는 점이 초점이 될 것이다. 셋째는, 중앙아시아의 민주화과정에서의 강대국(미국, 러시아, 중국)의 정책적 이익은 무엇이며 그것과 민주화와는 어떠한 관계가 있는가 하는 점을 규명하는 부분이다. 특히 미국의 이 지역에서의 민주화 지원계획은 매우 중요하며 이 지역에서의 민주화라고 하는 것이 본질적으로 체제이행이라고 하는 일반적인 이론의 적용이라기보다는 정치적인 프로젝트와 관련이 깊다는 사실을 지적할 것이다. 결론적으로 이 장에서는 중앙아시아에서의 민주화는 정치체제의 이행의 일반이론보다는 중앙아시아의 전통적인 권위주의의 요소라고 하는 내부적 요인과 미국을 중심으로 한 강대국의 지역적 이익이라고 하는 외부적 요인의 복합적 상호작용으로서 파악해야 하며 그 상호작용의 여하에 따라서는 언제든지 정치변동의 가능성을 내포하고 있는 지역이라고 하는 점을 강조할 것이다.

II. 본론

1. 중앙아시아 국가의 민주화의 도화선: 색깔혁명(colored revolution)

1) 그루지야: 장미혁명(Rose Revolution) 혹은 벨벳 혁명(Velvet Revolution)
중앙아시아의 민주혁명은 2003년 11월 그루지야의 장미혁명을 시작으로 2004년 12월 우크라이나의 오렌지혁명, 2005년 3월 키르기스의 레몬혁명(혹은 튤립혁명)으로 이어졌다. 이 절에서는 우선 중앙아시아의 시민혁명의 도화선의 역할을 했던 그루지야의 장미혁명에 대해 알아보고자 한다.

2003년 12월 그루지야에서는 구소련 국가 중에서는 처음으로 민주시민혁명의 시발점을 알리는 정치변동이 일어났다. 이 그루지야의 시민혁명은 일명 '장미혁명'이라고 하는데 이는 당시 수많은 국민들이 손에 장미 한 송이씩을 들고 민주주의를 외치며 저항을 했던 데서 유래한다. 이 결과 당시 75세의 현역 대통령이던 셰바르드나제(Eduard Shevardnadze)가 사임하고 2004년 1월 4일에 당시 36살이며 미국에서 교육받은 변호사 출신의 미하일 사카쉬빌리(Mikheil Saakashvili)가 96.2%의 압도적인 지지율로서 새 대통령에 당선되었다.8)

원래 그루지야는 스탈린이 태어난 고향이기도 하며 1917년 러시아혁명이 일어난 뒤 곧 독립국가를 이루었으나 얼마 가지 못하고 러시아군에 의해 점령당하게 된 지역이다. 사실 스탈린을 배출한 지역이면서도 그루지야가 스탈린 때문에 독립이 계속 좌절되고 탄압을 받게 되었다는 사실은 역사의 아이러니라 하지 않을 수 없다. 소연방 시기 1972년 그루지야공화국 공산당 제1서기에 선출된 사람이 바로 셰바르드나제였다. 장미혁명의 배경을 이해하기 위해서는 그루지야 독립공화국의 탄생과정을 살펴볼 필요가 있다. 1991년 소련 붕괴 후 민족주의 세력이 정권을 쥐게 되었는데 그 반체제인사 중 한 사람이 감사후르디아(Zviad Gamsakhurdia)였으며 그는 그루지야공화국 독립 후 초대 대통령이 되었다(1991년 5월). 독립공화국 그루지야의 고민은 공화국 내에 존재하는 몇 개의 자치공화국 즉 이슬람교를 신봉하는 아프하지야(Abkhazia)공화국과 러시아정교를 믿는 북오세티아(North Ossetia)공화국 그리고 아자라(Ajara)공화국, 크리스트

---

8) Charles H. Fairbanks, Jr., "Georgia's Rose Revolution," *Journal of Democracy*, vol.15, no.2 (April 2004), p. 110.

교도가 다수인 남오세티아(South Ossetia)공화국의 민족 및 종교문제로 인한 분리주의 운동이었다. 이 중 북오세티아는 완전히 그루지야의 영토범위로부터 이미 벗어났고 내전의 결과 그루지야가 사실상 패하여 아프하지야공화국과 남오세티야공화국에는 그루지야 중앙정부의 실효지배가 미치지 않고 있는 실정이다.[9] 이 내전은 민족분쟁의 성격이 짙었기 때문에 러시아의 그루지야에 대한 영향력이 컸는데 그 결과 반러시아적인 성향의 감사후르디아에 대한 반감이 작용해 러시아는 셰바르드나제를 새로운 대통령으로 옹립시킨다.[10] 이렇게 해서 셰바르드나제는 1995년 11월 대통령으로 사실상 권력의 핵심에 '복귀'하게 된 것이다. 셰바르드나제 통치 하의 국가체제는 정치엘리트의 분산화와 봉건화로 특징지어지는 전형적인 약한 국가(weak state)였으며 부패도 만연했다.[11] 그러나 사회적인 의미의 대표(representation)의 측면에서 보면 언론도 통제되지 않고 제대로 기능하고 있었으며 중앙과 지방레벨에 있어서 다수의 정당이 존재했고 많은 비정부조직도 있었다. 따라서 이 시기의 그루지야의 사회는 수직적 균열은 존재하지 않았고 정치엘리트와 그 이외의 사회부문간의 수평적 균열이 뚜렷하게 보이는 사회였다고 할 수 있다.[12] 2000년에 셰바르드나제는 재선되었으나 2003년 말 정권은 총체적 부패의 상태에 도달했다. 이 상황에서 2003년의 11월 2일의 의회선거는 그루지야의 민주주의의 시금석이 되었다. 이 선거는 결과적으

---

9) Ghia Nodia, "Georgia: Dimensions of Insecurity," in Bruno Coppieters and Robert Legvold, eds., *Statehood and Security: Georgia after the Rose Revolution* (Cambridge: MIT Press, 2005), pp. 39-82.

10) Christoph Zürcher, "Georgia's Time of Troubles, 1989~1993," in Coppieters and Legvold(2005), pp. 83-115.

11) Jonathan Wheatley, *Georgia from National Awakening to Rose Revolution: Delayed Transition in the Former Soviet Union* (Burlington: Ashgate, 2005), pp. 135-136.

12) Wheatley(2005), pp. 143-170.

로 명백한 부정선거로 드러났으나 선거 이전에도 이미 부정선거의 예측이 있었다.[13] 선거결과에 불복한 수십만의 군중들은 선거무효를 주장했고 야당지지자들은 의회를 습격했다. 이를 주도한 사람이 사카쉬빌리(Mikheil Saakashvili)로서 그는 바로 셰바르드나제 자신이 아끼던 그의 미래 후계자였다. 그는 셰바르드나제에게 사임의 압력을 넣었다. 셰바르드나제는 처음에는 저항했으나 결국 사임하지 않을 수 없었다. 이렇게 해서 결국 그루지야의 장미혁명이 성공하게 된 것이다. 그 후 새로운 대통령으로 사키쉬빌리가 2004년 1월 취임했다.

장미혁명 이후의 그루지야의 상황은 우선 대통령의 권한이 상당히 강화되었다. 수상을 신설하고 대통령의 의회 해산권을 부여하는 헌법 개정으로 일부에서는 결국 민주주의의 후퇴가 아니냐는 의문이 제기되기도 했다.[14] 혁명 후 미국은 즉시 무조건적인 정치적 지지와 경제적 지원을 약속했고 부시 대통령 자신이 직접 2005년 5월 그루지야를 방문했다. 또한 그루지야는 지도자인 사카쉬빌리부터 친미적인 성향이며 국가의 발전모델 자체가 서구라는 점에서 혁명 후의 상황은 유리했다.[15] 그러나 그루지야의 향후의 과제로서는 첫째, 여전한 행정부의 불투명성과 계속되는 인권탄압이 잔존하고 있고 개혁이 지지부진하다는 점과,[16] 둘째, 고질적인 문제로서 그루지

---

13) Maia Gvritishvili, "Parliamentary Elections in Georgia: A Test of Democracy," *Central Asia-Caucasus Analyst* (5 November, 2003), pp. 3-4.; Vladimer Papava, "The Political Economy of Georgia's Rose Revolution," *Orbis* (Fall 2006), p. 661.

14) Sabine Freizer, "Georgia's Constitutional Amendments: A Setback for Democratization?" *Central Asia-Caucasus Analyst* (11 February, 2004), pp. 5-6.

15) Lincoln A. Mitchell, "Democracy in Georgia Since the Rose Revolution," *Orbis* (Fall 2006), pp. 669-671.

16) Jaba Devdariani, "Georgia: Revolution has ended, key reforms still ahead," *Central Asia-Caucasus Analyst*, vol.5, no.22 (17 November, 2004), pp. 5-8.; Joel Myers, "Saakashvili on the Ropes?" *Central Asia-Caucasus Analyst*, vol.6,

야 내 자치공화국의 통합문제가 있다. 사실상 이는 완전한 해결은 어려우나 소련과 미국과의 줄다리기를 그루지야가 지켜보면서 국내의 민족분쟁을 평화적으로 해결해 나가는 것이 향후의 과제가 될 것이다.[17] 셋째, 그루지야 내의 소련군 주둔기지문제가 있다. 현재 그루지야에는 바투미, 아칼칼라키의 2개의 러시아군 기지가 있고 수도 트빌리시에 남 코카서스 러시아사령부가 있다.[18] 이 소련군 기지문제와 철수문제는 부시의 트빌리시 방문 때에도 논의된 바 있다.[19] 넷째, 혁명 후의 개혁에도 불구하고 어려운 경제사정을 들 수 있다. 2005년의 시점에서 그루지야의 외채는 약 17억 달러이며 무역적자는 5억 달러이다. 전반적인 경제사정도 혁명 전에 비해서 그다지 개선되지 못했다. 그러나 역시 그루지야에게 낙관적인 요소는 미국의 경제적 지원인 것이 현실이다.[20]

2) 우크라이나-오렌지 혁명(Orange Revolution)

우크라이나 공화국은 1991년 분리 독립한 후 대통령에는 크라프추크(Leonid Krawchuk)가 선출되었다. 독립 당시에는 분리의지가 강했기 때문에 민족주의적인 성향을 띤 지도자가 선출되었던 것이다. 우크라이나는 고질적인 민족문제를 가지고 있는데 그것은 동부와

---

no.9 (4 May, 2005), pp. 5-6

17) 두 자치공화국의 양도문제와 러시아의 정책적 이익에 대해서는 다음을 참고. Khatuna Salukvadze, "A Year Past Georgia's Rose Revolution: A Turning Point in Russia's Caucasian Strategy?" *Central Asia-Caucasus Analyst*, vol.5, no.23 (1 December, 2004), pp. 5-7.

18) Jaba Devdariani, "Georgia's Diplomatic Offensive Probes Moscow's Real Intentions On Bases," *Central Asia-Caucasus Analyst*, vol.6, no.6 (23 March, 2005), p. 8.

19) Kakha Jibladze, "Georgia Paints the Town for President Bush," *Central Asia-Caucasus Analyst*, vol.6, no.10 (18 May, 2005), pp. 15-16.

20) Lasha Tchantouridze, "The Georgian Economy After the Rose Revolution," *Central Asia-Caucasus Analyst*, vol.6, no.18 (21 September, 2005), pp. 10-12.

서부의 지역적 차이에 따라 민족주의적 정서와 산업격차 등이 나는 특이한 구조를 가지고 있다. 동부지역은 러시아계가 밀집해 있어서 전통적으로 러시아에 대해 우호적인 반면, 서부 지역은 우크라이나 민족주의와 탈러시아 정서가 강하다. 그러나 다시 독립 초기의 반러시아적 분위기가 점차 가라앉고 또한 친 러시아적인 동부의 지원을 받음에 따라 1994년 대통령 선거에서는 친 러시아적인 인물인 쿠츠마(Leonid Kuchma)가 당선되었다.

2004년 10월~11월 우크라이나에서는 대통령선거가 행해졌는데 이 선거는 크라프추크와 쿠츠마에 이르는 13년의 두 대통령의 지배에 종말을 고하는 역사적 사건이었다.[21] 특히 쿠츠마 집권시의 정치체제의 특징에 대해서는 여러 가지의 개념규정의 시도가 있었다. 예를 들면 일부 경쟁적 요소를 허용했으나 여전히 권위주의의 잔재가 강하게 남아 있다고 해서 '경쟁적 권위주의(competitive authoritarianism)' 정권을 가진 '혼합국가(hybrid state)'[22]라는 논의도 있고 키르기스와 우즈베키스탄과 러시아, 아르메니아의 사례를 비교한 연구에서는 초대통령제(superpresidentialism)이라는 개념도 제기되었다. 초대통령제란 '정치경제적 행위자가 정치에 쏟을 수 있는 동기를 억누름으로써 정당발전을 저해하는' 정치체제를 의미한다.[23] 또한 다른 학자는 쿠츠마 집권기의 우크라이나 정치체제를 일당중심의 '지배집단 정치(machine politics)'이라고 규정하기도 했다.[24] 그리고 우크라이나는

---

21) Taras Kuzio, "Regime type and politics in Ukraine under Kuchma," *Communist and Post-Communist Studies*, vol.38 (2005), p. 168.

22) Kuzio(2005), pp. 167-190.

23) John T. Ishiyama and Ryan Kennedy, "Superpresidentialism and Political Party Development in Russia, Ukraine, Armenia and Kyrgyzstan," *Europe-Asia Studies*, vol.53, no.8(December 2001), p. 1179.

24) Paul D'Anieri, "The last hurrah: The 2004 Ukrainian presidential elections and the limits of machine politics," *Communist and post-Communist Studies*, vol.38 (2005), pp. 231-249.

고도의 과두제적 정치체제로 지역적인 3개의 과두지배그룹의 연합의 형태였다.[25]

2004년 선거는 극적인 역전의 드라마로 끝난 시민혁명이었다. 이 선거의 유력후보는 쿠츠마 대통령 하에서 총리직을 했던 빅토르 야누코비치(Viktor Yanukovych)와 젊은 야당주자 유센코(Viktor Yushchenko)였다. 11월 21일의 선거에서는 여당후보인 야누코비치가 승리했다. 그러나 선거결과에 불만을 품은 야당지지자들이 대규모 저항운동을 벌임에 따라 결국 재투표를 실시하는 상황으로까지 번지게 되었다. 11월 26일 행해진 결선투표에서는 야당 후보인 유센코가 1위를 하는 역전드라마가 이루어졌다.[26] 우크라이나의 정치변동을 오렌지혁명이라고 하는 이유는 야당의 지지자들이 자신들을 상징하는 색으로 오렌지색을 사용한 데서 비롯됐다. 특히 우크라이나 서부지역에서는 오렌지는 야당을 상징하는 색이며, 후에 수상이 되는 미모의 율리아 티모셴코도 특히 이 오렌지색의 의상을 많이 입었다고 한다. 결국 오렌지혁명은 유센코의 승리로 끝났다. 이 오렌지혁명의 원인으로서는, 악화되는 생계수준, 명백한 선거 사기 및 부패 그리고 쿠츠마 대통령의 계속되는 권위주의적 통치스타일 등을 지적할 수 있다.[27] 또한 이 혁명이 비교적 순조롭게 성공할 수 있었던 원인 중의 하나는 의외로 인터넷이라고 하는 기술적 요인이었다. 즉 우크

---

25) Anders Aslund, "The Ancien Regime: Kuchma and the Oligarchs," in Anders Aslund and Michael McFaul, eds., *Revolution in Orange: The Origins of Ukraine's Democratic Breakthrough* (Washington, D.C., Carnegie Endowment for International Peace, 2006), p. 9.

26) 2004년 선거에 대한 포괄적인 정리로서는 다음을 참고. Vicki L. Hesli, "The Orange Revolution: 2004 presidential elections in Ukraine," *Electoral Studies*, vol.25 (2006), pp. 147-191; Adrian Karatnycky, "The Fall and Rise of Ukraine's Political Opposition: From Kuchmagate to the Orange Revolution," in Aslund and McFaul(2006), pp. 29-44.

27) Vicki L. Hesli, "The 2006 Parliamentary Election in Ukraine," *Electoral Studies*, vol.xx (2006), p. 4.

라이나의 오렌지혁명의 핵심은 부정선거의 의혹에 있었는데 이 선거부정에 대해 민주적 변화를 지지하는 사람들은 인터넷을 이용해서 자원봉사자, 자금의 모집, 시위의 조직, 최신 뉴스의 보도, 국제적 민주공동체의 주의를 환기시키는 등의 활동을 전부 이 인터넷을 효율적으로 잘 이용했기 때문이었다고 한다. 이런 배경에는 전통적인 대중매체의 접근이 용이하지 않았기 때문이라는 요인이 작용했다.[28)]

이 혁명에 있어서 러시아와 서구국가들의 이익의 대립은 뚜렷했다. 러시아는 그루지야에 이어 우크라이나에 친서방정권이 들어서는 것을 극도로 우려했기 때문에 선거과정에서는 야누코비치를 적극적으로 지원했다. 푸틴 대통령은 실제로 우크라이나를 직접 방문하였고 1차 선거에서는 야누코비치의 당선축하성명을 발표하기까지 했다.[29)] 한편 미국과 EU의 정책은 민주주의를 확산하거나 공고히 하는 데 있다는 점에 대략적으로 일치했다. 미국과 EU는 유센코를 간접적으로 지원하여 대규모의 선거감시단을 파견했는데 이 선거감시단은 결국 공정선거를 위주로 한 오렌지혁명의 성공에 크게 기여했다.[30)]

혁명 후의 우크라이나의 과제로서는 첫째, 전통적인 민족대립의 문제이다. 기본적으로 우크라이나어를 사용하는 우크라이나는 러시아어를 사용하는 국민들이 섞여 있는 실정에서 '민족주의화(nationalizing)'하기 어려운 국가[31)]라는 관점도 있으며 또한 우크라이나에는 러시

---

28) Myroslaw J. Kyj, "Internet use in Ukraine's Orange Revolution," *Business Horizons*, Kelley School of Business, Indiana University, vol.49 (2006), pp. 71-80.

29) Nikolai Petrov and Andrei Ryabov, "Russia's Role in the Orange Revolution," in Aslund and McFaul(2006), pp. 145-164.

30) Oleksandr Sushko and Olena Prystayko, "Western Influence," in Aslund and McFaul(2006), pp. 130-134.

31) Taras Kuzio, "'Nationalising states' or nation-building? a critical review of

아어를 사용하는 동부 지역의 국민들이 있기 때문에 한 가지의 의미로 민족주의(nationalism)라고 하는 개념을 적용하면 혼란을 가져다준다. 따라서 우크라이나에서의 민족주의라고 할 때는 독립 이전의 우크라이나 민족주의와 독립 후의 그것의 구별도 필요하며 이를 위해서는 세부적인 개념의 정립이 필요하다.[32] 둘째, 서부와 동부의 빈부 격차와 지역감정의 존재이 잔존하고 있으며, 셋째, 유셴코의 정치적 기반이 여전히 취약하다는 점이 문제이다.

2. 중앙아시아의 민주화과정

1) 키르기스-레몬 혁명(Lemon Revolution)

키르기스는 1991년 구소련으로부터 분리 독립했다. 독립 이후 아카예프(Askar Akayev) 대통령은 초기에는 다른 중앙아시아 국가들보다 더 빨리 정치의 민주화 및 시장경제화를 축으로 한 개혁노선을 표방했다. 당시 아카예프의 키르기스는 중앙아시아 국가들 중에서는 '민주주의의 섬'이라고 불릴 만큼 민주화가 비교적 일찍 진전된 국가였다. 그러나 1996년부터 아카예프는 그의 정적을 제거하기 위해 사법, 입법의 기관들을 통제하기 하는 등 전제주의적으로 변하기 시작했다.[33] 아카예프는 95년 재선 달성 후 2000년에는 3선에 성공했다. 자원이 상대적으로 부족한 데다 WTO 가맹(1998년, 구소련국가 중에서는 처음)으로 인해 국내 산업이 국제경쟁에 휘말리게 되어 국민은 경제개혁의 성과를 향수하지 못하는 상태에서 야당세력의

---

the theoretical literature and empirical evidence," *Nations and Nationalism*, vol.7, Is.2 (April 2001), pp. 140-141.

32) Taras Kuzio, "Nationalism in Ukraine: Towards a New Framework," *Politics*, vol.20, no.2(2000), pp. 77-86.

33) Maks Kobonbaev, "Costs and Benefits of the 'Kyrgyz Revolution'," *Central Asia-Caucasus Analyst*, vol.6, no.7 (6 April, 2005), p. 3.

반정부운동이 고조되게 되었다. 그 단적인 결과로 나타난 것이 2005
년 3월의 의회선거였다. 키르기스의 정치혁명을 흔히 레몬혁명이라
고 부르는데 그것은 아카예프 대통령에 반발하는 시위군중이 변화
를 상징하는 노란색 레몬을 들고 다닌 데서 유래한다.

레몬혁명 직전의 분위기는 혁명과는 달리 낙관적이었다. 즉 그것
은 2003년 여름, 아카예프가 차기 대통령선거에 출마하지 않겠다고
선언함에 따라 권력승계에 대한 논의가 일어날 정도였으며 가족
간에 권력승계가 이루어지는 것은 중앙아시아의 오랜 전통이어서
과정보다는 누가 이를 승계할 것인가에 초점이 맞추어질 정도였다.
그의 아내인 메림 아카예프(Meerim Akayev)가 차기 대통령으로 거론
되기도 했다.34) 아카예프는 헌법을 준수하여 임기가 만료되는 2005
년의 대통령선거에 출마하지 않겠다고 계속 선언했는데 만약 이
약속이 실현되었다면 중앙아시아 국가에서는 최초로 민주적 정권
이양을 한 사례로 기록되었을 것이다. 그러나 한편에서는 사임을
요구하는 야당 측과 임기연장을 부추기는 여당 측의 대립이 심했
다.35) 또한 그루지야의 장미혁명과 우크라이나의 오렌지혁명은 권
위주의적인 중앙아시아 국가들에게 민주화의 그림자를 드리우고
있었다.36) 특히 아카예프(Askar Akayev)는 우크라이나의 혁명이 다른
나라로 전파될 것이라고 강한 우려를 나타낸 정치지도자였다.37)

---

34) Rafis Abazov, "Kyrgyzstan: The Political Succession Game," *Central Asia-Caucasus Analyst*, 24 September, 2003, pp. 5–6.

35) Nazgul Baktybekova, "Campaigns for President's Resignation and Term Extension Face Off in Kyrgyzstan," *Central Asia-Caucasus Analyst*, vol.6, no.3 (9 February, 2005), pp. 14–15.

36) Gregory Gleason, "Red, Orange or Gray? Shades of Political Succession in Central Asia," *Central Asia-Caucasus Analyst*, vol.6, no.1 (12 January, 2005), pp. 5–7; Nazgul Baktybekova, "Next Revolution: Kyrgyzstan?" *Central Asia-Caucasus Analyst*, vol.6, no.1 (12 January, 2005), pp. 10–12.

37) Michael Meyer and Frank Brown, "Domino Theory: Ukraine's 'Orange Revolution' spread? Russia's Vladimir Putin and his men think so," *Newsweek* (Jan. 10,

2005년 2월 말의 의회선거를 계기로 야당세력에 의해 남부에서 개시된 혼란이 수도에까지 파급되자 아카예프 정권은 붕괴되었다. 야당세력의 지도자였던 바키예프(Kurmanbek Bakiev) 전 수상이 수상 겸 대통령대행에 선출되어 이후 7월의 선거를 거쳐서 8월에 대통령으로 취임했다. 레몬혁명 당시 바키예프는 "정부는 국민의 손에 있다"고 선언하며 저항운동을 지휘했던 인물이다. 전통적으로 아카예프와 같은 북부의 씨족 집단(clan)의 오랜 지배를 받은 키르기스에서 처음으로 남부지방 출신의 바키예프 대통령이 집권하게 된 것은 상당히 역사적 의미가 있는 사건이었다. 키르기스에서의 북부와 남부의 지역적 대립은 뿌리 깊은 것으로서 소수민족인 우즈벡인들이 많이 거주하고 있는 남부와 전통적인 러시아의 영향력이 강한 북부와의 대립은 역사적, 정치적, 사회적인 의미에서도 대립적인 양상을 띠면서 이어져 왔다.[38]

혁명 후 키르기스에서는 헌법 개정과 같은 논의도 활발하게 이루어졌다. 당시 바키예프 대통령은, 대통령과 수상 및 국회의원의 면책특권에 대해 비판적인 의견을 표명했다. 그 이유는 이 면책특권이 계속되는 부패의 근원이라고 봤기 때문이다. 그러나 일부 의원들은 이 조항이 정치적으로 통제되거나 남용될 가능성이 있다는 우려를 나타냈다.[39] 비록 혁명이 일어나기는 했으나 키르기스에서는 여전히 인권침해, 권위주의정권과 부패 등은 남아 있었다.[40] 또한 혁명

2005), p. 32.

38) Fredrik M. Sjoberg, "Post-Revolutionary Syndrome in Kyrgyzstan-The Struggle for Power Continues," *Central Asia-Caucasus Analyst*, vol.6, no.14 (13 July, 2005), pp. 3-4.

39) Nurshat Ababakirov, "New Constitutional Reforms underway in Kyrgyzstan," *Central Asia-Caucasus Analyst*, vol.6, no.20 (19 October, 2005), p.12.

40) Kunduz Jenkins, "The Kyrgyz Revolution: One Step Ahead or Two Steps Back?" *Central Asia-Caucasus Analyst*, vol.6, no.18 (21 September, 2005), p. 8.

후 일어난 일련의 의원 암살사건 등은 2005년 3월의 레몬혁명으로 인한 정치적 안정화를 무색하게 하는 것이었다. 결국 레몬혁명은 기존의 문제들을 해결하지 못하고 분산된 사회, 남부와 북부의 계층적, 정치적 불화 등은 그대로 남게 되었다.[41]

외교정책에 있어 바키예프는 러시아, 중국, 미국 간의 '등거리 외교'를 추구했다. 러시아와 미국은 키르기스스탄에 군사기지를 두고 있지만 중국은 키르기스과 접경하고 있는 유일한 강대국이다. 그런 중국의 대 키르기스 정책은 '지켜보는(wait and see)' 것이었다.[42]

바키예프 정권 하에서 정치·경제개혁은 잘 진전되지 않고 정국은 불안정하게 되어. 2006년 11월, 헌법개정을 둘러싸고 바키예프 대통령 측과 의회 내 야당세력과의 대립이 격화되었다. 2006년 12월에는 쿨로프(Felix Kulov)내각이 총사직하여 이후 복잡한 과정을 거쳐 현재 야당세력이 바키예프 대통령의 사임을 요구하고 있고 내정의 혼란이 계속되고 있는 실정이다.

2) 카자흐스탄

카자흐스탄은 구소련으로부터 분리 독립한 국가들 중에서 가장 큰 국토면적을 보유하고 있으며 또한 자연자원이 풍부하며 정치적으로도 비교적 강력한 지도자가 국민의 안정된 지지를 받고 있는 국가이다. 1990년 공화국 독립 이전에 나자르바예프(Nursultan Nazarbayev) 대통령이 이미 취임해 있었고 1991년 12월 카자흐스탄 공화국의 공식출범에 따라 그의 강력한 지도 아래 새로운 정치체제를 유지해 나갔다. 나자르바예프는 1999년 재선되었고 2005년에는 삼선을 기

---

41) Rafis Abazov, "Kyrgyzstan's Revolution: What Went Wrong?" *Central Asia-Caucasus Analyst*, vol.6, no.21 (2 November, 2005), p. 4.

42) Matthew Oresman, "Assessing China's Reaction to Kyrgyzstan's 'Tulip Revolution'," *Central Asia-Caucasus Analyst*, vol.6, no.7 (6 April, 2005), pp. 5-7.

록해 이후 임기 7년간 카자흐스탄을 계속 통치해 나가고 있는 상태이다. 이렇게 보면 중앙아시아 국가 중에서는 가장 정치체제가 안정되었고 일관되게 강력한 리더십을 발휘하고 있는 국가가 카자흐스탄이라고 할 수 있다.

카자흐스탄이 위의 3가지의 혁명의 사례 즉 그루지야의 장미혁명, 우크라이나의 오렌지혁명 그리고 키르기스의 레몬혁명과 크게 다르다는 점을 우선 알 수 있다. 카자흐스탄에서의 혁명 발발 가능성이 낮은 이유로서는 우선 첫째, 카자흐스탄이 중앙아시아 국가 중에서 여러 면에서 경제적 상황이 비교적 좋기 때문에 국민들의 불만이 상대적으로 적고, 둘째, 카자흐스탄의 풍부한 자원은 국민들에게 큰 영향을 미치는 지역지도자들에게도 부를 가져다주기 때문에 정치적 불만이 적은 편이다. 그러나 카자흐스탄의 정치지도자들도 키르기스와 같은 혁명적 변화를 가장 우려했다. 카자흐스탄의 기본원칙은 어디까지나 "경제개혁이 정치에 의한 사회개조보다 우선시되어야 한다"는 것이었다.[43] 오히려 정가에서는 혁명과 같은 방법보다는 친 대통령 세력에 의한 내부적 변화의 가능성이 더 높다고 보았다.[44] 이런 예측 속에서 나자르바예프는 국내정치의 민주화계획을 2005년 2월에 발표했다. 이 계획은 카자흐스탄을 통제경제에서 시장경제로, 그리고 일원적 권위주의 정치체제로부터 민주적 제도와 가치를 가진 체제로 이행시키는 것을 목표로 하고 있었다.[45] 나자르바예프의 주도 하에 이와 같은 정치개혁의 움직임이 진행되었

---

43) Marat Yermukanov, "Kazakhstan Balances on the Tightrope Between Velvet Revolution and Governable Democracy," *Central Asia-Caucasus Analyst*, vol.6, no.7 (6 April, 2005), p. 14.

44) Marat Yermukanov, "Pro-Presidential Forces in Kazakhstan Unleash Covered War on 'Colored Revolution'," *Central Asia-Caucasus Analyst*, vol.6, no.12 (15 June, 2005), p. 12.

45) Stephen Blank, "Nazarbayev's Grand Design for Kazakhstan's Domestic Purposes," *Central Asia-Caucasus Analyst*, vol.6, no.7 (6 April, 2005), p. 8.

으나 야당세력들은 뚜렷한 견제를 하지 못했다. 그 결과 9월에 실시된 의회선거에서 야당이 대패하게 되는데 이는 마치 이전의 권위주의체제에 민주적 정당성을 부여하는 것과도 같은 효과를 주었다.[46] 어떤 의미에서 만약 미국의 민주주의의 사도가 하나 있다면 그것은 카자흐스탄이라고 할 수 있을 것이다. 2005년 12월의 대통령선거 전에 미국의 키신저나 라이스 국무장관이 카자흐스탄을 방문했던 것은 우연이 아니었다. 이런 상황에서 나자르바예프의 3선은 거의 확실한 것처럼 전망되었다.[47]

2005년 12월 4일의 대통령선거는 나자르바예프의 3선을 확정했다. 이 선거는 중앙아시아의 모든 국가들의 관심을 끌었다. 그 중에서도 특히 관심을 가진 나라들은 OSCE(Organization for Security and Cooperation in Europe) 국가들이었다. 왜냐하면 카자흐스탄이 2009년 개최예정인 OSCE의 의장국을 노리고 있었기 때문이었다.[48] 선거 결과 나자르바예프는 91.1%라는 압도적인 지지율로 대통령에 당선되었는데 당시 그가 당선되리라고 예상한 사람들도 이런 압도적인 지지율은 예상하지 못했다. 그가 이렇게 선거에서 압승한 요인은 무엇보다도 러시아인들이 많이 사는 북부 카자흐스탄 지역에서 압도적인 지지(95.6%)를 얻었을 뿐만 아니라 경제적으로 후진지역이며 상대 야당후보인 두야크바이의 출신지역에서도 상당한 표를 얻었다는 점이 중요했다. 한마디로 전국적으로 고른 지지를 얻었다는 점이다.[49] 2005년의 대통령선거는 카자흐스탄의 민주화에 큰 진전

---

46) Marat Yermukanov, "Authoritarian Regime in Kazakhstan Gains 'Democratic' Laurels as Opposition Loses Ground," *Central Asia-Caucasus Analyst*, vol.5, no.20(20 April, 2005), pp. 13-14.

47) Marat Yermukanov, "Nazarbayev Clears Hurdles Ahead of Presidential Elections," *Central Asia-Caucasus Analyst*, vol.6, no.22 (16 November, 2005), pp. 13-15.

48) Fredrik M. Sjöberg, "Could Kazakhstan Move Beyond Electoral Authoritarianism," *Central Asia-Caucasus Analyst*, vol.6, no.24(14 December, 2005), p. 7.

을 이룬 면이 있었다. 중앙선거위원회의 공정한 역할과 선거결과의 정확한 발표 등은 다른 구소련의 독립국가들과는 다른 제도적 발전이라고 할 수 있었다. 이는 2009년의 OSCE 주최를 겨냥하고 있는 카자흐스탄으로서는 매우 중요한 제도적 변화였다.[50]

대통령선거 후의 카자흐스탄은 중앙아시아의 국가들 중에서는 가장 양호한 민주적 성과를 거두었다고 해도 좋을 것이다.[51] 중앙아시아의 기준에서 봤을 때, 카자흐스탄은 하나의 좋은 성공사례였다. 중앙아시아에 대한 투자의 80%가 카자흐스탄에 집중해 있는 것도 이 나라의 이 지역에 대한 정치적 비중을 어느 정도 반영해 준다. 그러나 여전히 과제로 남아 있는 것은 정치적 부패를 척결하는 프로그램이다.[52] 또 하나 최근에 카자흐스탄이 의욕적으로 시행하고 있는 것은 교육제도의 탈정치화이다. 카자흐스탄은 식자율이 약 99%로 매우 높은 편이나 전통적인 소련식의 정치교육으로 인해 고급 전문인력의 필요성이 제기되었다. 이런 교육제도의 탈정치화의 일환으로 '볼라샤크(미래) 프로그램'을 시행하고 있는데 이는 매년 카자흐스탄의 대학생들을 미국의 유명대학으로 카자흐스탄 국비로 유학 보내는 프로그램이다. 이에 대해서는 찬반논쟁이 많지만 역시 장기적인 정책보다는 단기적인 처방의 일환으로 해석되어진다.[53]

---

49) Marat Yermukanov, "Kazkhstan After Elections: What is in Store for the Opposition?" *Central Asia-Caucasus Analyst*, vol.6, no.24 (14 December, 2005), p.15.

50) Robert Barry, "Kazakhstan's Presidential Elections: A Step Forward," *Central Asia-Caucasus Analyst*, vol.6, no.24 (14 December, 2005), pp. 3-4.

51) S. Frederick Starr, "Post-Election Kazakhstan: Toward a Democratic Breakthrough?" *Central Asia-Caucasus Analyst*, vol.7, no.1 (11 January, 2006), p.11.

52) Marat Yermukanov, "Kazakhstan Launches Anti-Corruption Campaign," *Central Asia-Caucasus Analyst*, vol.8, no.12 (14 June, 2006), pp. 16-17.

53) Rafis Abazov, "Kazakhstan's Bolashak Program: Short Term Fix or Long Term Program?" *Central Asia-Caucasus Analyst*, vol.8, no.19 (4 October, 2006), pp. 5-7.

3) 타지키스탄

타지키스탄은 1991년 공화국 독립 선언 이후 1992년 구공산당 세력과 민주이슬람주의자연합의 반세력 간의 대립으로 내전상태에 돌입했다. 같은 해 11월에는 대통령에 라흐모노프(Emomali Rakhmonov) 최고회의의장이 당선되었다. 그 후에도 내전상태는 계속되었으나 최종평화합의가 성립한 것은 1997년이었다. 1999년에 라흐모노프 대통령이 재선되었고 2006년 11월에는 3선이 이루어졌다. 2005년 3월 키르기스의 레몬혁명의 여파가 타지키스탄에도 미치지 않을까 하는 우려가 국내에는 있었다.[54] 1991년 이후로 중앙아시아 국가지도자들은 대통령선거에서 최소한 75% 이상의 높은 지지율을 기록해 왔다. 가장 높은 사례는 1992년 투르크메니스탄의 니야조프 대통령의 99.9%의 지지율이었다. 키르기스와 카자흐스탄과 같은 비교적 민주적인 정치체제를 가진 나라에서도 최근에는 90%와 96%였을 정도였다. 1999년에 라흐모노프 후보는 97%의 지지를 얻었다. 라흐모노프는 정적을 미리 제거하거나 매스미디어의 억압과 시민사회 조직의 탄압 등의 노골적인 방법을 사용하기도 했다. 어떤 방법으로서도 키르기스와 같은 방식의 변화는 원하지 않았던 것이다.[55] 2006년 11월 선거 직적의 상황은 라흐모노프에 대항할만한 지도자나 정당이 나타나지 않은 상태였다. 두 야당인 민주당과 사회민주당은 선거를 보이콧 했고 제3의 정당인 이슬람부흥당(Islamic Renaissance Party)은 단독의 후보를 내지 못한 상황이었다. 이런 상황에서 라흐모노프의 당선을 예상하는 것은 너무나 당연했다.[56] 실제의 선거에서

---

54) Pulat Shozimov, "The Revolt in Kyrgyzstan and Tajikistan's Political Situation," *Central Asia-Caucasus Analyst*, vol.6, no.8 (20 April, 2005), pp. 5-7.

55) Erica Marat, "Presidential Elections in Tajikistan: not a Struggle for Regime Survival," *Central Asia-Caucasus Analyst*, vol.8, no.15 (26 July, 2006), pp. 12-14.

56) Zoya Pylenko, "Tajikistan Preparing for Presidential Elections," *Central Asia-*

라흐모노프는 압도적인 승리를 거두었다. 또한 이 선거는 OSCE 등의 국제적 관심을 받으면서 이루어졌으나 1999년의 선거보다는 비교적 공정한 선거였다.[57]

4) 투르크메니스탄

투르크메니스탄은 1991년 독립 이후 1995년 영세중립국으로서 승인되었으며 1999년 의회의 결의에 의해 니야조프(Separmurat Niyazov)가 종신대통령으로 결정된 국가이다. 중앙아시아 5개국 중에서는 가장 전제주의적 정치체제라고 할 수 있다. 그러나 2006년 12월 니야조프 대통령이 사거함에 따라 베르디무하메드 대통령이 2007년 2월 취임했다. 각종의 통계에서도 5개국을 조사할 때 투르크메니스탄은 종종 파악이 되지 않는 경우가 많은데 이것도 정부나 언론의 비민주성을 추정할 수 있는 척도라고 할 수 있다.

투르크메니스탄의 문제점은 국내적으로는 비민주적인 정치체제를 어떻게 보다 민주적인 것으로 이행하느냐 이고 또 하나는 인접국인 우즈베키스탄과의 관계를 어떻게 우호적인 것으로 유지하느냐의 문제일 것이다. 전임 대통령 니야조프의 암살미수 사건을 계기로 투르크메니스탄 정부는 우즈베키스탄 대사를 고소했다. 투르크메니스탄은 이 암살미수 사건을 쿠데타의 기도로 파악했던 것이다. 이로 인하여 양국관계는 악화되었다. 이전부터 투르크메니스탄은 우즈베키스탄이 이 지역에서 중앙아시아 지역의 주도권을 잡으려고 하는 것을 경계해 왔던 중에 터진 사건이었다.[58]

Caucasus Analyst, vol.8, no.21 (1 November, 2006), p. 15.

57) Zoya Pylenko, "Tajikistan: Rahmonov Reelected with a Landslide," _Central Asia-Caucasus Analyst_, vol.8, no.22(15 November, 2006), pp. 14-16.

58) Hooman Peimani, "Turkmenistan Reconsiders Relations with Uzbekistan," _Central Asia-Caucasus Analyst_ (4 June, 2003), pp. 5-6.; Chemen Durdiyeva, "Turkmenistan's Failed Coup: A Year After," _Central Asia-Caucasus Analyst_

5) 우즈베키스탄

1991년 12월 소련의 해체와 함께 독립한 우즈베키스탄의 초대 대통령에는 카리모프(Islam Karimov)가 선출되었다. 그 후 1995년 12월의 국민투표에 의해 대통령의 임기 연장(5년, 1인 2기)이 인정되었으나 2000년 1월에 다시 재선을 한 후 2002년 1월의 국민투표에 의한 헌법 개정으로 다시 임기를 7년간으로 연장했다.

이런 우즈베키스탄에 2005년 유혈사태가 벌어짐으로써 중앙아시아 국가들뿐만 아니라 국제사회를 긴장하게 했다. 2005년 3월 이슬람무장단체가 우즈베키스탄 동쪽 안디잔 시에 위치한 교도소를 점령하는 유혈사태를 일으켜 약 500명 이상의 사상자가 발생한 사건이었다. 이에 정부는 비상사태를 선포하고 공권력을 투입했으나 그 과정에서 많은 사상자가 발생한 것이다. 이 사태에 대해 카리모프 대통령은 이 무장단체가 주변국인 키르기스의 지원을 받았다고 비난하며 키르기스 혁명의 파급효과를 매우 우려했다.

한편 국제사회에서는 각자 자국의 이익에 따라 매우 상이한 반응을 보였다. 우선 러시아 외무장관 세르게이 라브로프는 안디잔 사태의 주동자들은 탈레반과 같은 과격한 이슬람무장단체의 조직원들이란 표현으로 카리모프 대통령을 두둔하고 나섰다. 러시아로서는 독립국가연합의 안정을 도모하고 우즈베키스탄을 비롯한 중앙아시아에 대한 영향력을 유지하기 위해서는 카리모프 대통령을 지지하는 것이 유리하다고 판단한 것으로 보인다. 한편 이에 반해 미국의 태도는 매우 신중하고 이중적인 것이었다. 그루지야와 우크라이나의 민주혁명을 적극 지지했던 미국도 우즈베키스탄 사태에 대해서는 신중한 입장을 취했다. 우선 첫째, 미국으로서는 독재자이지만 친미적인 카리모프 대통령을 보호하는 것이 9.11이후 계속되는 테

(17 December, 2003), p. 10.

러와의 전쟁에서 미국의 국익을 보호하고 이슬람 과격세력의 확산을 막는 길이라고 판단했다. 둘째, 이 사태의 주동자들이 급진 이슬람운동단체의 일원이어서 이슬람테러단체와 전쟁을 벌이고 있는 미국은 정부의 유혈진압에 대해 이중적인 태도를 보일 수밖에 없다고 하는 점이 있다. 셋째, 부시 미국 대통령은 공화당 연구소 모임에서 그루지야, 우크라이나, 키르기스에서 발생한 시민혁명은 중앙아시아의 민주화 정착에 매우 고무적이며 향후 미 정부는 이 지역의 민주화 정착을 위해 총 1억 2,400만 달러를 투자할 계획이라고 밝혔으나 우즈베키스탄에 대해서는 언급을 회피했다.[59]

우즈베키스탄을 둘러싼 국제적 관심은 다음의 3가지의 새로운 경향으로 요약할 수 있다. 우선 러시아는 소련 해체 이후 잃어 버렸던 이 지역에 대한 영향력을 회복할 수 있는 일종의 실지회복운동(Revanchism)의 성격을 강하게 가지고 있었다. 실제로 2003년 이후 우즈베키스탄은 러시아 회귀의 외교정책을 다시 조심스럽게 전개하고 있는 점이 주목된다. 그리고 미국은 이 사건을 계기로 전통적으로 우즈베키스탄이 중앙아시아의 주도권을 잡으려는 것을 측면에서 지원해 왔으나 이것을 수정하려는 경향을 조심스럽게 보였다. 일종의 미국의 수정주의적 외교정책(Revisionism)이라고 할 수 있다. 그리고 당사자인 우즈베키스탄은 기존의 정책으로부터의 방향전환(Reversionism)을 고려하고 있는 것으로 보인다. 그러나 이 3가지의 새로운 정책적 경향이 동시에 진행되는 것은 우즈베키스탄으로서는 바람직하지 않으며 새로운 외교정책의 모색이 필요한 시점이라고 보아진다.[60] 국제사회도 우즈베키스탄에 대한 지원과 규제를 동

59) 이 소요사태의 배경에 대해서는 김선영, "우즈베키스탄 유혈 사태의 배경과 전망", 대외경제정책연구원 보고서(2005. 5. 31).

60) Farkhad Tolipov, "Uzbekistan Reversionism, America's Revisionism, and Russia's Revanchism," *Central Asia-Caucasus Analyst*, vol.8, no.6(22 March, 2006), pp. 10-12.

시에 병용하면서 주시하는 것이 필요할 것이다.[61]

이 우즈베키스탄의 소요사태가 그루지야나 우크라이나의 혁명과 다른 이유에는 다음의 몇 가지가 있다. 첫째는, 강력한 야당지도자가 부재하다는 점이다. 그루지야나 우크라이나에서는 강력한 야당이나 그 지도자가 혁명을 성공시킨 주요 요인의 하나라고 볼 수 있는데 반해 우즈베키스탄의 경우는 급진 이슬람세력 이외에는 제도권 내에 강력한 야당의 존재가 없기 때문이다. 둘째는, 반대세력을 제압할 수 있는 지방의 치안세력의 존재 여부라는 측면에서 그루지야나 우크라이나의 경우 이것이 없었기 때문에 혁명이 초기에 가능했으나 우즈베키스탄의 경우는 반대세력을 지방의 치안유지세력이 강력하게 통제할 수 있었기 때문에 초기에 실패하고 말았던 것이다.[62] 향후의 우즈베키스탄의 정치적 안정은 위에서 본 바와 같이 강대국의 정책적 이익과 함께 이런 국내적 요인의 변수에 따라 좌우될 가능성이 높다.

III. 결론

지금까지 중앙아시아의 민주화 과정과 그에 영향을 주었던 3혁명에 대해서 살펴보았다. 결론 부분에서는 중앙아시아 국가의 민주화의 공통점과 향후의 과제에 대해서 지적함으로써 사례들의 비교를 요약하기로 한다. 우선 중앙아시아 및 구소련으로부터 독립한 국가들의 시민혁명의 공통적인 요인은 우선 첫째로, 이 지역에 공통적인

---

61) Michael Fredholm, "Revolt and Repression in Uzbekistan: The Dilemma of Western Response," *Central Asia-Caucasus Analyst*, vol.6, no.11 (1 June, 2005), pp. 6-7.

62) Richard Weitz, "Central Asia's Challenging March Toward Democracy," *Central Asia-Caucasus Analyst*, vol.6, no.13 (29 June, 2005), p.10.

권위주의의 유산의 청산이라고 하는 점을 지적할 수 있다. 일부 국가에서는 가산제적이고 가족적인 지배를 보이는 정치체제도 있었으며 공통적으로 전제적이고 권위적인 정치체제의 유산이 민주화를 유발했다고 볼 수 있다. 둘째로는, 강대국의 지역적 이익에 따라 정치변화에 큰 영향을 받는다는 사실이다. 이 지역의 거의 모든 정치변동에 미국과 러시아는 대립해서 개입했으며 또한 중국도 지역적으로 인접한 국가에게는 관심을 보였다. 특히 미국의 '중앙아시아 민주확산 지원계획(GUUAM)'[63]은 그 가장 대표적이고 조직적인 예이다. 일반적으로는 미국의 이 지역에 대한 지원은 민주주의의 확산이라고 하는 것이 외면적인 명목이지만 그 배후에는 미국의 이 지역의 자원을 중심으로 한 경제적 이익과 함께 러시아의 영향력을 배제하고 초강대국의 위상을 이 지역에서도 확립하려고 하는 측면도 매우 강하다고 볼 수 있다. 역사적으로 보면 세계의 중심무대인 유라시아가 비유라시아 강국에 의해 지배되고 있다는 사실을 우리는 직시해야 한다.[64] 러시아도 물론 전통적으로 이 지역에서의 영향력을 더욱 더 회복하려고 기도하고 있으며 중국도 전통적으로 카자흐스탄과 키르기스를 중심으로 이 지역에 대해 지역적인 이익을 가지고 있다.[65] 그리고 결론적으로 이 지역에서의 체제이행에 관한 이론은 과학적인 것이라기보다는 정치적인 성격을 강하게 내포하고 있

---

63) George W. Bush, "Securing Democracy: United States future investments to secure democracy," *Vital Speeches of the Day*, vol.LXXI, no.15 (May 15, 2005), pp. 450-454.

64) 브레진스키 지음·김명섭 옮김, 『거대한 체스판: 21세기 미국의 세계전략과 유라시아』(삼인, 2000), p.253.; 이타가키 에이켄 지음·김순호 옮김, 『부시의 음모』(당대, 2002).

65) 중국의 이 지역에 대한 정책에 대해서는 다음을 참고. Yasmin Melet, "China's political and economic relations with Kazakhstan and Kyrgyzstan," *Central Asian Survey*, vol.17, no.2 (June 1998), pp. 229-252.; Stephen Blank, "China's Military Footprint in Central Asia," *Central Asia-Caucasus Analyst*, vol.5, no.16 (25 August, 2004), pp. 5-6.

는 것으로서 어떤 사례비교에 의한 일반이론은 어렵다.[66] 따라서 실질적으로 이러한 내부적 요인과 외부적 요인의 조건 속에서 각자의 국가들이 정치체제에 대한 전략을 가지고 이행하는 것이 필요하다고 생각한다. 이러한 사실은 예를 들어 이들 국가들 중 키르기스와 같은 친서구적 국가도 있는 반면 질서를 위해서는 국민권리의 제한이 필요하다고 생각하는 카자흐스탄의 국민들도 있고 우즈베키스탄은 일반적으로 비관적인 정치, 경제적 상황에도 불구하고 그들은 자국의 발전모델에 대해 비교적 만족하고 있으며 그들의 경제적 상황이 좋다고 응답한 사람들이 많다고 한다. 또한 타지키스탄은 이상적인 정치체제로 우즈베키스탄을 꼽고 그 다음으로 미국, 러시아를 지적하고 있다는 사실[67]로만 봐도 외부적 인식과 내부적 인식에는 상당한 차이가 있다는 것을 알 수 있다. 이와 같이 중앙아시아 국가들의 내부적 차이에도 주목하면서 외부의 강대국의 민주화와 경제적 지원이 동시에 이루어지는 것이 이 지역에서의 점진적이고 착실한 민주화로의 길이 될 것이다.

---

66) A. Pickel, "Transformation theory: scientific theory or political?" *Communist and Post-Communist Studies*, vol.35 (2002), pp. 105-114.

67) Juliana Geran Pilon(1998), pp. 89-103.

종 장
'중앙아시아의 문명과 반문명', 그 의미와 전망

남 기 정

    진지한 연구자라면 자신의 연구결과물에 '최초의' 또는 '본격적인' 이라는 수식어가 붙기를 원할 것이다. '중앙아시아의 문명과 반문명' 연구자들 역시 자신들의 연구결과에 적어도 한국에서만큼은 이러한 수식어가 따라주기를 기대하면서 연구를 수행했다. 이러한 기대에 대한 이의 제기가 없을 수는 없겠지만, 참여연구자들 나름대로는 다음과 같은 연구결과의 의미를 도출하면서 분에 넘치는 수식어에 대한 희망을 여전히 가지고 있다.

    첫째, 필자들은 각각의 주제와 관련하여 영미권 및 일본의 선행연구를 충실히 검토하고 있으며 일천하나마 한국에서의 중앙아시아 연구사를 하나의 주제로 다루고 있다. 즉 이 연구는 중앙아시아와 관련하여 핵심적 선행연구들이 이룩한 성과물 위에 입각해 있는 것이다.

    둘째, '중앙아시아의 문명과 반문명'이 다루고 있는 시간적 범위는 19세기의 제국주의 시대부터 탈냉전과 9.11테러 이후의 새로운 국제질서의 조정기에 이른다. 이는 중앙아시아가 일약 세계정치의 '중앙'

무대에 등장했다가 소련의 뒤뜰로 사라지고, 다시 '중앙'무대로 재등
장하는 시기에 해당된다. 이 연구는 특히 소련의 해체 이후에 집중
된 중앙아시아 연구의 한계를 보완하기 위해, 그 전사(前史)에 해당
하는 시기를 '본격적인' 논의의 대상으로 설정했다.

셋째, 이 연구는 중앙아시아의 공간적 의미를 카자흐스탄, 키르기
스, 투르크메니스탄, 타지키스탄, 우즈베키스탄 등 구소련 5개국에
국한하지 않고, 아프가니스탄, 이란, 파키스탄, 카스피해 주변 등 역
사적 공간으로서의 중앙아시아를 포괄하는 광의의 개념으로 확대
하고 있다. 그럼으로써 근대 이후의 중앙아시아와 전근대를 연속적
으로 보는 시야를 제공하고 있다.

넷째, 중앙아시아 5개국의 국내정치를 포함하여 역내의 전반적
사정에 대한 분석을 비롯하여 종교적 민족주의적 담론분석을 통한
권력정치적 현상은 물론 계량적 접근방법을 동원한 이행경제의 부
문까지 분석함으로써 중앙아시아의 정치경제에 대한 이해를 가능
하게 한다.

다섯째, '중앙아시아의 문명과 반문명'은 중앙아시아 역내 국제관
계와 더불어 역외 국제관계의 전개를 함께 다루고 있다. 특히 중앙
아시아에 대한 미국과 러시아의 정책을 대조하여 보여주고 있으며,
최근 들어 중앙아시아에 대한 관심을 본격적으로 표명하기 시작한
일본의 정책을 역사적, 분석적으로 검토하고 있다. 나아가 중앙아시
아 국제관계의 미래와 관련하여, '자원' 문제를 사례로 국제적인 협
력이자 갈등의 장인 중앙아시아의 두 가지 얼굴을 균형 있게 분석하
였다.

이상의 의미가 도출될 수 있는 열일곱 개의 장들은 다음과 같이
정리될 수 있다.

1. 영역찾기, 과제설정 및 선행연구 정리

우선 제2장에서는 중앙아시아 연구의 영역찾기와 과제설정을 시도하고 있다. 중앙아시아 연구는 종래 문화사적 측면에서의 연구가 주를 이루어왔으나, 중앙아시아 5개국이 소련으로부터 독립한 이래 정치적 경제적 영역의 연구 필요성이 제기되고 있다. 특히, 중앙아시아 5개국의 국내 사정과 역내, 역외 국제관계의 분석은 이들 지역의 안정과 발전이 세계정치에 미치는 의미가 점증하는 현실과 맞물려, 무엇보다도 긴요한 과제로 부상하고 있다.

한편, 이들 국가가 당면한 국내의 제반 문제는 그 발단과 해소가 국제적 맥락을 사상하여 설명하고 전망할 수 없다는 점에서 곧바로 국제적 문제로 비화될 수밖에 없는 현실 속에 있다. 그런 의미에서 중앙아시아와 인근 역외국과의 국제관계 및 중앙아시아를 둘러싼 강대국 국제관계는 중앙아시아 연구의 핵심영역으로 자리 잡고 있다.

구체적으로는 다음과 같은 점들이 분석되어야 할 과제로 부상하고 있다. 첫째, 비핵지대화 문제를 포함한 국제안보적 과제들에 대한 분석. 둘째, 미국과 서유럽 국가의 중앙아시아 진출 및 이에 대응한 러시아, 중국, 일본 등의 진출이라는 세계 권력정치적 속성의 분석. 셋째, 중앙아시아 개별국가의 국제관계가 강대국간 경쟁에 미치는 영향의 분석. 넷째, 중앙아시아 국가들의 이행경제, 역내 자원의 생산과 배분, 역내-역외 경제협력의 현실과 전망 등 국제정치 경제적 과제들에 대한 분석. 다섯째, 국제문화적 과제로서 이슬람 전통문화와 이슬람 민족주의가 이들 지역의 정치 경제에 미치는 파장의 분석 등이다.

이렇듯 중앙아시아 연구의 핵심영역과 주요과제가 구체화 되어가는 가운데, 이에 조응하듯이 한국의 중앙아시아 연구는 불과 15년

남짓한 역사 속에서 나름대로 연구성과를 제시해 왔다. 제1장은 한국의 중앙아시아 연구가 1990년대 전반의 '불모시대'와 1990년대 후반의 '인문학 우위의 시대'를 거쳐 2000년대 들어 '다기화의 시대'에 접어들었다고 정리하고, 다음과 같은 전망을 제시하고 있다. 즉, 일정한 성과에도 불구하고, 한국의 중앙아시아 연구가 공통으로 지닌 문제점으로서, 소련해체 요인의 과도한 강조, 한반도와의 연관성에 한정된 연구의 편향성 그리고 무엇보다도 중앙아시아라는 연구대상 지역의 불확정성 등이 두드러진다고 진단하고, 연구대상의 독자적 정체성 부여와 '중앙아시아 연구자'로서의 정체성 확보가 시급한 현실에 있다는 것이다.

2. 중앙아시아 지역의 정체성 부여와 '개혁'을 통한 변화의 전망

중앙아시아가 하나의 지역으로서 독자적 정체성을 갖는다고 할 때, '실크로드'로서의 발전과 쇠퇴는 중앙아시아 국가들이 공통으로 지니는 역사적 유산 가운데 하나이며, 중앙아시아의 민족주의 운동은 이들 지역의 민족정체성을 구성하는 요소 가운데 하나이다. 제3장과 제4장은 각각, '실크로드'의 역사와 '이슬람 민족주의'의 현실을 통한 중앙아시아 지역의 정체성 찾기 작업이라 할 수 있다. 제3장에서는 실크로드에 관한 기존의 연구를 천착하여, 고대 지구경제의 중요 연결고리인 중앙아시아의 역사를 재구성한 뒤, 이 지역의 국가들이 '제2의 실크로드'로서 재조명되는 현실을 언급함으로써, 중앙아시아의 개별 국가들이 시도하고 있는 '개혁'의 성공이 세계경제의 안정적 발전과 그 결과로서의 지구화에 직결될 수 있다는 점을 암시하고 있다.

반면, 중앙아시아 지역의 반식민주의적 이슬람민족해방운동은 신자유주의적 지구화에 저항하며 '문명의 충돌'을 예언하게 하는 요인으로 거론되곤 한다. 이와 관련하여 제4장은 '안디잔 저항', '자디드 운동', '바스마치 운동' 등의 형태로 전개된 중앙아시아 민족주의 운동의 전개 속에서 이 지역의 민족정체성이 형성되는 과정을 추적하면서, 그 성격에 대한 대조적인 해석을 아울러 소개하여 중앙아시아의 민족주의 또는 민족운동이 지니는 복합적 유동적인 성격을 드러내 보여주고 있다. 여기서 간취(看取)할 수 있는 사실은 첫째, 중앙아시아의 민족주의를 일원화하여 모든 문제의 발원인 양 처리하는 환원주의에 대해 경계해야 한다는 점이며, 둘째, 중앙아시아 민족주의가 이 지역 국가들이 추진하는 제반 '개혁'에 대해 저항과 지지의 양면적 역할을 수행하고 있다는 데 주목해야 한다는 점이다.

제5장과 제6장은 보다 직접적으로 이 지역 국가들의 경제개혁 문제를 다루고 있다. 제5장에서는 중앙아시아 5개국의 이행경제전략을 분석하면서, 이들 국가의 주요 경제지표를 동원한 계량분석과 시계열 분석의 통합을 시도하고 있다. 그 결과, 이행경제전략에서 쇼크요법(이른바 빅뱅 어프로치)을 도입한 카자흐스탄과 점진주의적 어프로치를 채택한 우즈베키스탄의 대비를 통해, 이행경제전략은 해당국가가 자국의 초기조건과 이에 따른 이행의 순서 조정이 중요하다는 일반법칙을 도출한 뒤, 1998년의 아시아 통화위기를 계기로 종래의 조기자유화 주장을 변경하여 '질서 있는 금융자유화'의 필요성을 주장하기 시작한 IMF의 입장선회가 중앙아시아의 이행경제에 적용될 가능성을 점치고 있다.

제5장이 중앙아시아 5개국의 비교분석을 통해 일반 법칙의 도출을 시도한 반면, 제6장은 우즈베키스탄의 농업개혁이라는 특화된 주제를 통해, 중앙아시아 국가들이 추구하는 '개혁'의 과제를 추출하고 전망을 제시하고 있다. 그것이 가능한 이유는, 기타 중앙아시아 국가들의 농업 현실이 우즈베키스탄과 비슷한 가운데, 기타 국가들

의 개혁이 너무 급진적이거나(키르기스), 너무 지체되어 있고(카자흐스탄, 투르크메니스탄), 그도 아니면 아직 착수하지도 못하여(타지키스탄) 개혁의 가시적 성과물을 찾기 어려운 반면, 우즈베키스탄의 경우 비교적 가시적인 형태로 개혁이 진행되고 있기 때문이다. 제6장은 분석의 결과로서 다음과 같은 전망을 제시하고 있다. 즉 우즈베키스탄이 추진하는 농업개혁의 지속적인 성공가능성은 사회 정책을 거시경제의 틀에 체계적으로 통합시킬 수 있는 방법 여하에 달려 있으며, 그 사례연구는 기타 중앙아시아 국가들의 개혁을 이해하는 데 준거가 될 수 있다는 것이다.

3. 중앙아시아의 '반문명'과 전쟁들

어느 사회에서나 '개혁'의 이면에는 '반문명(=야만)'이라는 이름의 전통이 있다. 그리고 '반문명에서 문명으로의 이행'이라는 구호 속에 전쟁의 불씨가 도사리고 있기도 하다. 제7장부터 제9장까지 세 개의 장들은 중앙아시아의 갈등과 전쟁을 통해, '반문명' 상태에서 고뇌하는 중앙아시아의 현실을 부조(浮彫)해 내고 있다. 제7장은 한국에서 아직 분석적 이해의 대상이 되지 못했던 타지키스탄 내전을 조망하고 있다. 기존 연구의 충실한 검토를 통해 이 장에서는 타지키스탄 내전이 구조화된 사회적 모순에 대한 저항세력으로서 주도적인 역할을 개시한 이슬람 세력의 과격화가 주요 원인이 되었으며, 일단 발발한 내전이 다시 국내모순을 심화시키고 주변국가의 개입과 지역의 불안정성의 원인이 되었다는 점을 규명했다. 그러나 이슬람 세력의 과격화를 원인으로서만 치부해 버릴 것이 아니라, 과격화 자체가 오랜 세월 구조화된 사회 모순의 결과라는 점을 직시하고, 이를 지속적으로 재생산해 내는 소비에트 지배의 유산을 청산하는 것이야말로 지역갈등의 근본모순을 해결하는 출발점이 되어야 한다는 점을 강조함으로써, 타지키스탄 내전의 이해 수준을 평면에서 입체로 끌어 올리고 있다.

아프가니스탄은 이른바 중앙아시아 5개국에 포함되지 않지만, 중앙아시아를 무대로 한 강대국간 권력정치의 기원을 제공했다는 점에서 반드시 검토되어야 할 주제이다. 제8장은 문명충돌의 국제정치적 기원으로서의 아프가니스탄에 조명하여, 특히 미국의 아프가니스탄 정책의 기원과 흐름에 대해 분석하고 있다. 기존 연구의 충실한 검토와 입수 가능한 1차 사료의 면밀한 분석에 입각해 제시되는 결론은 다음과 같다. 첫째, 미국의 아프가니스탄 개입정책(반군 지원)은, 레이건 정권시절에 본격화되었다는 통설과는 달리, 사실상 카터 행정부에서 시작되었다. 둘째, 이를 주도한 인물은 폴란드 출신의 반공주의자 브레진스키였다. 셋째, 반소, 반아프가니스탄의 국제적 연대는 미국이 주도했다기 보다는 오히려 이스라엘, 이집트, 파키스탄 등이 주도했다. 넷째, 미국은 아프가니스탄의 전략적 중요성 때문이라기 보다는 이들 국가와의 관계유지를 위해 협력했으며, 소련의 침공으로 인해 비로소 미국은 아프가니스탄의 전략적 의미에 주목했다.

제9장은 중앙아시아 지역을 둘러싼 미러중 등 강대국 간의 권력투쟁이 역내 5대 과제와 맞물려 전개되는 현실을 보여주고 있다. 역내 5대 과제란, 지역 정체성, 물, 빈곤, 국경, 지역헤게몬 추구의 문제 등인데, 이들 과제의 해결을 둘러싸고 미국과 러시아, 중국은 각기 국익을 최대화하기 위해 이에 개입하며 영향력을 확대해 나가고 있다. 나아가 이들 역외 3대강국이 개입하는 방식은 정치체제(민주화 여부와 원조의 가부), 복지문제(사회적 안정과 원조의 효율성), 지역안보(역내 패권추구국과 역외 국가와의 동맹의 조합)의 향방에 의해 영향을 받으며, 마치 3차방정식과도 같은 복잡한 양상으로 전개될 것인데, 불안정 속의 세력균형을 이룰 가능성이 있다. 이로부

터 도출되는 결론은, 중앙아시아 국가들이 어느 한 강대국의 영향력 하에 들어가기 보다는 강대국간 세력균형 속에서 이익을 극대화하는 전략을 선택할 가능성이 있으며, 그것이 또한 바람직한 선택지이기도 하다는 것이다.

4. 중앙아시아를 둘러싼 세계권력정치의 역사와 전개

제9장이 중앙아시아 지역을 둘러싼 미국 러시아 중국 등 역외 3대 강국의 권력투쟁을 개괄적으로 소개하고 있다면, 제10장부터 제13장까지의 네 개의 장들은 그 각론과 보완에 해당한다. 우선 제10장은 러시아와 중앙아시아 지역과의 관계를 제정 러시아 시기, 구소련 시기, 소련 해체 이후시기로 나누어 역사적으로 고찰하고 있다. 결론부터 말하자면, 소련 해체 이후 중앙아시아 국가들이 직면한 제반 문제는 제정 러시아 시대로부터 소비에트에 이르는 러시아 통치기간이 중앙아시아에 남긴 유산에 기인한 것으로, 단기간에 수정될 수 있는 문제가 아니다. 역사 연구는 때로 미래의 변화를 전망해 주는 낙관론보다는, 가까운 미래에도 불변으로 남아 있을 과제를 발견, 재확인시킴으로써 비관론을 강화시켜 주곤 한다. 그러나 바로 그러한 과제의 발견과 재확인이야말로 근본적인 변화를 추동하는 첫걸음이기도 하다. 소련 해체 이후 파괴된 중앙아시아 국가들이 스스로의 국가정체성을 바로 확립하고 붕괴된 경제를 회복하는 과정에서 러시아가 적극적으로 협조하는 것, 이를 통해 러시아와 중앙아시아 각국이 전략적 파트너로서 고유한 상호관계를 발전시켜 가는 것이 바로 중앙아시아에 새로운 역사가 새겨지기 위한 대전제이다.

제11장과 13장은 일본이 러시아 중국 미국과 더불어 전통적으로 중앙아시아에 대한 관심을 표명해 온 국가였으며, 탈냉전이후 변화

하는 세계정세 속에서 그러한 전통적 관심이 부활하고 있다는 사실을 상기시킨다. 일본은 이미 19세기 말 러시아를 통해 중앙아시아에 대한 관심을 키워 왔으며, 이 지역에서 전개되고 있는 영-러 간 각축을 관찰하면서 세계권력정치의 현실을 학습했다. 또한 소련 해체 이후 일본은 중앙아시아 국가들에 대해 꾸준히 관심을 키워 왔으며, 특히 '9.11'이후에는 중앙아시아에 대한 정책을 보다 구체화하여 본격적으로 이 지역 국가들에 접근하고 있는데, 일본의 이러한 태도는 '강대국 실용주의'라고도 할 만한 것이다.

제12장은 미국의 대 중앙아시아 정책을 보다 구체적으로 분석 검토하는 데 할애되었다. 미국으로서는 이 지역에 대한 적극적 정책의 필요성이 인정된다는 개입의 명분은 충분히 마련되어 있음에도 불구하고, 이들 지역 국가가 비민주적이라는 점, 미군 주둔이 장기화되고 있다는 점 등이 부담이 되고 있으며, 더구나 이 지역에 대한 무지로 인해 혼돈을 겪고 있다고 분석했다. 다만 미국의 입장에서 중앙아시아는 무엇보다도 군사안보적 측면에서 의미를 지니고 있기 때문에, 장기적으로는 군사안보적 차원에서의 개입정책이 지속적으로 확대될 것으로 전망하고 있다.

5. '자원'을 둘러싼 갈등과 협력 그리고 중앙아시아의 미래

정치적으로 불안정하고, 경제적으로 낙후되어 혼란된 중앙아시아에 대해 관심이 쏠리는 이유는, 그 지정학적 중요성에 더해 지경학적 가능성 때문이다. 석유와 천연가스의 매장 및 생산지로서, 그리고 가스 파이프라인의 경유지로서, 중앙아시아는 '자원'을 둘러싼 갈등과 협력의 주요 무대가 되고 있다. 제14, 15, 16장은 중앙아시아(와 카스피해 연안 지역)의 '자원'이 이 지역 국가들의 미래에 지니는 의미를 검토하고 있다. 제14장에서는 카스피해 지역의 코카서스 3국(아제르바이잔, 그루지야, 아르메니아)을 포함하여 이 지역 석유자원을 둘러싼 국제정치에 대해 고찰하고 있다. 카스피해 석유를 둘러싼 국제정치의 향방은 미국의 카스피해 전략구상과 이에 대한 러시아의 입장, 그리고 미-러 간 경쟁 속에서 개별 연안국이 취하는 태도에 따라 결정될 것이다. 특히 송유관 건설과 관련하여 카스피해 연안국가들은 러시아에 대한 의존도를 낮추길 원하고 있고, 이에 편승하여 미국은 기존의 러시아 경유 송유관에 대체할 새로운 루트를 구상하여 관련 국가들과 건설에 합의한 바 있다.

제15장은 보다 구체적으로 이 지역의 유전을 둘러싼 국제적 갈등의 쟁점을 정리 소개해 주고 있다. 미-러 간 송유관 경쟁과 더불어 유전의 소유권 분쟁은 이 지역의 갈등체제의 또 다른 쟁점으로 부상해 있으며, 그것이 이 지역의 미러간 '군사력 증강' 경쟁과 맞물려 있다는 것이 이 장의 분석이다. 특히 제14장에서도 언급되었듯이 러시아 경유 송유관에 대체할 루트를 적극적으로 개척하려고 하는 미국을 러시아는 더 이상 이 지역에서의 '에너지 협력국'으로 신뢰하지 않는다. 이러한 상황에서 미국과 러시아의 경쟁적인 간섭과 개입은 당분간 지속될 것이며, 이것이 이 지역에서 미러간 긴장관계를 확대 재생산하는 요인이 되고 있다.

마지막으로 제16장은 중앙아시아의 자원 개발 가능성과 그것이 세계경제에 미치는 영향력에 대해 분석하고 있다. '9.11'이후 중동지역의 불안정에 따른 석유가격의 상승과 우크라이나에 대한 가스공급 차단 등의 예와 같이 러시아의 일방적인 자원외교에 주변국들이 전전긍긍하는 가운데, '에너지 문제'는 국제정치의 매개변수에서 핵심적 독립변수의 위치로 격상했다. 거의 대부분의 선진국들이 경쟁적으로 중앙아시아의 자원에 접근하기 위해 노력하고 있는 가운데, 한국정부도 2006년 11월, '중앙아시아 진출 종합대책'을 내 놓고 이에 뛰어들었다. 중동이나 남미에 비해 중앙아시아의 진입장벽은 그리 높지 않다고 할 수 있는데, 그런 의미에서 한국에게도 아직 기회는 남아있다고 할 수 있다. 그것이 아마도 한국에서 중앙아시아 연구가 필요한 이유일 것이다.

본 연구에 있어서 각장들의 개별적 분석의 결과는 효율적이고 유기적인 구성에 의해 전체적인 의미도 지니고 있다. 그러나 몇 가지 점에서 여전히 극복해야 할 전반적인 연구의 한계가 존재하고 있다.

첫째, '중앙아시아의 문명과 반문명'은 학제적 연구를 지향하여 역사와 정치 경제를 고루 다루고 있음에도 불구하고 특히 사회 수준의 분석은 결여되어 있다. 특히 중요하게 다루었던 중앙아시아 5개국이 국가건설(nation building)에 매진하는 단계에 있고, 이를 둘러싼 국제(inter-national)관계가 주요 핵심주제였기 때문에 발생한 불가항력의 한계였다고 할 수 있지만, 지역연구서로서의 의미를 충분히 발휘하기 위해서는 그 지역에 사는 사람들을 생생하게 느낄 수 있어야 하며, 이를 가능하게 하는 것은 지역사회에 대한 사회학적 분석일 것이다.

둘째, 연구 주제로서 정치적 군사 안보적 분석에 치중한 결과, 환경과 물 협력 등의 문제가 상대적으로 소홀해졌다. 중앙아시아의 지정학적 중요성에 주목한 결과 그로 인한 갈등과 대립을 주된 분석 대상으로 삼을 수밖에 없었으나, 중앙아시아 지역은 환경 및 물문제 해소를 위한 국제협력이 활발히 이루어지고 있는 곳이기도 하다. 특히 국제적 비정부조직과 국제기구 등이 주요 행위자로 활약하고 있기도 하다는 점에서, 중앙아시아는 전통적 국제정치학(international politics)의 연구영역을 넘어서 탈국경과 복합행위자의 등장을 특징으로 하는 지구정치학(world politics)의 연구 대상으로서 존재하고 있다.

셋째, 중앙아시아의 국제정치를 다룸에 있어서 중국 요인을 독자적 주제로 설정하지 못했다는 점에서, 전통적 국제정치학으로서도 한 가지 중요한 결격사유가 생기고 말았다. 개별 논문에서 부분적으로 중국 요인이 언급되지 않은 것은 아니지만, 중앙아시아를 둘러싼 러-중 간 협력과 갈등은 미-러 간 관계만큼이나 중요한 주제일 것이다. 기존의 연구에서 소홀히 취급되었던 일본 요인을 공정히 다루고 있다는 점을 아울러 고려하면, 중국에 대해 다루지 못했다는 점은 특별히 아쉬움으로 남는다.

마지막으로, 뼈아픈 자기반성을 하지 않을 수 없다. 이 연구는 현 단계에서 정리 가능한 선행연구를 충실히 검토하고 있으며, 이를 잘 정리 소개하고 있다는 점에서 그 어떤 기존의 연구들보다 한국의 연구현실에 대한 기여도가 크다고 할 수 있다. 그러나 정작 중요한 것은 그러한 연구정리에 입각한 창조적 연구여야 할 것이다. 대부분의 장들은 기존의 연구 성과에 입각한 2차적 연구라고 할 수 있으며, 1차 사료와 각국 정부가 공개하는 원자료에 접근하여 이를 분석 검토한 연구는 절반에 미치지 못한다. 이는 연구자들의 능력이나 노력 여하에 따른 문제라기보다는 한국에서 이 주제를 다루는 이상 어쩔 수 없이 수용해야 할 한계이기도 하다. 그만큼 중앙아시아라는 지역은 한국에게는 낯설고 척박한 땅이었다.

한국에서 '중앙아시아를 찾아서' 간다는 것은 어떠한 의미를 지니는가? 제1장에서 적절히 지적한 바와 같이 한국의 기존의 연구들은 한국과의 연관성에서 그 대답을 찾곤 했다. 나아가 그러한 대답들에서는 '진출'과 '영향력 확보' 등의 어휘가 발하는 아제국주의(亞帝國主義)의 냄새를 지울 수 없다. 객체 또는 활용대상으로서의 중앙아시아관(觀)을 불식하고, 지구정치의 주체로서의 그리고 동반자로서의 중앙아시아관을 확립하는 것이야말로 한국의 중앙아시아 연구의 출발점이 되어야 할 것이다.

■ 집필자(연구참여 順)

이웅현•도쿄대학 박사(국제관계)

　　　(저서)『ソ連のアフガン戦争』(東京: 信山社, 2002년),『소련의 아프간
　　　전쟁』(고려대학교출판부, 2001년),『헝가리침공과 흐루시초프』(세종
　　　연구소, 1999년); (역서)『평화와 전쟁』(1999년),『새로운 중세』(2000
　　　년); (공역)『역사활용의 기술』(2006년),『워싱턴의 사쿠라』(2007년);
　　　(논문) "러시아의 동북아정책과 안보협력의 제도화", "푸틴 2기 러시
　　　아 에너지 산업의 정치경제학", "'새로운 역사교과서를 만드는 모임'
　　　과 한일관계", "역사로서의 중일전쟁" 외

박주식•전 고려대학교 평화연구소 연구교수, 세종연구소 객원연구위원 역임,
　　　오하이오주립대학 정치학박사

　　　(논문) "합리적 선택이론과 핵억지", "도덕적 위험과 시장의 실패" 외

오재완•전 고려대학교 평화연구소 연구교수, 고려대학교 정치학박사

　　　(공저)『한국현대정치론 I』(2000년),『유럽통합의 역내외 협력과 갈등』
　　　(1998년),『유럽통합과 신유럽안보질서』(1998년) 외

이문영•현 국민대학교 유라시아연구소 책임연구원, 모스크바국립대학 문학
　　　박사

　　　(논저) "바흐찐의 대화주의와 contradictio in adjecto," "Русская популяр
　　　ная музыка, русский рок и их освоение в Корее," "포스트–소비에트
　　　시기 러시아 섹슈얼리티 연구",『러시아학 입문』외 다수

이호령•현 한국국방연구원 선임연구원, NSC 정책담당, 위기관리 담당 역임, 고려대학교 정치학박사

　(논문) "미국의 비확산 정책", "바세나르체제와 남북경협", "6자회담 평가와 전망", "북한사회변화와 북한군", "한반도 평화체제와 남북관계" 외

남기정•현 국민대학교 국제학부 조교수, 일본 도호쿠대학 법학부 교수 역임, 도쿄대학 박사

　(공저) 『유엔과 한국전쟁』(리북, 2004년), 『일본은 한국에게 무엇인가』 (한울아카데미, 2006년); (공역) 『북조선: 유격대 국가에서 정규군 국가로』(돌베개, 2002년); (논문) "동아시아 냉전체제하 냉전국가의 탄생과 변형", "韓國民族主義の展開と日韓關係" 외

현진덕•현 강원대학교 일본학과 조교수, 도쿄대학 정치학박사

　(논문) "브레튼우즈체제와 고도경제성장기 일본의 국제자본이동정책", "동북아경제통합과 제도화과정에 있어서의 일본의 정책" 외

윤영미•현 평택대학교 교양학부 조교수(외교안보전공), 고려대 연구교수, 한국정책방송(KTV) "e-korea 2부" 진행자(MC) 역임, 글라스고우대학 정치학박사

　(공역) 『혁명은 TV로 중계되지 않는다』(산해, 2006년); (공편) 『지방지치단체와 글로벌 투자유치전략』(혜민, 2006년); (논문) "한미동맹과 신안보: 주한미군 재배치 현황과 전망을 중심으로", "An Analysis of the Main Difficulties for Russian Transfer Ownership of the Kuril Islands to Japan in the post Soviet Period" 외